Tebaida

Estacio

Tebaida

Introducción, traducción y notas
de Rosa María Agudo Cubas

Alianza editorial
El libro de bolsillo

Título original: *Thebais*

Diseño de colección: Estrada Design
Diseño de cubierta: Manuel Estrada
Fotografía de Javier Ayuso

PAPEL DE FIBRA
CERTIFICADA

Calle Valentín Beato, 21
28037 Madrid
www.alianzaeditorial.es

ISBN: 978-84-1148-675-0
Depósito legal: M. 4.672-2024
Printed in Spain

Si quiere recibir información periódica sobre las novedades de Alianza Editorial, envíe un correo electrónico a la dirección: alianzaeditorial@anaya.es

Índice

9 Introducción
41 El texto de la *Tebaida*
59 Bibliografía

Tebaida
69 Libro I
107 Libro II
144 Libro III
179 Libro IV
221 Libro V
256 Libro VI
301 Libro VII
340 Libro VIII
375 Libro IX
414 Libro X
455 Libro XI
489 Libro XII

Introducción

Además del gran valor que tiene para la historia de la épica antigua la *Tebaida* de Estacio, por cuanto se trata de la única epopeya referente al ciclo tebano que ha llegado hasta nosotros, y además íntegra, el poema merece por sí mismo ser rescatado del olvido. Cualquier lector interesado en la poesía épica o en la mitología clásica que se acerque a él sin prejuicios comprobará bien pronto la potencia expresiva de su autor, su enorme capacidad evocadora, que nos sitúa de golpe en medio de los acontecimientos que relata.

Ampliamente traducido a otras lenguas, como el francés, italiano, inglés o alemán, el poema que nos ocupa no ha corrido en cambio la misma suerte en nuestro país. Quien quiera buscar una traducción castellana se encontrará en el desierto. No un desierto absoluto, pero casi. Es Estacio un gran poeta latino de época postclásica (principado de Domiciano, segunda mitad del siglo primero de nuestra era), cuya principal obra, la *Tebaida,* no ha merecido más que una sola traducción a nuestra lengua, la del poeta de la escuela granadina del siglo XVI Juan de Arjona, completada en los tres últimos libros por su colega y amigo Gregorio Morillo. Es esta traducción, en verso, octavas reales en concreto, una magnífica obra por sí misma, que, inexplicablemente también, quedó inédita hasta el siglo XIX, cuando fue publicada en la BAE por Adolfo de Castro. Hubo una segunda edición, en 1888, para la Biblioteca Clásica Hernando *(La Tebaida* de P. P. Estacio I-II) en dos tomos. Y eso es todo en nuestra lengua, que yo sepa, al menos en estos momentos.

La presente traducción (según el texto latino en dos volúmenes de la editorial Loeb, Londres 1982, quinta edición, con traducción al inglés de J. H. Mozley) viene por tanto a rellenar un hueco, a subsanar un desequilibrio en el panorama de los textos clásicos latinos traducidos al castellano. Es su principal interés acercar a un lector de nuestros días la obra de Estacio, un poeta de no fácil lectura, y por ende de no fácil versión a otra lengua. Es un hombre erudito, cuya obra se inserta plenamente en toda la tradición poética anterior, no sólo latina (su padre era maestro de literatura griega). Cargado como está de información de todo tipo, sus versos están llenos de connotaciones y de sugerencias que el poeta no cree necesario hacer muy explícitas. En el empleo de la lengua latina hace por otra parte gala de una gran versatilidad, con un uso libre e innovador del vocabulario y frecuentes adaptaciones y recreaciones de versos y estructuras sintácticas de los poetas que le sirven de modelo, sobre todo de Virgilio, de quien el propio poeta se confiesa deudor. Asomarse a su obra es, por lo tanto, complejo; sus versos plantean en ocasiones problemas de intelección, por no hablar de las dificultades de traducción, pues para hacerlos comprensibles a un lector de nuestro tiempo se está continuamente en la encrucijada de o bien extenderse demasiado, convirtiendo la traducción más bien en un comentario o explicación, o plagar de notas la traducción, haciendo su lectura farragosa. Esta segunda solución, aunque lo más sucinta posible, es la que encuentro más apropiada y la que adopto en esta traducción. En notas a pie de página se procuran dar sólo las explicaciones estrictamente necesarias para la correcta comprensión del texto por parte del lector no versado en estudios clásicos. Sólo en los pocos casos en los que me aparto del texto latino que figura en la edición elegida, las notas son de cariz filológico.

En cuanto a la forma de esta traducción, los 9.456 hexámetros que suman en total los doce libros del poema se vierten en 11.044 líneas versales de dieciocho sílabas (una más del máximo que admite el hexámetro dactílico), sin rima. Debemos advertir no obstante que en alguna ocasión –pocas– la línea puede exceder este número en una o dos sílabas. La conservación de la estructura aparentemente versificada a la que instintivamente me llevaba el ritmo latino me pareció que ofrecía además otra ventaja: permite localizar con mayor rapidez y comodidad cualquier lugar del texto que se busque. Con esta finalidad, y como se puede observar fácilmente desde el inicio, la numeración de las tales líneas, de diez en diez, no se corresponde con la traducción, que normalmente es algo más extensa que el original, aunque no demasiado, sino que remite a los versos latinos que recoge.

He procurado, por otra parte, en mi traducción, hacer el texto inteligible y de fácil lectura, que el encorsetamiento de su aparente forma en verso no rompiera demasiado la estructura de la frase. Al mismo tiempo, he intentado mantenerme siempre lo más cerca posible del texto latino, incluso conservando a menudo el orden de palabras. Así, por ejemplo, se respetan las constantes alusiones a personas o a dioses mediante epítetos, *vg.* «el calidonio», «el Delio» o «la Tritonia», aclarando en nota su significado.

El autor y su obra

Los datos que tenemos sobre la vida de Estacio proceden sobre todo de una de sus obras, las *Silvas,* extenso repertorio de poemas de ocasión, rico en noticias autobiográficas. Publio

Papinio Estacio nació en Nápoles, a mediados del siglo I de nuestra era (el año es difícil de precisar). Su padre, originario de Velia (*Silv.* V, 3, 126 s.), en Lucania, era de buena cuna (*Silv.* V, 3, 116 ss.), pero su fortuna había decaído, y después de trasladarse a Nápoles, donde más de una vez obtuvo con sus versos la corona en las fiestas *Augustales* (*Silv.* V, 3, 112-115; 133 ss.), se dedicó a la enseñanza, como maestro de literatura griega, abriendo una escuela a la que acudían jóvenes no sólo de Campania, sino incluso de Apulia y de Lucania (*Silv.* V, 3, 162 ss.). Tuvo por tanto Estacio una excelente formación, sobre todo en el campo de la poesía y la oratoria, siendo influido desde muy temprano por la cultura griega, pues en la escuela del padre se leían y comentaban no sólo los autores clásicos, sino también alejandrinos (*Silv.* V, 3, 146 ss.). Heredó el hijo la vocación y el talento del padre, que asistía con arrobo a sus pinitos declamatorios, y celebró como propia su victoria asimismo en las *Augustales* de Nápoles (*Silv.* V, 3, 209-227).

La familia se trasladó después a Roma, no se sabe exactamente en qué momento, pero en todo caso antes del 69, donde el padre abrió también su escuela, a la que acudían jóvenes destinados después a asumir importantes puestos en el gobierno del Estado (*Silv.* V, 3, 176 ss.), quizá incluso el propio Domiciano, si a él se refieren, en su papel de Pontífice Máximo, como piensan algunos, los versos 178-180. Tras las turbulencias políticas de los años 68 y 69, que culminarían con el advenimiento al poder a finales de este último año de una nueva dinastía, la dinastía Flavia, en la persona de Vespasiano, unos versos épicos del padre de Estacio, en los que se condolía del incendio por parte de los seguidores de Vitelio del templo de Júpiter Capitolino, donde se habían refugiado los partidarios de Vespasiano (entre ellos el joven Domiciano) durante las luchas del 69 entre los dos ejércitos, suscitaron la admiración de los prohombres, y le granjearon el favor del propio emperador

(*Silv.* V, 3, 195 ss.). Con tales testimonios de adhesión a la nueva dinastía, el acercamiento a la corte tanto del padre como del hijo estaba asegurado.

Como ya se ha dicho, todavía en vida de su padre había conseguido Estacio en Nápoles el premio en las *Augustales,* pero su más importante victoria ya no pudo aquél presenciarla. Quizá en el 90, pues hasta otoño del 89 no se celebró la doble victoria de Domiciano sobre germanos y dacios –el padre habría fallecido años antes, en todo caso después del 79, año de la erupción del Vesubio, que se proponía cantar sin poder lograrlo (*Silv.* V, 3, 205 ss.), así como de la muerte de Vespasiano y del advenimiento de Tito–, obtuvo un éxito aún mayor, recibiendo la corona de oro de manos del propio emperador Domiciano en los Juegos Albanos. Estos juegos se celebraban cada año en honor de Minerva, diosa por la que Domiciano sentía especial devoción, del 19 al 23 de marzo, en las pendientes de los montes Albanos, donde el emperador tenía una espléndida *villa,* y en ellos consiguió nuestro poeta el triunfo con un panegírico por las victorias de aquél sobre los susodichos pueblos (*Silv.* IV, 2, 65-67; *cf.* asimismo III, 5, 28-31; V, 3, 227-230). Hay quienes piensan que esta composición fue el germen de un poema épico-histórico suyo perdido en honor de Domiciano, *Bellum Germanicum,* pero la existencia de esta obra es sólo conjeturable, no se sabe si llegó a escribirla. Lo único que tenemos es la afirmación del poeta en el prefacio de sus dos obras, la *Tebaida* (I, 32) y la *Aquileida* (I, 19), de tener la intención de componer un gran poema épico sobre las campañas bélicas del emperador, al cual sus dos poemas épico-mitológicos sólo servirían de preparación.

En Roma vivió, pues, Estacio muy bien situado en la vida social, cultural y hasta cortesana de la capital, y de ello nos da noticia el propio poeta en el poema de acción de gracias que dedicó en hexámetros al emperador tras haber sido invitado a comer por él en la *domus Flavia (Silv.* IV, 2) o en los versos en los que le agradece asimismo una conducción de agua a su finca albana *(Silv.* III, 1, 61 s.). Contó con un buen número de patronos, en algunos casos protectores igualmente de Marcial, como Atedio Melior, a quien va dirigida la epístola que sirve de prefacio al libro II de las *Silvas.* Se relacionaba, pues, con gente influyente y adinerada. A la villa de Polio Félix, rico epicúreo amigo suyo, a quien está dedicado el libro III de las *Silvas,* en Sorrento, dedica un extenso poema *(Silv.* II, 2), e igualmente al templo de Hércules levantado por el mismo personaje en la misma localidad y cercano a su villa *(Silv.* III, 1).

Contrajo matrimonio con una viuda llamada Claudia, a la que dedica una extensa pieza *(Ecloga ad uxorem, Silv.* III, 5), madre ya de una niña y que gozaba asimismo de buena situación y excelentes relaciones, por lo que nuestro poeta pudo dedicarse por entero a la poesía, componiendo y declamando hasta el 94, con bastante éxito de audiencia, sus obras, sobre todo la *Tebaida,* que comenzó a componer hacia el año 80 y en la que trabajó, según testimonio del propio poeta *(Theb.* XII, 811 ss.), durante doce largos años. Hacia el año 89 comenzó a escribir sus *Silvas,* de las que llegó a publicar cuatro libros, siendo el quinto al parecer de aparición póstuma. También habían ido circulando parcialmente a medida que las componía, pues son en su mayor parte poemas dedicados a personas concretas, para celebrar o llorar algún acontecimiento familiar o personal, o en elogio de sus protectores.

Ello no implica que el matrimonio viviera en la opulencia, y de hecho algunos poemas de las *Silvas,* compuestos bastante precipitadamente, tendrían por principal finalidad subvenir a la economía doméstica; pero parece descartarse asimismo que fuera en la indigencia o en la penuria económica, pese a algunas insinuaciones, como las del poeta Juvenal (Iuv. 7, 82 ss.), que, tras afirmar que la gente corría a oír su encantadora voz en una lectura anunciada de su *Tebaida,* añade con ironía que pese a ello el poeta podría morir de hambre si no vendiera a Paris (un actor de pantomima, favorito de Domiciano) su *Ágave* (el libreto de la pieza a ejecutar por el pantomimo) antes del estreno. Marcial no menciona el nombre de Estacio, pero en un breve epigrama (IX, 19) dirigido a un tal Sabelo le espeta con fino sarcasmo el siguiente reproche: «Alabas, Sabelo, en 300 versos los baños de Póntico, donde se come bien. Lo que tú quieres, Sabelo, es comer, no bañarte». A nadie le pasaría desapercibida la alusión a Estacio y a su poema dedicado a los baños de un rico personaje *(Balneum Claudii Etrusci: Silv.* I, 5).

El matrimonio no tuvo hijos, y Estacio adoptó a un esclavo nacido en su casa, al que manumitió y crio como hijo propio, y cuya temprana muerte lloró con sincero dolor *(Silv.* V, 5). Hacia el final de su vida comenzó a componer un segundo poema épico-mítico, la *Aquileida,* dedicado como la *Tebaida* a Domiciano. Su tema, como se desprende del título, es el héroe Aquiles, y se proponía por tanto narrar toda su trayectoria vital, pero apenas quedó en un esbozo. En el año 94 probablemente participó sin éxito en los Juegos Capitolinos *(Silv.* III, 5, 31; V, 3, 231 s.). El fracaso debió de causarle una gran decepción, y poco después enfermó y regresó a Nápoles *(Silv.* IV, *praef.),* de donde algunos piensan que ya no volvió y que moriría allí, aunque la opinión más aceptada es que falleció en Roma. La fecha de su muerte, como la de su nacimiento, nos es desconocida, pero debió de producirse en torno al 96 (año también casualmente de la muerte de Domiciano), pues a partir de esa data no hay más noticias sobre el poeta, que deja interrumpidas las *Silvas* y apenas iniciado su segundo gran poema, la *Aquileida,* del que sólo llegaría a escribir el primer libro y menos de doscientos versos del segundo.

Las obras de Estacio que han llegado hasta nosotros son, pues, tres: las *Silvas,* la *Tebaida* y la *Aquileida*.

La primera de estas obras consta de cinco libros de poemas, 32 en total, escritos la mayor parte de ellos en hexámetros, algunos en metros líricos, que fue componiendo a lo largo de su vida y que no recopiló y publicó sino al final de ésta. El último libro, de hecho, fue publicado, como la *Aquileida,* tras la muerte del poeta. Una epístola en prosa dedicada a alguno de sus amigos o benefactores sirve de prefacio a cada uno de ellos, menos el último, en el que la epístola se refiere sólo a la primera composición. Destinatarios de cada uno de los libros del 1 al 4 son, pues, sucesivamente el poeta Arruncio Estela, Atedio Melior, Polio Félix y Vitorio Marcelo. Los poemas son de tema muy diverso: celebraciones de acontecimientos familiares destacados, como una boda o un natalicio, conmemoraciones como la dirigida a la viuda de Lucano, Pola Argentaria, a la que dedica una oda en conmemoración de su marido ya muerto *(Silvas* II, 7), epístolas consolatorias, descripciones de villas, monumentos, baños, templos, etc., pero también dedicados a animales domésticos, como la elegía al papagayo de Melior (II, 4). Son ejercicios que el propio poeta declara (en el prefacio al libro IV) hechos principalmente para su divertimento, aunque no dejara por ello de considerarlos dignos de publicación. Son especialmente destacables por su tono sincero y afectivo el poema III 5, dirigido a su esposa, el V 3, poema fúnebre dedicado a su padre, que proporciona muchos datos interesantes relativos a nuestro poeta, o el V 5, en el que llora la muerte del pequeño esclavo nacido en su casa al que adoptó.

No obstante, el campo preferido por el poeta era el de la epopeya, y si son sinceras sus palabras del proemio de la *Thebaida (Theb.* I, 17 ss.), fue por no sentirse aún capacitado para abordar la épica histórica cantando las hazañas bélicas de Domiciano por lo que se decantó por un tema mitológico, y compuso la *Tebaida,* en doce libros, como la *Eneida* de Virgilio, su modelo por excelencia. Su tema es la guerra de los siete contra Tebas, de amplísima tradición literaria, es decir, la coalición de caudillos griegos que marchó contra Tebas en apoyo de las reclamaciones de Polinices contra su hermano Etéocles, los dos hijos de Edipo. Está tratado con toda profundidad y amplitud, desde sus inicios hasta su desenlace, y entrecruzado, como veremos, por otras narraciones que sin duda lo enriquecen, pero que también a juicio de muchos lo desenfocan y dispersan.

Su segundo gran poema épico-mitológico, la *Aquileida,* pretendía incluso superar al primero, y en él se proponía contar toda la vida del héroe hasta su participación en la guerra de Troya. Comienza con la visita de su madre, la Nereida Tetis, al Centauro Quirón, a quien se ha encomendado su educación. Temerosa de que el héroe quiera participar en la guerra de Troya, lo envía a la isla de Esciros, junto al rey Licomedes, entre cuyas hijas se oculta, disfrazado de muchacha. Se narra luego la decepción de Deidamía, el descubrimiento de la identidad de Aquiles por parte de Ulises y Diomedes y la partida del héroe rumbo a Troya. Lamentablemente la propia muerte del poeta interrumpió su obra sin haber conseguido pasar del verso 167 del libro II.

Lengua y estilo. Técnica narrativa de la *Tebaida.* Universo anímico o espiritual

El estilo de Estacio se mantiene dentro del ámbito tradicional de la épica latina, pero presenta una serie de rasgos propios que lo caracterizan.

El relato está estructurado a base de escenas o cuadros de gran plasticidad (no olvidemos tampoco toda la tradición figurativa de que disponía el poeta), que generan inmediatamente en la mente del lector la imagen de lo que se narra. Cada escena está desarrollada al detalle, sin premura y con detenimiento, no importa si se trata de una secuencia básica para el argumento de la obra o secundaria. Están todas ellas, por otra parte, perfectamente engarzadas en la narración, de manera que no se leen como impostadas, por mucho que se alejen de la trama argumental principal.

Alguna de estas escenas constituye, de hecho, un episodio mítico completo e independiente. Así tenemos, por ejemplo, el relato de Adrasto a Tideo y Polinices la noche de su *anagnórisis* o reconocimiento, para explicarles el motivo de los ritos que se están celebrando en aquellos momentos en honor a Apolo (I, 556-668). Y sobre todo la historia de Hipsípila, que comienza en el libro IV, verso 739, con la narración del encuentro de ésta con las tropas griegas, y se prolonga a lo largo de todo el libro V hasta acabar en el VI. En esta composición en escenas cerradas en sí mismas, con un principio y un fin, retórica y barroco, las dos tendencias que dominan los gustos de la época, se combinan y explican asimismo la inclinación del poeta a lo grandioso y patético. Grandioso es, por ejemplo, todo el episodio protagonizado por Tideo, cuando asume voluntariamente la embajada a Etéocles para reclamar el trono debido a Polinices. Ocupa gran parte del libro segundo, del verso 375 al 742, final del libro, y tiene momentos de gran tensión y de emoción a un tiempo, sobre todo en la descripción de la emboscada urdida por el rey contra el mensajero.

El heroico enfrentamiento de Tideo contra sus cincuenta atacantes no es un invento de Estacio, formaba parte de la tradición épica en torno al ciclo tebano, y ya aparece mencionado en Homero, aunque allí no es Etéocles quien destaca a los emboscados, sino que son los propios tebanos quienes, irritados por haber sido derrotados por Tideo en toda clase de luchas, preparan la emboscada. Por cierto, también en Homero

(Ilíada IV, 397-398) deja vivo Tideo a uno de los cincuenta agresores, y éste es Meón, hijo de Hemón, un dato que no es invento de Estacio, como algunos han supuesto *(cf.* nota a *Theb.* II, 690 ss., de la traducción de A. Traglia y G. Aricò, p. 213). Tampoco es nueva en la épica la lucha de uno solo contra todos, la *monomachia,* pero sí que es nueva de algún modo toda la atmósfera cinematográfica, por así decir, que envuelve el episodio, uno de los más largos del poema.

En cada escena se usan y combinan hábilmente todas las técnicas narrativas: la narración en sí misma, el discurso o alocución, el diálogo, la descripción, etc., y esta combinación las dota de gran dinamismo y fuerza representativa. Brilla Estacio especialmente en el estilo directo. Si en la narración o en la descripción resulta a veces oscuro u opaco, en ocasiones enrevesado (ya hicimos referencia a la gran libertad que el poeta se permite en el uso de la lengua latina, con construcciones unas veces desconcertantes, que sorprenden por su forma y que resulta prácticamente imposible traducir literalmente, y otras excesivamente vagas e imprecisas, en las que se hace difícil discernir a qué se está refiriendo), se vuelve claro y arrollador en cuanto toma la palabra alguno de los personajes, humanos o divinos, y ni siquiera es necesario que sea un personaje determinado, pues a veces utiliza el recurso de poner la opinión general en boca de alguna persona indeterminada (I, 171-196), o incluso de un alma en pena (II, 19-25). Tampoco son raras las manifestaciones en boca del propio poeta. Aparte de la invocación a las Musas, un *topos* más del género, o del exordio y dedicatoria a Domiciano (I, 1-45), el poeta interviene a menudo en la narración de diferentes modos, sea para reprochar o enaltecer la actuación de tal o cual personaje (por ejemplo: I, 155 ss.; 638-640; III, 99-113), sea con breves sentencias (VI, 692 s.; XII, 494) o reflexiones personales, como la ocasión en que se duele, tras la caída de Polinices en la carrera de caballos de los Juegos Fúnebres en honor de Arquémoro (VI, 513-517), de que no encontrara éste entonces la muerte, evitando así llegar a batirse con su hermano (de ello se duele también el propio Polinices en dos ocasiones más, las dos relativas a su lucha personal con Tideo en los umbrales del palacio de Adrasto). Otras veces la intervención del poeta no es tan directa, aunque sigue haciéndose presente continuamente suministrando, como narrador omnisciente, datos complementarios, como por ejemplo el origen, ejecución y trayectoria del collar de Harmonía (II, 265-305).

La descripción desempeña también un papel primordial dentro de la obra. Descripción en el sentido más amplio de la palabra: desde la descripción física del paisaje o de la situación reales, como por ejemplo la tormenta que sorprende de noche a Polinices de camino a Argos (I, 345-363), hasta la de lugares y ocasiones ideales, como la asamblea de los dioses (I, 197-302) o las moradas de Marte (VII, 40-73) o del Sueño (X, 84-117). Abunda asimismo la descripción de todo tipo de objetos y obras de arte, ya sea imágenes (por ejemplo las sacadas en procesión en la ceremonia inaugural de los Juegos Fúnebres en honor de Arquémoro: VI, 268-294), copas labradas (como la pátera descrita en el banquete al que asisten Tideo y Polinices en el palacio de Adrasto: I, 543-551) objetos de adorno o de vestir suntuosos (como el collar de Harmonía: II, 269-288, o el manto de púrpura entregado como premio a Admeto en los juegos ya mencionados: VI, 540-547), o motivos repujados en los escudos de los héroes (IV, 132-135: escudo de Hipomedonte; 168-172: escudo de Capaneo; IX, 332-338: escudo de Creneo; XII, 665-671: escudo de Teseo).

En la pintura de caracteres es también Estacio de algún modo innovador. En general, sigue el patrón épico, que no se caracteriza por el retrato psicológico de los personajes, sino que éstos responden más bien a un tipo, y así los siete caudillos se nos graban en la memoria por un rasgo distintivo típico: el rey Adrasto, el clemente y magnánimo (en contraste con los dos reyes sucesivos de la parte contraria, Etéocles y Creonte, ambos fieros, despóticos e inhumanos); Polinices, el infeliz exiliado injustamente de su patria; Tideo, el bravo y leal, ardiente en su rabia hasta llegar al extremo de la antropofagia; Anfiarao, el adivino víctima de la avaricia de su esposa; Hipomedonte, el guerrero por excelencia, fiel a su causa y a sus compañeros; Partenopeo, el bello e ingenuo joven deseoso de glorias bélicas; Capaneo, el airado y descreído retador de los dioses. Algunos de ellos presentan sin embargo matices y llegan en ocasiones a ser versátiles: Polinices, siempre pensando en el trono perdido, siempre lleno de odio y rencor hacia su hermano, es sin embargo sensible primero a las súplicas de su madre, que viene junto con sus hermanas al campamento argivo a pedirle que se entreviste con aquél e intente llegar con él a un acuerdo (VII, 470 ss.), y más tarde y sobre todo a las de su hermana Antígona, cuando está ya al pie de los muros de Tebas, ha lanzado el reto a su hermano y se encuentra a la espera de que aquél responda (XI, 354 ss.). A punto está de darse la vuelta y renunciar al duelo con su hermano, sin que la Furia Meguera consiga restablecer su encono, hasta hacer necesaria la nueva intervención de la Furia Tisífone, que espolea a Etéocles y le hace salir a su encuentro.

Todos los personajes están por otra parte cargados de humanidad, lo que los hace reales y cercanos al lector. Edipo, el endurecido anciano cegado por sus propias manos, colérico y cruel con todos y consigo mismo, se deja al fin vencer por su corazón de padre y llora la desgracia de sus hijos (XI, 580 ss.), desgracia que él mismo ha impetrado, siendo así el verdadero desencadenante de la acción y en última instancia víctima también de ella.

Cargados de humanidad están incluso los dioses. El universo divino de la *Tebaida* es, lógicamente, el del mito, sobre el que descansa toda la teología poética, no sólo la de la épica. Este universo divino ya se sabe que no es, por otra parte, sino una proyección del mundo terrenal, y así los dioses son todos ellos antropomorfos, y, además de estar dotados de figura humana, tienen asimismo caracteres humanos y están llenos de pasiones y debilidades. Comenzando por Júpiter, clara proyección del monarca justo y ecuánime, ejecutor del castigo de los crímenes humanos. En ese papel favorece la guerra, dispuesto a aniquilar a las dos estirpes, la de Tebas y la de Argos, pese a la oposición de su esposa Juno, que intenta proteger a Argos (I, 248-282), y a la de Baco, defensor a ultranza de la patria de su madre, Tebas (VII, 145 ss.). Para ello no duda en utilizar todas las supercherías que se le ocurren, como la de enviar a Mercurio a los Infiernos para sacar de allí el alma de Layo, que, disfrazado del adivino Tiresias, atormentará a Etéocles y le decidirá a romper la alianza pactada con su hermano (II, 1 ss.). Sin embargo, permite que se sucedan o envía él mismo continuos presagios, visiones proféticas y sueños premonitorios de la catástrofe que se avecina (II, 248 ss.; III, 449 ss.; IV, 330-334, 383-404, 626-645; IX, 570-598), y cuando se ve obligado a actuar contra el blasfemo Capaneo, que a lo largo del poema no cesa de provocar la ira de los dioses y al final lo desafía a él mismo con una insolencia inaudita, no lo hace sino de mala gana, y como forzado por la insistencia de todos y la propia maquinaria celeste de truenos y borrascas, que se pone en marcha incluso antes de recibir sus órdenes.

Estos dioses de la *Tebaida,* que tienen un corazón tan humano («pensarías que sus corazones son mortales», apunta el propio Estacio en III, 253-254), que se irritan y se enternecen continuamente hasta las lágrimas, son además conscientes de que sus poderes son limitados. El *Fatum* es una fuerza universal que todo lo domina; contra ella no cabe resistirse. Apolo lo sabe bien: no puede salvar a su sacerdote Anfiarao, como vemos en el libro VII, por más que lo desee; lo único que cabe hacer es engrandecer sus actos finales, procurarle una muerte gloriosa, como hará igualmente en el libro IX Diana en el caso de Partenopeo. Guía esa Fatalidad ineluctable toda la acción, pero hay un atisbo de esperanza; la *Tebaida* no acaba con el duelo final de los hermanos, el poema no es un canto a la desesperanza y a la incapacidad humana de sobreponerse al destino.

Desde un ámbito distinto, que no es el de los dioses, ni tampoco el de la Naturaleza, aunque por ella se confiese creada la primera de estas dos potencias sobrehumanas (*cf.* XI, 455 ss.), *Pietas* y Clemencia (a describir el altar de la segunda, en Atenas, dedica el poeta un buen número de versos: *cf.* XII, 481-511) encuentran su más noble manifestación en la figura de Teseo, que va a enmendar de algún modo la acción, dándole una dimensión moralizadora. Va a llevar de nuevo y finalmente la guerra a Tebas, pero ahora contra Creonte, que impío e inclemente a ultranza se obstina en negar la sepultura a los cadáveres de los argivos. Con la muerte de éste se restablece la justicia. Argía y Antígona, que estaban siendo conducidas al suplicio por haber contravenido sus órdenes y haber entregado al fuego el cadáver de Polinices, se salvan así *in extremis*.

Las heroínas de la *Tebaida,* las dos ya mencionadas, pero también Hipsípila o Yocasta, son, por otra parte, descritas por Estacio con una fuerza de carácter y una seguridad en sí mismas pasmosas en un mundo tan masculino (con una joven leona es comparada Antígona, XII, 356-358, cuando consigue al fin salir de Tebas eludiendo a los guardias para buscar en el campo de batalla el cadáver de Polinices y cumplir con él los ritos funerarios), y salen todas ellas de algún modo triunfantes, salvo Yocasta, que acaba suicidándose con la espada de Layo (con la espada de Eeas se suicida, como se sabe, Dido en la *Eneida)* tras el duelo mortal de sus dos hijos.

De una comparación acabamos de hablar al referirnos a Antígona. Las figuras retóricas son, como es típico de la épica, un recurso muy empleado en el poema, pero ésta en concreto lo es especialmente. De hecho, en ocasiones parece que le cueste al poeta abandonar la estructura comparativa, y prácticamente las comparaciones se encadenan (por ejemplo II, 410-414, 418-420; VI, 854-861, 864-869; VIII, 358-362, 369-372, y luego 532-535, 544-547, 572-576, 593-596), llegando a sucederse una tras otra, como en XII, 12-14, 15-21.

En estas comparaciones logra a menudo el poeta imágenes muy representativas y de gran plasticidad. Están tomadas muchas veces de la naturaleza, en calma o embravecida, y con preferencia del ambiente marinero, como el navío víctima de los soplos de dos vientos contrarios con el que es comparado en I, 193-196, el pueblo de Tebas bajo las veleidades de los dos príncipes hermanos (tópico de la literatura antigua, la imagen del Estado como un navío enfrentado al oleaje), pero también con mucha frecuencia del reino animal. Con dos novillos rebeldes uncidos a una misma yunta, que rompen el aparejo y confunden los surcos, son comparados en I, 131-136, en una imagen muy contundente, Etéocles y Polinices. Con dos toros volverán a ser comparados en XI, 251-256, cuando lance Polinices su desafío a su hermano, mientras que en los versos 530-536, ya en el transcurso del duelo final, como dos jabalíes enfrentados los verá el poeta (con dos jabalíes los compara también Eurípides en *Las Fenicias).* De manera aislada Etéocles no es nunca comparado con un toro (animal que además de la bravura y el orgullo de casta representa la nobleza), pero sí con diversos animales: un tigre (II, 128-132), una serpiente (II, 411-414; XI, 310-314), o un lobo (IV, 363-368), mientras que sin embargo su hermano Polinices sólo con el toro es comparado (II, 323-330, IX, 82-85). Con varios animales se compara también a Tideo en una serie de acertadísimas imágenes: con el jabalí de Calidón (II, 469-476), cuyos despojos cubren de hecho las espaldas del héroe; con un león (II, 675-681, y IX, 189-195); con un toro de nuevo orgulloso de sus heridas (III, 330-335), e incluso (IV, 95-98) con una serpiente que ha mudado su piel y se yergue amenazadora («¡pobre del campesino que a través del césped se ponga a tiro de su boca abierta y libere sus fauces de su primer veneno!», comenta el poeta). Para exaltar los sentimientos afectivos se recurre también con frecuencia al reino animal, y así, en dos comparaciones muy emotivas, al ir en busca de Partenopeo es comparada Atalanta con una tigresa que sigue las huellas del caballo del cazador que se ha llevado a sus crías (IV, 315-316), y al descubrir Hipsípila el cadáver de Ofeltes, con el ave que regresa al nido cuando una serpiente no ha dejado ya allí de sus polluelos sino sangre y plumas (V, 599-604). Abundan también las comparaciones con escenas del mito y de la vida cotidiana. Los Centauros son unos de los seres fabulosos más recurrentes en ellas. El terror que provoca Hipomedonte a la grupa de su poderoso caballo es similar al que despierta con su gran envergadura el Centauro Hileo, que en una fantástica hipérbole capaz es de interceptar la corriente del río Peneo al lanzarse a ella (IV, 139-144).

La personificación o prosopopeya es asimismo muy frecuente. De personificaciones alegóricas encontramos por ejemplo en la morada de Marte (VII, 47-53) el Ímpetu insensato, el ciego Crimen, las Iras de enrojecido semblante, el pálido Miedo, las Asechanzas o la Discordia. De incontables Amenazas resuena el patio, mientras que en el centro se alza el Valor sumido en la tristeza, y sentados se hallan el exultante Furor y la Muerte armada. De igual manera, en la morada del Sueño (X, 89 ss.) guardan el umbral la sombría Quietud, el apático Olvido y la aletargada Pereza. El Ocio y el Silencio ocupan mudos su asiento en el vestíbulo y tendido junto al Sueño aparece representado el Placer, o bien el Trabajo, e incluso la Muerte (personificación muy frecuente en la poesía). Pero también podemos observar la constante humanización del paisaje, de las cosas o de los animales, que participan de los sentimientos humanos. Así, el monte Citerón exulta de alegría e impele a las Bacantes (II, 79-80), la isla de Delos siente temor de perder su asentamiento e invoca la ayuda de Apolo (III, 438-439), o el olmo que cae del monte abrazado a una viña se duele de aplastar con su peso las familiares uvas (VIII, 544-547). Del mismo modo el barco de los Argonautas se impacienta por partir y tensa las amarras (V, 469-470), gimen el carro y los caballos de Anfiarao al bajarse de él Apolo (VII, 790) o tremolan de espanto los estandartes y enmudecen trompetas y cuernos al enfrentarse los dos hermanos (XI, 409-410). Y en cuanto a los animales, sirva de muestra el caballo de Tideo, que, muerto aquél, se encabrita y rechaza a Hipomedonte cuando pretende montarlo, pero luego parece que entiende las palabras que éste le dirige y al final acepta con gusto a su nuevo jinete (IX, 204-219).

El gusto por los detalles truculentos, tan frecuentes en la épica, es también característico de este periodo, y se puede rastrear igualmente a lo largo de todo el poema en los diversos combates que se describen; baste como ejemplo la muerte de Euritión a manos de Partenopeo (IX, 749-757), con la víctima perdiendo de dos flechazos sucesivos la vista de ambos ojos, el primero de los cuales se arranca él mismo junto con la flecha, y persiguiendo aún, totalmente ciego, a su enemigo, medio arrastrándose entre cadáveres y suplicando indistintamente a compañeros de armas y enemigos la muerte.

Toda esa violencia descarnada se contrarresta sin embargo con momentos de extrema ternura, que encontramos sobre todo, pero no sólo, en las diferentes escenas de duelo a las que asistimos y que son, claro está, muy numerosas, en una continua sucesión de partes horribles y conmovedoras. Ya desde el inicio mismo de la acción, la sed de venganza de Edipo contra sus hijos hace entrar en escena a la Furia Tisífone, que va a ser un personaje más a lo largo del poema, con la ayuda al final de su hermana Meguera, cada una de ellas alentando y guiando en la lucha fratricida a un hermano. Pero si a partir de ese momento asistimos en efecto al desencadenamiento de los peores instintos del hombre, que obedecen y a la vez ponen en marcha la maquinaria del *Fatum* con el beneplácito de Júpiter, también desde el principio del poema se ponen de relieve una serie de valores éticos y sentimientos positivos en el corazón del hombre.

Entre los primeros, la conciencia del deber y el sentido de la responsabilidad, esos conceptos que aúna la palabra latina *pietas,* tan difícil de traducir. Esa virtud, consistente en reconocer y cumplir todos los deberes humanos esenciales, así como el valor y la presencia de ánimo se ven muy pronto eficazmente representados en la leyenda de Corebo (I, 605-666), que en boca de Adrasto se engarza con la venganza de Apolo (I, 596-604), y ésta, con la historia de Psámate, hija de Crotopo, y su hijo Lino (I, 557-595), ambos innominados, aunque el nombre del segundo se dará más adelante, que constituyen en bloque, los tres juntos, uno de los episodios ajenos a la trama argumental o digresiones de mayor extensión dentro de la obra. A este ensalzamiento de la *pietas,* personificada, como ya hemos visto, y considerada también la más alta de las divinidades *(summa deum Pietas: Silv.* III, 3, 1), obedece también en parte la descomunal amplitud del episodio de Hipsípila del que ya se ha hablado: todo el pormenorizado relato de la venganza de las lemnias conduce a la piadosa actuación de Hipsípila salvando la vida de su padre. En un juego de contrastes presente también en toda la obra, la propia Hipsípila se hará sin embargo culpable de la muerte del niño puesto a su cargo, al dejarse llevar, rasgo tan humano, por la necesidad de consuelo, de explayarse en el relato de sus cuitas, aprovechando la oportunidad que le ofrece con sus preguntas el rey Adrasto. La *pietas* se sigue ensalzando en otros muchos pasajes y personajes de la obra, y es posiblemente, como en Sófocles, la figura de Antígona la que mejor la representa.

En la historia de Psámate y Lino se ve además desarrollado con los más emotivos tintes uno de los rasgos que caracterizan también al poeta: la emoción que en él despiertan los vínculos afectivos, una emoción que sabe transmitirnos. En este caso se trata del estrecho lazo que une a la madre con el hijo, relación a la que el poeta es especialmente sensible. No es de hecho el primer ni el único ejemplo que hallamos dentro del poema de la exaltación de estos sentimientos; se encuentra ya muy pronto en la rápida alusión a Ino/Leucótea y Melicertes/Palemon (*cf.* I, 14), madre e hijo a quienes se vuelve a aludir en varias ocasiones (IV, 562; VI, 12-14, 421; X, 425; XII, 131 ss.); se ve igualmente en la tierna solicitud de Maya con el pequeño Mercurio (III, 462-465) o de Atalanta con Partenopeo (IV, 309 ss.); se describe incluso en el caso de una madre en funciones, podríamos decir, o sea, de una nodriza, con su pupilo, como ocurre en el caso de Hipsípila respecto a Ofeltes, y la volvemos a encontrar en el relato del triste fin del joven Creneo a manos de Hipomedonte, cuando en respuesta a los ruegos de su madre, hija del río Ismeno, éste se levanta contra el héroe (IX, 319-538). Este amor y solicitud maternos se destacan no sólo entre los humanos, pues sirven también de ejemplo en un sinfín de comparaciones dentro del mundo animal, como en IX, 115-119 (una ternera recién parida defendiendo de un lobo a su tierno novillo), en X, 414-419 (una leona velando por sus cachorros recién nacidos), o en 458-462, con el ave que torna al nido y desplegando sus alas salva a sus expectantes polluelos de precipitarse fuera en su ansiedad.

Pero no sólo el vínculo materno-filial es exaltado por el poeta; en realidad todos los vínculos afectivos lo son. Entre los familiares, no hay mejor ejemplo del amor fraternal que el que hallamos en la descripción de la muerte de los Tespíadas (II, 629-643), aunque lo podamos rastrear igualmente entre otros personajes, como es el caso de Polinices y Antígona. Del amor conyugal, sirvan ante todo de ejemplo las diferentes ocasiones en las que lo vemos representado en la relación de Polinices y Argía. Del que se da entre padres e hijos abundan también los ejemplos, y así como en el caso de la madre se destacaba el amor hacia el hijo, en el caso de la hija se destaca su relación con el padre; lo vemos en la entrevista de Argía con Adrasto al final del tercer libro, o en el libro cuarto en el episodio de adivinación protagonizado por Tiresias y su hija Manto, pero sobre todo en el libro quinto, con Hipsípila jugándose la vida para salvar a su padre, o en el libro onceno en la conmovedora solicitud que muestra Antígona por su padre Edipo y que la lleva a abandonar toda su acritud e incluso a humillarse ante Creonte para evitar el destierro de aquél.

Fuera del ámbito familiar se ensalzan también continuamente las relaciones afectivas. No hay mejor ejemplo de camaradería, de auténtica amistad que la que vemos nacer ya en el libro primero entre Polinices y Tideo desde su primer enfrentamiento en los umbrales del palacio de Adrasto. Los mismos sentimientos descubriremos en el libro décimo entre los dos guerreros Dimante y Hopleo. El episodio que ambos protagonizan constituye asimismo un vigoroso ejemplo de la lealtad del guerrero hacia su caudillo. La lealtad es de hecho otro de los valores de los que ofrece continuamente la *Tebaida* sublimes ejemplos. De lealtad a sus camaradas da asimismo Dimante excelsas pruebas al negarse a traicionarlos para conservar la vida e incluso garantizar una tumba a su caudillo Partenopeo. Y por lealtad también hacia su compañero muerto, por proteger su cadáver e impedir que las tropas tebanas se apoderen de él, muere en última instancia en el libro anterior Hipomedonte.

Fuentes, modelos, originalidad; aceptación y pervivencia de la *Tebaida*

En cuanto al tema sobre el que versa el poema, la materia había sido tratada, parcial o totalmente, desde antiguo. En el terreno de la épica, había sido objeto de un poema cíclico, por desgracia perdido, pero ya conocido por Homero, pues en algunos pasajes de la *Ilíada* (II, 572; IV, 370-410; V, 115-117, 800-808; VI, 222-223; X, 284-291; XIV, 113-125; XX, 345-347, 677-680) se alude a distintos episodios de la saga, sobre todo referidos a Tideo, ya que su hijo Diomedes participó en la guerra de Troya. También fue objeto de un famoso poema de Antímaco de Colofón (autor de finales del siglo V a. C.), igualmente perdido, y, antes de que la abordaran en mayor o menor medida los tres grandes trágicos griegos, tuvo también un tratamiento lírico, que ahora conocemos en parte por un papiro de Lille (P. Lille 76) descubierto en 1974 y editado en 1976 por G. P. Ancher y C. Meiller. Fue reeditado y comentado con el título de «La réplica de Yocasta» (en las líneas conservadas aparece la propuesta de Yocasta de reconciliación entre sus dos hijos) por J. Bollack, P. Judet y H. Wisman en *Cahiers de Philologie,* 2, 1977. Atribuido a Estesícoro por otros estudiosos, los autores de esta edición prefieren no pronunciarse por un autor determinado.

De las tragedias griegas con esta temática que han llegado a nuestros días, *Los Siete contra Tebas* de Esquilo, *Antígona*, *Edipo rey* y *Edipo en Colono* de Sófocles y *Las Fenicias* y *Las Suplicantes* de Eurípides, es *Las Fenicias* la obra que comparte más datos con la *Tebaida* de Estacio y puede haber servido mayormente de fuente a nuestro autor. Aparte de no tener este drama un protagonista único, sino que se destacan en él muchos de los personajes que encontramos también en Estacio, al par que se reviven la mayor parte de sus episodios, presenta innovaciones respecto a sus precursores que encontramos igualmente en nuestro autor. En primer lugar, se nos presenta a Edipo, no exiliado del reino, como aparece en Sófocles *(Edipo en Colono,* 428 y 1.357), sino recluido en palacio, aunque en Eurípides es prisionero de sus hijos, mientras que en Estacio se mantiene aparte y oculto por propia voluntad. El hecho de permanecer en palacio le da además a Estacio la posibilidad de hacer de él un personaje más del drama, en el que torna a aparecer en varias ocasiones. Lo mismo ocurre con Yocasta, que sigue viva y habitando también en el palacio tebano, mientras que en la versión más tradicional, la de Sófocles, se da muerte al descubrir que su esposo, Edipo, es a la vez su hijo. Tanto en Eurípides como en nuestro autor, la madre y esposa de Edipo juega un papel importante en el drama, en el que tiene intervenciones destacadas, como el encuentro con Polinices, aunque en el poeta trágico este encuentro precede al de Polinices con su hermano, mientras que en Estacio Polinices y Etéocles no llegan a entrevistarse. También la psicología de los dos hermanos está cerca de la versión euripídea. Etéocles es en Eurípides un tirano ávido de poder y dispuesto a cualquier crimen con tal de conservarlo, como en Estacio, mientras que Esquilo, en *Los Siete contra Tebas,* lo presenta como un monarca atento al bienestar de su pueblo. Polinices, en cambio, tanto en Eurípides como en Estacio, ya desde el principio del drama aparece como el justo litigante a quien asiste la razón en sus pretensiones al trono y en contra de su hermano. Por cierto que en la introducción a la traducción de *Las Fenicias* de la editorial Gredos, p. 86, sus autores, C. García Gual y L. A. de Cuenca y Prado, apuntan que este rasgo quizá no es original de Eurípides, sino que se subrayaba ya en la versión épica perdida de la *Tebaida*.

Tenemos también noticia de otros poemas homónimos al de Antímaco de época helenística, igualmente perdidos, y ya en Roma el poeta trágico Accio había tratado este tema en dramas como *Antígona, Epígonos, Las Fenicias, Tebaida*, de los que sólo poseemos fragmentos. El filósofo y dramaturgo Séneca, muy cercano en el tiempo a nuestro autor, tiene también dos obras inspiradas en el mito tebano: *Edipo* y *Las Fenicias.*

Disponía por tanto Estacio de una larga y riquísima tradición, gran parte de ella por desgracia perdida, por lo que, más que seguir en cada caso una sola y única fuente que habríamos perdido, debió de hacer uso de toda esa tradición con la misma independencia y desenvoltura que muestra en el seguimiento de sus modelos. Es por eso arriesgado suponer, en aquellos datos que sólo conocemos por su obra, que sean creación del poeta, tan respetuoso como es por otra parte con la tradición que le precede. Más bien es en el tratamiento de esos datos en el que puede verse la mano del poeta. Estacio recrea, amplifica, dramatiza cada episodio que recoge de la tradición, dotándolo de una entidad propia, pero es poco probable que se permita invenciones. El problema de intentar detectar sus fuentes se complica por otra parte aún más si pensamos en los diversos episodios míticos que se intercalan en el poema, básicamente la historia de Lino y Psámate, que da lugar a la venganza de Apolo y a la aparición del héroe Corebo, y el relato de Hipsípila, en el que se desarrolla ampliamente el episodio mítico del crimen de las lemnias y la muerte de Ofeltes/Arquémoro, que dará paso en el libro siguiente a la celebración de los Juegos Fúnebres.

En cuanto a los modelos formales de Estacio en esta obra, dentro del género épico al que pertenece el patrón por excelencia lo constituye Homero, que casi fija, por decirlo así, para sus sucesores las reglas de la épica. Ecos homéricos se perciben en varios pasajes, y así, por ejemplo, en el catálogo de las armas del libro II de la *Ilíada* está basado el correspondiente catálogo del libro IV de la *Tebaida,* a veces con una copia exacta del verso homérico. Pero es Virgilio, como ya dijimos y como el propio poeta declara, el modelo seguido básicamente por Estacio. La influencia de Virgilio se puede rastrear de múltiples formas dentro de la obra. Para empezar, en su estructura el poema sigue claramente a la *Eneida,* y así se puede dividir en dos partes de iguales dimensiones: del libro I al VI se narran los antecedentes y preliminares del conflicto, que no comienza de hecho hasta el libro VII y se prolonga con varias digresiones hasta el XII. Pero es también Virgilio el modelo básico de Estacio en la composición, así como en el empleo del vocabulario épico, por más que nuestro autor introduzca rasgos autónomos. Muchos versos presentan una cadencia similar *(cf.* por ej. *Theb.* I, 19: *bisque iugo Rhenum, bis adactum legibus Histrum,* y *En.* II, 218: *bis medium amplexi, bis collo squamea circum)* o expresan la misma idea en igual número de palabras (como en *Theb.* V, 29-30: *immania vulnera, rector, integrare iubes,* y *En.* II, 3: *Infandum, regina, iubes renovare dolorem).* Y en cuanto al prototipo o modelo arquetípico de algunas escenas, no hay mejor ejemplo que el episodio de Dimante y Hopleo *(Tebaida* X, 347-448) ya mencionado, formado sobre el modelo famosísimo de Niso y Euríalo del libro IX de la *Eneida,* como el propio autor declara y al que rinde tributo en la alabanza de los dos guerreros muertos que en persona hace (versos 442-448), declarándose además humildemente inferior al gran Virgilio *(quamvis mea carmina surgant inferiore lyra:* versos 445-446). No obstante, tampoco es la *Tebaida* un calco mecánico de su modelo, y así, por ejemplo, los juegos no aparecen en el libro V, como en la *Eneida,* sino en el VI, y la *Nekyia,* o descenso a los Infiernos, se da en el libro IV en lugar de en el VI.

Fuera ya del campo de la épica, modales formales de Estacio lo son también todos los grandes poetas romanos anteriores, y ha sido estudiada con detalle tanto la influencia de Ovidio como la de otros autores más próximos en el tiempo a nuestro autor, como Lucano o Séneca, e incluso contemporáneos, como Valerio Flaco, y hasta prosistas como Tito Livio. Pero en realidad, como en el caso de las fuentes, creemos que, más que seguir a un autor determinado, lo que trasciende de la obra es la fidelidad de Estacio, en cuanto a la forma, a la tradición del género épico, cuyos *topoi* convencionales conserva en su totalidad (presagios, apariciones y sueños premonitorios, constante intervención de los dioses, catálogo de guerreros, bajada a los Infiernos, etc.). No podemos olvidar tampoco la influencia de los mitógrafos y de la literatura erudita, mientras que en lo que se refiere al tono de la obra, a menudo se endulza con detalles propios de la poesía helenística (materia de enseñanza de su padre), además de estar influenciado por toda la escuela de la retórica, tan en auge en su época.

Estacio fue contemporáneo de Marcial, Valerio Flaco y Quintiliano, y vivió la mayor parte de su vida adulta bajo el reinado de la dinastía Flavia (Vespasiano, 69-79; Tito, 79-81, y Domiciano, 81-96), sobre todo de su último representante, Domiciano, que, si bien actuó como un autócrata despiadado en el terreno político, impulsó y favoreció el auge de las letras (él mismo tenía pretensiones literarias, *cf. Tebaida,* I, 32). Eran frecuentes en su tiempo las audiciones literarias, en las que los poetas declamaban sus poemas. La prosa oratoria subyace, pues, también bajo el tono declamatorio del poeta, destinado a despertar en el oyente o en el lector intensas emociones. Los nuevos gustos de la época, con su mezcla de géneros y estilos, encontraron ya críticas entre sus propios contemporáneos (véase Quintiliano, *Instit. orat.,* X, 2, 21-22), y cargan el poema de Estacio de efectos denostados después por una parte de la crítica como ficticios, exagerados, barrocos y finalmente vacuos. La atmósfera teatral que envuelve muchas escenas se ha juzgado más bien un artificio literario, una trampa para seducir al lector. Los vicios de escuela, derivados de la formación retórico-literaria del autor, dan a la obra, según algunos (véase Rostagni, p. 77), una afectada pesadez, volviendo la narración dispersa y excesivamente prolija en detalles secundarios, como las descripciones de todo tipo que la inundan, y la abundancia de alocuciones o intervenciones directas de los personajes, no siempre principales.

Hoy se intenta más bien leer el poema a la luz de la evolución sufrida por el género épico en los tiempos posteriores a Augusto, salvar la tendencia a interpretar a su autor como clasicista o anticlasicista y tratar de entender ese fenómeno literario tan complejo que, mientras pretende demostrar su fidelidad a las estructuras tradicionales repitiéndolas hasta la saciedad, incorpora y articula en su organigrama componentes diversos que se resisten a ser catalogados y analizados bajo rígidos esquemas.

La obra de Estacio halló muy buena acogida en su época. Los mismos ataques de sus contemporáneos dan fe de la popularidad de que gozaba. Ya se ha citado el testimonio de Juvenal (Iuv. 7, 82 ss.), que, a pesar de la ironía que despliega, nos informa de las carreras que se formaban para asistir a un recital de su *Tebaida* anunciado por el poeta, y del gusto con que lo escuchaba el pueblo. No hay ningún otro testimonio directo de los escritores de su época referido a Estacio (y ese silencio mismo parece implicar cierta repulsa), pero el sarcasmo, con el que a menudo se expresa Marcial a propósito de los largos poemas épicos de tema mitológico y de sus personajes, se ha interpretado generalmente, y probablemente con razón, como una condena implícita a la obra de nuestro poeta. Tómese como ejemplo el epigrama dedicado a Nigrina (IV, 75), esposa de Antistio Rústico, a la que el poeta felicita por haber unido su patrimonio al del marido, testimoniándole así su amor en vida sin esperar a la muerte. Este hecho la hace, según Marcial, superior a Evadne, que se arrojó a la pira de su esposo Capaneo (como se narra en la *Tebaida*). Al margen de todo ello, tenemos además el testimonio del propio Estacio, que en los versos que cierran el poema se congratula de la popularidad de que goza desde su aparición y de la atención que ha recibido por parte del propio emperador (*cf. Theb.* XII, 810 ss.).

Las audiciones públicas, campo en el que era imprescindible una buena voz, así como una dicción, un tono y una expresión convincentes, debieron de ser fundamentales también para esta buena acogida de la *Tebaida,* pues parece que en todo ello nuestro poeta triunfaba. Juvenal habla de su agradable voz (*vocem iucundam, Sátiras* VII, 82) y de su dulzura (*dulcedo, ibidem,* 84), y es en estas cualidades declamatorias en las que pensaba sin duda Dante al poner en boca del propio Estacio esta definición de su arte: «Tanto fu dolce mio vocale spirto» (*Purg.* XXI, 88).

En la época inmediatamente posterior, bajo la dinastía Antonina, decayó sin embargo su fama, y no es de extrañar, no sólo porque los gustos comenzaran a cambiar y se produjera una vuelta a los escritores antiguos, sino también porque, tras la muerte de Domiciano, hubo una auténtica *damnatio memoriae* y la crítica a su gobierno alcanzó al poeta, considerado un adulador del régimen. Pero ya en los últimos tiempos de la literatura latina volvió a ser leído e imitado por autores como Ausonio, Claudiano y Sidonio Apolinar, y tanto la *Tebaida* como la *Aquileida* fueron comentadas por Lactancio Plácido en la colección de escolios que nos ha llegado bajo su nombre.

El comentario de Lactancio, si bien contribuyó a difundir el conocimiento de Estacio y a divulgar su fama en el Medievo, lo hizo sólo como autor de los dos poemas épicos, pues las *Silvas* dejaron de ser conocidas a partir del siglo X. Dada la importancia de esta obra por su rico contenido autobiográfico, ello ocasionó que se perdieran los datos relativos a la vida de

Estacio y se divulgaran sobre ella noticias y rumores falsos. Ello explica la confusión de Dante, que hace a nuestro autor originario de Tolosa.

Dante fue en efecto admirador de Estacio, muy seguido e imitado en la Edad Media, de quien se hizo acompañar en su recorrido por el Purgatorio de su *Divina Comedia*. A lo largo de los Cantos XXI y XXII, el alma de Estacio se suma en efecto a la de Virgilio como acompañantes ambas de Dante, y al dar noticias de su pasada existencia, menciona la gloria y fama de que gozó en el mundo, y se declara en ello deudor de la *Eneida* y ferviente admirador de Virgilio, por haber sido contemporáneo del cual con gusto pasaría un año más en el Purgatorio (XXI, 100-102). Virgilio contesta a Estacio que ya sabía de su admiración por Juvenal, con quien se encontró en el Limbo (XXII, 13-15), y manifiesta su extrañeza por el carácter avaro de su nuevo amigo (pues en el área reservada a los avaros lo ha encontrado). Se defiende Estacio de ese reproche de avaricia afirmando que más bien combatió en vida ese vicio, cayendo en el defecto contrario de la prodigalidad, a cuyo castigo se debe el que ocupe ese mismo lugar en el Purgatorio (XXII, 34-54). Nuevo reproche de Virgilio: el contraste entre la fe cristiana que ahora parece manifestar el alma de Estacio y su invocación a las Musas, y en concreto a Clío, a la hora de componer la *Tebaida*. De esta contradicción también se defiende nuestro poeta, advirtiendo a Virgilio que él fue el primero que lo envió a beber en las fuentes del Parnaso, aunque también fue él quien lo guio hacia Dios, y cita casi literalmente (XXII, 70-72) los famosos versos del poeta mantuano (*Bucólicas* IV, 5-7), en los que parece haber una premonición del advenimiento de Cristo, afirmando con vehemencia: «por ti poeta fui, por ti cristiano» (XXII, 73). Dante hace, por tanto, a Estacio declararse abiertamente cristiano, y afirmar luego haber socorrido a cuantos cristianos pudo en la persecución contra éstos de Domiciano, llegando incluso a confesar haber sido bautizado en secreto, aunque por temor no abjuró del paganismo (XXII, 89-91).

Dante y Boccaccio son los más grandes escritores que, no sólo en Italia, contribuyeron a divulgar la fama de Estacio como poeta épico en la Edad Media. Pero había además toda una corriente que favorecía su difusión, pues los relatos épicos despertaban en esta época un gran interés entre el pueblo. En Francia, por ejemplo, se crearon numerosos poemas sobre temas clásicos, los distintos *romans,* y en lo que concierne a nuestro autor, la *Tebaida* fue la fuente principal del *Roman de Thèbes,* de mediados del siglo XII, escrito en 10.000 versos por un clérigo anónimo, aunque al parecer no está basado propiamente en el poema de Estacio, sino en un epítome o resumen de la obra, y se añaden además episodios ajenos a ésta (G. Highet, *La tradición clásica. Influencias griegas y romanas en la literatura occidental,* traducción de A. Alatorre, México, 1954, tomo I, p. 95).

En este *Roman de Thèbes* se basa también al parecer el relato sobre la historia tebana que aparece en la parte segunda de la *General Estoria* de Alfonso X el Sabio, escrita en el siglo XIII. Se conservan allí detalles del poema de Estacio tan particulares como la aseveración de que los hijos de Edipo hollaron los ojos de su padre (240) o la descripción que se hace de Adrasto en la tormentosa noche en que arriba Polinices a su palacio. Se dice en efecto del rey que no era del linaje de los reyes de Argos, «mas fuera natural de una isla de Sicionia», «e non avié fijo varón ninguno» (244). En la embajada de Tideo ante Etéocles, una vez que éste se niega a devolver el reino a su hermano, Tideo le advierte asimismo «refaz apriessa tus muros e afortalece tus torres, e trabájate de buscar ayudas» (262). Y finalmente en la escena de la emboscada, en la que los cincuenta guerreros enviados por Etéocles para matar a Tideo han salido igualmente de la ciudad por un atajo y llegado al bosque de la Esfinge antes que él (264), Tideo «vio a la claridat de la luna reluzir los escudos d'aquella compaña» (265). La intervención de Teseo (al que se llama duc de Atenas) pone también fin al relato con la guerra de castigo contra Tebas y la muerte de Creonte, y es de señalar que durante las honras fúnebres tributadas a los cadáveres argivos, en la pira que comparten Etéocles y Polinices (¡por mandato de Adrasto!), «las llamas allí ó salién de los cuerpos en uno partiéronse, e desí venién unas contra otras e combatiénse» (314).

El descubrimiento de las *Silvas* a comienzos del Quattrocento por obra de Poggio Bracciolini, al margen de su innegable valor, tuvo como consecuencia el descenso de popularidad de los dos poemas épicos de Estacio durante el Renacimiento, pues eruditos y poetas se volcaron en la nueva obra desconocida del poeta. En España, por otra parte, la falta de traducciones en nuestro idioma de la *Tebaida* de Estacio contribuyó sin duda a la escasa pervivencia que de esta obra se detecta en los autores de nuestro país. Juan de Arjona comenzó en el siglo XVI su traducción íntegra en octavas reales, terminada a su muerte por Gregorio Morillo, pero, como ya se ha dicho, lamentablemente quedó inédita; se conservó sólo en tres manuscritos, hecho que la privó de difusión hasta editarla Adolfo de Castro a mediados del siglo XIX (Madrid, Rivadeneyra, 1855; y luego Madrid, Vda. de Hernando, 1888). En la épica culta del Siglo de Oro sólo puede citarse de hecho una obra de la que Estacio pueda considerarse con propiedad fuente importante. Se trata del *Bernardo* de Bernardo de Balbuena, clérigo nacido en Valdepeñas en 1562 y fallecido en San Juan Bautista, de Puerto Rico, en 1627. En esta obra sí que se detecta una profusa *imitatio* de Estacio, sobre todo en el uso de las comparaciones. Las comparaciones, como ya hemos visto, constituyen uno de los recursos más empleados por Estacio en la *Tebaida*, y de hecho es en este campo en el que podemos encontrar algún otro eco de nuestro autor. Como señala María Rosa Lida *(La tradición clásica en España,* Barcelona 1975 –hay nueva edición–, p. 44), en el libro VII de su *Arauco domado* Pedro de Oña, autor del siglo XVII, nos ofrece esta comparación, claro eco de la *Tebaida* de Estacio (V, 599-604):

como la querellosa filomena
que cuando al nido fue con la comida
no vido en él si no es algunos pelos,
reliquias de los huérfanos hijuelos.

La única diferencia con los versos correspondientes de Estacio es que nuestro poeta habla de un ave en general, no de un ruiseñor (metamorfosis de la Filomena del mito).

El texto de la *Tebaida*

Debido a la enorme popularidad de la que gozó en la Edad Media y en el Renacimiento, los manuscritos del poema son muy numerosos. Se dividen básicamente en dos grupos, el primero de los cuales está representado por un único códice, el *Puteanus* (Parisinus 8051), de finales del siglo IX, mientras que el segundo agrupa una serie de manuscritos de los siglos X y XI, derivados de un códice desaparecido, pero anterior al *Puteanus* en un siglo aproximadamente. A ambos grupos se hace normalmente referencia mediante las letras P y omega minúscula respectivamente.

Hay notables diferencias entre los dos grupos, que con frecuencia no se pueden atribuir meramente a errores textuales. La edición de J. H. Mozley, publicada en *The Loeb classical Library,* cuyo texto sigo en esta traducción, prefiere habitualmente la lectura de P, incluso en los casos en los que se hace más difícil de entender. Así lo hago yo también generalmente, y son muy pocas las ocasiones en las que adopto la lectura de omega o alguna conjetura propuesta, dando cuenta de ello en la nota correspondiente. Éstos son en concreto los pasajes en cuestión:

III, 558: *semita* de omega, en lugar de *semina* de P, que figura en el texto de Loeb.
V, 682: *et,* de P y omega, en lugar de la propuesta de Barth, *at.*
VI, 212: *rapto,* sugerencia de Phillimore y E. H. Alton apuntada en nota por la edición de Loeb, en lugar de *rapti* de los manuscritos, preferido en el texto de Loeb.
IX, 249-250: *pedumque remigio sustentat equum*, de P y omega, en lugar de las correcciones de Housman *pedum quem* y *equus,* que prefiere la edición de Loeb.
XI, 245: *te solum in proelia poscens.* Sin cerrar comillas con otros editores, como D. E. Hill, Leiden 1996, en lugar de cerrarlas, como prefiere la edición de Loeb.
XII, 800: *instraverit* de omega, en lugar de *impleverit* de P, que figura en el texto de Loeb.

Argumento de cada libro

Libro I

Exordio y dedicatoria a Domiciano. Invocación de Edipo a la Furia Tisífone, que siembra la discordia entre los dos hermanos, Etéocles y Polinices. Resuelven repartirse el poder reinando alternativamente un año cada uno. La fortuna favorece a Etéocles, y Polinices sale desterrado de Tebas. Asamblea celeste de los dioses. Júpiter, pese a la oposición de Juno, decide castigar a Tebas y también a Argos. Mercurio, enviado por Júpiter, saca del Infierno el fantasma de Layo para llevarlo a Tebas e incitar a Etéocles a no respetar el pacto con su hermano ni devolverle el reino. Entretanto, en su vagar, Polinices arriba a Argos en medio de una tormenta que lo fuerza a refugiarse en los umbrales del palacio. Encuentro con Tideo y lucha encarnizada entre ambos. El rey Adrasto los reconcilia y reconoce además en ellos a los yernos que un oráculo de Apolo le había pronosticado. Banquete en palacio con la primera aparición de Argía y Deípile, que conocen así a sus futuros maridos. Relato por parte de Adrasto de la historia del héroe Corebo, para explicar la festividad en honor a Apolo. Himno del rey a Apolo, que cierra el Canto.

Libro II

Mercurio saca del Infierno el alma de Layo y la conduce a Tebas para exhortar a Etéocles a desconfiar de su hermano y no devolverle el trono pactado. En Argos, Adrasto casa a Argía y Deípile con Polinices y Tideo respectivamente. En el templo de Minerva se producen augurios funestos que espantan a todos. La causa es el maldito collar de Harmonía, regalo de Polinices, que Argía lleva puesto. Descripción de la joya, fabricada por Hefesto. Concilio de Adrasto con Polinices y Tideo, que asume espontáneamente la misión de ir a Argos a reclamar el trono para Polinices. Viaje de Tideo a Argos y entrevista con Etéocles, que se niega a satisfacer su petición. Partida de Tideo y emboscada urdida contra él por Etéocles y llevada a cabo por cincuenta guerreros en el paraje maldito donde se ubicó la Esfinge. Matanza de éstos por parte de Tideo, dejando vivo sólo a uno, el adivino Meón, para que sea emisario de lo ocurrido. Trofeo levantado por Tideo en honor a Minerva y discurso de agradecimiento antes de regresar a Argos.

LIBRO III

Incertidumbre de Etéocles en Tebas y llegada de Meón, que comunica la victoria de Tideo y la muerte de todos sus compañeros, y recrimina su maldad al rey. Antes de que éste castigue su atrevimiento, se atraviesa el pecho con la espada. Mientras los suyos retiran su cadáver, manda Etéocles que no se le dé sepultura. Elogio de su bravura por parte del poeta. Salen los tebanos a sepultar y llorar a sus muertos. Júpiter manda a Marte que soliviante a los argivos contra Tebas. Venus le sale al encuentro para abogar por Tebas. Respuesta de Marte, que obedece a Júpiter. Llega a Argos Tideo y relata el resultado de su embajada y la traición de Etéocles. Se encienden los ánimos pidiendo declarar la guerra a Tebas. Adrasto los apacigua asegurando que llegará el momento de cobrar venganza. Marte va por toda Grecia incitando a los pueblos a alzarse en armas contra Tebas. Los arúspices Anfiarao y Melampo, enviados por Adrasto a consultar los cielos, obtienen presagios adversos, que Anfiarao calla durante doce días, manteniéndose retirado. Mientras las tropas se congregan ante sus puertas aparece Capaneo, que recrimina al vate su actuación y exige su salida. Comparece al fin Anfiarao ante las tropas, a las que intenta disuadir de ir a la guerra. Nueva intervención de Capaneo que amenaza al vate abiertamente. Ante la angustiosa ansiedad de Polinices, su esposa Argía va a ver a su padre Adrasto y le pide que acelere la guerra, obteniendo la promesa de que ésta se declarará en el momento oportuno.

LIBRO IV

Belona anuncia la guerra en Argos. Se hacen los sacrificios pertinentes sin obtener presagios favorables. Despedida de los soldados. Catálogo de los guerreros, entre los que figura a su pesar Anfiarao, forzado por su esposa Erifile, en cuyas manos se halla finalmente el codiciado collar de Harmonía. Alabanza de la juventud y belleza del arcadio Partenopeo, al que su madre Atalanta intenta detener sin conseguirlo. Se preparan en Tebas sin ningún entusiasmo para la guerra, y crece el temor ante un nuevo prodigio: una tíade en trance baja de los montes profetizando el desastre y la muerte de los dos hermanos. Etéocles encarga al adivino Tiresias consultar los presagios, y éste, asistido por su hija Manto, realiza un ritual de necromancia, haciendo finalmente salir a las almas del Infierno y consiguiendo que el alma de Layo declare oscuramente los lances de la guerra. Mientras tanto las huestes griegas han llegado ya a Nemea. Intervención de Baco para atrasar la guerra haciendo que las Ninfas y divinidades acuáticas se retiren. Se seca el caudal de fuentes, ríos y lagunas, con excepción de Langia, que conserva por mandato del dios su floresta y su manantial. Padece el campo argivo cruel sed y destaca Adrasto a su gente en busca de agua. Encuentro con Hipsípila, aya de Ofeltes, hijo del rey Licurgo, a la que Adrasto confunde con una divinidad y ruega que los socorra. Dejando ella en la yerba al niño, los conduce hasta el río Langia, donde consiguen saciar su sed. Uno de los griegos bendice la corriente y le agradece el beneficio recibido.

Libro V

Reemprenden los griegos la marcha y a instancias de Adrasto Hipsípila comienza a relatar su historia, identificándose como hija de Toante, rey de Lemnos. Narración de la matanza por parte de las lemnias de todos los hombres del país, inspirada por Venus en venganza de que aquéllas abandonaran su culto. Aterrorizada, también Hipsípila se ha conjurado con ellas para el crimen, pero sin pensar ejecutarlo. En lugar de ello, levanta una falsa pira y finge haber matado también ella a su padre, a quien en realidad ha puesto a salvo en una barca, siendo nombrada reina como su sucesora. Llegada a Lemnos de Jasón y los Argonautas. Recibidos primero hostilmente por las lemnias, que los confunden con enemigos tracios, son finalmente acogidos por aquéllas en sus casas y en sus lechos, e Hipsípila se une a Jasón, de quien tiene dos hijos gemelos. Pasado un tiempo, reemprenden su viaje los Argonautas, descubren las lemnias el engaño de Hipsípila, huye ésta de su tierra y es apresada por unos piratas, que la venden a Licurgo, rey del país. Mientras Hipsípila relata su historia, el pequeño Ofeltes, que ha recorrido el campo en busca de su nodriza, muere víctima de una serpiente considerada sagrada. Llegan sus quejas a oídos de su nodriza, sale corriendo Hipsípila en su búsqueda y descubre primero al animal, alertando a los griegos, que lo atacan hasta que acaba con él Capaneo. Descubre luego Hipsípila el cadáver de Ofeltes, sobre el que se lamenta y con el que regresan todos en largo cortejo a la ciudad. Sale a su encuentro el rey Licurgo, que se lanza sobre Hipsípila dispuesto a darle muerte, pero los caudillos griegos la defienden. Se alzan unos y otros dispuestos a llegar a las manos, pero primero Anfiarao, y luego Adrasto, consiguen calmar los ánimos. Aparecen los dos hijos de Hipsípila y Jasón, que en el ínterin han llegado al palacio de Licurgo en busca de su madre, y se produce el inesperado reencuentro. Anfiarao toma la palabra e indica lo que se ha de hacer: rendir al pequeño, a quien a partir de ahora se honrará como un dios con el nombre de Arquémoro, honores perdurables.

Libro VI

La Fama pregona por toda Grecia los nuevos festejos y juegos para los que los griegos se adiestran, mientras la madre del niño se lamenta y Adrasto intenta consolar en vano al padre. Descripción de la soberbia pira levantada a Arquémoro. Se talan los bosques para una segunda pira que expíe el crimen de la serpiente y ofrezca un holocausto por la guerra. Se levantan dos aras igualmente. Durante las solemnes exequias, Eurídice renueva sus lamentos y maldice a Hipsípila, a la que pide que arrojen a la pira, ofreciendo lanzarse asimismo ella. Licurgo arroja al fuego su cetro y sus insignias de sacerdote de Júpiter, y ofrece asimismo sus cabellos, que corta. Siete escuadrones griegos a caballo realizan sus evoluciones rituales en torno a la pira, arrastrando sus pendones por el suelo, ceremonia que repiten en el otro fuego, arrojando en ofrenda parte de su armamento. En nueve días se completa el templo dedicado a la nueva divinidad. Se convocan los Juegos Fúnebres, a los que acuden gentes de todas partes. Solemne desfile de inauguración, en el que figuran las imágenes de los ancestros. Se abren los juegos con la carrera de carros, en la que destaca Aríon, el caballo de Adrasto, guiado por su yerno Polinices. Contempla Apolo Nemea desde las cimas del Parnaso y se indigna de que participen en ella dos de sus favoritos, Admeto y Anfiarao, pero al final se inclina por favorecer al segundo, cuya muerte está cercana. Cuando ya la carrera toca a su fin, suscita el dios un horrible fantasma que espanta a Aríon, que va en cabeza, haciéndolo encabritarse y tirar al suelo a Polinices. Favorecido por su padre Neptuno, alcanza igualmente Aríon el primero la meta, pero sin auriga, con lo que queda para el corcel la gloria y la victoria para el vate. También a Admeto se le otorga un premio por sus merecimientos. La carrera a pie constituye la segunda competición y en ella destaca Partenopeo, pero ha de repetirse debido a la trampa de Idas, su principal adversario, que en la primera carrera consigue aventajarlo agarrándolo por el cabello. En la tercera prueba, el lanzamiento de disco, obtiene el triunfo Hipomedonte. En la cuarta, el pugilato, se enfrentan Capaneo y Alcidamante, pupilo del propio Pólux. Vence el segundo, pero Capaneo no lo admite, y entra en cólera queriendo matar a su contrario. Manda Adrasto que los aparten, y les entrega iguales premios. En el quinto juego, la lucha libre, vence Tideo a Agileo. Polinices y Agreo se disponen a enfrentarse en esgrima, pero Adrasto decide dar por finalizadas las pruebas. Él mismo participa finalmente tirando al arco, pero ocurre un nuevo prodigio, y la saeta, después de alcanzar la meta, torna atrás hundiéndose de nuevo en su carcaj. Se dan diversas explicaciones del suceso, pero su significado no es otro que el de que sólo Adrasto tornará de la guerra.

Libro VII

Enojado Júpiter de las fiestas en que los griegos se entretienen, envía a Mercurio para que recuerde a Marte su compromiso. Descripción de la morada de Marte, a donde retorna en esos momentos el dios, y tras recibir el aviso de Mercurio, parte de nuevo inmediatamente henchido de cólera. Clausura Adrasto los juegos instaurando el festival que se celebrará a partir de ahora cada tres años: los Juegos Nemeos. Cerca ya de Nemea ordena Marte al Pavor adelantarse y hacer creer a los argivos que los tebanos los atacan. Desciende luego él mismo sobre los hombres, que al punto se alborotan y retoman las armas. Baco presenta a Júpiter sus quejas por la ruina que amenaza a Tebas y es consolado por el Padre de los dioses. Etéocles recibe en Tebas las nuevas del avance del enemigo y hace acopio de sus contingentes, que se van aproximando a la ciudad. Catálogo de las fuerzas tebanas, que le va describiendo a Antígona, situada en una torre cercana, el anciano Forbante, antiguo escudero de Layo. Discurso de bienvenida y arenga de Etéocles a las tropas que vienen en su auxilio. Disposición de los distintos puestos que deben ocupar. Avanzan los dánaos mientras tanto, sin hacer caso de los portentos que se van sucediendo a su paso, y llegan ya a la vista de Tebas, montando su campamento en un lugar favorable. Yocasta se dirige con sus dos hijas al campamento griego a intentar convencer a Polinices de que vaya con ellas a Tebas y se entreviste con su hermano. A punto está de conseguirlo, pero interviene Tideo, que le recuerda a su amigo las malas artes de Etéocles. Provoca además la Erinis el primer enfrentamiento devolviendo su fiereza anterior a dos mansos tigres del carro de Baco que libres se movían por el campo, y éstos se echan sobre los argivos cuando llevaban a abrevar a sus caballos. El arcadio Aconteo persigue a las fieras hasta los muros de Tebas y las abate con una lluvia de dardos. El tebano Fegeo abate a su vez al arcadio. Huyen Yocasta y sus hijas del campo griego, mientras Tideo llama a las tropas al combate con los tebanos que vienen a atacarlos. Primera y sangrienta batalla. Se destaca en ella Anfiarao matando a muchos enemigos. Hipseo, hijo del Asopo, intenta acabar con él, pero Apolo desvía su dardo, que abate a Herses, auriga de Anfiarao. Toma Apolo su lugar asumiendo los rasgos del lerneo Haliacmón, y realiza entonces Anfiarao prodigios de bravura. Al fin revela el dios a su adivino su identidad y le avisa de su inminente muerte. Se despide Anfiarao de Apolo, encomendándole el castigo de su abominable esposa. Salta el dios afligido del carro de Anfiarao. Se abre la tierra y sepulta al ileso adivino con su carro y sus caballos.

Libro VIII

Sorpresa e indignación de Plutón ante la insólita irrupción del vate, que alborota los Infiernos. Templa Anfiarao su furia dándole todas las explicaciones pertinentes. Entretanto en la tierra se apartan todos llenos de aprehensión del lugar en el que ha desaparecido el adivino con su carro y sus caballos, y lleva un emisario la noticia a Adrasto, noticia que se ve confirmada por otros testigos y engrandecida por los rumores. Mientras los griegos se lamentan de la pérdida de Anfiarao, se regocijan los tebanos y pasan la noche celebrando su victoria. El mismo Edipo participa en los festines. En el consejo reunido por Adrasto para nombrar un sucesor de Anfiarao resulta elegido Tiodamante, que celebra un solemne sacrificio a la Tierra, pidiéndole que admita a los griegos en su suelo. Rinde además honores a Anfiarao simulando sus exequias. Salen en masa los tebanos por las Siete Puertas de la ciudad. Se traba el segundo combate, en el que se destacan Tideo en el campo griego y Hemón en el tebano. Tras causar grandes estragos, se enfrentan finalmente ambos héroes, asistido cada uno por un dios, Tideo por Palas, Hemón por Hércules. Abandona este último ante la presencia de la diosa, y es Hemón fácil víctima de Tideo, pero Palas impide que su herida sea mortal en consideración a Hércules. Sigue Tideo abatiendo enemigos, y arremete al fin contra el joven Atis, prometido de Ismene, que no deja de provocarlo. Herido de muerte, es conducido el joven a palacio, donde Yocasta se lo muestra a Ismene, ante la cual entrega aquél su alma. Continúa la encarnizada batalla, en la que triunfa Tideo. Busca el héroe a Etéocles, y al fin traba combate con él, pero impide la Erinis que lo mate, reservándolo para el duelo con su hermano. Acosan los tebanos a Tideo defendiendo a su rey, y al fin la lanza de un insignificante guerrero, Melanipo, lo alcanza en el vientre abriéndole una herida mortal. Consigue aún Tideo malherido acabar con aquél, y pide a sus compañeros antes de morir que le traigan su cabeza. Le trae su cadáver Capaneo, manda Tideo que le corten la cabeza y hunde en ella sus dientes. Palas, que regresa de pedir la inmortalidad del héroe a Júpiter, se aleja espantada de la escena.

LIBRO IX

La saña mostrada por Tideo espanta a ambos ejércitos, e incita Etéocles a los suyos a hacerse con su cadáver. Gran duelo de Polinices sobre los restos de Tideo, pretendiendo incluso quitarse la vida. Adrasto lo aparta del cuerpo. Acuden los tebanos con su rey a la cabeza para llevarse el cadáver, que defiende Hipomedonte, causando gran mortandad entre el enemigo. Bajo la apariencia del inaquio Halis, engaña Tisífone al héroe haciéndole abandonar el cuerpo, del que se apoderan los tebanos. Descubierto ya tarde el engaño, monta Hipomedonte en el caballo de Tideo y se lanza en persecución de aquéllos, arrojándose tras ellos al río Ismeno. En sus aguas hace gran masacre de enemigos, dando muerte también al joven e ingenuo Creneo, hijo de una de las Ninfas del río. Desolada, recorre su madre las aguas en busca de su cadáver, que al fin recupera ya en la desembocadura gracias a unas Nereidas que se lo hacen llegar. En sus brazos lo trae de regreso hasta la orilla del río, donde lo deposita, quejándose amargamente a su padre. Monta el Ismeno en cólera, invoca a Júpiter e igualmente a Baco y acrecienta su caudal haciendo acopio de las aguas de todas sus fuentes. Lucha encarnizada del héroe, que mientras tanto ha perdido su montura, y de la hostil corriente. Viéndose perdido, invoca Hipomedonte a Marte pidiéndole morir por el hierro, como un hombre. Acude Juno ante Júpiter en defensa de su protegido, y finalmente hace aquél con un gesto aplacarse las aguas. Alcanza rendido el héroe la orilla, pero allí es abatido por los enemigos. Le arrebata Hipseo la espada y la celada y con ellas se pasea orgulloso por el campo. Capaneo acaba con él, lo despoja de su escudo, así como de la espada y casco de Hipomedonte, y arroja sobre el cadáver de su compañero a guisa de túmulo todas las armas. Turbada por las infaustas imágenes que le trae el sueño, acude Atalanta al santuario de Diana para pedirle que proteja a su hijo Partenopeo. Se dirige la diosa a Tebas dispuesta a intervenir, pero Apolo le sale al paso y le hace desistir de su propósito. Penetra no obstante la diosa en el campo para procurarle a su protegido la muerte más gloriosa posible, ya que no puede evitarla. Vacía el carcaj del muchacho sin que éste se percate, y lo llena de nuevo con sus propios dardos. Lleva entonces a cabo Partenopeo una auténtica masacre. Enfrentamiento con Anfíon, que está a punto de abatirlo. Bajo la apariencia de Dorceo, Diana intenta hacer desistir a Partenopeo. Irritada contempla Venus la escena entre los brazos de Marte, a quien insiste para que intervenga y prohíba a Diana seguir participando en la contienda. Baja Marte al campo y amenaza a la diosa, que al fin no tiene más remedio que retirarse. Espolea Marte a Driante en el campo tebano. Acomete y mata éste a muchos griegos, y finalmente ataca a Partenopeo, al que hiere de muerte. Es retirado del campo el muchacho en brazos de sus compañeros, y entre sus últimas palabras encarga al auténtico Dorceo comunicar con cuidado su muerte a su madre y llevarle sus cabellos, que ofrece para que le corten.

Libro X

Retirados de noche los ejércitos cada uno a sus reales, destaca Etéocles una guardia que vigile el campo de los griegos para evitar su huida. Con plegarias y ofrendas imploran ante Juno las argivas el regreso de los suyos, y envía ésta a la morada del Sueño a su mensajera Iris. Acatando las órdenes de la diosa transmitidas por ésta, despliega el dios su influjo y adormece a los tebanos que guardan el campo griego. Inspirado por los dioses, Tiodamante se presenta en el consejo de los griegos y los alienta a aprovechar la ocasión, con lo que Adrasto se muestra conforme. Forman los griegos tres destacamentos de diez hombres, cada uno al mando de un jefe, Tiodamante, Agileo y Áctor, y se deslizan fuera del campo pasando a cuchillo a la guardia tebana adormecida. Mientras regresan al campamento, Hopleo y Dimante deciden ir en busca de los cadáveres de sus jefes, Tideo y Partenopeo respectivamente, para evitar que sean pasto de las fieras y las aves de rapiña. Ruega Dimante a la Luna, y acerca aquélla su disco iluminando el campo. Recuperan ambos guerreros los cadáveres, pero al volver con ellos al campamento, son interceptados por un escuadrón de tebanos, a las órdenes de Anfíon, que habían salido a comprobar que todo estaba en orden. Matan éstos a Hopleo y se hacen con el cadáver de Tideo. También con el de Partenopeo, pese a la resistencia que les ofrece Dimante, a quien intenta Anfíon convencer para que traicione a los suyos a cambio de su vida y de recuperar el cuerpo de su caudillo. Pero Dimante se atraviesa con la espada y se deja caer sobre el cadáver de su señor. Envía Anfíon legados a Etéocles con los cuerpos recobrados de Tideo y Partenopeo y se dirige al campamento griego con las cabezas cortadas de los dos jóvenes clavadas en picas. Reciben exultantes entretanto en el campo griego a Tiodamante y a sus compañeros, y mientras se preguntan por Dimante y Hopleo, llega Anfíon con los suyos. Comprende éste entonces lo sucedido al descubrir los cadáveres de los tebanos de guardia, y regresa a toda prisa a Tebas. Salen los griegos eufóricos tras ellos y llegan ante Tebas. Atrancan los tebanos las puertas, pero dejan así también fuera a algunos de los suyos, y comienza la batalla. Asaltan los griegos los muros, que defienden a ultranza los tebanos. Recurren éstos de nuevo a Tiresias, que anuncia que el dragón de Marte exige el sacrificio del último descendiente de sus dientes sembrados por Cadmo. Comprende Creonte que es a su primogénito Meneceo a quien se reclama, y ruega a Tiresias no difundir el presagio, pero ya la Fama lo proclama por Tebas. Bajo el aspecto de Manto, hija de Tiresias, va la Virtud en busca de Meneceo, al que encuentra peleando junto a la puerta dircea, y lo alienta a ofrecerse en sacrificio. Sale a su encuentro su padre Creonte e intenta disuadirlo, pero lo engaña el joven y corre a los muros, mientras Capaneo va sembrando la muerte entre los tebanos. Se ofrece Meneceo a gritos en sacrificio a los dioses, y se arroja al vacío tras traspasarse el pecho con la espada. Su cadáver es conducido a palacio, donde lo lloran sus padres. Capaneo concibe el propósito de escalar los muros y derribar desde arriba las torres. Ya está cumpliendo su amenaza, mientras la corte celeste se reúne en torno a Júpiter, que vacila. Reta entonces directamente Capaneo a Júpiter, que acaba por lanzar contra él el rayo que lo abrasa.

Libro XI

Huyen los griegos a la desbandada a su campo, mientras los tebanos respiran aliviados. Convoca Tisífone a su hermana Meguera para que se repartan la tarea y se encargue cada una de un hermano hasta su enfrentamiento en duelo singular. Júpiter cubre el cielo de nubes para alejar de la vista de los dioses el abominable espectáculo. Busca Meguera a Polinices en el campo griego y le inspira la ciega determinación de retar a su hermano. Comunica éste su intención a Adrasto, que intenta disuadirlo sin conseguirlo: Meguera, tomando la apariencia del inaquio Fereclo, porta a Polinices sus armas y su caballo y lo sienta sobre su silla. Parte aquél como una exhalación con la Furia a su lado como una sombra. Mientras está haciendo en Tebas Etéocles sacrificios a Júpiter, llega un mensajero que le informa de que su hermano está ante las puertas retándolo a combate. Duda aquél entre los consejos de unos y otros; Creonte lo incita a luchar reprochándole la muerte de Meneceo, mientras que su madre Yocasta intenta impedirlo. Desde una torre Antígona ruega también a Polinices que desista. Alienta Tisífone a Etéocles, que finalmente acepta el desafío y sale al campo. Comienza la batalla singular. Sale Adrasto y se coloca en medio, pero nada consigue. Huye entonces abandonándolo todo, montado en su caballo Aríon. Se lamenta en el cielo la Piedad y decide descender. Grita a unos y otros que interrumpan el combate. Acude Tisífone y la echa del campo. Prosiguen ambos hermanos su batalla, y finalmente se dan muerte mutuamente. Viene Edipo al campo acompañado de Antígona, y se lamenta al fin ante el cadáver de ambos. Yocasta se ha dado muerte por su parte con la espada de Layo al comenzar el duelo entre sus hijos. Sube Creonte al trono de Tebas, y manda que se dejen insepultos los cadáveres de los griegos, incluido el de Polinices. Se encuentra con Edipo que vuelve del campo y lo destierra de Tebas. Antígona le suplica humildemente y consigue al fin que le conceda permanecer en el país, aunque alejado de todos, en los campos y bosques del Citerón. Regresan a su tierra abatidos los supervivientes de las mesnadas griegas.

Libro XII

Salen los tebanos a recuperar a sus muertos, a los que lloran y rinden honras fúnebres. También a Etéocles, aunque sin pompa real. Las almas de los griegos insepultos vuelan en torno a las vedadas piras. Se rinden a Meneceo los más grandes honores. Entretanto las argivas, con Argía a la cabeza, salen de la ciudad y se dirigen a Tebas para intentar recobrar los cuerpos de sus muertos y enterrarlos. Por el camino se encuentran con Ornito, uno de los supervivientes griegos fugitivos que, por estar herido, iba rezagado, y él les aconseja que se den la vuelta o se dirijan a Atenas a demandar el socorro de Teseo, porque nada han de lograr de Creonte. Mientras se debaten en la duda, Argía toma la resolución de recuperar el cadáver de Polinices sea como sea, y así convence a las demás para que se dirijan a Atenas mientras ella, les dice, marcha a Tebas a suplicar piedad a Creonte. Emprende pues el camino acompañada solamente de su ayo Menetes. Al fin llegan de noche cerca de Tebas y penetran en el campo, poniéndose al punto Argía a inspeccionar los cadáveres en busca de su esposo. Divisa Juno a Argía mientras se dirigía la diosa a Atenas para pedir a Palas que procurara una buena acogida a las argivas, y, movida a compasión, ruega a Diana que facilite su búsqueda iluminando el campo. Así lo hace la diosa, y con su ayuda encuentra la joven el cadáver de Polinices. Mientras se lamenta sobre éste, aparece Antígona, que ha logrado burlar la vigilancia de los guardias y viene al campo con el mismo propósito. Al fin se confiesan ambas su identidad, se derrumban sobre el cuerpo, al que cubren de besos, y junto con Menetes lo llevan al Ismeno para lavarlo. Buscan luego una pira donde entregarlo a las llamas, y al hallar finalmente en una de ellas un débil rescoldo, lo echan sobre ella, sin saber que es la hoguera de Etéocles. Al punto las llamas se alzan en combate. Aparecen los soldados y se las llevan presas ante Creonte. Mientras tanto llegan las demás argivas a Atenas y se dirigen como suplicantes al altar de la Clemencia. Durante la pompa triunfal con la que entra Teseo en Atenas de regreso de su guerra contra las Amazonas, le dirigen sus súplicas las argivas por boca de Evadne, esposa de

Capaneo. Se escandaliza Teseo de la actuación de Creonte, y destaca *ipso facto* a Tebas un mensajero con la advertencia al rey de dar sepultura a los griegos, o prepararse a sufrir una segunda guerra. Nuevo catálogo de pueblos que toman las armas para seguir a Teseo, que se pone en marcha. Mientras Antígona y Argía están siendo en Tebas conducidas al suplicio, llega el mensajero de Teseo, pero Creonte se niega a acatar sus órdenes y manda prepararse para la guerra. Se entabla la batalla. Busca Teseo a Creonte, se enfrenta con él y le da muerte. Es acogido en triunfo Teseo en Tebas, a donde llegan también las mujeres argivas, que al fin pueden recuperar a sus muertos y entre lamentos entregarlos a las llamas. Se arroja Evadne a la pira de Capaneo. Se cierra el libro y el poema en general con las palabras del poeta a su obra deseándole larga vida, congratulándose de la buena aceptación que ha recibido, mereciendo incluso los parabienes del emperador, y previniéndola de que no intente competir con la divina *Eneida,* sino que siga humildemente sus pasos.

* * *

No puedo poner fin a esta introducción sin mencionar la ayuda y apoyo fundamentales que he encontrado en amigos como Vicente Cristóbal e Isabel Domínguez, que han leído atentamente la traducción y esta introducción. Además de señalar los errores, sus sugerencias, comentarios y aportaciones han mejorado sin duda el resultado final. Le agradezco asimismo la lectura de esta traducción, así como sus correcciones y observaciones, a Jorge Blanco Mas, doctorando de la Universidad Complutense, que elabora actualmente su tesis doctoral sobre tema estaciano. Huelga decir que los posibles fallos y carencias que tanto la traducción como esta introducción puedan tener sólo a esta autora son achacables.

Bibliografía

Ediciones bilingües, con texto latino y traducción

J. Meheust, París 1971.

F. Caviglia, Roma 1973.

A.Traglia y G. Aricò, Turín 1980.

J. H. Mozley, Londres 1982 (5.ª reimpresión vol. 1), 1969 (4.ª reimpresión vol. 2).

H. Rupprecht, Mitterfels 1984.

R. Lesueur, París 1990 (vol. I)-, 1994 (vol. II).

R. D. Shackleton Bailey, Londres 2003.

L. Micozzi, Milán 2010.

Estudios

AHL, F. M., «Statius' *Thebaid.* A reconsideration», *Aufstieg und Niedergang der römischen Welt* (ANRW) II, 32, 5, 1986, pp. 2803-2912.

ARICÒ, G., *Ricerche staziane,* Palermo, 1972.

AUGOUSTAKIS, A. (ed. lit.), *Flavian poetry and its Greek past,* Leiden/Boston, Brill, 2014.

BARREDA, P. E., *Studia Statiana. Estudio sobre la tradición española de la «Tebaida» de Estacio,* Barcelona, Universitat de Barcelona, 1992.

– «Una interpolación de Juan de Arjona a su traducción al castellano de la *Tebaida* de Estacio», *VIII Congreso Español de Estudios Clásicos,* Madrid, Ediciones Clásicas, 1993-1994, III, pp. 357-363.

– «Los traductores de la *Tebaida* de Estacio al castellano: Juan de Arjona y Gregorio Morillo», *Anuari de Filologia* 18 (1995), pp. 37-62.

– «Reminiscencias de Virgilio y Estacio en la expedición nocturna de Serpilo y Celedón del *Bernardo* de Balbuena», en J. M.ª Maestre, L. Charlo y J. Pascual (eds.), *Humanismo y pervivencia del mundo clásico. Homenaje al prof. Luis Gil,* Cádiz, Universidad de Cádiz, 1997, pp. 221-230.

– «La épica latina neoclásica en el *Bernardo* de Balbuena», VV. AA., *Congreso Internacional de Literatura Iberoamericana y Tradición Clásica,* Bellaterra, Universitat Autònoma de Barcelona, 1997, pp. 45-49.

BURCK, E., *Vom römischen Manierismus,* Darmstad, 1971.

CANCIK, H., *Untersuchungen zur lyrischen Kunst des P. Papinius Statius,* Hildesheim, 1965.

CARRARA, P., «Stazio e i *primordia* di Tebe. Poetica e polemica nel prologo della *Tebaide», Prometheus* 12, 1986, pp. 146-158.

CAVIGLIA, F., «Problemi di critica staziana: la *Tebaide», Cult. e Scuola,* n. 45-46, 1973, pp. 138 ss.

CORTI, R., «Due funcioni della similitudine nella *Tebaide* di Stazio», *Maia* NS 39, 1987, pp. 3-23.

CRIADO, C., *Statius. A Reflection upon the Application of Mannerism and Historical Baroque Concepts in Roman Literature,* 1984.

– «Notas sobre la cronología de la *Tebaida* estaciana», *Florentia Iliberritana* 7, 1996.
– «El proemio de la *Tebaida* estaciana. Una estructura no virgiliana», *Florentia Iliberritana* 9, 1998.
– «Tragicidad y epicidad de la Tisífone estaciana», *CFC (Estudios Latinos)* 16, 1999.
– *La teología de la «Tebaida» Estaciana: el anti-virgilianismo de un clasicista,* Hildesheim/Zúrich/Nueva York, Olms, 2000.
– «Júpiter, emperador romano: la lectura política de la *Tebaida* de Estacio», *Minerva,* 2000.
– «Estacio y la crítica anglo-americana», *Actas del X Congreso Español de Estudios Clásicos,* vol. 2, 2001, pp. 333-339.
– «Teologías y teodiceas épicas. La perspectiva estaciana», *Emerita* 74. 2, 2011.

CRISTÓBAL, V., «Juan de Arjona y Gregorio Morillo, traductores de Estacio», en J. C. Santoyo *et al.* (eds.), *Fidus interpres,* León, Universidad de León, 1987, I, pp. 38-44.
– «Tempestades épicas», *Cuadernos de Investigación Filológica* 14 (1988), pp. 125-148.

DAVIS, P. J., «The Fabric of History in Statius' *Thebaid»,* en C. Deroux (ed.), *Studies in Latin Literature and Roman History,* Bruselas, 1994, pp. 464-483.

DELARUE, F., «Sur deux passages de Stace», *Orpheus* 15, 1968, pp. 13 ss.
– «Stace et ses contemporains», *Latomus* 23, 1974, pp. 539 ss.
– *Stace, poète épique. Originalité et cohérence,* París, 2000.

DOMINIK, W. J., *The Mythic Voice of Statius: Power and Politics in the «Thebaid»,* Leiden, 1994.
– *Speech and Rhetoric in Statius «Thebaid»,* Hildesheim, 1994.
– *Flavian Rome: Culture, Image, Text* (coed. con A. J. Boyle), Leiden, 2003.
– *Writing Politics in Imperial Rome* (coed. con J. Garthwaite y P. A. Roche), Leiden, 2009.

ESTEFANÍA, D. (coord.), *Visiones y aspectos puntuales de la épica grecolatina,* Madrid, 2018.

ESTÈVES, A., «Color épique et color tragique dans la *Thèbaïde* de Stace: récits de *nefas* et stratégies narratives (VIII, 751-765 et XI, 524-579)», *Latomus* 64, 2005, pp. 96-120.

FONTÁN, A., «Marcial y Estacio: dos vates contemporáneos, dos poéticas opuestas», *Actas del Simposio sobre Marco Valerio Marcial, poeta de Bílbilis y Roma: Calatayud, IX-X-XI mayo MCMLXXXVI,* Zaragoza, 1987, pp. 339-356.

FRANCHET D'ESPÈREY, S., *Conflit, violence et non-violence dans la «Thébaïde» de Stace,* París, 1999.

FRASSINETTI, P., «Stazio epico e la critica recente», *Rend. Ist. Lomb.,* 107, 1973, pp. 243 ss.

FRINGS, I., *Gespräch und Handlung in der «Thebais» des Statius,* Stuttgart, 1991.

– *«Odia fraterna» als manieristichen Motiv-Betrachtungen zu Senecas «Thyest» und Statius' «Thebais»,* Stuttgart, 1992.

GAGGIOTTI, M., *«Templum pacis:* una nuova lettura», *Divus Vespasianus. Il bimillenari dei Flavi. Catalogo della mostra* (Roma, 27.3.2009-10.1.2010), Milán, 2009, pp. 168-175.

GANIBAN, R. T., *Statius and Virgil: the «Thebaid» and the reinterpretation of the «Aeneid»,* Cambridge/Madrid, Cambridge University Press, 2007.

GEORGACOPOULOU, S., *Aux frontières du récit épique: l'emploi de l'apostrophe du narrateur dans la «Thébaïde» de Stace,* Bruselas, 2005.

GIL, J., «Observaciones críticas a autores latinos», *Emerita* 35, 1967, pp. 105 ss.

GOSSAGE, A. J., «Statius and Vergil», *Virgil Soc. Lecture Summ.* 47, 1959.

HARDIE, P., *The Epic successors of Virgil,* Cambridge, 1993.

HERSHKOWITZ, D., *The madness of epic: reading insanity from Homer to Statius,* Oxford, 1998.

HILL, D. E., «The manuscript tradition of the *Thebaid*», *Classical Quarterly* 60, 1966, pp. 333 ss.

HOUSMAN, A. E., «Prosody and metods», *Classical Quarterly* 22, 1928, pp. I ss.

– «Notes on the *Thebaid* of Statius», *Classical Quarterly* 27, 1933, pp. 1-16 y 65-73.

HOWARD, C. L., «Notes on Statius», *Transactions and Proceedings of the American Philological Association* 90, 1959, pp. 117-130.

IGLESIAS, R. M., *Dos pasajes de la «Tebaida» de Estacio,* Murcia, Universidad de Murcia, 1980.

JUHNKE, H., *Homerisches in römischer Epik flavischer Zeit,* Múnich, 1972.

KEITH, A., «Ovidian *personae* in Statius' *Thebaid*», *Arethusa* 35, 2002, pp. 381-402.

– «Ovid's Theban narrative in Statius' *Thebaid*», *Hermathena* 177-178, 2004-2005, pp. 181-207.

KER, A., «Notes on Statius», *Classical Quarterly* 47, 1953, pp. 1-10 y 175-182.

KRUMBHOLZ, G., «Der Erzählungsstil in der *Thebais* des Statius», *Glotta* 34, 1955, pp. 93-108 y 231-260.

KYTZLER, B., «*Imitatio* und *aemulatio* in der *Thebais* des Statius», *Hermes* 97, 1969, pp. 209-232.

LESUEUR, R., «Les personnages féminins dans la *Thébaide* de Stace», *BSTEC* 189-190, 1986, pp. 19-32.

LOVATT, H., «Competing endings: re-reading the end of Statius' *Thebaid* through Lucan», *Ramus* 28, 1999, pp. 126-151.

– *Statius and epic games: sport, politics and poetics in the Thebaid,* Cambridge University Press, 2005.

MICHLER, W., «De P. Papinio Statio M. Annaei Lucani imitatore», *Diss.,* Breslau, 1914.

MICOZZI, L., «Alcuni nuovi contributi allo studio dell'imitazione vergiliana nella *Tebaide*», *Orpheus* 16, 1995, pp. 417-433.

– «*Pathos* e figure materne nella *Tebaide* di Stazio», *Maia* 50, 1998, pp. 95-121.

– «Memoria diffusa di luoghi lucanei nella*Tebaide* di Stazio», *Lucano e la tradizione dell' Epica Latina (Atti del Convegno internazionale di studi, Fisciano-Salerno,* 19-20.10.2001), a cargo de P. Esposito y E. M. Ariemma, Nápoles, 2004, pp. 137-151.

MOZLEY, J. H., «Statius as an Imitator of Vergil and Ovid», *Class. Weekly* 27, 1933, pp. 33 ss.

NEWMANN, J. K., «De Statio epico *animadversiones», Latomus* 34, 1975, pp. 80 ss.

PIERCE, F., *La poesía épica del Siglo de Oro,* Madrid, 1968 (= 1947).

POYNTON, J. B., «Statius' *Thebaid», Class. Rev.* 13, 1963, pp. 259 ss.

REUSSNER, A., «De Statio et Euripide», *Diss.,* Halle, 1921.

ROMANO, S., *El tópico grecolatino del concilio de los dioses,* Madrid, 2007.

– «Personificaciones alegóricas en Estacio: reflejo y evolución de un recurso épico», *Visiones y aspectos puntuales de la épica grecolatina,* Madrid, 2018, pp. 199-222.

SCHETTER, W., *Untersuchungen zur epischen Kunst des Statius,* Wiesbaden, 1960.

SEGURA RAMOS, B., «El símil de la épica (Ilíada, Odisea, Eneida)», *Emerita* 50, 1982, pp. 175-197.

SHACKLETON BAILEY, D. R., «Notes on Statius' *Thebaid», Museum Helveticum* 40, 1983, pp. 51-60.

– «On Statius' *Thebaid», Harvard Studies in Classical Philology* 100, 2000, pp. 463-476.

SOUBIRAN, J., «De Coriolan à Polynice: Tite Live modèle de Stace», *Hommages a M. Renard,* II, Bruselas, 1969, pp. 689 ss.

STEELE, R. B., «Interrelation of the Latin Poets under Domitian», *Class. Philol.* 25, 1930, pp. 328-342.

TAISNE, A. M., «Peintures des guerriers Chez Stace», *Caesarodunum* 6, 1971, pp. 123-138.

– «Le rôle du serpent dans la mythologie de Stace», *Caesarodunum* 7, 1972, pp. 357-379.

– «L'oeuvre de Stace et ses rapports avec l'art», *Caesarodunum* 9, 1974, pp. 285-288.

– *L'esthétique de Stace. La peinture des correspondences,* París, 1994.

TANNER, R. C., «Epic Tradition and Epigram in Statius», *ANRW II* 32, 5, 1986, pp. 3020-3046.

TUROLLA, E., «La poesia epica di Papinio Stazio», *Poesia e Poeti dell'antico mondo,* Padua, 1957, pp. 321 ss. (= *Orpheus* 3, 1956, pp. 134 ss.).

VENINI, P., *Studi staziani,* Pavia, 1971.

– «Ancora zu Stazio e Antimaco», *Athenaeum* 60, 1972, pp. 400 ss.

VESSEY, D. W. T., «Lucan, Statius and the baroque epic», *Class. World* 63, 1970, pp. 232 ss.

– «The significance of the myth of Linus and Coroebus in Statius», Thebaid, I, 557-662, *Am. Journ. Philol.* 91, 1970, pp. 315 ss.

– «Notes on the Hypsipyle episode in Statius, Thebaid 4-6», *Bull. Inst. Class. Stud. Univ. London* 17, 1970, pp. 44 ss.

– «The games in *Thebaid* VI», *Latomus* 29, 1970, pp. 426 ss.

– *Statius and the «Thebaid»,* Cambridge, 1973.

– «Pierius menti calor incidit. Statius' Epic Style», *ANRW II* 32, 5, 1986, pp. 2965-3019.

WATT, W. S., «Notes on the epic poems of Statius», *Classical Quarterly* 50, 2000, pp. 516-525.

ZAPATA, A., *La écfrasis en la poesía épica latina hasta el siglo I d.C. inclusive,* Madrid, 1986.

Tebaida

Libro I

Fraternos combates, reinados alternativos con impíos
odios disputados, la culpa de Tebas a narrar me induce
el fuego que las Musas encienden en mi espíritu. ¿De dónde
ordenáis que parta, diosas? ¿Debo cantar los orígenes
de esa raza terrible, el sidonio rapto[1], las inexorables
cláusulas de la ley de Agénor, y a Cadmo surcando las aguas
en su búsqueda? Mucho habría de remontarse mi relato
si mencionara al inquieto agricultor de un Marte soterrado
que sembraba batallas en los surcos nefandos[2], y de modo

1. *i.e.,* el rapto de Europa, hija de Agénor, rey de Tiro o Sidón, y hermana de Cadmo, por parte de Júpiter en forma de blanco toro. En su búsqueda fueron enviados Cadmo y el resto de sus hermanos por su padre, con la prohibición expresa de volver si no la encontraban.
2. *i.e.,* Cadmo, fundador de Tebas, que, siguiendo las órdenes de Minerva, sembró en su suelo los dientes del dragón de Marte. De ellos brotarían los agresivos guerreros que se darían muerte mutuamente hasta quedar sólo cinco supervivientes, los Espartos («sembrados»), que darían origen a los linajes más esclarecidos de Tebas.

exhaustivo siguiera exponiendo mediante qué melodía
hizo Anfíon acercarse a los montes tirios[3] para fabricar
las murallas, de dónde surgieron las graves iras de Baco
contra los muros patrios[4], cuál fue la actuación de la bárbara
Juno[5], contra quién tensó su arco el desdichado Atamante[6],
por qué no temió la vasta corriente del Jónico a punto
de caer en ella con Palemon en los brazos su madre[7].
Permitiré más bien que ya en estos momentos atrás queden
las penas y alegrías de Cadmo: sea el límite de mi
poema la convulsa casa de Edipo, ya que aún no osaría
celebrar yo en mi canto[8] las ítalas enseñas ni los triunfos
del norte, el Rin dos veces a nuestro yugo, dos veces el Ister

3. *i.e.,* tebanos. Anfíon y Zeto, hermanos gemelos hijos de Júpiter y Antíope, reinaron conjuntamente en Tebas después de la regencia de su tío abuelo Lico. Anfíon, músico prodigioso, construyó las murallas de la ciudad tocando la lira, bajo cuyo influjo las piedras se colocaron solas.
4. Tebas era la patria de su madre Sémele, hija de Cadmo y Harmonía. Si ésta es la correcta interpretación del verso *(unde graves irae cognata in moenia Baccho),* habría aquí una alusión a la venganza de Baco contra Penteo, hijo de su tía Ágave; *cf.* III, 189-191; IV, 565-569; XI, 318-320 y notas. Hay también quien hace depender el dativo Baccho del participio *cognata* («contra la ciudad emparentada con Baco»), y así las graves iras serían las de Juno, de cuya cruel actuación se habla en el verso siguiente.
5. Los celos de Juno causaron la muerte de Sémele, madre con Júpiter de Baco; *cf. infra,* nota 62 (p. 83).
6. Esposo de Ino, hija de Cadmo y hermana de Sémele. La pareja crio a Baco disfrazándolo de niña para protegerlo de los celos de Juno, y en consecuencia la diosa los hizo enloquecer y matar a sus propios hijos. Atamante atravesó con una flecha a Learco *(cf.* III, 185-188), e Ino arrojó a un caldero de agua hirviendo a Melicertes.
7. Recobrada la cordura, Ino se arrojó al mar Jónico con el cadáver de su hijo en brazos, siendo ambos transformados por Baco en las divinidades marinas Leucótea y Palemon *(Mater Matuta* y Portuno en Roma, según el comentario de Lactancio *ad locum).*
8. Comienza la dedicatoria a Domiciano que llegará hasta el verso 33. En ella se hace en primer lugar referencia a sus campañas en los frentes del Rin y del Danubio contra germanos y dacios.

a nuestras leyes sometido, a los dacios derribados de la
cima de su conjuración, o las batallas antes libradas
en defensa de Júpiter[9], siendo tú apenas un mozo, ni a ti,
oh gala añadida a la fama del Lacio, que a tiempo acometes
las últimas empresas de tu padre[10], y a quien Roma desea
eterno para sí. Aunque se haga más estrecho el límite
que constriñe a las estrellas[11], y te atraiga la brillante región
del cielo ignorante de las Pléyades y el Bóreas y el rayo
que destroza[12], aunque el que rige a los corceles de ígneos pies[13]
ciña el mismo a tus cabellos su aureola de exaltados rayos,
o te ceda Júpiter una porción igual del vasto cielo,
permanece contento con el gobierno de los hombres, dueño
de tierra y mar, y renuncia a los astros[14]. Llegará el momento
en el que cantaré yo tus proezas más potente de estro
pierio[15]: templo ahora mi lira sin más pretensión que narrar
las armas aonias[16] y el cetro fatídico para ambos reyes,
sus furias que no cesaron ni después de la muerte, y las llamas

9. Alusión al asedio del Capitolio, durante la guerra civil del 69, por parte de los seguidores de Vitelio. En el templo de Júpiter se habían refugiado las tropas de Vespasiano, y entre ellas Domiciano, que por entonces tendría unos dieciocho años.
10. Nótese que Estacio no hace mención alguna del hermano de Domiciano, Tito, que fue quien sucedió a su padre Vespasiano y fue emperador del año 79 al 81, siendo sucedido a su vez por Domiciano.
11. Para dar cabida al nuevo astro.
12. El sur.
13. *i.e.,* Apolo, identificado con el Sol.
14. O «dona estrellas» *(sidera dones),* deificando, como de hecho hizo, a los miembros fallecidos de la familia imperial.
15. *i.e.,* con mayor inspiración de las Musas. Hijas de Júpiter y de la Titánide Mnemósine, nacieron en Pieria, al pie del monte Olimpo.
16. *i.e.,* tebanas. Aonia es un nombre que se da con frecuencia a Beocia, región a la que pertenecía la ciudad de Tebas, por el nombre de sus primitivos moradores, los áones.

rebeldes en la sedición de la hoguera[17], los cadáveres
de los reyes carentes de tumba, y las ciudades agotadas
por muertes recíprocas, cuando las sombrías aguas de Dirce
se tiñeron de rojo con la sangre lernea[18] y con horror vio
Tetis[19] al Ismeno, habituado a lamer unas áridas riberas,
llegar provisto de enorme caudal. ¿A cuál de los héroes
me ofrecerás, Clío[20], en primer lugar? ¿A Tideo, de cólera
desmesurada? ¿O al profeta coronado de laurel a quien
de repente se tragó la tierra?[21] Reclama también mi atención
el violento Hipomedonte que intentaba rechazar la hostil
corriente del río sembrándola de cadáveres[22], las luchas
dignas de ser lloradas del audaz Arcadio[23], y Capaneo, que
merece ser cantado con distinto horror.

En sus impíos
ojos escarbando con mano justiciera, ya había Edipo
sumergido la vergüenza de su culpa en una noche eterna
y reducía su vida a una prolongada muerte. Pero, aunque
se entrega a las tinieblas, y en el fondo de su apartada sede
guarda sus penates ocultos al cielo y a los rayos del sol,

17. En la pira de Etéocles se enfrentan las llamas al recibir el cadáver de Polinices: *cf.* XII, 429 ss.
18. *i.e.,* argiva, por la laguna de Lerna, en la Argólide, donde Hércules dio muerte a la Hidra. Dirce era el nombre de una famosa fuente cercana a Tebas, por el que a menudo se hace igualmente referencia en el poema a esta ciudad.
19. Titánide, hija de Gea y Urano y madre por su hermano el Titán Océano de los ríos, viene a simbolizar con frecuencia el mar.
20. Musa de la historia.
21. Anfiarao. Para su muerte, *cf.* VII, 809 ss. Se menciona en estos versos, por su nombre o indirectamente, a cinco de los siete caudillos que dirigieron la expedición contra Tebas. Para la actuación final y muerte de Tideo, véase VIII, 750 ss.
22. Para la actuación y muerte de Hipomedonte en el río Ismeno, *cf.* IX, 315 ss.
23. Partenopeo. Para su actuación y muerte, *cf.* IX, 683-907.

la cruel claridad diurna de su espíritu vuela en torno
suyo con alas incesantes, y las furias de sus crímenes
se abaten sobre su pecho. Alza entonces al cielo sus órbitas
vacías, castigo atroz y digno de compasión de su vida,
y con las manos ensangrentadas golpea el vacío suelo[24]
mientras con fiero acento pronuncia la siguiente súplica:
«Dioses que ejercéis vuestro mandato sobre las almas culpables
y sobre el Tártaro donde se apiñan los condenados, y tú,
oh Estige que estoy viendo, lívida de las sombras que en tu lecho
transportas; y Tisífone[25], a quien con tanta frecuencia invocar
suelo, préstame tu apoyo y secunda mis perversos deseos:
si de algún favor me he hecho merecedor, si al salir del vientre
de mi madre me acogiste en tu regazo y a mis pies heridos[26]
devolviste la firmeza, si me dirigí al lago de Cirra
que se extiende entre dos cumbres[27] cuando podía seguir viviendo
contento con el falso[28] Pólibo, y en una encrucijada
de la Fócide me enzarcé en una pelea con el anciano
rey[29] y le corté el cuello al tembloroso viejo mientras trataba
de encontrar a mi padre, si gracias a tus advertencias previas

24. Para llamar la atención de las potencias infernales, aunque según algunos *inane solum* haría referencia a la base de los ojos, a sus cuencas vacías.
25. Una de las tres Furias, divinidades vengadoras. Las otras dos eran Alecto y Meguera.
26. Para evitar el cumplimiento del oráculo según el cual el hijo que tuviera mataría a su padre al llegar a la edad adulta, Layo dejó expuesto al niño con los tobillos atravesados (el nombre de Edipo sugiere «el de pies hinchados»).
27. Se alude así al oráculo de Delfos, cerca de la fuente Castalia, entre las dos cimas del Parnaso, monte de la Fócide, a donde se dirigió Edipo para consultar sobre su verdadero padre.
28. Edipo se había criado como hijo de Pólibo y Mérope, reyes de Corinto, que no eran sino sus padres adoptivos.
29. *i.e.,* Layo, su auténtico padre sin que él lo supiera.

pude hábilmente resolver el enigma de la inicua Esfinge,
si a los dulces transportes y a la deplorable unión con mi madre[30]
lleno de gozo me entregué, y pasé más de una noche execrable,
y engendré hijos para ti[31], bien consciente eres de ello, luego, ávido
de castigo, hice de mis propios dedos el arma encargada
de mutilarme, y dejé mis ojos sobre mi desventurada
madre: escucha mi plegaria, si es digno lo que pido y tú misma
podrías inspirarlo a mi arrebatada mente. A pesar de estar
ciego y privado del trono, aquellos a los que engendré, no importa
en qué lecho, no se han dignado guiar mis pasos ni prestarme
consuelo en mi aflicción; antes bien, he aquí que, ensoberbecidos
–¡oh, dolor!– y convertidos en reyes en esta larga muerte
mía, se burlan de mi ceguera y aborrecen los lamentos
de su padre. ¿Soy acaso maldito incluso para ellos? ¿Y ve
esto con indiferencia el padre de los dioses? Al menos tú,
cumpliendo con tus funciones de vengadora, preséntate aquí
y trama un castigo contra todos mis descendientes. Cíñete
la corona cubierta de espesos coágulos que con las uñas
ensangrentadas de mis sienes arranqué, y estimulada
por los votos de su padre, sitúate entre los dos hermanos,
y que a golpes de espada salten por los aires hechos añicos
los vínculos de sangre. Concédeme, oh reina de los abismos
del Tártaro, una maldad que pueda yo desear haber visto,
y el espíritu de los jóvenes no tardará en ir tras ella.
Ven tan sólo digna de ti misma, conocerás a mis hijos».

Volvió la cruel diosa su severo semblante hacia el que tales
súplicas le dirigía. Se hallaba casualmente sentada
junto al lúgubre Cocito[32] y, con la melena suelta, dejaba

30. *i.e.,* Yocasta, madre y a la vez esposa de Edipo.
31. Siendo fruto de un incesto, los hijos de Edipo estaban condenados desde su nacimiento.
32. Uno de los ríos infernales.

que sus serpientes lamieran las sulfúreas aguas[33]. Al punto, más veloz que el rayo de Júpiter o las estrellas fugaces, abandonó las infaustas riberas: se aparta la multitud de espectros temerosa de encontrarse con su señora; ella atraviesa las sombras y los campos brumosos con el tropel de almas, y se dirige a la puerta del Ténaro[34], cuyo umbral nadie puede volver a cruzar. El Día notó su presencia, se adelantó la Noche con su manto de tinieblas y espantó a los brillantes corceles; a lo lejos el gigantesco Atlas[35] se estremeció e hizo oscilar el cielo en sus trémulos hombros. Volviendo a la superficie desde el valle del Malea, a tomar se apresura el conocido camino que conduce a Tebas; por ninguna otra ruta va y viene en efecto con más rapidez y no le es más amable ni siquiera su pariente el Tártaro. Cien víboras, enjambre amenazador de su horrible cabeza, se erguían en ella ensombreciendo su rostro; en el fondo de sus hundidos ojos se mantiene fija una luz de hierro, como cuando a través de las nubes se enrojece la esforzada Febe con la magia atracia[36]; impregnada de veneno, su piel se tensa y se hincha de pus; su negra boca exhala un vapor de fuego que trae consigo una larga sequía, enfermedades,

33. Las Furias tenían cabellera de serpientes.
34. Promontorio de Laconia, hoy cabo Matapán, donde se creía que se hallaba una de las entradas a los Infiernos.
35. Atlas o Atlante, hijo del Titán Iápeto y de la Ninfa Clímene, o bien de la Oceánide Asia, y hermano de Prometeo, Epimeteo y Menecio, participó en la Titanomaquia al lado de su padre y los demás Titanes, y cuando éstos fueron derrotados por los Olímpicos, Júpiter lo condenó a aguantar sobre sus hombros la bóveda celeste.
36. *i.e.,* tesalia, a partir del nombre del fundador y epónimo de la ciudad tesalia de Atrax o Atracia. La provincia de Tesalia era famosa por sus hechiceras, *cf.* III, 140; IV, 504. Febe, nombre dado también a Ártemis o Diana, hermana de Febo o Apolo, es identificada con la Luna. Los eclipses de luna eran considerados obra de la magia: *cf.* VI, 685-688.

hambre y el exterminio total de los pueblos; de sus hombros
pende un rígido y espantoso manto, cuyos negruzcos lazos
le caen sobre el pecho: Átropo[37] y la propia Prosérpina
le renuevan este vestuario. La ira le hace entonces agitar
las dos manos: lanza una destellos con una antorcha fúnebre,
con una hidra viva bate el aire la otra.
Cuando se detuvo
en la escarpada cima por donde la gran mole del Citerón[38]
se eleva hasta el cielo, emite con su verdosa cabellera
una serie de horribles silbidos, aviso para las tierras,
cuyo eco se propaga por toda la costa del mar aqueo
y los reinos de Pélope[39]. Lo oyó incluso el Parnaso en el centro
del cielo, y el áspero Eurotas[40]; su estruendo hizo oscilar la cima
del Eta, que se inclinó hacia un costado, y el Istmo apenas pudo
contener el oleaje de sus dos riberas. Con sus propias
manos su madre[41] arrancó a Palemon, que viajaba a la deriva
sobre el curvo lomo de su delfín, del tiro que dirigía,
y lo estrechó contra su pecho.
En rápido descenso la Furia
se abatió sobre el palacio de Cadmo cubriendo la morada
con su característica neblina: al instante una sensación
de estupor invadió el corazón de los hermanos, y penetró
en sus almas dignas de tal familia la locura, la envidia
que se duele de la dicha ajena y el miedo, padre del odio;

37. «La Inflexible», una de las tres Parcas, diosas encargadas de señalar y ejecutar el destino individual de los mortales y en especial la muerte.
38. Monte de Beocia famoso ante todo por el culto que en él se rendía a Baco.
39. *i.e.,* el Peloponeso, que recibió su nombre de este hijo de Tántalo, mencionado a menudo en el poema.
40. Río de Laconia. El Eta es una cadena montañosa de Tesalia, y el Istmo es por antonomasia el de Corinto, que separa el mar Egeo del Jónico.
41. *i.e.,* Leucótea, antes Ino, véase *supra,* nota 7 (p. 70).

luego, un feroz apego al mando, la ruptura de los turnos
acordados, la ambición, incapaz de soportar un derecho
secundario, el considerar la supremacía el único bien
apetecible, y la discordia que sigue al poder compartido.
Como cuando trata de uncir el agricultor al mismo arado
a dos novillos escogidos entre el fiero rebaño, y ellos
se rebelan, pues el largo sometimiento a la reja no ha hecho
aún descender hasta sus nervudos hombros su altiva cerviz,
y tiran en direcciones opuestas rompiendo el aparejo
con fuerzas similares y alterando los surcos con diversas
trayectorias: no de otro modo la impetuosa discordia irrita
a los indómitos hermanos. Se resolvió cambiar el poder
por el exilio mediante el estatuto del año alterno[42].
Por una ley ruin hacen a la suerte oscilar, de modo que
quien poseyera el cetro se viera durante todo su corto
mandato bajo la constante amenaza de un nuevo heredero.
Éste era el único vínculo que unía a los hermanos, éste el
único obstáculo para la lucha, que no habría de durar
hasta un segundo reinado. Y no es que los techos artesonados
resplandecieran de espesas molduras de oro, ni que apoyados
en sillares traídos de Grecia brillaran los atrios, aptos
para albergar con suficiente holgura a densas masas de clientes;
no velaban las lanzas los agitados sueños de los reyes,
ni se lamentaban los centinelas de verse sometidos
a los turnos de guardia; no se trataba de juntar las piedras
preciosas con el vino o de corromper el oro con las viandas:
no fue sino el mero poder lo que en armas puso a los hermanos,
la lucha es por un reino pobre. Y mientras se debate la cuestión
de cuál de los dos debía roturar las áridas yugadas
de la exigua Dirce, o gozar del vil honor de sentarse

42. *i.e.,* deciden repartirse el poder reinando o partiendo al exilio uno u otro cada año.

en el trono del tirio proscrito[43], ha perecido el derecho
humano y divino, la probidad y sentido del honor
en la vida y en la muerte. ¿A dónde encamináis vuestras iras,
ah, infelices de vosotros? ¿Qué haríais si lo que se tratara
de lograr con tan inicuo crimen fueran los dos extremos
del cielo, el que divisa el sol cuando ha salido por Oriente
y al hundirse en su puerto de Iberia, y las lejanas tierras
que reciben de forma indirecta sus rayos oblicuos, tanto
las que el Bóreas congela como las que el húmedo Noto
mantiene calientes con su aliento de fuego? Ni que fueran
todas las riquezas de Frigia y de Tiro las que acumularse
pudieran bajo un único señor. Unos lugares funestos
y una ciudad maldita bastaron para dar lugar al odio;
con una locura furiosa se pagó el derecho a sentarse
en el trono de Edipo.

Ya quedaba aplazado por designio
de la suerte el reinado de Polinices. ¿Cómo fue para ti,
individuo sin entrañas[44], cómo fue aquel día en el que, a solas
en el palacio desierto, en tus manos veías todo el poder
y al resto de los hombres supeditados a ti, sin que hubiera
cabeza a igual altura que la tuya? Ya cunden los rumores
en el pueblo de Equíon[45]; en secreto, la multitud reniega
de su príncipe y, como es costumbre del vulgo, es el futuro rey
el que despierta sus simpatías. Y un sujeto, cuya obsesión
era ultrajar lo más alto con su vil veneno y no soportar
jamás con sumisa cerviz la imposición de ningún caudillo,
exclama: «¿Ésta es la suerte que los crueles hados le han reservado

43. Cadmo; véase *supra,* nota 1 (p. 69).

44. *i.e.,* lógicamente, Etéocles.

45. *i.e.,* tebano. Equíon, uno de los cinco Espartos supervivientes (véase *supra,* nota 2 [p. 69]), se casó con Ágave, hija de Cadmo, y fue con ella padre de Penteo, rey de Tebas, tatarabuelo de Edipo.

al país de Ógiges[46], que cambien tan a menudo quienes deben
inspirarnos temor, y sometan nuestros vacilantes cuellos
ora al yugo de uno, ora al del otro? Los destinos de las gentes
se han repartido forzándolos a un continuo vaivén, y han hecho
a su antojo tornadiza la fortuna. ¿Y he de resignarme
a servir siempre a unos monarcas que se turnan en el exilio?
¿Has resuelto tú, Sumo Hacedor del mundo y Padre de los dioses,
inspirar esta idea a tus aliados? ¿O es que sigue aún vigente
para Tebas el antiguo presagio, desde que Cadmo se vio
forzado a recorrer en vano las aguas carpatias[47] en busca
de la dulce carga del toro sidonio, y fundó en su destierro
un reino en los campos hianteos[48] y, al hendir la tierra preñada,
fraternos combates dejó como augurio hasta sus últimos
descendientes? Mira cómo yergue su cuerpo, qué amenazador
aspecto cobra bajo su torva frente el poder, estallando
en toda su virulencia tras la eliminación del colega.
¡Qué amenazas lleva escritas en el rostro! ¡Con cuánta soberbia
impone su total dominio! ¿Y este individuo consentirá
en verse algún día privado del poder? El otro, en cambio, era
asequible a las súplicas, afable en el trato y más dispuesto
a respetar la equidad. ¿Qué hay de extraño en ello? No estaba solo.
¡Vaya hatajo de miserables que somos, listo para toda
eventualidad, a disposición de cualquier señor! Del mismo
modo que el soplo del gélido Bóreas y del tempestuoso
Euro hace que se inclinen las velas ora a un lado, ora al otro,
y en medio de los dos vientos fluctúa la suerte del navío

46. Autóctono o nacido de la tierra, este personaje fue rey del Ática, aunque no suele figurar en la lista real de Atenas. Servio, *Bucol.* VI, 41, lo llama rey de Tebas, y según una leyenda sería fundador de la ciudad.
47. *i.e.,* del mar Egeo, a partir del nombre de una isla de este mar, hoy Escarpanto. «La dulce carga del toro sidonio» es, obviamente, Europa (véase *supra,* nota 1 [p. 69]).
48. *i.e.,* de Beocia. Hiantes era un antiguo nombre de los beocios.

—¡ay, triste sino, insoportable para cualquier pueblo, que oscila
entre la duda y el temor!–, uno manda, el otro está al acecho».
Pero por mandato de Júpiter, en los salones de la ágil
bóveda celeste en asamblea se había reunido
la escogida corte de los dioses, en el interior del cielo.
A igual distancia de aquí se encuentran todas las zonas del globo,
las regiones orientales y occidentales, la tierra y el mar
que se extienden bajo la totalidad del firmamento. En medio
de los dioses avanza la imponente figura del monarca
haciendo temblar todo aun con el rostro sereno, y toma asiento
en el estrellado trono; no osan seguir al punto su ejemplo
los demás habitantes del cielo, hasta que el padre en persona
venia les da para ello con un plácido ademán de su mano.
Llenan luego la dorada mansión una multitud de errantes
semidioses, los Ríos, emparentados con las altas nubes,
y los Vientos, a los que el temor hace reprimir sus silbidos.
Vibra la bóveda celeste con la majestuosa reunión
de dioses; la cúpula despide rayos de un intenso fulgor
y envueltas aparecen las puertas en una luz misteriosa.
Una vez que se impuso la calma y la atemorizada esfera
quedó en silencio, comienza el padre a hablar así desde su alto
trono —sus sagradas palabras están cargadas de autoridad
y son inmutables, y el destino se acomoda a sus dictados—:
«De los delitos de la tierra y de la índole humana que no se
cansa de aguantar a las Furias, me lamento. ¿Hasta cuándo habré
de ocuparme de castigar sus crímenes? Harto estoy de mostrar
mi cólera con el fulgurante rayo; los activos brazos
de los Cíclopes ya hace tiempo que desfallecen de fatiga[49],
y falta fuego para los yunques eolios. Si hasta he sufrido

49. Los Cíclopes, hijos de Gea y Urano, son los que forjan en su fragua, comúnmente situada bajo el Etna, las armas de Júpiter: el trueno, el relámpago y el rayo.

que de su falso auriga libres quedaran los caballos del Sol
y que, en el extravío de su ruta, las ruedas del carro
incendiaran el cielo, mientras las cenizas de Faetonte
ensombrecían el mundo[50]. De nada sirvió, como tampoco
el hecho de que tú, hermano, con tu poderoso tridente,
hicieras al mar invadir un área que le estaba vedada[51].
Ahora desciendo a castigar dos casas, de cuyo linaje soy
yo mismo fundador. Se escinde una hasta llegar a la persea
Argos, otra fluye desde su origen hasta la aonia Tebas.
En todos sus miembros se mantiene el carácter que les fue impuesto:
¿Quién hay que desconozca las matanzas provocadas por Cadmo[52]
y las luchas libradas por el batallón de las Euménides[53],
tan a menudo hecho salir de sus profundas sedes, los viles
gozos de las madres y sus fieros extravíos por los bosques[54],
y las faltas de los dioses[55] que deben mantenerse en silencio?
Apenas en el espacio de un día, apenas en el transcurso
de una noche enumerar podría las sacrílegas costumbres
de esta raza. Pero si este impío heredero[56] ha llegado incluso
a encaramarse al lecho de su padre y a mancillar el seno
de su inocente madre, retornando –¡oh aberración!– a sus propios

50. Hijo del Sol y de la Oceánide Clímene, Faetonte consiguió de su padre que le dejara cumplir el deseo de guiar por un día su carro. En su inexperiencia, a punto estuvo de causar un incendio mundial, ante lo cual Júpiter se vio obligado a lanzar contra él un rayo que lo derribó, yendo a caer en el río Erídano.
51. En el diluvio universal Neptuno hizo con su tridente que las aguas se desbordaran anegando la tierra.
52. Una vez más al sembrar los dientes del dragón. Véase *supra,* v. 8 y nota 2 (p. 69).
53. Nombre eufemístico y propiciatorio de las Furias, de cabellera de serpientes, Alecto, Tisífone y Meguera.
54. El desenfrenado vagar de las Bacantes en las orgías báquicas.
55. O contra los dioses, según el genitivo tenga valor objetivo o subjetivo.
56. Edipo, claro.

orígenes. Y al menos él rindió eterna expiación de su culpa a los dioses de arriba y renunció a la luz y ya no goza más de nuestro cielo; en cambio sus hijos –¡crimen incalificable!– hollaron los ojos que abandonaban sus cuencas. ¡Ya, ya han sido aprobados tus deseos, severo anciano! Dignas, sí, dignas se han hecho tus tinieblas de esperar que Júpiter asumiera su venganza. Nuevas contiendas suscitaré entre los reinos culpables, arrancaré de cuajo el tronco entero de esa raza funesta. De semillas de guerra sírvanme Adrasto en suegro convertido[57] y unas bodas mal auguradas por los dioses. También esta familia he decidido que reciba castigo; del fondo de mi pecho no se ha borrado en efecto el recuerdo del pérfido Tántalo ni la injuria del bárbaro banquete»[58].

Así habló el Padre omnipotente. Pero, herida por sus palabras y sin poder reprimir la súbita cólera que inflamaba su corazón, le replica Juno en los siguientes términos: «¿Es a mí, oh tú el más justo de los dioses, a mí a quien mandas entrar en combate? Sabes que siempre acudo con hombres y recursos en auxilio de las murallas levantadas por los Cíclopes y del muy ilustre trono del gran Foroneo[59], aunque aniquiles allí de forma inicua, adormeciéndolo para darle muerte, al guardián de la novilla egipcia[60], y en las herméticas torres

57. Anticipación de lo que veremos más adelante en este mismo libro (véase *infra*, p. 96 s.) y en el siguiente.
58. Tántalo, hijo de Júpiter y de la Ninfa Pluto, y fundador de la estirpe tantálida, mató a su hijo Pélope y se lo sirvió en un banquete a los dioses, descuartizado y cocinado. El cuerpo del niño sería sin embargo recompuesto y vuelto a la vida, y más tarde, casado con Hipodamía, sería padre entre otros de Atreo, y abuelo de Agamenón y Menelao.
59. Hijo del díos-río Ínaco y de la Oceánide Melia, fue el primer mortal rey de Argos, cuyas murallas, como las de otras ciudades, edificaron los Cíclopes.
60. Argos Panoptes («que todo lo ve»), monstruo de múltiples ojos encargado por Juno de vigilar a Ío, hermana de Foroneo y amante de Júpi-

penetres en oro convertido[61]. Disculpo tus adulterios clandestinos: es aquella ciudad[62] a la que vas con el rostro descubierto, en la que emites los truenos, señales que atestiguan nuestra elevada unión, y lanzas los rayos que me pertenecen, la que despierta mi odio. Expíe Tebas sus acciones: ¿Por qué eliges como enemigo a Argos? Pero, vamos, si tan grande es la desavenencia que existe en nuestro sacrosanto tálamo, provoca una guerra de exterminio contra Samos y la antigua Micenas, haz que en Esparta no quede piedra sobre piedra. ¿Por qué, con la sangre de los sacrificios, por qué bajo un montón de incienso oriental en todas partes se mantiene felizmente caliente el altar de tu esposa? Mejor es el humo que exhalan con sus ofrendas la mareótica Coptos y las dolientes aguas del Nilo que deja oír los sonidos del bronce[63]. Y si son las antiguas culpas de sus padres las que los pueblos expían, y viene a resolver tan tarde tus inquietudes esta idea,

ter, que hasta Egipto llegó convertida por éste en vaca para sustraerla a los celos de su esposa. Mercurio lo adormeció para darle muerte por orden de Júpiter.

61. Alusión al adulterio de Júpiter con Dánae, hija de Acrisio, rey de Argos, hasta la que consiguió llegar convertido en lluvia de oro. De esta unión nació Perseo.

62. Tebas, patria de Sémele. El cinismo de Juno en los siguientes reproches es evidente, pues fue ella (*fallax Iuno, cf.* II, 293) la que hizo dudar a la joven de la identidad de su amante y la convenció para que le pidiera que se mostrara a ella en todo su divino esplendor, lo que motivó su propia muerte fulminada por el rayo, el arma de Júpiter.

63. Nueva alusión a Ío, que, en su errante vagar por el mundo perseguida por el tábano enviado por Juno tras la muerte de Argos Panoptes, acaba arribando a Egipto, donde termina su peregrinación, recobra su forma humana y da a luz a Épafo. Ío fue identificada con Isis, que tenía muchos adeptos en Roma. En el ritual isíaco se conmemoraba la peregrinación de Isis en busca de los pedazos dispersos de su esposo y hermano Osiris en una serie de procesiones en las que los participantes agitaban entre lamentos sus sistros de bronce.

la de revisar una por una las pretéritas edades,
¿qué espacio de tiempo se estima suficiente para erradicar
la locura de la tierra y enmendar los siglos hacia atrás?
Comienza de una vez desde esos parajes por donde el Alfeo
pasa de largo con sus aguas que vagan por el mar siguiendo
a lo lejos las huellas de su amor sicanio[64]. Aquí sobre un solar
maldito elevaron los arcadios templos en tu honor, y no te
causa el menor sonrojo; allí está el carro de guerra de Enómao[65]
y la manada más digna de tener su cuadra al pie del Hemo
gético; entre sus mutilados restos las cabezas cortadas
de los pretendientes muestran sus rígidas facciones sin haber
aún hoy recibido sepultura. Sin embargo consideras
un grato honor tener un templo aquí; te complace el culpable Ida[66]
y Creta que difunde falsas noticias de tu muerte ¿Por qué
envidias mi firme arraigo en el país de Tántalo? Desvía

64. *i.e.,* Aretusa, Ninfa amada por el dios-río Alfeo, el más largo del Peloponeso, que nace al sur de Arcadia y desemboca en el mar Jónico. Huyendo de su abrazo, Aretusa llegó hasta Sicilia, y a la entrada de la bahía de Siracusa, en la isla de Ortigia, fue transformada por Ártemis en la fuente que lleva su nombre. El Alfeo no desistió de su empeño y siguió corriendo por debajo del mar hasta llegar a Ortigia, mezclando sus aguas con las de la fuente. *Cf. Silvas,* I, 2, 203-208.

65. Rey de Pisa, en la Élide. Poseedor de un carro y unos caballos muy veloces, desafiaba a los pretendientes de su hija Hipodamía a una carrera que comportaba la muerte del perdedor y en la cual siempre resultaba vencedor, hasta que Pélope, sobornando a su auriga Mírtilo, consiguió derrotarlo. El Hemo era un monte de Tracia, donde el rey Diomedes, hijo de Marte, criaba a sus yeguas antropófagas, cuya captura fue el objetivo del octavo trabajo de Hércules.

66. Posible referencia al monte Ida, de Creta, aunque podría referirse también a la montaña de Frigia del mismo nombre donde se llevó a cabo el Juicio de Paris, en el que Juno se vio desdeñada a favor de Venus, y escenario igualmente del rapto de Ganimedes por parte de Júpiter. Para los reproches a Creta, *cf.* Calímaco, *Himnos* I, 8, donde el autor acusa a los cretenses de mentirosos pertinaces que osaron incluso elevar una tumba a Júpiter, que no ha podido morir, pues es eterno.

hacia otra parte los desórdenes de la guerra y ten compasión
de tu propio linaje. Tienes un amplio surtido de reinos
viles más dignos de sufrir el nocivo influjo de unos yernos».
Había acabado Juno su intervención, mezcla de súplicas
y de reproches. Mas aquél, con palabras no duras que empero
tenían una cruel intención, le replicó: «Ya sabía yo
que no ibas a aceptar de buen grado cualquier decisión, por justa
que fuera, que pudiera yo tomar contra tu Argos, y tampoco
ignoro que, si se les diera ocasión, también Baco y Dione[67]
osarían hacer un largo alegato en defensa de Tebas,
pero se lo impide el respeto debido a mi autoridad. Pues bien,
¡juro por la espantosa corriente, por las aguas de la Estige
de mi hermano, juramento perenne e irrevocable[68], que no
habrá nada que me haga retractarme de lo dicho! Supera,
por tanto, con tus veloces alas a los vientos que te llevan,
Cilenio mío[69], a través del límpido aire y, deslizándote
en los sombríos reinos, lleva a tu tío[70] el siguiente mensaje:
que a la atmósfera terrestre ascienda el anciano Layo, al que quitó
la vida la herida producida por su hijo y que no ha sido aún
acogido por la orilla opuesta de la Lete[71] según la ley

67. Madre en algunas versiones de Venus y protectora, como Baco, de Tebas, la ciudad fundada por Cadmo, esposo de su nieta Harmonía, hija de Venus y Marte.
68. La laguna infernal gozaba del privilegio de que el juramento pronunciado en su nombre fuera sagrado y de obligado cumplimiento para los dioses.
69. Mercurio, hijo de Júpiter y de la Atlántide (= hija de Atlas) Maya, nacido en una gruta del monte Cilene, en Arcadia. En el verso 303 se le menciona por el epíteto que hace alusión a su abuelo.
70. *i.e.,* Plutón, hermano de Júpiter y dios de los Infiernos junto con su esposa Prosérpina.
71. La Lete, uno de los ríos infernales, conocido comúnmente como río del Olvido, no suele ser mencionada como frontera entre los dos mundos. El río que atraviesan las almas en la barca de Caronte suele ser el

del profundo Érebo; que transmita éste mis órdenes a su cruel
nieto: que al hermano que ha cobrado confianza en el exilio
y está henchido de soberbia con la relación de hospitalidad
contraída con Argos[72] lo mantenga contra todo derecho,
como es su propio deseo, lejos del palacio, negándole
la alternativa dignidad de rey. De aquí nacerán los odios,
El resto lo dirigiré en su debido orden».

Obedece
el Atlantíada[73] las órdenes de su padre, y enseguida
ata a sus empeines las alas talares y con el pétaso
cubre sus cabellos y mitiga el brillo de las estrellas.
Luego empuñó en su mano derecha el caduceo, mediante el cual
estaba habituado a ahuyentar o inspirar de nuevo los dulces
sueños, a penetrar en el sombrío Tártaro y reanimar
las almas de los muertos. Se lanzó al vacío, estremeciéndose
al ser recibido por la tenue brisa. Sin tardanza, emprende
a gran altura un raudo vuelo a través del espacio y dibuja
una amplia curva en las nubes.

Entretanto, el hijo de Edipo[74],
como un vagabundo desterrado ya hace tiempo de su patria,
recorre furtivamente las vastas soledades de Aonia.
No deja de pensar en el reino para su mal debido, y se
lamenta de que el largo año no avance en la lenta sucesión
de sus constelaciones. Una inquietud recurrente posee
día y noche al joven, si verá alguna vez a su hermano
abandonar humildemente el reino y a sí mismo dueño

Aqueronte, aunque también desempeñan esta función a veces la Estige, el Cocito y con menos frecuencia el Piriflegetonte. El nieto de Layo es, naturalmente, Etéocles, y el hermano del verso siguiente, Polinices.

72. Júpiter anticipa de nuevo lo que va a ocurrir en Argos y veremos más adelante.

73. Sobrenombre de Mercurio, como hijo de la Atlántide Maya.

74. *i.e.,* Polinices.

de Tebas y de sus recursos; la vida entera daría
por un día así. Ahora se queja de la pérdida de tiempo,
interminable a su juicio, que supone el destierro, mas luego
se da aires de caudillo, y se imagina sentado en el trono
tras la expulsión de su hermano: una angustiosa esperanza absorbe
su pensamiento y reduce a un largo voto sus alegrías.
Decide entonces dirigirse sin vacilar a las ciudades
inaquias[75] y las tierras de Dánao, y a Micenas envuelta
en tinieblas por el brusco retroceso del sol[76], sea la Furia
quien guía sus pasos, sea siguiendo el camino al azar, sea
obedeciendo la llamada de la inexorable Átropo.
Abandona las cavernas que resuenan con los frenéticos
alaridos ogigios[77], y las colinas fecundas de sangre
báquica. Atraviesa después la región por donde el Citerón,
cómodamente asentado, se extiende hacia la planicie y baja
en suave pendiente hasta el mar. Sosteniéndose con habilidad
en el rocoso sendero, deja enseguida atrás los infames
peñascos de Escirón[78] y el territorio de Escila donde reinó

75. *i.e.,* argivas, a partir del nombre del dios-río Ínaco, hijo de Océano y Tetis, antepasado de los monarcas argivos, padre de Foroneo y de Ío. Dánao es otro de los primeros reyes de Argos.

76. Júpiter alteró la marcha del sol haciendo que saliera por el oeste y se pusiera por el este para otorgar el reino de Micenas a Atreo en perjuicio de su hermano Tiestes. Según otros autores (entre ellos, Estacio, *cf.* IV, 307 s.), el sol cambió de dirección más tarde, horrorizado por el macabro banquete en el que Atreo ofreció a su hermano como comida los cuerpos de sus hijos.

77. *i.e.,* tebanos, por el nombre del legendario fundador de la ciudad *(cf. supra* verso 173, nota 46 [p. 79]). Los delirantes gritos de las Ménades o Bacantes durante los ritos de su dios, que solían ser sangrientos.

78. Hijo según algunos de Pélope, fue uno de los numerosos malhechores eliminados por Teseo durante su primer viaje de Trezén a Atenas. En los acantilados del Istmo de Corinto, obligaba a los viajeros a lavarle los pies y de una patada los precipitaba al mar, donde una tortuga gigantesca los devoraba. Tras derrotarlo, Teseo hizo lo propio con él.

el purpúreo anciano[79], y la amable Corinto, y en la llanura
central oye resonar los dos litorales.
Y ya, saliendo
por el vasto horizonte que acoge a Febo una vez acabado
su servicio, la Titánide[80] se había elevado sobre un mundo
silencioso, y, con su biga que esparce el rocío, había enfriado
y enrarecido el aire: callan ya las bestias y las aves, ya
se ha insinuado el Sueño en los mezquinos afanes de los hombres
y da cabezadas desde el cielo, trayendo de nuevo el grato
olvido a una vida de penalidades. Pero ni las nubes
permitieron al enrojecido cielo augurar el retorno
de la luz, ni a medida que se hacían menos densas las sombras
brilló largamente el crepúsculo con el reflejo de Febo:
una noche negra, más cerrada a ras de tierra y que no había
rayo capaz de atravesar, cubrió los polos. Ya retumban
las mazmorras de la rocosa Eolia[81] con las embestidas,
y de su llegada avisa la borrasca con sordo bramido;
chocan los vientos entre sí soplando en direcciones opuestas,
y arrancan las bisagras de las puertas sacándolas del quicio,

79. Niso, rey de Mégara, dotado de un mechón púrpura de cuya conservación dependía su vida. Su hija Escila, enamorada de Minos, rey de Creta que a la sazón hacía la guerra a su ciudad, se lo cortó. Por toda recompensa, Minos la encadenó al timón de su nave y la llevó a rastras hasta que se ahogó. Niso y su hija fueron metamorfoseados, el primero en águila marina y la segunda en el ave ciris.
80. La Luna, pronto identificada con Ártemis (en Roma también Diana o Febe, como en I, 106), no es propiamente una Titánide (hermanas de los Titanes, hijos unos y otras de Gea y Urano), pero a veces se denomina también así a los descendientes de aquéllas. La Luna, al igual que el Sol, era hija del Titán Hiperíon y de la Titánide Tía, e identificada con Febe, hermana de Febo (= Apolo), e hijos ambos de Leto, nieta de la Titánide Febe, de la que tomó el nombre.
81. Residencia de Eolo, dios de los vientos, como vemos en Virgilio (*Aen.* I, 52).

mientras a la conquista del cielo cada uno se lanza; pero
sobre todo el Austro acumula las sombras levantando oscuros
remolinos, y esparce la lluvia, que el riguroso Bóreas
con sus secos soplos convierte en granizo; en violentas ráfagas
vibran los rayos, y el cielo se rasga hendido por las súbitas
descargas. Ya Nemea[82] y las altas cumbres de Arcadia que lindan
con los bosques del Ténaro están empapadas; fluyen con un gran
caudal el Ínaco y el Erasino que se encrespa en heladas
olas. Los ríos, antes de lecho polvoriento que podía
recorrerse a pie, no tardaron en salirse de sus cauces,
y la laguna de Lerna se desbordó, echando espumarajos
de su rancio veneno[83]. No hay floresta que escape a la destrucción,
la tempestad arranca las añosas ramas de los árboles,
y al desnudo han quedado los pastos de verano del umbroso
Liceo[84], en siglos no vistos por los rayos del sol. No obstante, aquél[85],
pese al estupor que siente al ver cómo las rocas se desprenden
de las cimas resquebrajadas, y al espanto que le produce
el estruendo de los torrentes que se precipitan desde
los montes arrastrando por doquier en su furiosa tromba los
refugios de pastores y rebaños, sin aflojar el paso
devora el devastado camino a través de las mudas sombras
fuera de sí y sin saber por dónde va; el miedo y el recuerdo
de su hermano lo aguijonean sin cesar. Como el marinero
sorprendido por la borrasca en alta mar, a quien no indican
el camino ni el inoperante Carro[86] ni la Luna con su
benéfico brillo, se mantiene en pie incapaz de pensar
en medio de la vorágine del cielo y del mar, y en cualquier

82. El famoso bosque de la Argólide, donde Hércules en su primer trabajo mató al león que asolaba la región.
83. El veneno de la Hidra, matada por Hércules en su segundo trabajo.
84. Monte de Arcadia.
85. *i.e.,* Polinices.
86. La Osa Mayor.

momento teme que las rocas sumergidas en las pérfidas aguas, o los escollos que levantan espuma con su aguda punta, choquen contra la proa alzándola en el aire: de igual manera el héroe cadmeo atraviesa las tinieblas de los bosques con paso presuroso, golpeando con su enorme escudo las temibles guaridas de las fieras, y se abre paso a través de la maleza adelantando el pecho; la torva energía que proporciona el temor estimula su ánimo, hasta que, disipando las sombras, desde la ciudad de Ínaco brillaron los pináculos de Larisa[87], difundiendo su luz sobre las escarpadas murallas. En aquel lugar puestas sus esperanzas todas, emprende una veloz carrera, a su izquierda dejando primero el templo de Juno de la altiva Prosimna[88], luego el negro pantano de Lerna, con el característico vapor, obra de Hércules, que emana de sus aguas[89], y al fin franquea las abiertas puertas. Al punto divisa el portal del palacio; tiende aquí sus miembros ateridos por la lluvia y el viento y, acurrucado en el quicio del desconocido alcázar, trata de conciliar en el duro lecho un ligero sueño.

A punto de entrar en la vejez transcurrida ya la mitad de su vida, el rey Adrasto, de ilustre estirpe y descendiente de Júpiter por ambas ramas, gobernaba allí en paz a su pueblo. Si carecía de prole del sexo fuerte[90], no andaba

87. Ciudadela de Argos.
88. Localidad de la Argólide mencionada de nuevo en el camino de regreso de Tideo (véase III, 325).
89. Para acabar con la Hidra, cuyas múltiples cabezas se reproducían instantáneamente al ser cortadas, Hércules contó con la ayuda de su auriga y sobrino Iolao, que iba quemando las heridas conforme Hércules cercenaba cada cabeza.
90. Como en Virgilio (*Aen.* VII, 50 s.). Según otra versión, Adrasto, hijo de Tálao y de Eurínome o Lisímaca y rey de Argos, tenía además un hijo

en cambio escaso de progenie femenina, pues contaba con el tierno soporte de dos hijas. Según una profecía de Febo, por designio del destino próximos a arribar le estaban como yernos –¡oráculo fatal e inconcebible! cuya veracidad quedó luego de manifiesto– un jabalí de erizadas cerdas y un rubicundo león. Aunque no dejas de pensar en ello, ni tú, su progenitor, lo entiendes, ni tú, Anfiarao, sabedor del futuro, pues lo impide su señor Apolo. Sólo se exacerba la inquietud que embarga el corazón del padre.

Pero he aquí que, abandonando la antigua Calidón en cumplimiento del destino, el olenio[91] Tideo –lo empuja la conciencia del horroroso crimen cometido contra su hermano[92]– recorre bajo la noche que incita al sueño aquellos mismos cenagales y, renegando igualmente de la lluvia y del viento, con la espalda cubierta de hielo y empapados el rostro y los cabellos de agua, penetra en el mismo refugio, una parte del cual ocupaba, tendido sobre el helado suelo, el anterior huésped. Esta circunstancia imprevista hizo nacer en ambos entonces una rabia fiera: incapaces de ponerse al abrigo de la noche bajo el mismo techado, se demoran un poco intercambiando palabras y amenazas; luego, cuando con los insultos proferidos su ira se inflamó bastante, en pie uno y otro, descubren sus espaldas y, desnudos, se enzarzan en combate. De paso más largo aquél en proporción

varón, Egialeo, que comandó la segunda expedición contra Tebas, la de los Epígonos. Fue el único de los argivos que falleció en ella a manos de Laodamante, hijo de Etéocles.

91. De la ciudad de Etolia llamada Óleno, conquistada por su padre Eneo, rey de Calidón.

92. En la versión más comúnmente aceptada, Tideo, hijo de Eneo y de su segunda esposa Peribea, se vio obligado a exiliarse por haber dado muerte no a su hermano, sino a sus primos, los hijos de Melas, hermano de su padre.

a la longitud de sus miembros, y a la vez en la flor de la edad,
su arrojo hace no obstante a Tideo no inferior en fuerzas, y en su
pequeño cuerpo imperaba un valor mayor que se difundía
por todos sus miembros. Ya incrementan la frecuencia de sus golpes
que caen, como lluvia de flechas o tormenta de granizo
rifeo[93], sobre sus rostros y los huecos de sus sienes, mientras,
con la rodilla flexionada, golpean sus cóncavos vientres.
Del mismo modo que cuando vuelven para el Tonante piseo[94]
sus juegos quinquenales, y arde el polvo con el sudor que exhalan
los hombres, si bien en ese caso las distintas preferencias
del público enardecen a los tiernos efebos, y las madres,
excluidas del espectáculo, aguardan los premios: así se
acometen movidos por el odio y sin que los estimule
deseo alguno de notoriedad; buscan las uñas las zonas
más resguardadas del rostro e intentan penetrar hasta el fondo
en los ojos que ceden a la presión. Quizás habrían también
desenvainado las espadas ceñidas al costado –de tal
modo los espoleaba la cólera– y tú, joven tebano[95],
tendrías una muerte más honrosa a manos del enemigo
haciéndote digno de ser llorado por tu hermano, si el rey,
cuyo sueño era ya muy frágil debido a su avanzada edad
y al peso de sus graves preocupaciones, no hubiera acudido,
extrañado del insólito clamor y de los estridentes
gemidos que salían del fondo del pecho entre las tinieblas

93. De los montes Rifeos, en Escitia.
94. *i.e.,* de Pisa, ciudad de la Élide, próxima a Olimpia. Se alude, pues, a los Juegos Olímpicos en honor de Júpiter.
95. *i.e.,* Polinices. El hermano a quien se alude es, evidentemente, Etéocles, y el rey, Adrasto. Ésta es la primera ocasión, pero no la única (*cf.* VI, 513-517) en la que el narrador (el poeta) se dirige directamente a Polinices condoliéndose de que haya perdido la oportunidad de morir de manera más noble. A esta ocasión perdida se refiere también más tarde (IX, 63 s.) el propio Polinices.

de la noche. Cuando éste, atravesando los altos zaguanes provisto de un gran número de antorchas, descorre los cerrojos de las puertas y al otro lado del umbral descubre una visión que produce horror describir, rostros desgarrados y mejillas en carne viva manando sangre, exclama: «¿Cuál es el motivo de vuestro desvarío, jóvenes extranjeros? –pues sin duda ningún súbdito mío se atrevería jamás a llegar a tales extremos de violencia–. ¿Qué es ese implacable ardor que os incita a turbar con vuestros odios el tranquilo silencio de la noche? ¿Tan breve es el día, y tan penoso os resulta respetar por unos instantes la paz del ánimo y el sueño? Pero decidme de una vez: ¿De dónde sois? ¿A dónde os dirigís? ¿Cuál es la causa de vuestra disputa? Pues una cólera tan desmesurada indica que no sois de baja extracción, y a través de la sangre derramada quedan patentes grandes señales de un linaje esclarecido».

Apenas había dicho esto cuando mezclando sus gritos y lanzándose aviesas miradas comienzan ambos a la vez: «¡Muy benevolente monarca de los aqueos! ¿Qué necesidad hay de explicaciones? Ante tus ojos tienes este rostro bañado en sangre». Sus palabras sonaron totalmente confusas en el desconcierto de sus voces de amargo acento; luego, tomando la iniciativa, prosigue así Tideo: «Deseoso de hallar un solaz para mi triste desventura, abandoné las riquezas de Calidón, fecunda en monstruos[96], y los campos que riega el Aqueloo; he aquí que esta noche tan negra se me echa encima en tu territorio. ¿Quién

96. Calidón, una de las dos ciudades (la otra es Pleurón) más importantes de Etolia, sufrió los estragos del fiero jabalí enviado por Ártemis hasta que Meleagro, hermanastro de Tideo (era hijo de Eneo y de su primera esposa Altea), organizó la famosa cacería en la que le dio muerte (*cf.* II, 469 ss.) El Aqueloo (hoy día Aspropótamo), el río más caudaloso de Grecia, se encuentra en la frontera entre Acarnania y Etolia.

era ése para impedir que me pusiera a resguardo contra la intemperie? ¿O le dio motivo el hecho de haber dirigido casualmente él primero sus pasos hacia estos umbrales? Dicen que los Centauros, de doble naturaleza, tienen establos comunes, y que en paz cohabitan los Cíclopes bajo el Etna. Incluso a los monstruos feroces se les han inculcado unas leyes y un derecho natural propio: a nosotros, compartir los albergues de la tierra... pero ¿a qué seguir? O partirás hoy, quienquiera que seas, ufano de estos despojos, o si el pesar que me aflige no ha debilitado mi sangre hasta hacerle perder todo su vigor, sabrás que procedo de la estirpe del gran Eneo, y que no soy un retoño degenerado de Marte»[97]. «Ni de arrojo ni de linaje estoy tampoco desprovisto yo...» replica aquél[98], pero, consciente en su fuero interno de su adverso sino, vacila en revelar el nombre de su padre. Interviene entonces Adrasto con ánimo conciliador: «¡Ea, pues! Dejad las amenazas que os inspiró la noche y el valor o la ira repentinos, y entrad en el palacio. Que vuestras diestras se junten en señal de reconciliación. Estos hechos no han sucedido en vano ni sin contar con el beneplácito de los dioses; quizás incluso estas iras no hayan sido sino el preludio de una amistad que está por venir, de suerte que os complazca recordarlo». Y no erró en sus pronósticos el anciano, ya que, según cuentan, del vínculo que se creó entre ellos a partir de sus heridas nació una lealtad tan grande como aquella por la que Teseo compartió con el osado Pirítoo empresas de sumo riesgo[99], o el enloquecido

97. En algunas versiones, Peribea, la madre de Tideo, ya llevaba a éste en su seno por obra del dios cuando contrajo matrimonio con Eneo.
98. *i.e.,* Polinices, claro está.
99. Durante su larga amistad, Teseo y Pirítoo aparecen juntos en diferentes hazañas, como la cacería del jabalí de Calidón, la lucha entre Lápitas y Centauros o el rapto de Helena y el descenso a los Infiernos en busca

Orestes consiguió con la ayuda de Pílades librarse de la furia de Meguera[100]. También entonces, dejándose ganar por las palabras del rey que aplacan sus fieros corazones, como se calman los mares azotados por los vientos y se extingue la brisa que sopla no obstante durante algún tiempo en las relajadas velas, entraron en palacio.

Entonces tiene él por primera vez ocasión de fijarse en el aspecto de los jóvenes y en sus imponentes armas: ve que sobre la espalda de uno[101] se eriza, con la melena totalmente desgreñada, la piel de un león, semejante a aquel que se vistió el hijo de Anfitrión[102] antes de su combate con el monstruo de Cleonas, tras haberlo abatido en el valle del Teumeso en sus años juveniles. Causando por otra parte horror con sus cerdas y sus curvados colmillos, los despojos, honra de Calidón[103], apenas consiguen cubrir las anchas espaldas de Tideo. Mudo de asombro queda el anciano en presencia de un presagio tan evidente que le desvela el sentido de los divinos oráculos de Febo[104] y de las predicciones

de Prosérpina para hacerla esposa de Pirítoo. La empresa en la que corrieron mayor peligro fue desde luego esta última, de la que Pirítoo no regresaría.

100. Una de las Furias que persiguieron a Orestes tras haber éste ejecutado a su madre.

101. *i.e.,* Polinices.

102. *i.e.,* Hércules. Su primera hazaña (a los 18 años) fue la de dar muerte al león del Citerón (aquí el monte mencionado es el Teumeso, al noroeste de Tebas), cuya piel utilizó de cobertura. Más tarde, en su primer trabajo para Euristeo, dio muerte al león de Nemea, designado aquí por el nombre de Cleonas, una localidad cercana, y en algunos autores fue la piel de este animal la que en adelante le sirvió de protección.

103. La piel y las mandíbulas de feroces colmillos del jabalí de Calidón, abatido por Meleagro, hermanastro de Tideo.

104. *Cf. supra,* 395 ss.

emanadas de los proféticos antros. Permanece con la mirada clavada en ellos, y un escalofrío de alegría recorre sus miembros; comprende que los que están ante él, guiados a todas luces por los dioses, son aquellos que el vate Apolo, entrelazando enigmas, había revelado que le estaban destinados como yernos bajo la engañosa apariencia de fieras. Alzando entonces al cielo las palmas de sus manos exclama: «Oh Noche, que en tu seno acoges las fatigas de la tierra y del cielo, y transportas en su errante curso a las brillantes estrellas, permitiendo recuperar el ánimo hasta que el próximo Titán[105] infunda a los pobres mortales un ágil despertar; tú, Noche reparadora, me traes por propia iniciativa la certeza que buscaba en mis confusas reflexiones, desvelando el sentido del antiguo oráculo; secunda mi empresa y confirma tus presagios. Esta casa siempre te rendirá culto honrándote año tras año; negras reses de selecta testuz te harán, diosa, ofrenda de su vida y devorará el fuego de Vulcano regado con leche fresca las entrañas de las víctimas. ¡Salve, trípodes antiguos y fidedignos! ¡Salve, sombría gruta! Descubrí los designios de los dioses, ¡oh Fortuna!». Así dijo, y cogiendo a ambos jóvenes de la mano se dirige al interior del palacio. En los blancos altares conservaba aún el fuego un débil rescoldo y tibias las ofrendas del sacrificio; manda reavivar las llamas y renovar el reciente banquete. A porfía se apresuran los sirvientes a obedecer sus órdenes; resuena el palacio sacudido por el diverso ajetreo: de fina púrpura y crujiente oro guarnecen unos los lechos y amontonan cojines sobre ellos, sacan brillo otros con sus manos y arreglan las pulidas mesas, y aun otros, acometiendo la tarea

105. El Sol, llamado Titán como Titánide su hermana la Luna *(cf. supra,* I, 337), por ser hijo del Titán Hiperíon.

de vencer las tinieblas de la negra noche, cuelgan cadenas para las doradas lámparas. Hay quienes se ocupan de espetar y poner al fuego las vísceras desangradas de las bestias muertas, y quienes trituran el grano en la piedra y acumulan los panes en canastillos; se complace Adrasto en ver su casa invadida por la afanada servidumbre.

Y ya, recostado en los magníficos cojines de su trono de marfil, él mismo resplandecía. En otra parte ocupan los jóvenes su plaza tras haber lavado sus heridas con agua, observan a un tiempo sus rostros deformados por los golpes y se piden disculpas mutuamente. Manda entonces llamar el anciano rey a Acaste –nodriza de sus hijas ella misma y guardiana en extremo fiel elegida para velar por el pudor consagrado al amor legítimo– y le habla en voz baja al oído.

Sus órdenes son sin tardanza ejecutadas, y al punto ambas doncellas salen de sus aposentos reservados: admirable espectáculo, sus rostros se asemejan totalmente al de la armisonante Palas y al de Diana, portadora de la aljaba, menos en el terror que aquéllos inspiran. Las desconocidas facciones de los héroes se hicieron luego visibles a su pudor: a un tiempo la palidez y el rubor invadieron sus encendidas mejillas, y sus respetuosos ojos se volvieron hacia su venerable padre. Una vez que se hubo saciado el hambre con los sucesivos platos, el descendiente de Íaso[106] pidió a sus siervos, según su costumbre, una pátera bellamente decorada con figuras y resplandecientede oro, en la que Dánao[107] y el anciano Foroneo estaban habituados

106. Uno de los primeros reyes de Argos, hijo de Tríopas o de Argos Panoptes, y padre, según algunos, de Ío.

107. Famoso rey de Argos a quien se hace alusión en varias ocasiones. Respecto a Foroneo, véase *supra,* 252 y nota 59 (p. 82).

a hacer libaciones a los dioses. Trabajadas a cincel
presenta las siguientes imágenes: el héroe alado[108],
todo él de oro, sostiene la cabeza recién cortada de
la Górgona, de cabellera de serpientes, mientras se eleva
–así parece– en la tenue brisa; aquélla casi mueve
sus letales ojos y sus lánguidas facciones, e incluso
palidece en el oro puro. Del otro lado, el cazador
frigio[109] se eleva en el aire arrebatado por unas doradas
alas, el Gárgaro pierde altura conforme él asciende, y Troya
se desvanece a sus espaldas; en pie están sus afligidos
compañeros, y en vano se desgañitan los perros, persiguen
su sombra y ladran a las nubes. Vertiendo el abundante vino
del recipiente, invoca Adrasto sucesivamente a todos
los habitantes del cielo, a Febo antes que a ningún otro;
a Febo apela entre alabanzas ante su altar todo el grupo
de amigos y sirvientes, ceñida la frente con la casta
corona de hojas[110], pues en su honor se celebra esta festividad
y brillan las llamas reavivadas con montones de incienso
en los altares envueltos en su fragancia.

«Quizá os preguntéis,
oh jóvenes –dice el rey– qué significan estas ceremonias
y por qué motivo rendimos un culto especial a Febo. No
lo inspiró un inconsciente escrúpulo religioso, el pueblo argivo
celebra estos sacrificios tras haber sido otrora víctima
de grandes calamidades; prestad atención, os contaré
la historia. Cuando el dios abatió, gastando todas sus flechas

108. *i.e.,* Perseo, provisto de unas sandalias aladas. Argivo por línea materna, por ser hijo de Dánae (véase *supra,* nota 61 [p. 83] al verso 255).
109. *i.e.,* Ganimedes. Las «doradas alas» hacen referencia al águila, el ave de Júpiter, que lo raptó en el monte Ida (el Gárgaro es una de sus cimas).
110. De laurel, el árbol de Apolo desde que Dafne, la Ninfa amada por el dios, en uno de ellos se convirtiera para escapar de su amoroso abrazo.

en las múltiples heridas que le causó, al negruzco monstruo de
sinuosos anillos, la serpiente Pitón, hija de la tierra,
que tenía cercada Delfos con sus siete oscuras roscas
y destrozaba los añosos robles con sus escamas, mientras,
echada en la fuente Castalia, abría su boca de trífida
lengua, ávida de alimento para su negro veneno,
y pudo al fin dejarla tendida cuan larga era sobre un
área de cien yugadas del campo cirreo[111], buscando
luego nueva expiación del crimen, alcanzó los no opulentos
umbrales de nuestro Crotopo[112]. Guardaba su piadoso hogar
una hija en los primeros años de su doncellez, de admirable
hermosura e intacta virginidad. ¡Dichosa ella, si nunca
hubiera compartido un comercio ilícito con el Delio[113]
manteniendo con Febo amores clandestinos! Pues, tras haberse
entregado al dios junto a las aguas del río nemeo y cuando
por décima vez Cintia[114] recobraba su rotundo aspecto
con su cara llena, la preñada joven dio a luz a un nieto
de Latona bello como una estrella, y temiendo el castigo
—y en efecto un padre como el suyo no habría dado su venia
a una unión forzada— elige campos apartados, y entrega
a su hijo, para que lo críe a escondidas en sus establos,
a un pastor de ovejas que andaba por los montes. Indigna cuna,
oh niño, de un linaje tan ilustre, la yerba te brindó
un lecho de grama, y con ramas de encina entretejidas
se construyó tu casa; la fibrosa corteza del madroño

111. De Cirra, ciudad de la Fócide consagrada al culto de Apolo.
112. Sobrino y sucesor de Íaso en el trono de Argos. Su hija, amada por Apolo, cuyo nombre omite Estacio, se llamaba Psámate (distinta de la Nereida del mismo nombre), y el niño, Lino (*cf.* VI, 64).
113. Sobrenombre de Apolo por su nacimiento en la isla de Delos.
114. Sobrenombre de Ártemis o Diana, identificada con la Luna, por el nombre del monte Cinto, en la isla de Delos, donde Leto o Latona los dio a luz a ella y a su hermano Apolo, igualmente llamado Cintio a veces.

da cobijo y calor a tus miembros, y te invita al dulce sueño una caña hueca, mientras con el ganado el suelo compartes. Pero los hados no perdonaron ni siquiera tan mísero hogar; y así, un día en que se hallaba tendido sin cuidado alguno en el verde césped de la tierra respirando a placer con la boca abierta, unos perros rabiosos acabaron con él devorándolo a fieras dentelladas. Cuando a los espantados oídos de su madre esta noticia llegó, padre, vergüenza y miedo se borraron de su mente: sin poderse contener llena el palacio de amargos lamentos, fuera de sí, y abriendo su pecho corre a contarlo todo a su padre; sin conmoverse lo más mínimo ordena aquél –¡abominable acción!– que perezca, como ella misma desea, de indigna muerte. Tarde trayendo a tu memoria, oh Febo, aquella unión, te procuras un consuelo para su trágico fin, un monstruo concebido en los nefandos antros de las Euménides, en los abismos del Aqueronte, con el rostro y el busto de la doncella; emitiendo sin cesar agudos silbidos, una serpiente se yergue en su cabeza y parte en dos su acerada frente. Esta devastadora plaga se desliza entonces en los dormitorios entre las tinieblas de la noche, arranca del seno de sus madres a los recién nacidos y los devora a fieras dentelladas cebándose sin medida en el luto del país. No lo soportó Corebo[115], de arrojo y destreza en las armas más que probados, y con unos jóvenes elegidos que destacaban por su valor, siempre dispuestos a acrecentar su fama menospreciando la vida, salió espontáneamente a su encuentro. Cruzaba ella los umbrales del último hogar que acababa de saquear –los cuerpos de dos pequeños cuelgan de su costado, y ya en sus órganos vitales

115. Héroe argivo, cuya famosa tumba en el ágora de Mégara aún tuvo ocasión de ver Pausanias, nuestra principal fuente para este personaje (I, 43, 7-8; II, 19, 8).

se clavan sus garras, y sus uñas de hierro se entibian bajo su tierno corazón–: rodeado por el estrecho círculo de sus héroes, el joven le cierra el paso, entierra su enorme espada en su cruel pecho y, buscando con su afilada punta los profundos escondrijos de su espíritu, al fin restituye a los dominios del Júpiter subterráneo[116] su horrible engendro. ¡Qué gusto poder ir y examinar de cerca esos ojos turbios en la muerte, el infame flujo de ese vientre, y esos senos cubiertos de espesa podre bajo los que sucumbieron nuestros tiernos amores! Pasmada está la juventud inaquia, incapaz de expresar su inmensa alegría tras haber derramado tantas lágrimas. Con sólidas estacas, vano consuelo para su aflicción, aporrean sus miembros exánimes y machacan las afiladas muelas de sus mandíbulas: no pueden saciar su ira por más que tengan la facultad de hacerlo. De ella huisteis en ayunas incluso vosotras, las aves que a su alrededor volabais con nocturno graznido, y sobre su cuerpo no osaron, según cuentan, cerrar sus secas fauces ni los perros rabiosos ni los lobos. Lleno de furia por la fatídica supresión de su vengadora, se alza el Delio contra nuestra desdichada gente y, apostándose en las sombrías alturas del Parnaso de doble cima, dispara sin piedad las pestíferas flechas de su funesto arco y bajo una espesa capa de niebla abrasa los campos y las magníficas construcciones de los Cíclopes[117]. Huye de los cuerpos la dulce vida, la Muerte con su espada corta los hilos de las Hermanas[118] y hace ofrenda a los Manes de la ciudad que tiene tomada. Cuando el monarca pregunta[119]

116. *i.e.,* Plutón.
117. Las murallas de Argos *(cf. supra,* v. 252).
118. Las Parcas, Cloto («la Hiladora»), Láquesis («la que da su lote a cada cual») y Átropo («la Inflexible», *cf. supra,* 111).
119. En consulta al oráculo de Apolo, en Delfos.

cuál es la causa, qué es ese siniestro fuego del cielo y cómo es que reina Sirio[120] durante todo el año, el responsable mismo, el dios Pean[121], ordena en respuesta que sean inmolados al sanguinario monstruo los jóvenes culpables de su muerte. ¡Bendita tu bravura, que ha de merecer dignamente fama imperecedera! No callas como un cobarde tu piadosa hazaña, ni vacilas en enfrentarte a una muerte segura. Dando la cara de inmediato, en pie se mantuvo en el umbral del templo de Cirra, y la sagrada ira provoca con estas palabras: "A tu casa acudo, oh Timbreo[122], no en representación de otros ni como suplicante: mi propio sentido del deber y la consciencia de mi valor la ruta me ha trazado. Yo soy, Febo, quien exterminó a tu mortal endriago, la persona que buscas, injusto de ti, con esas negras nubes y esa sucia atmósfera, con esa funesta ponzoña de un cielo hostil. Pero incluso si os son tan queridos a los dioses supremos los monstruos feroces, si constituye una pérdida tan banal para el orbe la muerte de los hombres y es el cielo tan cruel e inclemente, ¿qué delito ha cometido Argos? Yo, yo sólo, oh tú el mejor de los dioses, debía ofrecer mi cabeza a los hados. ¿O acaso es más grato a tu corazón ver devastados los hogares y que todo el campo brille entregados al fuego los labradores? ¿Pero por qué retardo la acción de tus flechas con mis palabras? Las madres aguardan, y ya se están haciendo los últimos votos por mí. Basta: lo he merecido, indigno soy de tu perdón. Coge, pues, tu aljaba, tensa tu resonante arco y sepulta en la muerte mi insigne alma; pero, mientras yo dejo

120. La estrella más brillante de la constelación de El Perro, El Can Mayor o La Canícula (sobre ella, véase IV, 777, y nota 162 [p. 217]).
121. Sobrenombre de Apolo, por el que era con frecuencia invocado.
122. Sobrenombre de Apolo, derivado de la ciudad de Timbra, en la Tróade, donde este dios tenía un famoso templo. *Cf. infra,* verso 699 y VIII, 202.

este mundo, disipa ese nubarrón que desde lo alto proyecta
su lívida amenaza sobre la inaquia Argos".
La fortuna
mira con ojos propicios a quienes lo merecen. La aversión
al homicidio contuvo al encolerizado hijo de Leto
y, aplacado, concede al héroe el triste honor de la vida;
las malignas nubes se alejan de nuestro cielo, en tanto que tú,
oídos tus ruegos, te retiras del umbral del asombrado
Febo. Desde entonces solemnes banquetes conmemoran cada
año la institución de estos sacrificios, y unas renovadas
ofrendas aplacan al dios en sus templos. En cuanto a vosotros,
que visitáis casualmente estos altares, ¿cuál es vuestro origen?
Aunque, si no he entendido mal los gritos que hace poco llegaron
a mis oídos, tu padre es Eneo de Calidón, y tuyos
son los derechos sobre la casa de Partaon[123]. Pero tú,
explícanos quién eres y a qué se debe tu arribada a Argos,
ya que éste es el momento de las confidencias.»
Bajó a tierra
al instante su afligido semblante el héroe ismenio[124]
y, sin pronunciar palabra, lanzó una mirada de soslayo
al lesionado Tideo; luego, rompió su largo silencio
y dijo así: «No debes preguntarme durante estos ritos
en honor de los dioses quiénes son mis progenitores, cuál es
mi país o de qué antigua estirpe desciendo: me avergüenza
confesarlo en medio de estas ceremonias. Pero si tan grande es
tu interés por conocer a este desventurado, Cadmo es mi
primer ancestro; mi tierra, la mavortia[125] Tebas, y mi madre,

123. O Portaon, padre de Eneo y abuelo, por tanto, de Tideo, a quien Adrasto interpela ahora.
124. *i.e.,* tebano, por el río Ismeno, es decir, Polinices.
125. *i.e.,* querida o consagrada a Marte, bien por ser este dios padre de Harmonía, esposa de Cadmo, bien por haber nacido de los dientes del dragón consagrado a Marte los Espartos. Véase *supra,* nota 2 (p. 69) a los versos 7-8.

Yocasta». Movido entonces por los deberes de hospitalidad
–pues comprendió de quién se trataba–, Adrasto dice así: «¿Por qué
ocultas lo que es del dominio público? Lo sabemos, pues
no tomó la fama un camino tan alejado de Micenas.
Del reino aquel, de sus furias, y de los ojos avergonzados
de ver, ha oído hablar incluso aquel que tiembla de frío bajo
el sol ártico, el que bebe en el Ganges o se adentra al oeste
en las negras aguas del Océano, y aquellos a los que hacen
encallar las Sirtes[126] en su inseguro litoral. Deja de
lamentarte y de enumerar las desgracias de tus padres: también
en nuestra familia ha habido muchos extravíos del recto
proceder, y la culpa no sirve de estorbo a sus descendientes.
Solo, distinto a ellos, hazte tú merecedor con la bondad
de tus actos de redimir a los tuyos. Y ya languidece
el glacial conductor de la Osa Hiperbórea[127] con la lanza
del carro inclinada hacia atrás. Derramad el vino sobre el fuego
de los altares, y elevemos nuestras preces una y otra vez
al hijo de Leto, salvador de nuestros padres.

Padre Febo,
tanto si los collados de Patara con sus cimas cubiertas
de nieve te mantienen en Licia ocupado, como si te es
grato sumergir tus rubios cabellos en la pura corriente[128]
de Castalia, tanto si, como señor de Timbra, ocupas Troya,
donde es fama que soportaste de buena gana sobre tus
hombros los bloques de piedra frigios sin recibir recompensa[129],

126. Ensenada en la costa norte de África, entre Cirene y Cartago, famosa por sus peligrosos escollos.

127. Se hace alusión aquí a dos constelaciones muy cercanas, Bootes o El Boyero y La Osa Mayor o El Carro.

128. Pura, pues la fuente de Delfos tomó su nombre de la casta doncella que a ella se arrojó para huir del amoroso abrazo de Apolo.

129. Cuando construyó junto con Poseidón los muros de Troya para Laomedonte.

como si te complace el latonio Cinto[130] que proyecta su
sombra sobre el Egeo y no ir en busca de Delos que ocupa
un lugar fijo en el mar[131]: tuyas son las flechas y el arco presto
a ser tensado a lo lejos contra los feroces enemigos;
a ti te concedieron tus celestiales padres el don de que
tus mejillas se mantuvieran siempre lozanas; tú eres docto
en conocer de antemano las duras labores de las Parcas,
el destino que se encuentra más allá y cuál será la voluntad
del supremo Júpiter, qué año ha de ser mortífero, a qué pueblos
azotará la guerra, qué cambios de cetros traen los cometas;
tú sometes al frigio[132] a tu lira; tú tiendes en las arenas
de la Estige a Titio, nacido de la tierra, en honor a tu
madre[133]; ante ti tembló de espanto la verde Pitón y la madre
tebana[134] al verte en toda tu gloria armado de tu aljaba;
como vengadora tuya la siniestra Meguera retiene

130. La montaña de Delos donde Leto o Latona dio a luz a Apolo y a Ártemis.
131. La isla de Delos, anteriormente errante, obtuvo de Apolo ocupar un lugar fijo en el Egeo como recompensa por haber sido el único sitio que se prestó a acoger a Leto grávida.
132. *i.e.,* el Sátiro Marsias, diestro flautista que se atrevió a desafiar a Apolo a un certamen musical. Vuelve a aludirse a él en II, 666, y IV, 185-186, donde se hace referencia a su castigo.
133. Leto, a quien intentó violar el colosal Titio, hijo de Júpiter y de la mortal Élara, llamado a menudo hijo de la tierra porque, para proteger a su madre de los celos de Juno, Júpiter la escondió dentro de ella. Fue acribillado a flechazos por Apolo y Ártemis, y es uno de los pecadores que sufre castigo eterno en el Hades: tendido en el suelo, dos buitres roen continuamente su hígado, que constantemente se regenera, suplicio similar al de Prometeo.
134. *i.e.,* Níobe, que no era tebana de nacimiento, pero estaba casada con Anfíon, rey de Tebas. A su mito se alude varias veces a lo largo de la obra. Véase sobre todo III, 192-201 y nota 27 (p. 153). La matanza de la serpiente Pitón constituye, por otra parte, la primera actuación de Apolo.

eternamente en su sitio a la mesa al hambriento Flegias[135]
que yace bajo la bóveda rocosa, y lo tienta con viandas
impuras, pero el asco que le dan se impone sobre su hambre:
asístenos, tú que guardas recuerdo de nuestra hospitalidad,
y dispensa a las tierras de Juno tu benéfico amor, tanto
si se prefiere invocarte como rosado Titán, al modo
del pueblo aqueménida[136], o como Osiris dispensador de frutos,
o como Mitra que bajo los peñascos del antro pérsico
retuerce los cuernos que se niegan a seguirlo».

135. Rey de los Lápitas, padre de Corónide o Coronis, la madre de Asclepio por Apolo. Cuando ésta fue flechada y muerta por el dios en castigo por su infidelidad, Flegias prendió fuego al templo de Apolo, acto que castigó el dios con la muerte y el suplicio eterno del culpable.
136. *i.e.,* persa. Los persas rendían culto sobre todo al Sol (a quien se alude a menudo en la *Tebaida* llamándolo Titán, aunque propiamente no lo es; véase *supra,* 501 y nota 105 [p. 96]). La paulatina introducción en Roma de los cultos orientales ya desde finales de la república trajo aparejada la identificación de sus dioses con los del panteón romano.

Libro II

Entretanto, el alado hijo de Maya[1], cumpliendo las órdenes del gran Júpiter, regresa de las gélidas sombras; por doquier densas nubes impiden su avance y un aire turbio lo envuelve, pues no han dado impulso a su marcha los céfiros, sino el fétido aliento del silencioso mundo. Le cierran el paso de un lado la Estige, que fluye en torno a sus nueve campos, de otro, una barrera de encendidos torrentes. Tras él asciende la trémula sombra del anciano Layo, aún entorpecido por la herida; pues más allá de la empuñadura le penetró la impía espada de su hijo que de un tajo le segó la vida y sació las primeras iras de las Furias; avanza empero y afianza sus pisadas con la mágica vara[2]. Los inertes bosques, los campos habitados por las almas y el herrumbroso valle asisten mudos de asombro a la escena, la propia Tierra

1. *i.e.,* Mercurio.
2. El caduceo, uno de los tres atributos de Mercurio. Los otros dos son el pétaso o sombrero y las alas.

se admira de que haya quedado abierto el camino de regreso, y no les faltó a los muertos, pese a estar ya también privados de la luz, la lívida ponzoña de la envidia. Ante el resto, uno de ellos, que siempre tuvo la torcida inclinación de ultrajar a los dioses en la adversidad –de ahí su aciago fin– y afligirse en la prosperidad, exclama: «Ve, dichoso de ti, cualquiera que sea la misión a la que eres llamado, sea por mandato de Júpiter, sea una Erinis superior quien te ha hecho ir al encuentro del día, sea que te ordena salir del profundo sepulcro la hechicera tesalia en pleno trance[3], ¡ay de ti!, que por más que vayas a contemplar el dulce cielo, el sol que dejaste atrás, las verdes tierras y las cristalinas aguas de las fuentes, con más tristeza has de volver no obstante a penetrar en estas tinieblas». Tan pronto como Cérbero, que se hallaba echado en el sombrío umbral, notó su presencia, irguió sus cabezas con todas las fauces abiertas[4], feroz incluso para las almas que entran; ya hinchaba en amenazador gesto sus negros cuellos, ya habría removido los huesos esparcidos por el suelo, si aplacando su fiereza con la vara de la Lete[5] no hubiera vencido el dios con un triple sopor sus acerados ojos.

Existe un lugar –Ténaro[6] lo llamaron las gentes inaquias– por donde la espantosa cima del Malea cubierto de espuma se alza en los aires no permitiendo en su cumbre mirada alguna. Altiva se yergue la cúspide, tendiendo sobre vientos y lluvias su serena

3. Para la fama de las hechiceras tesalias, *cf.* I, 106, y nota 36 (p. 75).
4. El monstruoso perro que guardaba la entrada a los Infiernos tenía tres cabezas, cola de dragón y múltipes cabezas de serpiente en el lomo.
5. *i.e.,* de nuevo el caduceo. La Lete es la laguna infernal, mencionada como frontera entre los dos mundos en I, 297.
6. Véase I, 96, y nota 34 (p. 75). En este lugar se alzaba un templo dedicado a Neptuno.

vista y sirviendo sólo de asiento a las fatigadas estrellas.
Allí establecieron su morada los exhaustos vientos y allí
se halla la ruta que utilizan los rayos; la ladera central
de la montaña se halla rodeada de un anillo de nubes,
y a sus picos más altos no llega el batir de la rápida ala
ni el ronco estallido de los truenos. Pero al declinar el día,
su gigantesca sombra proyecta sus dilatados contornos
sobre la superficie de las aguas y flota en el centro
del mar. En el interior del golfo, el Ténaro traza una curva
con la rompiente de su litoral, incapaz de imponerse
al desatado oleaje. Allí conduce Neptuno a puerto
a sus caballos[7] fatigados por las corrientes del Egeo;
las pezuñas de sus patas delanteras escarban la arena,
mientras que sus extremidades posteriores en forma de pez
desaparecen dentro de las aguas. En este lugar, según
cuentan, una apartada senda guía a los pálidos espectros
y colma de muertos los amplios patios del sombrío Júpiter[8].
Si es verdad lo que dicen los colonos arcadios, se oyen allí
los chillidos y lamentos de las almas en pena, y un tropel
de sombras invade el valle; a menudo los gritos y los golpes
de las Furias resonaron en pleno día, y con sus ladridos
hizo huir de los campos el triforme portero del Infierno[9]
a los labradores.

Por aquí sale ahora también volando
envuelta en una negra sombra al mundo de los vivos la alada
divinidad[10], sacude del rostro los vapores infernales
y con las bocanadas de aire puro devuelve a su semblante

7. Los hipocampos, como se ve en los versos siguientes; animales con la parte anterior del cuerpo de caballo y la posterior de pez.
8. El monarca del reino de las sombras, *i.e.,* Plutón.
9. *i.e.,* Cérbero, el perro de tres cabezas (de ahí el epíteto «triforme») ya mencionado anteriormente: *cf. supra,* vv. 26-31.
10. *i.e.,* Mercurio.

la serenidad. Después, con la guía de Arturo[11] y la mediación
de la silenciosa Luna, sobrevuela campos y ciudades.
Al encuentro le sale el Sopor, que conducía los caballos
de la Noche, y sobresaltado se pone en pie como muestra
de respeto a la divinidad y se desvía de su recto
trayecto por el cielo. Por debajo del dios vuela el espectro[12];
reconoce las estrellas de las que se vio privado antes
de tiempo y su país de origen. Y ya divisa las alturas
de Cirra y la Fócide contaminada[13] con sus cenizas.
Habían llegado a Tebas; lanzó un gemido Layo junto a los
umbrales de su hijo y dudó en penetrar en la conocida
morada. Pero cuando vio su propio yugo apoyado
en las esbeltas columnas y el carro aún manchado de sangre,
casi da marcha atrás lleno de turbación: y no lo retienen
ni los supremos mandatos del Tonante ni los efluvios
de la vara arcadia[14].

Casualmente era también aquél el día
señalado por el conocido rayo del Tonante, cuando
el violento parto prematuro, tierno Euhio[15], hizo a tu
padre transferirte a su cuerpo. Esta causa había incitado
a los colonos tirios[16] a pasar la noche en vela entregados
a porfía a la diversión; dispersos por doquier por casas
y campos, entre guirnaldas y copas de vino vacías,

11. La estrella principal de la constelación de Bootes o El Boyero, próxima a La Osa Mayor.
12. *i.e.,* el alma de Layo.
13. En una encrucijada de la Fócide murió Layo a manos de su hijo Edipo.
14. El caduceo. Mercurio había nacido en Arcadia.
15. Sobrenombre de Baco relacionado, como Euhan *(cf. infra,* verso 616), con el grito ritual de las Bacantes: Euhoe. La gestación de Baco, interrumpida por el rayo de Júpiter que causó la muerte de su madre Sémele, se completó dentro del muslo de su padre Júpiter.
16. *i.e.,* tebanos, como en I, 10, y en muchos otros lugares de la obra.

exhalaban a la luz del día el jadeante aliento del dios;
un gran número de flautas se oye entonces y de trompetas
cuyo sonido se impone a los golpes sobre la piel de toro
de los tambores. Exultante asimismo el propio Citerón
había impulsado a las sensatas madres bajo un Baco más
benigno[17] a través de los desviados parajes de sus bosques;
como los festines que en frenético tropel montan a través
del Ródope los bistones[18] o en los valles centrales del Osa.
Consideran un lujo el ganado medio muerto, los bocados
arrancados de las fauces de los leones, y haber domado
su furor[19] con leche fresca; pero si alguna vez ha llegado
hasta ellos el fuerte olor del ogigio Iaco[20], bella cosa es
entonces lanzar aquí y allá con sus manos piedras, copas,
y después de haber derramado la inocente sangre de sus
camaradas, empezar de nuevo el día y volver a montar
las festivas mesas.
Ésa fue la noche en la que el alado
Cilenio[21] se deslizó en la callada brisa hasta el lecho del rey
descendiente de Equíon[22], donde el corpulento monarca había
tendido sus miembros que se alzaban sobre un alto montón
de tapices asirios. ¡Ay de los mortales corazones que
nada saben de su destino! Sacia aquél su hambre, se entrega

17. *i.e.,* no sanguinario. Por eso se califica de sensatas («sanas») a sus seguidoras, lo contrario de lo que solían ser las Bacantes. El frenesí báquico a menudo comportaba sangrientas orgías, como aquella en la que Ágave mató y despedazó a su hijo Penteo.
18. Pueblo tracio que habitaba entre el monte Ródope y el mar Egeo.
19. O «haber suavizado el sabor de la sangre», *cruorem,* si se prefiere la lectura de omega en lugar de *furorem,* de P.
20. Nombre de un dios poco conocido identificado con Baco. Ogigio es sinónimo de tebano, por el nombre de Ógiges (véase I, v. 173 y nota 46 [p. 79]).
21. *i.e.,* Mercurio, *cf.* I, 293, y nota 69 (p. 85).
22. Etéocles, claro está.

al sopor. Cumple entonces el anciano[23] lo que se le ha ordenado,
y para no parecer una vana ensoñación de la noche,
toma los sombríos rasgos[24], la voz y las conocidas bandas
de lana del anciano adivino Tiresias. Permanecieron
su cabellera, su canosa barba que pendía del mentón
y su palidez propia, pero la falaz ínfula recorre
sus cabellos, y se hacen visibles las honoríficas cintas
entretejidas de verde olivo: pareció tocar su pecho
luego con el ramo y pronunciar estas fatídicas palabras:
«No es tiempo de dormir para ti, holgazán, que en la profundidad
de la noche yaces sin desconfiar de tu hermano; importantes
hechos te reclaman hace tiempo, y graves, indolente de ti,
preparativos de acciones. Pero tú, cual piloto que, alzando
ya los austros gran oleaje en el Jónico, reposa bajo
la oscura nube sin acordarse del aparejo ni del
timón que agita las aguas, no te decides a actuar. Y ya aquél
–la Fama lo sabe– se enorgullece del nuevo matrimonio[25]
y prepara fuerzas con las que pueda hacerse con el reino,
con las que te lo pueda negar, y se promete una vejez
en tu palacio. Le dan alas Adrasto, suegro designado
por el hado según una profecía, y Argos aportada
en dote, y hasta para un pacto de por vida le ha parecido
bien Tideo, manchado con la sangre de su hermano[26]. De ahí

23. *i.e.,* el espectro de Layo que con Mercurio ha llegado al palacio.
24. *opacos vultus,* pues Tiresias, el eximio adivino tebano, era ciego.
25. Concertado con Argía, hija de Adrasto, como veremos más adelante. Layo resume a su nieto Etéocles la situación de Polinices en Argos, de la que se nos han explicado los preliminares en I, 380 ss., y a la que que se volverá a partir del verso 141.
26. Como en I, 403 s. (p. 91). La causa de que Tideo fuera desterrado de Calidón es siempre un asesinato cometido por el héroe, pero la víctima varía; en otras versiones no es su hermano, sino su tío, hermano de su padre Eneo, o sus primos.

su engreimiento, y el largo destierro que tu hermano te promete.
El propio padre de los dioses, movido a compasión, me envía
a ti desde lo alto: conserva Tebas en tu poder y expulsa
a tu hermano, ciego de ansias de gobernar y que lo mismo
osaría, y no consientas que quien anhela la muerte de su
hermano confíe por más tiempo en las trampas que ha urdido, ni que
imponga a Cadmo[27] el dominio de Micenas».

Dijo, y al partir
—pues ya ahuyentan los caballos del sol a las pálidas estrellas—
de su frente arrancó ramos y bandas de lana, poniendo
de manifiesto al abuelo, y se apoyó en el lecho de su cruel
nieto; descubre luego el abierto tajo de su cuello y baña
su sueño con la sangre que mana de la herida. Queda roto
el descanso de aquél, se incorpora y salta del lecho, de horrores
lleno, y sacudiéndose la irreal sangre, a un tiempo se espanta
de su abuelo y busca a su hermano. Como cuando un tigre, oídas
las voces de los cazadores, ha erizado su piel cubierta
de manchas y se ha sacudido el embotador sueño; ansía
la lucha, afloja sus mandíbulas y afila sus garras, luego
se lanza sobre las cuadrillas, y lleva en su boca como
alimento para su feroz camada a un hombre que aún respira:
así el gobernante, excitado por la ira, libra combates
sin fin contra su ausente hermano.

Y ya, tras haber abandonado
el lecho migdonio[28], había expulsado la Aurora del alto
cielo las gélidas tinieblas, sacudiendo sus cabellos que
esparcen el rocío y tiñéndose de un rojo encendido

27. *i.e.,* a Tebas, metonimia del nombre del fundador por el de la ciudad fundada. Con el nombre de Micenas se alude de nuevo por otra parte a Argos.

28. *i.e.,* «de Titono». Migdonia era una provincia de Frigia, y frigio era Titono, marido de la Aurora, hijo de Laomedonte, rey de Troya.

con los rayos del sol que le viene a la zaga; a ella envía
sus tardíos destellos a través de las nubes el rosado
Lucífero, y al lento paso de su caballo abandona
el espacio que ya no le pertenece, hasta que el ígneo
padre[29] complete su disco y ni a su propia hermana consienta
emitir rayos: ése es el momento en que el anciano hijo
de Tálao[30] y sin gran demora el héroe de Dirce y el del
Aqueloo saltaron a un tiempo de sus lechos. Sobre ellos,
extenuados tras sus golpes y la tempestad sufrida, el Sueño
había vertido el contenido entero de su cuerno[31]; en cambio
en el pecho del rey inaquio[32] el reposo obtenido había
sido ligero, mientras no deja de pensar en los dioses y en
los vínculos de hospitalidad contraídos, y se pregunta
qué hados pueden estar asociados al reconocimiento
de sus yernos. Una vez que se reunieron en las estancias
centrales del palacio y estrecharon alternativamente
sus diestras, tomando asiento en el lugar adecuado donde
poder intercambiar francamente sus secretas inquietudes,
mientras ellos vacilan, los interpela así Adrasto el primero:
«Nobles jóvenes, a quienes no sin el concurso de un dios una
noche propicia ha traído a mis reinos, cuyos pasos ha guiado
hasta estas moradas mi propio Apolo a través de la lluvia

29. *i.e.,* el Sol. Su hermana mencionada a continuación es, claro está, la Luna.
30. *i.e.,* Adrasto. Polinices y Tideo son mencionados a continuación por el nombre de las muy renombradas aguas de su país: Dirce, famosa fuente de Tebas, Aqueloo, río no menos famoso de Etolia.
31. Personificación famosa, el Sueño (Hipnos en griego), hijo de la Noche y hermano de la Muerte, se encargaba de inducir al sueño a los seres vivos derramándolo sobre ellos desde su cuerno. Se le volverá a mencionar en varias ocasiones, y conoceremos incluso su morada: X, 84-117.
32. Adrasto es mencionado aquí también, como antes Polinices y Tideo, por el nombre del importante río de su patria, la Argólide, el Ínaco.

mezclada con rayos y de un tempestuoso Tonante, no os es
sin duda, creo yo, desconocido ni a vosotros ni al pueblo
pelasgo con cuánto afán buscan alianzas matrimoniales
con mi casa una multitud de pretendientes; en efecto,
mis dos hijas, feliz promesa de nietos, con favorable
estrella arriban a la flor de la edad. Cuán grande es su belleza
y su recato, no os fiéis sólo de un padre, os fue posible
también apreciarlo en el festín de ayer. Hombres orgullosos
de su trono y de los extensos dominios de sus armas –largo
sería enumerar a los caudillos fereos y ebalios[33]–
las han deseado, también madres a través de las ciudades
aqueas poniendo en ellas su esperanza de descendencia;
tu padre Eneo no ha despreciado mayor número de alianzas[34],
ni el suegro digno de ser temido en Pisa por su manejo de
las riendas[35]. Pero a mí no me es lícito emparentar con yernos
nacidos en Esparta ni enviados de la Élide: a vosotros
está reservada por el largo devenir del hado esta mi
sangre y el cuidado de mi palacio. Alabados sean
los dioses, pues de tal linaje y alientos llegáis dotados, que
sus oráculos me complacen: éste es el galardón logrado
en el transcurso de la dura noche, éste el premio que sigue
a aquellos golpes».

Le habían escuchado, y por un momento,
con la vista clavada cada uno en el rostro del otro,
parecieron cederse mutuamente el turno de palabra.
Pero Tideo, más audaz en todos sus actos, comienza a hablar
así: «¡Oh, cuán parco te insta a ser en el pregón de tu fama

33. *i.e.,* tesalios y espartanos, es decir, de toda Grecia, de norte a sur.
34. En cuanto padre también de Deyanira, por la mano de la cual lucharon incluso Hércules y el Aqueloo, siendo este último derrotado y perdiendo incluso un cuerno en la pelea.
35. *i.e.,* Enómao. Véase I, 275, y nota 65, p. 84.

tu mente en plena sazón, y qué gran control ejerces con tu
virtud sobre los dones de la fortuna! ¿A quién sería Adrasto
inferior en poder? ¿Quién puede ignorar que, tras ser llamado
tú del trono de la ancestral Sición[36], regulas con tus leyes
la violenta Argos? ¡Y ojalá quisieras, justo Júpiter, confiar
a estas manos los pueblos que en su interior junta el Istmo dórico,
y los que abajo separa en una y otra orilla! No huiría
de la funesta Micenas la interrumpida luz[37], ni los valles
de Elis gemirían con los fieros certámenes, ni bajo
distintos reyes distintas Euménides habría, ni aquello
de lo que tú, tebano[38], te puedes con más motivo lamentar:
en cuanto a nosotros, nos hallamos ciertamente complacidos
y enteramente a tu disposición». Así habló, y el otro añade:
«¿Puede rehusar alguien acaso unirse a tales suegros? Aunque
a unos desterrados y expulsados de su patria no nos sea aún
placentera Venus, la aflicción que embargaba nuestro corazón
se ha calmado no obstante, y se han apaciguado las penas
que llevamos clavadas en el alma. Acogemos este solaz
con el mismo alivio que la nave azotada por un viento
huracanado si a divisar alcanza tierra amiga. Es un
placer, tras vernos incluidos en los felices presagios de tu
reino, pasar el resto de nuestra vida y de las fatigas que
comporte corriendo tu misma suerte». Sin más demora, se
ponen en pie, y el padre inaquio sobrepasa con creces todo

36. En Sición buscó refugio Adrasto tras huir de Argos a raíz de la muerte de su padre, Tálao, a manos de Anfiarao. Allí heredó el trono de su abuelo materno (o suegro) Pólibo, y de allí regresó a Argos con un ejército recuperando la porción del reino que le correspondía.

37. Véase I, 325 (nota 76, p. 87). Los «fieros certámenes» son de nuevo las carreras de carros de Enómao, a quien ya se ha vuelto a aludir poco antes (*cf. supra,* verso 166).

38. *i.e.,* Polinices. Tideo hace así a su compañero partícipe de su encomio a Adrasto.

lo prometido en sus palabras, y se ofrece a acudir en su
auxilio y reponerlos en el trono de sus padres.
Alegres,
por tanto, los argivos, cuando por la ciudad corrió el rumor
de que al rey le habían llegado unos yernos y de que la ilustre
Argía y Deípile de no menos celebrada belleza,
en la flor ya de su doncellez, se unían en primeras nupcias,
preparan en su mente los festejos; vuela la Fama a través
de las ciudades aliadas, avanza por los campos vecinos
hasta más allá de los bosques del Liceo y del Partenio y las
tierras de Éfira, y no menos sobre la ogigia Tebas la misma
diosa se abate llena de alarmas. Sobre estos muros despliega
totalmente sus alas y aterroriza al labdacio[39] monarca en
sintonía con la pasada noche[40]; canta la hospitalaria
acogida, las bodas, los pactos sobre el reino, la mezcla
de estirpes –¿qué es esta licencia tan grande del monstruo?, ¿qué
es este furor?– y hasta la guerra.
El esperado día había sembrado
la euforia en Argos: se llenan de un alegre gentío los patios
del palacio, se pueden observar de cerca las imágenes
de los ancestros y los bronces que rivalizan con los rostros
vivos. ¡Qué obra tan grande han osado ejecutar unas manos!
El propio padre Ínaco provisto de sus dos cuernos[41] se halla
sentado, apoyado a la izquierda sobre su inclinada urna;
lo acompañan el anciano Iasio y el plácido Foroneo[42],
el belicoso Abante[43] y Acrisio irritado contra el Tonante,

39. *i.e.,* Etéocles, bisnieto de Lábdaco.
40. En la que se le apareció el fantasma de Layo, *cf. supra,* vv. 94-124.
41. Los ríos, hijos del Titán Océano y de su hermana Tetis, eran representados con cuernos.
42. Véase nota 59 a I, 252, p. 82.
43. Rey de Argos, hijo de Linceo e Hipermnestra y padre de Acrisio y Preto. Acrisio es el padre de Dánae, irritado contra Júpiter tras haber

Corebo con una cabeza en su desnuda espada[44], y la torva figura de Dánao proyectando ya el crimen[45]; luego mil caudillos más. Brama la marea del pueblo a la que se ha dado entonces acceso a través de las soberbias puertas, el grupo de próceres al completo y todo aquel que ostenta un mayor grado de proximidad con el egregio monarca ocupan los primeros puestos. Arde el interior con los sacrificios, y resuena el palacio con el bullicio femenino; en casto círculo han rodeado a la madre las argivas, mientras que otras, desplegadas en torno a las doncellas, las inclinan a las nuevas alianzas y alivian su temor. Avanzaban[46] notables por su respetable porte y atavío, tiñendo el pudor de púrpura sus candorosos semblantes y bajos los párpados; en secreto las embarga aquel supremo amor a la virginidad, y la modestia de la primera culpa altera sus rasgos; una lluvia de honestas lágrimas baña entonces sus mejillas, y ese llanto ha complacido a sus enternecidos padres. De igual modo que si Palas y la muy severa hermana de Febo[47], descendiendo a un tiempo de las celestes regiones, fiera una y otra en sus armas, una y otra en sus facciones, y con el rubio cabello anudado en la cabeza, una guiara a sus compañeras desde el Cinto[48], la otra

éste conseguido llegar hasta ella convertido en lluvia de oro, a pesar de su encierro (*cf.* I, 255).

44. Para la heroica actuación de Corebo, *cf.* I, 605 ss.

45. Dánao ordenó a sus hijas, las Danaides, asesinar a sus primos y esposos, hijos de su hermano Egipto, la misma noche de bodas; *cf.* IV, 133-135 (nota 26, p. 186).

46. El sujeto sobreentendido y claramente deducible son las dos hijas de Adrasto.

47. *i.e.,* Diana, como diosa de la caza, de ahí el epíteto «muy severa» (*asperior*). Palas es otro nombre de Minerva, aquí mencionada como diosa de la guerra, *cf. infra,* verso 243 («el empenachado casco»).

48. El Cinto y el Aracinto son dos montes situados el primero en Delos y el segundo en la frontera del Ática con Beocia. Del Cinto deriva uno de

desde el Aracinto; entonces, si lícito le fuera a tus ojos,
jamás podrías distinguir, por mucho que las observaras, quién
es más bella o más graciosa, o quién tiene más de Júpiter, y si
quisieran intercambiar su indumentaria, no le sentaría
mal la aljaba a Palas ni a Delia el empenachado casco.

Compiten en dar muestras de alegría y fatigan a los dioses
con sus votos los ináquidas, según la hacienda de cada uno
y la facultad que tenga de ofrecer sacrificios. Sus preces
hacen unos con las entrañas de las víctimas inmoladas,
otros con simple césped, y no menos oídos, si su intención
es bien acogida, se propician con incienso a los dioses,
y cubren sus umbrales con ramas desgajadas. Mas he aquí que
un pánico repentino –así lo ordenaba la cruel Láquesis[49]–
conmovió los ánimos, cortó de cuajo el gozo del padre
y alteró la placidez del día. Visitaban en su umbral
a la casta Palas[50], que no tiene entre las ciudades en menos
estima a la argiva Larisa que a las cimas muniquias[51]; aquí,
según costumbre ancestral, las descendientes de Íaso, siempre que
su casta edad se encontraba en sazón para el tálamo, solían
hacer ofrenda de sus virginales cabelleras y pedir
disculpas por compartir por primera vez el lecho conyugal.
En los escalones de subida al elevado alcázar cae,
desprendido de la más alta cima del templo, un escudo
de bronce, despojo del arcadio Euhipo, y apaga las
entorchas que encabezaban el cortejo, fuego solemne
para las novias, al tiempo que desde el fondo del santuario
se dejaba oír un potente toque de trompeta que espantó

los nombres de Diana, Cintia (véase I, 577 [nota 114, p. 99]). Delia se la llama asimismo más abajo (verso 243).

49. Una de las tres Parcas (véase I, 632, y nota 118 [p. 101]).

50. En el templo de Atenea de la acrópolis de Argos (Larisa, mencionada en el verso siguiente, era el nombre de su ciudadela).

51. *i.e.,* atenienses, por Muniquia, puerto del Ática.

a quienes todavía no se habían atrevido a dar un paso. Se volvieron todos hacia el rey en el primer momento de pánico, aunque luego niegan haberlo oído; sin embargo a todos sobrecogen los siniestros presagios de desgracias, y aumentan su temor con diversos rumores. Y no es de extrañar: pues llevas puesto entonces, Argía, el infausto adorno regalo de tu esposo[52], el funesto collar de Harmonía. Larga es su trayectoria, pero expondré los bien conocidos males, de dónde le viene al nuevo regalo tan terrible poder.

Según una antigua creencia, el Lemnio[53], hondamente resentido contra Marte por sus amores clandestinos, y en vista de que el castigo no es óbice alguno para el amor prisionero ni han logrado corregirlo las vengadoras cadenas, lo había fabricado como broche de oro de la dote de Harmonía[54] en el día de su boda. En él, pese a ser expertos en obras mayores, trabajan los Cíclopes, y a porfía han ayudado con mano amiga los Telquines[55], famosos artesanos; pero el más copioso sudor se lo reserva el propio dios. Engarza allí esmeraldas que centellean con un fuego misterioso, diamante tallado con siniestros signos, ojos de Górgona, cenizas dejadas en el yunque de Sicilia del último

52. Polinices. Al salir desterrado de Tebas, se llevó consigo el collar y el peplo, obra de Hefesto, que pertenecían al tesoro real de Tebas desde que fueron regalados por los dioses a Harmonía, hija de Marte y de Venus, el día de su boda con Cadmo.
53. Vulcano, que cayó en Lemnos cuando fue precipitado por Júpiter del cielo a la tierra. Casado con Venus, amante de Marte, cuando Apolo iluminó la escena y le descubrió el adulterio de ambos, fabricó unas cadenas invisibles en las que quedaron atrapados los amantes, siendo objeto de mofa por parte de los demás dioses.
54. Mencionada poco antes, *cf.* verso 267 y nota 52.
55. Seres fabulosos, hijos de Ponto y Tálasa, de cuerpo híbrido de hombre y pez, que, además de expertos artesanos del metal, tenían poderes mágicos.

rayo[56], y crestas que brillan desde la frente de verdes dragones;
no falta el triste fruto de las Hespérides[57] y el fatal oro
del vellocino de Frixo[58]; entreteje luego diversas plagas
y la víbora jefe substraída de la atroz cabellera
de Tisífone, y el pésimo influjo que el cinturón de Venus[59]
acredita; lo impregna todo en torno astutamente de espumas
lunares y baña el conjunto con un delicioso veneno.
No lo moldeó Pasítea, la primera de las graciosas
hermanas[60], ni el Encanto ni el joven Idalio, sino el Luto,
las Iras, el Dolor y la Discordia con toda la potencia
de su diestra. Como primer testimonio de la eficacia de
la obra, acompañó Harmonía a Cadmo que se arrastraba por tierra,
convertidos sus lamentos en horribles silbidos, dejando
en los campos de Iliria la huella de su largo pecho[61]. Luego,

56. Fabricados por los Cíclopes para Júpiter, *cf.* I, 216-218 e *infra*, 599 s.
57. No es probable que se refiera a las manzanas de oro custodiadas por las Hespérides en su remoto jardín situado al occidente. Estacio lo califica de lloroso, luctuoso *(flebile germen),* y por eso se piensa que debe más bien referirse al ámbar, producto de las lágrimas de las Helíades transformadas en álamos tras la muerte de su hermano Faetonte, mito al que se alude asimismo en otros lugares de la obra. Quizá Estacio las llama Hespérides por estar localizadas, como aquéllas, hacia poniente.
58. Hijo del rey Atamante y de Néfele, que consiguió escapar, junto con su hermana Hele (aunque ella cayó después al mar en el estrecho que recibiría su nombre, Helesponto), de la trama urdida por su madastra Ino a lomos del fabuloso carnero de vellones de oro enviado por su madre. La recuperación de su piel sería más tarde el objetivo del viaje de los Argonautas.
59. *Ceston:* Marcial, VI, 13, 8. El ceñidor de Venus inspiraba el deseo; *cf.* Hom. *Il.,* 214 s.
60. Las Gracias, hijas de Júpiter y Eurínome. Sus nombres varían, a excepción de uno de ellos: Pasítea, Cale y Eufrósine, o bien Aglaya, Eufrósine y Talía. El joven Idalio es Cupido, por el nombre de esa ciudad de Chipre, isla junto a la cual su madre, Venus, surgió de las aguas.
61. Harmonía y Cadmo acabaron sus días en Iliria, convertidos en serpientes.

apenas se puso en el cuello la audaz Sémele el dañino obsequio, la insidiosa Juno cruzó sus umbrales[62]. También tú, infeliz Yocasta, poseíste, según cuentan, el impío adorno; con esta joya procurabas realzar tu aspecto ¡ay, para complacer, ay, en qué lecho![63]. La serie no acaba aquí. En este momento es Argía la que brilla con el regalo, y espléndidamente adornada con el maldito oro excede con creces el sencillo atavío de su hermana. En él se había fijado la esposa del vate destinado a morir[64], y en cada altar y banquete alimentaba en secreto una fiera envidia, acechando la ocasión de apoderarse del desastroso aderezo, sin que de nada le sirvan, ¡ay!, los recientes augurios. ¡Qué gemidos anhela! ¡Cuántos desastres comporta su impío deseo! Digna fue sin duda de ello, pero ¿qué culpa tuvo su desventurado esposo, que tomó las armas engañado? ¿Qué culpa, los inocentes transportes de furor de su hijo?[65].

Una vez transcurridos los doce días consagrados a los banquetes reales y a las celebraciones del pueblo, el héroe ismenio[66] vuelve su atención a Tebas, y a reclamar su reino cuanto antes. Retorna en efecto a su mente aquel

62. Para, bajo la apariencia de su nodriza, engañar a Sémele, *cf.* I, 257-258 y nota 62, p. 83.
63. *i.e.,* el de su hijo, Edipo.
64. Erifile, esposa de Anfiarao, el adivino que conocía su destino de morir en la guerra contra Tebas y por eso intentó en vano eludirla. Sobornada por Polinices con el collar de Harmonía que Argía le había devuelto con este fin, obligó a su esposo a participar en la expedición (*cf.* IV, 190-213). Antes de partir, el adivino encargó a sus hijos Alcmeón y Anfíloco que lo vengaran, cosa que hizo Alcmeón al regreso de la segunda expedición, en este caso victoriosa, contra Tebas, matando a su madre (*cf. infra* verso 305).
65. *i.e.,* Alcmeón, véase nota anterior.
66. *i.e.,* Polinices.

día en el que, por el azar favorable a su hermano, había permanecido en pie en el palacio de Equíon como un simple ciudadano, viéndose abandonado por los dioses, a sus partidarios dispersos en confuso tropel, desprotegidos totalmente sus costados y en fuga la fortuna. Sólo una hermana[67] en efecto había osado acompañar la triste partida del desterrado; también a ella la había dejado en el primer umbral, ahogando su llanto en una profunda ira. Todo el día y la noche pasa revista ahora a quienes, según había podido advertir, se mostraban risueños en el momento de su marcha, a aquellos que se deshacían en reverencias al inicuo monarca, y a aquellos que habían deplorado su exilio; devoran su espíritu el dolor, la ira desatada y la esperanza, y no hay carga sumada a los mortales afanes más pesada que ésta, cuando se ve lejano su cumplimiento. Dando vueltas en su pecho a tal borrasca de ideas, se dispone a partir rumbo a Dirce[68] y a los solares de Cadmo que le han sido negados. Como el toro jefe de la manada, que se ve privado de su amado valle tras ser expulsado de sus habituales pastos por un rival que lo ha vencido y lo ha mandado a mugir lejos de su arrebatada ternera, cuando en su destierro ha ganado confianza en sus músculos, su cerviz vuelve a ser poderosa, recobrada su sangre, y quebradas han quedado las encinas contra su pecho, ansía la batalla y reclama los pastos y rebaños que le han quitado, sabiéndose superior por sus pezuñas y por su cornamenta –se espanta al verlo de regreso el propio vencedor, y apenas lo han reconocido los asombrados

67. Antígona sin duda, la que desafiará también al término de la guerra las órdenes de su tío y regente Creonte para darle sepultura.
68. Tebas, aludida por el nombre de su famosa fuente y el de su fundador, Cadmo.

pastores–: iguales iras alimentó tácitamente en su pecho el joven teumesio[69]. Pero su fiel esposa había intuido sus secretos planes de partir, y cuando yacía en el lecho a la pálida luz de la naciente aurora, estrechando a su esposo entre sus brazos, «¿qué ideas, taimado de ti, o qué huida estás maquinando? -dice-, nada pasa inadvertido a quienes aman. Lo percibo, tus desveladas quejas te hacen exhalar suspiros, tu sueño es siempre intranquilo. ¿Cuántas veces al acercar mi mano no sorprendo este rostro bañado en lágrimas y jadeante el pecho de grandes inquietudes? No es la ruptura del pacto o de nuestro matrimonio lo que me mueve, ni tampoco pasar mi juventud en soledad, aunque el lozano amor aún no se ha entibiado del todo en nuestro lecho tras las nupcias: es tu propia salvación, amado mío, lo confesaré sin ambages, lo que me angustia. ¿Vas acaso a reclamar tu reino sin compañía alguna, desarmado, y crees que podrás salir de tu Tebas si te lo niega?[70]. De él cuenta la fama, hábil siempre en captar la mentalidad de los caudillos, que está henchido de soberbia, orgulloso del trono que ha usurpado y mal dispuesto respecto a ti; y aún no había agotado su año de reinado. Me aterrorizan también ya los adivinos, ya las entrañas que anuncian amenazas de los dioses, o los vuelos de las aves, o la inquietante visión nocturna, y, ¡ay!, que yo recuerde, nunca viene Juno a mí con falacias a través de las sombras. ¿Qué fin tiene tu viaje? Si no es una pasión culpable y un suegro mejor lo que a Tebas te conduce». Acabó entonces por esbozar una ligera sonrisa el joven equionio que, abrazando a su esposa, consoló su tierno pesar, depositó unos oportunos

69. *i.e.,* tebano (= Polinices), por el nombre del monte Teumeso, al noroeste de Tebas. La «fiel esposa» es, lógicamente, Argía.
70. El sujeto sobreentendido es claramente Etéocles.

besos en sus afligidas mejillas y enjugó sus lágrimas
diciendo: «Libra tu alma de temor, se otorgará, créeme,
un pacífico día a los proyectos de quienes lo merecen;
aún no te cuadra una preocupación más recia que tus años.
Sepa un día el padre Saturnio[71] de estos hados, y la Justicia,
si es que se ocupa de echar alguna ojeada desde el cielo
y defender la rectitud en la tierra: llegará para ti
quizá el día en que contemplarás las murallas de tu esposo,
y marcharás como reina a través de dos ciudades».
Así
dice, y precipitadamente se lanza fuera del querido
umbral. Afligido, habla con Tideo, ya asociado a su empresa,
ya en su fiel pecho igualando sus cuitas –tan profundo afecto
unió sus almas tras su enfrentamiento–, y con su suegro Adrasto.
Deliberan durante un buen rato hasta que, después de sopesar
distintas opciones, una opinión se impone con preferencia
a todas, tantear la lealtad del hermano y explorar
un acceso seguro al reino mediante una humilde petición.
El audaz Tideo asume espontáneamente esta misión;
y tampoco a ti, el más valeroso de la estirpe etolia,
dejó de intentar detenerte con gran profusión de lágrimas
Deípile[72], pero las órdenes de su padre, el regreso
seguro para un mensajero[73] y los justos ruegos de su hermana
la convencieron.
Y ya había recorrido el camino arduo
por sus bosques y su litoral, que pasa por la laguna de
Lerna, con sus aguas profundas y nocivas que el quemado

71. Júpiter, hijo de Saturno.
72. La esposa de Tideo, hija de Adrasto y hermana de Argía.
73. La figura del mensajero era sacrosanta e inviolable, y constituía un crimen abominable atentar contra su vida, de modo que aun en el campo de batalla, entre las armas enfrentadas, era su presencia respetada (*cf.* Cic. *In Verrem* II 1, 85).

cuerpo de la Hidra mantiene calientes[74], Nemea, que apenas
resuena a lo lejos con el cántico aislado de los pastores
que aún no han perdido el miedo[75], la costa de la oriental Éfira[76]
que mira a los vientos de levante, y los puertos de Sísifo,
donde el encrespado oleaje que se lanza furioso contra
la tierra halla el paso cerrado por el Lequeo consagrado
a Palemon. De aquí, dejando atrás Niso[77] y a ti, dulce Eleusis,
se aleja torciendo a la izquierda, y ya pisa los campos teumesios[78]
y penetra en los alcázares de Agénor; allí contempla al cruel
Etéocles en su elevado trono, rodeado de enhiestas
armas. Transgrediendo la ley y el plazo otorgado a su reinado,
dictaba ya en el lugar de su hermano su severa justicia
al pueblo; ocupa su asiento dispuesto a perpetrar todo tipo
de crímenes, y se queja de que le sea reclamada tan
tarde la palabra dada.
Se detuvo Tideo en el centro
—el ramo de olivo revela su condición de embajador—
y contestó a las preguntas que se le hacían acerca de su
nombre y el motivo de su viaje; y como era siempre rudo
de lenguaje y propenso a acalorarse, mezclando a sus justas
peticiones palabras cargadas no obstante de acritud,
comenzó así: «Si te quedara la más mínima lealtad
y respeto por el pacto acordado, más justo habría sido

74. *Cf.* I, 384 s., y nota 89 (p. 90).
75. A causa del famoso león matado por Hércules en su primer trabajo.
76. Antiguo nombre de Corinto, donde reinó Sísifo y cuyo puerto era el Lequeo. Palemon es el dios marino en que fue transformado Melicertes por Baco después de su muerte (*cf.* I, 14, y nota 7, p. 70).
77. *i.e.,* Mégara, así llamada por el nombre de su famoso rey (*cf.* I, 333 s., y nota 79 [p. 88]).
78. *i.e.,* tebanos, con el mismo epíteto usado anteriormente para referirse a Polinices; *cf. supra,* v. 331.

que partieran de aquí emisarios a tu hermano una vez
completado el año, y que según el orden establecido
te despojaras de tu fortuna y abandonaras contento
el trono, de suerte que aquél, que ha andado errante durante
largo tiempo y sufrido indignidades a través de ciudades
extrañas, pudiera al fin tomar posesión del reino pactado.
Pero puesto que es dulce el amor al cetro y algo delicioso
el poder, se te hace esta reclamación: ya la veloz órbita
ha hecho girar la bóveda tachonada de estrellas y han vuelto
a los montes las desaparecidas sombras[79] desde que tu hermano,
privado de recursos, sufre a través de ciudades ignotas
el triste destino de un desterrado; ya es hora de que también
tú pases los días a cielo raso, soportes en tus miembros
la frialdad del suelo y rondes sumiso hogares extraños. Pon fin
a tus alegrías: bastante te has reído en rica ostentación
de oro y púrpura del precario año de tu indigente hermano;
te lo advierto: oblígate a ti mismo a renunciar a las dichas
del poder y hazte merecedor del regreso soportando
el exilio».

Había dicho. Pero en su callado pecho hace
tiempo que hierve de cólera el encendido corazón de aquél[80],
como irritada por la piedra que le han lanzado, se yergue
al punto la serpiente, que en su vacía guarida aguantó
una larga sed, y con la agitación que recorre sus miembros,
hace afluir todo su veneno a sus fauces y a su cuello
cubierto de escamas: «Si por dudosas señales se me hubieran
dado a conocer antes las quejas de mi hermano, y su secreto
odio no me fuera a todas luces evidente, bastaría
por sí sola la seguridad con la que, torvo y revelando

79. *i.e.,* han caído y vuelto a nacer las hojas de los árboles que ensombrecen los montes.
80. Etéocles, naturalmente.

las intenciones de aquél, manifiestas tu furor, como si un nuevo zapador minara ya las cercadas murallas, y los toques de trompeta llamaran a enfrentarse a las hostiles tropas. Si hubieras pronunciado tu discurso directamente en medio de los bistones o de los gelonos[81] pálidos por la ausencia del sol, no lo abordarías con un lenguaje menos comedido ni mostrando menor respeto por la equidad. Y no puedo acusarte del delito de albergar furiosos pensamientos: hablas por encargo. Ahora, puesto que todas tus palabras están llenas de amenazas, y no reclamáis el cetro con la lealtad y la paz como aval, sino con la mano presta a empuñar la espada, lleva en respuesta a tu vez al rey de Argos[82] estas palabras mías, aún no equiparables a las tuyas: el cetro que en justicia la suerte, que el honor no indebido a mis años me ha adjudicado, lo mantengo y lo seguiré manteniendo. Quede en tu poder el palacio aportado como dote en obsequio de tu esposa inaquia, y que se acumulen las riquezas de Dánao –¿por qué habría de tener yo envidia de tu prosperidad?–, reina con felices augurios sobre Argos y Lerna. Conserve yo los yermos pastos de Dirce y las orillas constreñidas por las olas de Eubea, sin avergonzarme de llamar padre al desdichado Edipo; obtén tú esa larga prosapia –¡que desciende de Pélope yTántalo![83]–, y que fluya Júpiter por tus venas en un grado más cercano de parentesco con la mezcla de sangres.

81. Pueblos de Tracia y de Escitia respectivamente, es decir, salvajes.
82. El mensaje, cargado de ironía, no va dirigido a Adrasto, como se verá a continuación, sino a Polinices, a quien Etéocles trata como si ya hubiera heredado el reino de su suegro.
83. Ejemplo sin embargo de perversión y uno de los cuatro criminales que sufre suplicio eterno en el Tártaro por el macabro banquete ofrecido a los dioses (*cf.* I, 247, y nota 58 [p. 82]).

¿Soportará acaso esta morada una reina[84] acostumbrada
al boato de su padre? ¡Para quien por derecho habrían
de arrostrar nuestras hermanas penosas tareas, a la que
ofendería nuestra madre con su vil aspecto fruto de
su largo duelo, y aquel maldito anciano que quizá dejara
oír sus quejas desde sus profundas tinieblas! Los ánimos
del pueblo ya se han acostumbrado a mi yugo: vergüenza siento,
¡ay!, por la plebe y los nobles, que soporten tan a menudo
la incertidumbre, cambien entre gemidos de gobernantes
y se vean forzados a obedecer a un monarca inestable.
Despiadado es con el pueblo un reinado breve. ¡Vuélvete y mira
cuán grande es el horror, cuán atónitos están los ciudadanos
en esta crisis nuestra! ¿Voy yo a abandonar a aquellos a quienes
espera un castigo seguro si llegas a reinar? Airado
vienes, hermano. Supón que yo consiento: los propios próceres,
si conozco bien su amor y su gratitud por mis méritos, no
permitirán que devuelva el trono». No aguantó más[85], y en medio del
discurso le lanzó a la cara estas palabras: «Lo devolverás
–repite–, lo devolverás; así te rodee un parapeto
de hierro, o te construya Anfíon un triple muro dejando oír
las notas de una nueva composición[86], no habrá armas ni fuegos
que te libren de pagar tu osadía y golpear moribundo
el suelo con tu corona cautiva bajo nuestras armas. Tú,
con razón; pero me compadezco de estos de sangre humilde,
a quienes envías a la muerte, ¡oh buen rey!, tras habérselos
arrebatado a sus mujeres e hijos para lanzarlos a horribles

84. *i.e.*, Argía, hija de Adrasto, rey de Argos, y esposa ahora de Polinices. «Nuestras hermanas» son evidentemente Antígona e Ismene; «nuestra madre», Yocasta, y «aquel maldito anciano», Edipo.
85. El sujeto sobreentendido es, naturalmente, Tideo.
86. *Cf.* I, 10 y nota 3 (p. 70).

combates. ¡Oh, cuántos cadáveres harás rodar, Citerón, y tú, Ismeno, en tus ensangrentadas aguas! ¡Éstos son tus piadosos sentimientos, ésta tu gran lealtad! Y no es que me asombre de los delitos de tu raza: así fue el fundador de tu linaje, así los incestuosos tálamos de tus padres; pero es engañoso vuestro origen: ¡Sólo tú eras hijo de Edipo, ésta es la recompensa que obtendrás, violento ser, de tu conducta criminal! Nosotros reclamamos nuestro año, pero pierdo el tiempo». Lanzando a gritos a sus espaldas aún en el umbral estas audaces palabras, se precipita ya entonces fuera abriéndose paso a empellones entre las filas. Así aquel vengador de la Diana de Eneo[87], con las cerdas erizadas y enhiesto el rayo de su corva mandíbula, al verse hostigado por el batallón argivo, haciendo rodar las piedras que encuentra a su paso y los fragmentos de árboles de las devastadas riberas del Aqueloo, dejando ya a Telamón, ya a Ixíon tendido por tierra, arremete contra ti, Meleagro; allí se vio al fin detenido por la lanza que lo aguardaba, y aflojó el hierro la tensión en su resistente hombro. De igual modo el héroe calidonio abandona la aún amedrentada asamblea rechinando los dientes, como si a él fuera a quien se le negara el reino, emprende a toda prisa el camino y tira el ramo de olivo del suplicante. Atónitas lo observan las madres desde los tejados de sus viviendas, y lanzan maldiciones contra el cruel hijo de Eneo[88], y a la vez contra el rey en su callado corazón.

87. El jabalí de Calidón, enviado por Diana en castigo por haberse Eneo olvidado de rendirle culto. Su cacería constituye una de las empresas más famosas de la mitología. Lo abatió finalmente Meleagro, hermanastro de Tideo, que utilizaba su piel y sus mandíbulas como cobertura (véase nota 103 [p. 95] referente a I, 488-490), y así resulta acertadísima la comparación del héroe con este animal.
88. *i.e.,* Tideo.

Pero no es el monarca indolente
ni carece de ingenio si se trata de crímenes y fraude
deleznable. Incita a unos jóvenes leales, muy selecto
cuerpo de guerreros, bien mediante el soborno, bien con ardientes
y persuasivas palabras, y urde en su furor un ataque
nocturno, ansioso por lanzarse con insidias y traicionera
espada –¿qué hay digno de respeto para los reyes?– sobre el
legado, nombre sagrado para los pueblos a través de los
siglos[89]. ¡A qué artimañas recurriría si fuera a su hermano,
oh Fortuna, a quien pusieras en sus manos! ¡Oh ciegos designios
de los malvados! ¡Oh crimen siempre unido a la cobardía!
Sale contra un solo individuo una tropa armada y conjurada,
como si de atacar un campamento o abatir el altivo
costado de una ciudad con frecuentes golpes de ariete se
tratara: así, en cerrada formación, cincuenta hombres salen
en orden por las altas puertas. ¡Qué coraje el tuyo, para ser
considerado digno de tantas armas!

Muy cerca un camino
conduce a través de las zarzas; por esta oculta senda avanzan
a toda prisa recorriendo por atajos el intrincado
bosque. Éste es el sitio elegido para la traición: lejos
de la ciudad dos colinas se enfrentan por angostas gargantas;
envueltas en la sombra del monte que las corona y las cimas
frondosas de los encorvados árboles –la naturaleza
ha hecho el lugar idóneo para celadas con la ayuda
de estar oculto en la oscuridad–, entre las rocas se abre
paso un estrecho y abrupto sendero, bajo el cual se extienden
campos y cultivos en pendiente a lo largo de un vasto espacio.
Enfrente se halla un inaccesible saliente, morada del

89. En ello confiaba de hecho la esposa de Tideo, Deípile, *cf. supra,* 373-374 y nota 72 (p. 125).

alado monstruo de Edipo[90]; alzando sus pálidas mejillas y sus ojos inyectados en pus, aquí se situó la fiera en otro tiempo, mientras rodeaba con sus plumas llenas de coágulos de inmunda sangre los restos humanos, y oprimía contra su desnudo pecho los huesos a medio roer; escruta los campos con terrible mirada, por si algún extranjero osa enfrentarse a sus enigmáticas palabras, o algún caminante acercarse y entablar conversación con su atroz lengua; no tarda entonces en cernirse, aguzando al punto las desnudas garras de sus lívidas zarpas y sus dientes prestos a herir, con terrible batir de alas sobre los rostros de sus huéspedes; y sus engaños siguieron sin resolverse hasta que, atrapada por un hombre similar[91], desde el sangriento peñasco, ¡ay!, con abatidas alas estrelló afligida su insaciable vientre contra las rocas. El bosque es testimonio del horror: teme el ganado los pastos cercanos, la hambrienta grey se abstiene de probar las malditas hierbas; no agrada su sombra a los coros de las Dríades[92], no es cómoda para los ritos de los Faunos, y hasta las siniestras aves han huido de la maldita foresta. Avanzando hasta aquí con silenciosos pasos llega el escuadrón destinado a perecer, y apoyados en sus lanzas y manteniendo las armas depositadas en tierra, aguardan al imponente enemigo y cercan el bosque de una compacta guardia.

Había empezado la Noche a envolver a Febo en su húmedo manto y había echado sobre la tierra

90. *i.e.,* la Esfinge, derrotada por Edipo. De cabeza y busto de mujer, cuerpo y patas de león, cola de serpiente y alas de pájaro, fue enviada por Juno en venganza por haberla los tebanos deshonrado en su calidad de diosa tutelar del matrimonio al no castigar a Layo por raptar a Crisipo.
91. *i.e.,* tan sagaz y a la vez tan nefasto como ella: Edipo.
92. Ninfas de los árboles en general, aunque originariamente lo eran sólo de las encinas *(drys).*

su oscura sombra. Se acercaba aquél[93] a los bosques, y desde un elevado cerro ve brillar los escudos de los hombres y los empenachados cascos a través del hueco que abren las ramas en la espesura y por el que, bajo la sombra que los envuelve, el radiante centelleo de la luna vaga sobre las broncíneas armas. Estupefacto al verlo, proseguía no obstante su marcha; sólo sujeta los erizados dardos y la espada envainada hasta la empuñadura, y pregunta el primero en voz alta y exenta de terror: «¿De dónde sois, soldados, o por qué estáis ocultos y armados?». Pero no hay respuesta, y el sospechoso silencio no ofrece garantía alguna de paz. Mas he aquí que una jabalina lanzada por el recio brazo de Ctonio, a quien el escuadrón tenía por jefe, hiende los oscuros aires; pero el cielo y la fortuna no secundaron su osadía. A través de la oscura piel de cerdas del jabalí olenio que le sirve de cobertura[94], pasa sobre su hombro izquierdo sin hacerle más que un ligero rasguño, y golpea con la roma madera, sin causar más daño, su garganta. Se erizaron entonces sus cabellos y la sangre se le heló en el pecho. Dirigiendo aquí y allí fieramente su atención y su rostro pálido de ira –y no cree que estén preparados para él tantos combates–, grita: «¡Venid a mi encuentro, salid a campo abierto! ¿Qué temor frena vuestra audacia? ¿A qué viene tanta cobardía? Solo estoy, solo os convoco a las armas». Y la respuesta no se hace esperar; cuando, en mayor número de lo que pensaba, los ve salir de sus innumerables escondrijos, y a unos avanzar desde las cumbres, subir a otros desde los profundos valles, a no pocos en el llano, y resplandecer todo el camino

93. *i.e.,* Tideo.
94. Una vez más se alude a la característica vestimenta del héroe (*cf.* I, 488-490; véase también *supra,* nota 87 al verso 469).

bajo las armas, como hace salir al centro el primer grito
a las fieras cercadas por la columna de cazadores,
considerándola en su turbada razón la única vía
de salvación, corre al elevado risco de la siniestra Esfinge y,
rompiéndose las uñas en las abruptas rocas, escala
su mano las funestas cimas, y tras apoderarse del
peñasco, desde donde, con la espalda asegurada, halla
una vía fácil para hacer daño, arranca de las rocas
una enorme piedra, que apenas entre gemidos, con toda
la potencia de su cerviz, serían capaces unos bueyes
de hacer rodar por tierra y llevar dentro de los muros; luego,
haciendo acopio de todas sus fuerzas, la sostiene en alto
buscando estar sopesando un enorme destrozo, como contra
sus adversarios Lápitas levantó la vacía cratera
el magnánimo Folo[95]. Pasmada lo ve a pie firme sobre ellos
la caterva que se enfrenta a la muerte, y queda sepultada
por la mole que se le viene encima dando vueltas; a un tiempo
cabezas de hombres, a un tiempo armas, brazos y pechos
[destrozados,
con el hierro formando un amasijo, yacieron por tierra.
Cuatro hombres gimieron aquí al unísono derribados bajo
esta única masa, a la fuga se da al punto la espantada
tropa renunciando a su intento. No eran en efecto despreciables
los cadáveres que allí yacían: el impetuoso Dórilas,
a quien su ardiente valor hacía equiparable a los reyes,
y Terón, de la estirpe de Marte, seguro de sus ancestros

95. Centauro sabio y benéfico, como Quirón, a diferencia de los Centauros ordinarios, seres brutales. Su actuación más destacada no fue en el combate entre Centauros y Lápitas durante las bodas de Pirítoo con Hipodamía, sino cuando alojó en su morada a Hércules y se desencadenó la batalla con los demás Centauros, ocasión en la que el propio Folo perdió la vida.

nacidos de la tierra[96], y Halis, sin rival en el manejo de las riendas, pero caído ahora a pie en estos campos, y Fédimo, que descendía de Penteo y te halló a ti, Baco, todavía en contra[97]. Cuando vio que las tropas, aterradas por la imprevista muerte de éstos, rompían las filas y huían a la desbandada, blande las dos únicas jabalinas que llevaba en la mano y había dejado apoyadas en la montaña y las lanza contra los que huyen. Luego, por propia iniciativa, para evitar que los dardos cayeran sobre su desnudo pecho, se precipita de un salto en la llanura y se apodera del escudo que vio rodar lejos del cuerpo aplastado de Terón, y bajo la conocida envoltura que protege su espalda y su cabeza[98], y defendiendo su pecho con el escudo enemigo, afirma su posición. En denso pelotón se concentran después de nuevo los hijos de Ógiges[99] y le plantan cara; desenvaina a toda prisa Tideo la espada bistonia, regalo de Marte al magnífico Eneo, y dividiéndose para acudir a un tiempo a todas partes, se enfrenta a unos y a otros y repele con el hierro los fulgurantes dardos; se estorban con su número, sus propias armas se bloquean entre sí, y sus ataques no tienen eficacia alguna, sino que sus propias manos se dirigen por error contra los compañeros, y al caer ruedan sus cuerpos envueltos en su propia confusión; aguarda él su acometida cercado de jabalinas, y les opone una invencible

96. Los Espartos, *cf.* nota 2 (p. 69) a I, 8.
97. Es decir, reviviendo en el descendiente la enemistad que había tenido con su antepasado Penteo, rey de Tebas, nieto de Cadmo como hijo del Esparto Equíon y de Ágave, hija de Cadmo, que se opuso a la introducción en Tebas de los ritos báquicos. El resentimiento del dios le valió en consecuencia una terrible muerte (véase IV, 565 ss.).
98. La piel y mandíbulas del jabalí de Calidón, nuevamente aludidos.
99. Los tebanos, como vimos antes (*cf. supra,* verso 85).

resistencia. No de otro modo –si se puede dar crédito a la
gética Flegra[100]– el colosal Briáreo se mantuvo a pie
firme contra el éter armado, despreciando de un lado el carcaj
de Febo, del otro las serpientes de la terrible Palas[101],
por aquí la lanza peletronia de Marte de guarnecida
punta, por allí los rayos sin cesar reemplazados por el
agotado Piracmon[102], cuando, asediado en vano por todo
el Olimpo, se lamenta de que tantos brazos no encuentren
ocupación: con celo no menor arde[103] oponiendo su escudo
aquí y allí, retrocede y vuelve sobre sí mismo, se lanza
a veces al encuentro y hostiga a las vacilantes huestes
arrancando los dardos que en gran número tiemblan clavados
por toda la superficie del escudo y proporcionan armas
al héroe; ha sufrido numerosas heridas graves, pero
ninguna recibida en los arcanos de la vida ni capaz
de provocar la muerte. Hace rodar por tierra al enfurecido
Deíloco, y envía al otro mundo a su colega Fegeo
que acudía al ataque con el hacha en alto, y al dirceo Gías,

100. Nombre mítico de Palene, la más occidental de las tres penínsulas que componen la Calcídica, al noreste de Grecia. Fue el escenario de la Gigantomaquia o enfrentamiento de los dioses Olímpicos contra los Gigantes. Briáreo no era sin embargo un Gigante, sino uno de los Hecatonquires o «Cien Brazos» *(cf. infra,* v. 601), criaturas fabulosas dotadas de cien brazos y cincuenta cabezas, cuya intervención en la Titanomaquia o guerra entre Titanes y Olímpicos, a favor y no en contra de estos últimos, se sabía decisiva por una profecía para dar la victoria a Júpiter. Gigantomaquia y Titanomaquia son con frecuencia confundidas.

101. La égida, o coraza de piel de cabra, de Minerva estaba bordeada de serpientes.

102. Uno de los tres Cíclopes que fabrican para Júpiter sus armas (el rayo, el trueno y el relámpago). Sus nombres son en Hesíodo Brontes, Estéropes y Arges. Este último es llamado Piracmon por Virgilio *(Aen.* VIII, 425).

103. El sujeto no explícito vuelve a ser Tideo.

y al equionio Licofonte. Ya se buscan y se recuentan
temblorosos, y su sed de sangre no es la misma, y se conduelen
de que una tropa tan numerosa esté mermando así.
He aquí que
Cromis, descendiente del tirio Cadmo –lo llevaba otrora
en su grávido seno la fenicia Dríope cuando se vio
arrebatada de repente por los coros[104] y se olvidó de
su carga, y mientras arrastraba para ti, oh Euhan[105], a un toro
asiéndolo por los cuernos, salió el niño despedido por los
excesivos esfuerzos–, blandía ahora, con la audacia
que le proporcionaban sus jabalinas y la piel del león
que había cazado, su recia y nudosa clava de madera
de pino exhortándolos a grandes voces: «¿Un solo hombre,
soldados, uno solo volverá a Argos gloriándose de tantas
muertes? ¡Apenas se fiará la fama de su regreso! ¡Vamos,
compañeros! ¿Nada podrán nuestros brazos, nada nuestras armas?
¿Éstas son las promesas que le hicimos al rey, Cidón, éstas son,
Lampo?». Mientras clama, la lanza teumesia[106] penetra en su boca
abierta y se aloja en su garganta; pierde la voz, y su lengua
cortada nada en la sangre que mana a borbotones. Aún se
mantenía en pie, hasta que la muerte se abrió paso a través de
sus miembros, y se desploma, y al caer con el asta entre los
dientes su silencio fue definitivo. ¿De vosotros también,
descendientes de Tespio[107], por qué voy yo a renegar y a privaros

104. De Bacantes.
105. Otro de los nombres de Baco, como el de Euhio (*cf. supra,* v. 72), con los que las Bacantes invocaban a su dios durante la celebración de sus ritos.
106. *i.e.,* tebana, por el monte Teumeso. De los despojos enemigos se armaba Tideo, como se ha dicho del escudo de Terón (*cf. supra,* 581-583), o de los dardos clavados en su propio escudo (604 s.).
107. Puede tratarse de un personaje desconocido, o del rey de Tespias, en Beocia, padre de cincuenta hijas, las Tespiades, que consiguió que yacieran con Hércules, naciendo de estas uniones una multitud de hijos.

de una honrosa fama? Alzaba del suelo Perifante el cuerpo agonizante de su hermano –no ha habido un carácter más noble ni piedad como la suya– sosteniendo con la mano izquierda su desfallecido cuello y con la derecha su costado; consume el dolor su pecho oprimido por los sollozos, y no logran evitar los cierres del casco que destile el llanto que lo inunda, cuando entre sus continuos gemidos una pesada lanza atraviesa por detrás sus curvadas costillas. Se hunde también en su hermano, ensartando en el asta los fraternos pechos; fija aquél sus ojos que aún vagan en la luz, y con la imagen de la muerte del hermano en ellos, los cierra. Pero éste, a quien le queda un resto de vida y fuerzas aún a pesar de su herida, exclama: «¡Abrazos tales, besos como éstos te[108] den tus hijos!». Bajo un mismo destino sucumbieron, triste deseo suyo de morir[109], y cerraron los ojos cada uno en brazos del otro.

Sin dar respiro acosaba el mismo[110] con la jabalina y el escudo al aterrado Menetes, que retrocedía con vacilantes pasos, hasta que resbaló en el accidentado terreno y cayó; tendiendo ambas manos a la vez suplica así e intenta alejar de su garganta el asta que la oprime: «Perdón te pido, por estas sombras tachonadas de estrellas, por los dioses de arriba y por esta noche que te pertenece; deja que lleve a Tebas las tristes noticias de estos hechos, y que a despecho del rey ensalce tu persona ante los ojos del espantado pueblo: así caigan nuestros dardos sin herirte, ningún acero consiga atravesar tu pecho, y retornes victorioso a tu expectante amigo[111]!». Había dicho. Pero aquél, sin que su semblante se altere lo más mínimo: «En vano gastas

108. El destinatario de la maldición de Perifante es, evidentemente, Tideo.
109. *i.e.,* cumpliendo sus deseos de morir juntos.
110. Tideo.
111. Polinices, que aguarda expectante en Argos el regreso de Tideo.

tus lágrimas –replica–, también tú, si no me equivoco, mi cuello
prometiste al inicuo rey[112]: abandona ahora las armas
y la luz del día, ¿por qué intentas conservar tu cobarde
vida? La guerra aguarda»[113]. Conforme dice esto, recupera
ya el arma cubierta de sangre; lleno de cólera persigue
además a los vencidos con palabras amargas: «No es ésta
la noche que cada tres años por ancestral costumbre vuelve
para vosotros, no estáis contemplando las orgías de Cadmo,
ni a las madres ansiosas de manchar con sus crímenes a Baco.
¿Pensasteis que llevabais pieles de cervatillo y frágiles
tirsos al son de una música inapropiada para la guerra
y que entablabais un combate desconocido para hombres
de verdad a los acordes de la indigna flauta de Celenas[114]?
Otras matanzas son lo que aquí hay, otro furor: ¡al Infierno
con vosotros, pequeña compañía de cobardes!». Así
grita con voz de trueno; pero sus miembros le fallan no obstante,
y su agotada sangre golpea su corazón.
Ya levanta
el brazo y lo deja caer en golpes sin efecto, sus pasos
se han vuelto lentos, y su codo no puede sostener el escudo
irreconocible con los despojos; una lluvia helada
cae sobre su jadeante pecho, chorrean sus cabellos
y su encendido rostro sangriento rocío e inmundas
salpicaduras de las víctimas: como el león, que tras haber
devorado a las ovejas masilas[115] una vez expulsado

112. Etéocles, que ha enviado la cuadrilla de cincuenta guerreros a tenderle la emboscada.
113. Y en ella los cobardes nada tienen que hacer.
114. Ciudad de Frigia donde el Sátiro Marsias fue derrotado y sometido a suplicio por Apolo tras el certamen musical al que desafió al dios; *cf.* IV, 186 y nota 37 (p. 188).
115. Los masilos eran un pueblo próximo a Numidia, pero el adjetivo se emplea con frecuencia como sinónimo de africano.

su guardián lejos de los campos, cuando su hambre se ha saciado
a placer de sangre y se han relajado su cerviz y su melena
cargada de coágulos, se detiene exhausto en medio
de la masacre, con la boca abierta y ahíto de alimento;
y ya su ira se apacigua, sólo muerde los aires con sus
vacías quijadas y con la lengua fuera lame los suaves
vellones.
Se habría aquél incluso dirigido a Tebas
cubierto de despojos y de sangre, y se habría presentado
triunfante ante los atónitos ojos del pueblo y del rey, si tú,
doncella Tritonia[116], no hubieras juzgado digno de recibir
tu consejo al héroe, enardecido y totalmente ofuscado
por su hazaña: «Vástago del imponente Eneo, a quien ahora
mismo hemos consentido vencer a Tebas aun en la distancia,
contente ya y no abuses de los dioses en exceso favorables:
sólo crédito debes desear para esta proeza. Parte,
tras haber hecho suficiente empleo de la fortuna». De los
prematuros cadáveres que habían integrado el grupo
quedaba como involuntario superviviente –había él
previsto esto, docto en los presagios enviados por el aire
y jamás defraudado por ningún ave– Meón, hijo de Hemón,
y no temió advertírselo al rey[117], pero los hados privaron
de crédito a sus avisos. Sufre el desdichado la condena
de una vida baldía; tembloroso, recibe de Tideo
este cruel mandato: «Quienquiera de los aónidas que seas
tú, a quien verá la Aurora de mañana por gracia mía
salvado de contarte entre los muertos, estas palabras te

116. Tritonia, Tritogenía o Tritógenes son sobrenombres de Minerva a partir del lugar de su nacimiento, junto al río Tritón o la laguna Tritónide, que se solían localizar en el norte de África. Minerva es la protectora de Tideo hasta que se apartó de él al final de su vida horrorizada por su acto de canibalismo (*cf.* VIII, 751 ss.).
117. *i.e.,* Etéocles.

ordeno llevar al rey: ¡Rodea tus puertas de un terraplén,
renueva tus armas, inspecciona en torno tus muros frágiles
por el paso del tiempo, recuerda ante todo reunir hombres
y multiplicar tus densos batallones! Contempla este campo
que humea a lo lejos por mi espada: así acudimos nosotros
a la guerra».
Esto dice, y en acción de gracias prepara para
ti, Palas, un hermoso trofeo de la sangrienta masacre,
reúne exultante el botín yacente y pasa revista
a sus extraordinarios actos. Había en un altozano
situado en medio de los campos una encina ya largo tiempo
olvidada de su tierna juventud, ceñida de una espesa
corteza de curvadas ramas y no gastada solidez.
Transporta y cuelga en ella pulidos cascos y armas perforadas
por numerosos impactos, sujeta a ella espadas rotas por sus
golpes y lanzas extraídas de miembros palpitantes. En pie
entonces sobre el montón de cuerpos y armas, comienza a hablar
así –resuena en la noche el eco de su plegaria a lo largo
de las cimas–: «Intrépida diosa, honra e ingenio de tu
augusto padre[118], poderosa en la guerra, a quien añade fiereza
el terrible casco que adorna espantosamente tus mejillas
y la Górgona chorreando sangre[119], no más ardientes toques
de trompeta alentaría Mavorte ni Belona con su lanza
de combate, acepta esta ofrenda, tanto si vienes del monte

118. Júpiter, de cuya cabeza nació Minerva, engendrada en su madre la Oceánide Metis por el dios supremo y acabada de gestar en la cabeza de su padre tras haberse éste tragado a Metis para evitar el cumplimiento de un oráculo según el cual, si Metis tenía un segundo hijo, éste sería varón y reinaría sobre los dioses.
119. Después de haber decapitado a Medusa, Perseo regaló su cabeza a Minerva, que la colocó sobre la égida, o piel de la cabra Amaltea con borde de serpientes que le servía de defensa, o en medio de su escudo.

de Pandíon[120] a contemplar esta noche mía como si regresas del Itone aonio[121] contenta con sus danzas, o tras haber lavado y vuelto a peinar tu cabellera en el libio Tritón[122], por donde te lleva a toda prisa tu veloz carro de yeguas vírgenes lanzando alaridos en el timón de doble tiro: te consagro ahora los deshechos despojos e informes restos de los guerreros. Pero si llego a hollar los paternos campos de Partaon[123], y la marcial Pleurón me abre sus puertas a mi regreso, entonces te dedicaré en las colinas del centro de la ciudad un dorado templo, desde donde te sea grato contemplar las tempestades del Jónico, y donde el turbulento Aqueloo, levantando el mar con su amarillento torbellino, franquea la barrera de las Equínades[124]. Aquí haré yo representar las batallas de mis ancestros y los rostros temibles de los magnánimos reyes, y en las soberbias bóvedas colgaré las armas, tanto las que, ganadas a costa de mi sangre, yo mismo he llevado conmigo como las que tú, Tritonia, me darás una vez tomada Tebas. Cien doncellas calidonias, consagradas a tus virginales altares, trenzarán para ti allí según el rito áticas antorchas, y de tu casto árbol[125] cintas de púrpura y blanca lana entretejidas; una anciana sacerdotisa mantendrá siempre vivo el fuego en los hogares,

120. *i.e.,* la Acrópolis de Atenas, donde Pandíon, hijo de Erictonio, reinó.
121. Monte de Beocia, donde Minerva tenía un templo.
122. De donde le viene el sobrenombre de Tritonia. *Cf. supra,* verso 684 y nota 116, p. 140.
123. Abuelo de Tideo: *cf.* I, 670, y nota 123 (p. 103). Pleurón y Calidón son las principales ciudades de Etolia.
124. Grupo de islas próximas al litoral de Acarnania.
125. El olivo, don de Minerva por el que consiguió el patrocinio de la ciudad de Atenas, disputado con Poseidón.

sin dejar de atender jamás a tus castos misterios. En guerra, en paz, obtendrás tú, como de costumbre, constantes primicias de mis obras, sin que por ello se indigne Diana»[126]. Había dicho, y emprendía de nuevo el camino hacia la dulce Argos.

126. Diana era la principal divinidad de Etolia, patria de Tideo.

Libro III

Pero el pérfido gobernante del palacio aonio[1] no logra
conciliar el sueño en las inciertas horas de la noche, aunque
para las húmedas estrellas una larga tarea quede
hasta la aurora; en vela están las inquietudes en su espíritu
y ejecutan el castigo del proyectado crimen[2]; el temor,
pésimo augur en la incertidumbre, lo sume entonces en un
sinfín de cavilaciones: «¡Ay de mí! –exclama–. ¿A qué se puede
deber la tardanza?» –pues estaba seguro de que era cosa
hecha, y Tideo, víctima fácil para tantas armas, y no
sopesa su valor y coraje frente al número–. «¿Siguieron
acaso caminos diferentes? ¿Se envió de Argos un pelotón
de ayuda? ¿O es que la nueva del crimen se divulgó a través
de las ciudades vecinas? ¿Elegimos a pocos hombres,

1. *i.e.,* Etéocles.
2. *i.e.,* la emboscada y el intento de asesinato de Tideo, a los que hemos asistido en buena parte del Libro II (*cf.* II, 482-final).

padre Gradivo, o indignos de la empresa? Pero entre ellos estaba el fortísimo Cromis[3], y Dórilas, y los Tespiadas, equiparables a estas torres nuestras, que me arrasarían hasta sus cimientos toda Argos. Y en cambio aquél no había venido, creo yo, impenetrable a mis armas, con brazos de bronce y sólido diamante hechos; ¡Ah, vagos, cuyo esfuerzo cede ante uno solo, si es que llegasteis a entablar combate!». Así se ve atormentado en su confusión por una diversa marea de pensamientos, y se culpa ante todo a sí mismo por no haber traspasado con su espada conforme hablaba al mensajero en medio de la asamblea, ni haber saciado sus infames iras a la vista de todos. Ora se avergüenza de su empresa, ora se arrepiente de ello. Como el timonel expuesto a las olas del Jónico en su barca calabresa –y no carece de experiencia en las aguas, pero lo impulsó a abandonar los puertos amigos la engañosa e inusual claridad de la estrella Olenia[4]–, cuando de repente el fragor del tempestuoso Júpiter se desata, todos los goznes del mundo resuenan, y Orión[5] con toda su potencia inclina los polos, él preferiría sin duda la tierra, y lucha por

3. *Cf.* II, 613-628, p. 137. Dórilas es una de las primeras víctimas (II, 571-572, p. 134), y en cuanto a los hermanos descendientes de Tespio, el episodio de su muerte se narra a continuación del de Cromis (II, 629-643).
4. La Cabra, estrella de primera magnitud en la constelación del Auriga o Cochero. Es normalmente catasterismo de Amaltea, la cabra o la nodriza que crio a Júpiter en la isla de Creta, pero, según otra tradición, las nodrizas del dios fueron dos Ninfas, hijas de un tal Óleno, hijo de Vulcano, llamadas Ege «Cabra» y Hélice.
5. Constelación que es catasterismo del gigantesco y extraordinario cazador, hijo de Posidón y Euríale, compañero de Ártemis y Latona, que murió víctima del gigantesco escorpión (también catasterizado en la constelación correspondiente) enviado por la Tierra para castigar su jactancia, o bien por Ártemis por haber intentado violarla. «Inclina los polos» = «parece juntar el cielo con la tierra».

regresar, pero el potente Noto lo empuja de popa, entonces, abandonando su arte, gime y se deja llevar ya impotente por las ciegas olas: de igual modo el monarca descendiente de Agénor reniega de Lucífero que se demora en el cielo, y de la tardía salida del sol para los que sufren.

Mas he aquí que, cuando las riendas de la Noche se volvían ya a occidente y se ponían las estrellas, tan pronto como la grandiosa Tetis[6] hizo salir al indeciso Hiperíon del mar oriental, la tierra, sacudidas sus masas, tembló hasta lo más profundo, funesta señal de males, y osciló el Citerón provocando la caída de sus antiguas nieves; los techos parecieron entonces levantarse, y venir a juntarse con la montaña las siete puertas de la ciudad. Y las causas no están lejos: airado con su destino y triste de que la muerte le haya sido negada, el Hemónida[7] regresaba en el gélido amanecer; aún no es visible su rostro, y resulta dudosa su identidad, pero de lejos daba evidentes señales de un gran desastre con sus lamentos y gemidos; pues las lágrimas, las había derramado todas a la vez. No de otro modo se aleja del prado el despojado pastor tras la nocturna carnicería hecha por los feroces lobos, cuando la súbita lluvia y los cuernos henchidos de vientos de la luna invernal hicieron adentrarse en los bosques al ganado del amo: con la luz del día queda patente la matanza; él mismo teme llevar a su dueño la nueva del desastre, y sucio de la devorada arena[8] llena de

6. La Titánide (hija de Urano y Gea) casada con su hermano, el Titán Océano, que personifica las aguas de los mares en general. El Sol o Helio es llamado aquí por el nombre de su padre, el Titán Hiperíon, casado con su hermana la Titánide Tea o Tía.

7. Meón, hijo de Hemón. *Cf.* II, 690 ss.

8. *i.e.,* del polvo del camino recorrido a toda prisa: *hausta informis arena.*

lamentos los campos, odia el silencio de su gran establo
y llama uno tras otro a sus perdidos bueyes.
Cuando las madres
agolpadas junto a los umbrales de las puertas lo vieron
solo –¡horror!–, sin tropas ni animosos caudillos alrededor,
no osaron preguntar nada, pero elevan un clamor similar
a aquel supremo clamor que en la guerra brota en las ciudades
abiertas al enemigo, o cuando la nave se hunde ya en el mar.
Tan pronto como halló su solicitud la venia del odiado
rey, dice así: «De un batallón tan grande esta infeliz alma
te ofrece el fiero Tideo, ya lo hayan querido así los dioses,
ya la fortuna, ya, y vergüenza e ira me da confesarlo,
la fuerza invencible del héroe. Apenas puedo creérmelo
yo, portador de la noticia: todos han sucumbido, todos.
Pongo por testigo a las erráticas luces de la noche,
a las almas de mis compañeros y a ti, ave rectamente
de mal agüero, por la que regreso[9], de que no me he ganado
con lágrimas ni con astucia este cruel perdón ni el obsequio
de una vida sin honor. Pero las órdenes de los dioses,
Átropo[10], incapaz de moverse de su resolución, y esta
puerta de la muerte que hace tiempo que me está negada,
me arrancaron de la destrucción. Y ya, para que veas que mi
pecho no anhela la vida ni tiembla en absoluto ante la
muerte, escucha: una guerra execrable has movido, maldito,
y unas tropas desaprobadas por los presagios; pero mientras
ardes en deseos de abolir las leyes y reinar lleno de
soberbia manteniendo a tu hermano en el exilio, te asaltarán
con sus constantes lamentos la arrasada serie de hogares

9. El augur Meón había recibido presagios funestos e intentado prevenir a Etéocles de lo que iba a pasar sin ser escuchado (*cf.* II, 690-695).
10. La Parca que ya conocemos, *cf.* I, 111, y nota 37 (p. 76).

desolados, las cincuenta almas[11] volando en torno a ti noche y día con siniestro horror; pues yo tampoco me demoro». Ya era presa de la cólera el fiero rey, y su sombrío semblante se inflama de sangre. Al instante Flegias y Lábdaco, siempre presto a la iniquidad –en manos de éstos se hallaba el poder militar del reino–, se disponen a acudir y a expulsarlo por la fuerza. Pero ya el magnánimo adivino había desenvainado la espada, y mirando ora el rostro del feroz tirano, ora el hierro, exclama: «Nunca tendrás derecho sobre esta sangre, ni herirás el pecho que el gran Tideo perdonó; parto en verdad exultante, sigo el destino que se me arrebató y me dirijo hacia las sombras de mis compañeros que me están aguardando. En cuanto a ti, a los dioses y a tu hermano...»[12]. Y ya su costado, con la espada hundida hasta la empuñadura, le había impedido seguir hablando; lucha contra el dolor, y, doblándose con esfuerzo sobre el enorme tajo, cae, mientras la sangre, errando en los últimos estertores de la vida, mana ya por la boca, ya por la herida. Las mentes de los nobles están conmocionadas, murmura la alterada asamblea; mas a él, que conservaba su expresión y fiero aspecto en la muerte llevada a término, su esposa y sus fieles parientes lo conducían a casa, sin haberse podido alegrar apenas de su regreso. Pero la airada rabia del detestable monarca no puede detenerse aquí: prohíbe

11. *i.e.,* los cincuenta guerreros muertos en la emboscada preparada contra Tideo. En realidad, 49, pues el que habla, Meón, continúa vivo, pero se incluye a sí mismo en el cómputo porque piensa darse muerte, como anuncia al final de su alocución y como hará *ipso facto* (véase *infra,* 81 ss.).

12. Y no acaba la frase, como veremos a menudo en las intervenciones orales, cuando éstas son apasionadas, pero además porque se lo impide la herida que acaba de infligirse.

que sea devorado por las llamas[13], y en su impiedad niega
en vano la paz del sepulcro a unos manes que lo ignoran.
Tú sin embargo, insigne por tu destino y por tu alma,
que jamás –como es justo– sufrirás el olvido, que has osado
arrojar a la cara a los reyes tu desprecio y validar
la vía por donde holgadamente avanzara la libertad:
¿con qué versos, con qué palabras añadiré de manera
suficiente digna fama a tus virtudes, augur amado por
los dioses? No en vano te enseñó Apolo las cosas del cielo
y te juzgó digno de su laurel, también Dodona[14], madre
de bosques, y la virgen de Cirra dejarán en suspenso
con gusto a los pueblos mientras Febo guarda silencio. Y ahora,
muy alejado del tartáreo Averno, marcha tú, ocupa
las regiones del Elisio[15], donde el cielo es inaccesible
a los manes ogigios y ningún valor tienen las inicuas
órdenes del criminal rey; tu porte y tus miembros perduran,
sin ser tocados por las crueles fieras, y a ti que yaces bajo el
desnudo firmamento, te preserva tanto el bosque como la
sombría reverencia de las aves[16].
Esposas aterradas,
hijos y dolientes padres se han lanzado fuera de los muros,

13. En una anticipación de lo que ordenará más tarde Creonte con los cadáveres de los argivos, incluido el de Polinices.
14. Ciudad del Epiro con un antiguo bosque de encinas que proporcionaban con el rumor de sus hojas respuestas oraculares en su famoso templo de Júpiter. La «virgen de Cirra» es la sacerdotisa de Delfos, por Cirra, ciudad de la Fócide, consagrada al culto de Apolo. El oráculo de Delfos, como es sabido, era el que gozaba de mayor prestigio en la antigüedad. El sentido está claro: muerto el adivino Meón, callarán los oráculos en señal de duelo.
15. El Elisio o Campos Elisios era la región del Infierno de ventura y premio para las almas piadosas. Los manes ogigios son los tebanos (*cf.* I, 173 y nota 46 [p. 79]).
16. Recuérdese que Meón era augur, adivino diestro en interpretar los signos del cielo, y en concreto el vuelo y el lenguaje de las aves.

y emprenden por doquier, por terreno llano, por impracticables
parajes, una carrera a porfía que mueve a compasión,
ávidos por hallar cada uno el objeto de sus lágrimas;
densos miles los acompañan siguiendo sus pasos con el
propósito de consolarlos; arden una parte en deseos
de contemplar las hazañas de un solo hombre y tan ingentes
trabajos realizados en la noche. Hierve el camino de
gemidos, y el eco de los lamentos inunda los campos.
Pero cuando se llegó a los infames peñascos y al nefasto
bosque[17], como si no hubiera habido antes ninguna queja,
ni se hubieran derramado negras lágrimas a raudales,
un clamor de ayes sin medida se eleva de todas las bocas
al unísono, e inflamada por el sangriento espectáculo
la multitud enloquece: en pie se yergue el Luto inconsolable,
hecho jirones su ensangrentado manto, y golpeándose
el pecho incita a las madres. Escrutan los cascos de los yertos
cadáveres y muestran los cuerpos que han hallado, arrodilladas
ante los suyos y ante los extraños. Enjugan unas con sus
cabellos la corrompida sangre, otras les cierran los ojos
y riegan con sus lágrimas las profundas heridas; parte
arrancan los dardos con diestra en vano protectora, parte
devuelven con delicadeza a su sitio los brazos rotos y
colocan de nuevo las cabezas sobre los hombros.

Pero
errante a través de las zarzas y entre el polvo del desierto
campo, la noble madre de los jóvenes, ahora de los dos
cadáveres, Ida[18], suelta la despeinada cabellera y
clavándose las uñas en el lívido rostro –y ya no es

17. El escenario de la emboscada detalladamente descrito en II, 498-526. Los «infames peñascos» aluden a la roca donde moraba la Esfinge (*cf.* II, 504-505).
18. La madre de los Tespiadas, los dos jóvenes cuya muerte se describe con profundo patetismo en II, 629-643.

infeliz y digna de compasión, sino que es terror lo que
inspira con sus lágrimas–, entre armas y cuerpos por doquier
en la funesta tierra esparciendo sus desgreñadas canas,
busca desolada a sus hijos, y llora ante cada cadáver.
No de otro modo, feliz por la reciente guerra, la tesalia,
que posee el impío poder propio de su gente[19] de hacer
revivir a un hombre con sus conjuros, llevando en alto
su antorcha de múltiples ramas de viejo cedro, penetra
de noche en los campos, remueve en su sangre a los muertos
y explora los manes, por ver a qué cadáver puede dar más
encargos para los vivos: la triste asamblea de las almas
se queja, y el padre del negro Averno se llena de indignación.

En un lugar apartado felices yacían juntos bajo una
roca aquellos[20] a quienes se llevó un mismo día, una sola
mano, sus pechos atravesados por las heridas unidos
por la lanza que los ensartó. Cuando los vio[21], sus ojos dieron
paso a un torrente de lágrimas: «¿Estos abrazos, hijos, estos
besos me es dado contemplar a mí, vuestra madre? ¿Así os ha
ligado en la hora final el cruel ingenio de la muerte?
¿Qué heridas debo atender, qué rostro besar primero? ¿Sois
vosotros aquella magnífica fuerza de vuestra madre,
vosotros, la dicha de mi vientre, por la que creía alcanzar
a los dioses y aventajar en honra a las madres ogigias?
¡Cuánto mejor casadas y con propicia suerte aquéllas,
cuyo matrimonio fue estéril y cuyos gritos de dolor
no atrajeron la mirada de Lucina[22] hacia su casa! Sí,

19. Tesalia era famosa por sus brujas, *cf.* I, 106 («la magia atracia»), y nota 36 (p. 75), II, 21.
20. Los dos hermanos, hijos de Tespio. Véase *supra,* nota 18 al verso 134.
21. El sujeto sobreentendido no ofrece dudas por las palabras que pronuncia a continuación: Ida, la madre de los jóvenes.
22. Otro nombre de Ilitía, la diosa protectora de los partos, último vástago de Júpiter y Juno.

sin duda ha sido el parto la causa de mis males; pero no con un glorioso destino en batallas libradas a la luz del día, ni habiendo osado empresas eternas para las gentes, habéis buscado vosotros una herida memorable para vuestra infeliz madre, sino que tras haber sufrido una muerte oscura, un final sólo digno de recuento, ¡ay, en qué ríos de sangre yacéis a escondidas y sin gloria! No seré yo quien ose separar vuestras diestras de sus desdichados abrazos, ni romper la alianza de una muerte tan noble: ¡partid por siempre hermanos, sin ser divididos por el fuego postremo, y mezclad en el sepulcro vuestras queridas almas!».

Tras haber reunido los restos de los suyos, no se lamenta menos entretanto, aquí su esposa por Ctonio, allí su madre Astíoque por Penteo, tus jóvenes hijos, Fédimo, tu prole, supieron que habían perdido a su padre, y Marpesa lava a Fileo, su prometido, y sus hermanas al ensangrentado Acamante. Dejan pelados entonces los bosques con el hierro y talan la vetusta cima de la colina cercana que, cómplice de los hechos de la noche, testigo fue asimismo de los gemidos[23]; allí, ante las piras, mientras se resiste cada cual a ser arrancado de sus amadas cenizas, el anciano Aletes consolaba con sus palabras a la infeliz asamblea: «Muchas veces sin duda nuestro pueblo ha sido desgraciado y puesto a prueba de diversas formas por capricho del hado, desde el momento en que el huésped sidonio[24] sembró en los surcos aonios semillas de hierro, de las que brotaron extraños frutos que hicieron los campos temibles para sus propios colonos. Pero ni cuando el palacio del viejo Cadmo se hundió

23. En este caso, de los guerreros moribundos que se enfrentaron a Tideo.
24. *i.e.,* Cadmo. Véase I, 8, y nota 2 (p. 69).

en cenizas por obra del rayo debido a los consejos de la pérfida Juno[25], ni cuando, dueño de una funesta gloria, el desdichado Atamante regresó del espantado monte trayendo en sus brazos, ¡ay!, con alegres gritos a Learco medio muerto, hubo en Tebas tales gemidos, ni resonaron con más claridad los hogares fenicios por el tiempo en que la fatigada Ágave[26] se recuperó de su locura y se espantó ante las lágrimas de sus camaradas. Sólo hubo un día similar en el hado e igual en la manifestación de la desgracia, aquel en el que la impía Tantálide[27] expió su jactanciosa soberbia, cuando, rodeada de desastres sin cuento, tantos cuerpos recogía de la tierra, tantas piras preparaba. Igual era la actitud de la gente, y así, abandonada la ciudad, niños, ancianos y un nutrido grupo de madres elevaron sus quejas a los dioses por su animadversión, y en doloroso tumulto acompañaban los dobles cortejos fúnebres a través de las grandes puertas. Recuerdo que yo mismo –y mi edad no era aún adecuada para tales duelos– lloré no obstante, e igualé en gemidos a mis padres. Aquellos males fueron sin embargo voluntad de los dioses. Tampoco querría yo derramar más lágrimas por el hecho de que los furiosos molosos no reconocieran, ¡ay!, a su

25. Alusión a la muerte de Sémele (*cf.* II, 293 y nota 62 [p. 122]). Para la de Learco a manos de su padre Atamante, *cf.* I, 13, y nota 6, p. 70.
26. Hija de Cadmo y Harmonía, y hermana de Autónoe, Ino y Sémele. Enloquecida por Baco, en una de sus orgías en el monte Citerón despedazó a su hijo Penteo creyéndolo un león.
27. *i.e.,* Níobe, hija de Tántalo y esposa de Anfíon, rey de Tebas, con el que tuvo muchos hijos. Su número oscila según los autores (doce, diez, nueve, siete en la mayoría), pero siempre es el mismo de varones y de hembras. Se jactaba por ello de ser más prolífica que Leto, que sólo había tenido un hijo y una hija, hasta que la diosa, ofendida, pidió a sus hijos que la vengaran. Apolo y Ártemis mataron así a flechazos a toda su descendencia.

dueño[28] tras haber caído aquél en la tentación de violar
desde su profana atalaya tus castas fuentes, Delia,
o de que la reina[29], transformada su sangre, fluyera
de repente formando un lago: así lo querían los severos
hilados de las Hermanas[30] y así le plugo a Júpiter. Pero
ahora ha sido por culpa de un monarca inicuo como hemos
perdido a unos ciudadanos inocentes, a tantos caudillos
de nuestra patria, y todavía no ha llegado a Argos la fama
del pisoteado pacto, y ya nos dolemos de los extremos
males de la guerra. ¡Cuánto sudor aguarda a los caballos,
cuánto a los hombres en el espeso polvo! ¡Cuán rojo será, ay,
vuestro cruel caudal, ríos! Contemple estas desgracias una tropa
lozana para la guerra: en cuanto a mí, ¡que se me conceda,
mientras es posible, mi propia pira, y me cubra la tierra de
mis abuelos!». Así habló el anciano, y colma a Etéocles de insultos
tachándolo de cruel y abyecto y digno de sufrir castigo.
¿De dónde viene tanta libertad? Su fin estaba cerca,
toda la vida la tenía por detrás, y querría añadir
lustre a su tardía muerte.
Observando desde hacía tiempo
estos hechos el creador de los astros desde el vértice

28. Acteón, nieto de Cadmo por ser hijo de Autónoe y Aristeo. Fue convertido en ciervo por Ártemis y despedazado por sus propios perros (*cf.* IV, 572-574) en castigo por haber espiado a la diosa mientras se bañaba en compañía de sus Ninfas.
29. Dirce, esposa de Lico, regente de Tebas tras la muerte de Nicteo. Lico le dio como esclava a Antíope, madre por Júpiter de Anfíon y Zeto, cuando ésta cayó en su poder. Se comportó con ella con extrema crueldad, pero cuando estaba a punto de atarla a un toro salvaje para que la descoyuntara durante los ritos a Baco, dios del que era devota, aparecieron los hijos de Antíope e hicieron eso mismo con ella. Su cadáver fue arrojado a la fuente que recibió su nombre tras convertirse su sangre en agua, y con la que se alude a menudo a Tebas.
30. Las Parcas.

del mundo, y a los pueblos teñidos con la primera sangre, ordena que se haga venir al punto a Gradivo. Después de haber sembrado la destrucción entre los salvajes bistones y las ciudades de los getas, guiaba aquél a toda prisa su carro hacia las etéreas alturas, sacudiendo el espléndido penacho de rayos de su casco y sus armas funestas en el oro, animadas de espantosas figuras de monstruos: retumba el cielo bajo las ruedas, un rojo fulgor de sangre despide su escudo, esfera émula del sol al que hiere de lejos. Cuando Júpiter lo ve jadear aún ahora de sus fatigas contra los sármatas y con el pecho henchido de toda la tempestad de la guerra, dice así: «Tal cual, hijo, marcha tal cual estás para mí a través de Argos, chorreando así tu espada, ciego de esta misma cólera. Que rompan los frenos que los detienen, y detestando todo sólo a ti deseen, que a ti se consagren sin dudarlo en cuerpo y alma, arrebata a los que vacilan y rompe los acuerdos, tú que tienes la facultad, pues te lo hemos concedido, de inflamar en la guerra a los mismos habitantes del cielo y mi propia paz. Ya he sembrado yo mismo las semillas de la lucha: regresa Tideo trayendo la nueva del atroz atentado, el crimen del rey y, como preludio de la infame guerra, la emboscada y la traición que vengó con sus propias armas. Añade tú crédito a sus palabras. Y vosotros, dioses, sangre de mi sangre en el grado que sea, no os enzarcéis en odiosas disputas ni compitáis en tentarme con vuestras súplicas; así me lo han jurado los Hados y las negras ruecas de las Hermanas[31]: permanece fijo desde el principio del mundo este día para la guerra, estos pueblos han nacido para el combate. Y si no consentís que prescriba a las naciones el castigo por sus antiguas faltas, y lo ejecute en sus

31. Las Parcas de nuevo.

crueles descendientes –pongo por testigo este alcázar eterno,
santuario de nuestra raza[32], y las fuentes del Elisio, sagradas
potencias incluso para mí–, arrancaré de sus cimientos
con mis propias manos Tebas y sus saqueadas murallas,
haré que se desplomen sobre las moradas inaquias sus
asoladas torres, o dejaré caer mi lluvia sobre ellas
hasta hacerlas desaparecer en las azules aguas, aunque
la propia Juno abrazada a sus colinas y a su templo[33] corra
peligro en medio de la vorágine general».
Así dijo,
y quedan atónitos ante sus mandatos. Pensarías que
sus corazones son mortales, así contenían todos
la voz y los ánimos. Como cuando ha dejado en calma el mar
la larga tregua de los vientos, en un plácido sueño se sume
el litoral, y acaricia con su suave brisa el indolente
estío las hojas de los árboles y las nubes; entonces
se han amansado estanques y lagos sonoros, callan los ríos
consumidos por los rayos del sol.
Exultante de alegría
ante estas órdenes y lleno aún de ardor en el caliente
timón de su carro, torció a la izquierda Gradivo sus riendas.
Y ya alcanzaba el límite del cielo y sus abruptas simas,
cuando Venus posa sin ningún temor sus plantas delante
de los mismos caballos; recularon aquéllos y al punto
abatieron con gesto suplicante sus erizadas crines.
Apoyando entonces su pecho en el extremo del yugo

32. O «de mi mente» si se sigue la lectura de los manuscritos, *mentis,* y no la conjetura de Lachmann, *gentis,* que prefiere el texto de la edición de Loeb. Las fuentes del Elisio son las aguas de la Estige, laguna o río de los Infiernos. El juramento en su nombre era de sagrado cumplimiento para los dioses.

33. Aunque era venerada en todo el mundo griego, en Argos se rendía especial culto a Juno, que sentía a su vez predilección por la ciudad *(cf.* I, 250 ss.).

y ladeando el humedecido semblante, comienza a hablar
así –inclinados a los pies de su señora, los corceles
tascan entretanto el freno que arroja espuma–: «¿A la guerra
contra Tebas, ¡oh muy noble suegro![34], a la guerra también tú mismo
te aprestas, y a destruir con el hierro a tus descendientes? ¿Y no te
detienen ni el linaje de Harmonía, ni las festivas bodas
en el cielo[35], ni siquiera estas lágrimas, fiero de ti? ¿Ésta es
la recompensa por mi delito?[36]. ¿Esto han merecido de ti
mi reputación y mi pudor dejado a un lado, esto mis
cadenas lemnias? Prosigue si es tu gusto; ¡pero cuán distinta
la deferencia de Vulcano conmigo, que pese a su ira
de esposo agraviado sigue siendo servicial! Si le ordenara
yo sudar para mí en la fragua sin descanso y pasar las noches
en vela entregado a su obra, se alegraría, y fabricaría
adornos nuevos y armas incluso para ti; tú[37]..., pero intento
con mis súplicas doblegar rocas y un corazón de bronce;
sólo esto en mi angustia, sólo esto no obstante te reprocho:
¿por qué me hacías unir en infaustas nupcias a nuestra
querida hija[38] con un marido tirio? Y entretanto alardeas
de que los tirios, nacidos de la sangre de un dragón[39] y raza

34. Marte era suegro de Cadmo, fundador de Tebas, al ser padre con Venus de Harmonía, esposa de aquél.
35. La boda de Cadmo y Harmonía se celebró con toda pompa en el cielo, como la de Peleo y Tetis, y a ella asistieron todos los dioses. El principal regalo que recibió la novia fueron el fabuloso collar y peplo fabricados por Vulcano (*cf.* II, 265 ss.).
36. *i.e.,* su adulterio con él engañando a su esposo Vulcano. Para las «cadenas lemnias», véase II, 269 ss., y nota 53, p. 120.
37. Deja cortada Venus la frase, nuevo caso de aposiopesis o figura de omisión, que encontraremos más de una vez en el poema.
38. *i.e.,* Harmonía, claro está, casada con Cadmo, hijo de Agénor, rey de Tiro o Sidón.
39. *Cf.* I, 8, y nota 2 (p. 69). El adjetivo tirio se usa constantemente por tebano.

descendiente de Júpiter por línea directa[40], serían famosos por sus armas, y sus pechos, vigorosos para la acción. ¡Ay, cuánto preferiría yo que mi doncella se hubiera casado bajo la Osa sitonia, más allá del Bóreas y de tus tracios! ¿Hemos soportado acaso pocas indignidades, como que la hija de la diosa Venus repte en toda su longitud y arroje su veneno sobre las hierbas ilíricas[41]? Ahora, su inocente linaje[42]...». No soportó más sus lágrimas el dios de los combates, pasó la lanza a su mano izquierda y saltó sin demora del alto carro; la hiere con su escudo al tomarla entre sus brazos, y la apacigua así con palabras amigas: «¡Oh, reposo mío de las batallas, sagrado placer y única paz de mi ánimo! Sólo tú entre los dioses y los hombres posees suficiente poder para enfrentarte impunemente a mis dardos, y aun en medio de la matanza erguirte ante estos relinchantes caballos y arrancar esta espada de mi diestra. Ni la alianza familiar con el sidonio Cadmo ni tu querida lealtad –¡no disfrutes en hacerme falsas acusaciones!– se me han olvidado: antes me sumerja yo, a pesar de ser un dios, en las aguas infernales de mi tío[43] y sea conducido desarmado a las pálidas sombras. Pero ahora que se me ha ordenado cumplir los decretos de los hados y la voluntad del padre supremo –y en efecto el brazo de Vulcano no es opción

40. Pues Cadmo, fundador de Tebas y de su estirpe, era tataranieto de Júpiter, al ser hijo de Agénor, éste de Belo, éste de Épafo, y éste finalmente de Júpiter e Ío.

41. Harmonía y Cadmo acabaron sus días convertidos en serpientes; *cf.* II, 289-291, y nota 61 (p. 121),

42. Una vez más queda la frase sin acabar, en este caso interrumpida Venus por Marte.

43. *i.e.,* Plutón, tío de Marte al ser hermano de Júpiter (Marte era hijo de Júpiter y Juno).

adecuada para tal misión–, ¿cómo se me va a ocurrir enfrentarme a Júpiter y desatender las leyes que ha dictado, él, ante cuya sola voz –¡qué potencia!– he visto temblar las tierras, el cielo y el mar, y ponerse a resguardo uno tras otro a dioses tan poderosos? ¡Pero no me abrigues en el corazón, querida mía, miedos tan extremos! Ya que no es posible cambiar estas cosas, cuando ya bajo los muros tirios ambos pueblos estén guerreando, me haré presente y apoyaré las armas de nuestros parientes. Entonces, no tan abatida, a lo largo y a lo ancho del ensangrentado campo me verás dejar de prestar mi fuego a las operaciones de Argos; éste es mi derecho, y los hados no lo impiden». Dicho esto, lanzó a sus fogosos caballos a través del espacio. No cae con más rapidez sobre la tierra la ira del alto Júpiter, siempre que se ha detenido sobre el Otris[44] cubierto de nieve y la helada cima del nórdico Osa, y ha armado su brazo entre las nubes: vuela la ígnea masa[45] llevando las crueles órdenes del dios, y con su cabellera hendida en tres siembra al punto en todo el cielo el temor de que deje su impronta en los ricos campos o sepulte en el mar a los infelices marineros.

Y ya en su camino de regreso recorre Tideo con fatigado paso los campos de Dánao y las pendientes de la verde Prosimna con un aspecto que inspira terror: sus cabellos forman con el polvo una masa compacta, cae de sus hombros sobre sus profundas heridas un sucio sudor, la falta de sueño enrojece sus ojos irritados, y desencaja su semblante la jadeante sed; pero su espíritu, consciente de sus hechos, respira una profunda dignidad. Así vuelve el combativo toro a sus conocidos

44. Montaña de Tesalia, igual que el Osa, morada de los Centauros.
45. *i.e.,* el rayo, la poderosa arma de Júpiter.

pastos, con la papada desgarrada, y el cuello y los hombros bañados en su propia sangre y en la del adversario; también entonces, pese al cansancio, su valor no decae, y se hincha de orgullo al bajar la vista sobre su pecho; yace en la arena desierta su enemigo emitiendo vergonzosos gemidos, y le impide sentir la crudeza de sus dolores. Tal era su aspecto; no dejó tampoco de inflamar de odio las ciudades que hallaba a su paso, todo el espacio que media entre el Asopo[46] y la antigua Argos, repitiendo sin cesar y por doquier que había ido como legado de una nación griega a reclamar el reino del exiliado Polinices, pero luego había sufrido un ataque en la noche; crimen, armas y traición, ésos eran los pactos del rey equionio; que sus derechos le eran negados al hermano. Los pueblos le otorgan fácilmente su confianza; el dios poderoso en las armas los incita a creerlo todo, y la fama, una vez acogidos, redobla los temores.

Tan pronto como hubo franqueado las puertas –y reunía casualmente en asamblea el venerable padre Adrasto a sus jefes–, se presenta de improviso, gritando a voz en cuello ya desde los mismos umbrales del palacio: «¡Armas, oh varones, armas, y tú, inmejorable gobernante de Lerna[47], si alguna sangre te queda de tus nobles abuelos, armas apresta! No hay sentido del deber, no conocen las gentes lo que es justo o lícito o el respeto a Júpiter; mejor habría sido dirigirme como emisario a los fieros saurómatas o al sanguinario guardián del bosque bebricio[48]. Y no reniego

46. Hay diversos ríos con este nombre; aquí se hace referencia al de Beocia, cercano a Tebas.
47. *i.e.,* de Argos, por el nombre de su famosa laguna.
48. Ámico, hijo de Posidón y una Ninfa Melia, rey de los Bébrices, en Bitinia. De colosal fuerza y estatura, retaba a todos los que llegaban a su país a un combate de boxeo y los mataba tras haberlos derrotado, hasta

de tus órdenes ni me avergüenzo de mi misión: me alegro de haber ido, sí, me alegro, y de haber podido verificar de primera mano la culpabilidad de Tebas; en son de guerra, creedme, de guerra, como si fuera yo una robusta torre o una ciudad de compactas murallas, seleccionados para las asechanzas y equipados con todas sus armas, de noche y a traición, unos guerreros, desprotegido yo y desconocedor del lugar, me rodearon, aunque en vano; yacen ante la desierta ciudad revueltos en su propia sangre. ¡Ahora, ahora es la ocasión contra los enemigos, mientras se hallan temblorosos y muertos de miedo, mientras recogen sus cadáveres, ahora, suegro, mientras este brazo no se ha borrado de su memoria; yo mismo, agotado por aquellas cincuenta atroces sombras de los guerreros[49] y presentando estas heridas húmedas aún de infecta sangre, de inmediato solicito partir!».

Se alzan espantados los ináquidas de sus asientos, y el héroe descendiente de Cadmo[50] se lanza el primero de todos a su encuentro con semblante abatido diciendo así: «¡Ay de mí, que odiado de los dioses y reo de muerte contemplo estas heridas sin haber sufrido daño alguno! ¿Éste es el regreso que me tenías preparado, hermano? ¡Contra mí aprestaban los míos estas armas! ¡Ah, vergonzoso deseo de vivir! Infeliz de mí, que impedí a mi hermano cometer un crimen tan grande. Pero ahora, queden en paz y tranquilidad vuestras murallas, y no sea

que llegaron los Argonautas, y Pólux acabó con él. Los saurómatas o sármatas, por otra parte, eran un pueblo de Escitia.

49. Se entiende de los cincuenta guerreros que ha convertido en sombras; 49, por otra parte, en realidad, pues dejó vivo a Meón para que fuera mensajero de lo ocurrido (*cf.* II, 690 ss.) y no tiene por qué saber nada de su suicidio.

50. *i.e.,* Polinices.

yo, hasta ahora vuestro huésped, causa de tamaño conflicto para vosotros. Sé –y las circunstancias favorables no me han hecho indiferente hasta ese extremo– qué duro, qué triste es verse separado a la fuerza de los hijos, del lecho conyugal, de la patria; que no me culpe presa de la angustia el hogar de nadie, ni me miren de reojo las madres llenas de rencor. Partiré con gusto y decidido a morir, aunque mi muy fiel esposa y los consejos de mi suegro me intenten de nuevo retener; este cuello le debo yo a Tebas, éste a ti, hermano, y a ti, excelente Tideo». Así sondea los corazones con matizadas palabras, y les dirige indirectos ruegos. Despertaron sus lamentos la cólera, y un enardecido resentimiento se mezcló con el llanto; en todos los corazones, tanto juveniles como fríos e indiferentes por la edad, una idea se impone de forma espontánea: dejar vacíos los hogares, reclutar tropas de las vecinas naciones y ponerse ya en marcha. Pero el padre[51], de profundo juicio y experto en manejar la gran carga del gobierno, dice así: «Dejad, os lo pido, esos temas que sin duda competen a los dioses y a mi propio cuidado; ni llevará el cetro tu hermano sin que te cobres venganza, ni estamos ansiosos de declarar la guerra. Acoged en cambio ahora al glorioso hijo de Eneo[52], que ha triunfado sobre tanta sangre, y que el descanso que tanto se ha hecho esperar relaje su animoso pecho: no nos hará el dolor perder la sensatez».

Al punto sus turbados camaradas y su pálida esposa se aglomeran todos en torno a Tideo, agotado por la lucha y el camino. Contento, tomó asiento en el centro de la sala, y apoyando la espalda en una gran columna, mientras lava sus heridas con agua el epidaurio Idmón, ya rápido

51. *i.e.,* Adrasto.
52. *i.e.,* Tideo.

con el hierro, ya más delicado con tibias hierbas, absorto
en sus recuerdos, vuelve a narrar los comienzos de las iras,
qué palabras se dijeron uno al otro[53], qué lugar se eligió
para la emboscada, en qué momento se produjo el secreto
combate, qué caudillos tuvo enfrente y cuál era su número,
dónde llegó al máximo su esfuerzo, y cuenta cómo conservó
vivo a Meón para que sirviera de funesto testimonio.
Estupefacta escuchan sus palabras su leal compañía,
los próceres y el suegro, y el desterrado tirio[54] arde de ira.

Había desuncido el Sol en su descenso a sus fogosos
corceles en la inclinada orilla del mar occidental, y
lavaba en las aguas del Océano sus brillantes crines;
corren a su encuentro la multitud del profundo Nereo[55] y las
Horas[56] de pasos presurosos, quitan los frenos y el sublime
trenzado de su corona de oro, libran sus húmedos pechos
de las calientes bridas; parte conducen a los animales
a la blanda hierba que tienen bien ganada y echan hacia atrás
el carro con el timón hacia arriba. La noche ha llegado, y ha
sosegado los afanes de los hombres y los movimientos
de las fieras, envolviendo los polos en su negro manto,
dulce sin duda para todos, mas no para ti, Adrasto,
ni para el caudillo labdácida[57], pues a Tideo un profundo
sueño lo tenía sumido en la poderosa evocación
de su valor. Y ya entre las errantes sombras de la noche

53. *i.e.,* Tideo y Etéocles, durante la audiencia concedida al primero en el desempeño de su embajada en Tebas.

54. *i.e.,* Polinices.

55. Las Nereidas, las cincuenta Ninfas, y en algunas versiones posteriores incluso cien, hijas de Nereo y de la Oceánide Doris. Nereo es un primitivo dios marino, hijo primogénito de Ponto y Gea, más viejo por tanto que Posidón (a él y a sus hermanos se los llamaba los Ancianos del Mar).

56. Divinidades colectivas (primitivamente tres, como las Parcas, las Gracias o las Greas), hijas de Júpiter y Temis.

57. Polinices, bisnieto de Lábdaco.

el dios guerrero hiere desde arriba con un tronar de armas
los confines de Arcadia y los campos de Nemea, la cima
del Ténaro y Terapnas consagrada a Apolo, y colma de amor
por él los inquietos corazones. El Furor y la Ira arreglan
su penacho, maneja las riendas de sus caballos el Pavor,
su escudero. Atenta por su parte a cada sonido, ceñida
de vanos ruidos de noticias, vuela la Fama delante del
carro, e, impulsada por el aliento de los jadeantes
corceles de alada planta, sacude con denso murmullo
sus trémulas plumas: la urge en efecto el auriga[58] con crueles
aguijones a contar lo que ha ocurrido, lo que no ha ocurrido,
y desde lo alto del carro el padre[59] golpea hostil con su lanza
escítica la espalda y la cabellera de la diosa. Como
cuando al mando de los Vientos liberados de la prisión de
Eolo, los lleva Neptuno por delante de él y los lanza
a su placer sobre el vasto Egeo; triste cortejo en su avance,
braman en torno a las riendas Nublados y profundas Tormentas,
Brumas y la oscura Tempestad, arrancado el fondo de las
tierras: a duras penas aguantan las Cíclades, conmovidas
hasta sus cimientos, tú misma, Delos, temes ser separada
de tu Miconos y de tu Giaros, e invocas la lealtad de
tu gran hijo[60].

Ya la séptima Aurora trae el claro día
a las tierras y a los cielos con su rosado semblante, cuando
el anciano héroe descendiente de Perseo[61] se lanzó

58. En VII, 73, es Belona la que guía a los caballos de Marte, pero arriba, en el verso 424, es el Pavor quien maneja las riendas.
59. *i.e.,* Marte.
60. Apolo, nacido en Delos, y que ya había convertido la isla de errante en fija en agradecimiento por la acogida prestada a su grávida madre (*cf.* I, 702, y nota 131 [p. 105]).
61. Adrasto, que, como rey de Argos, contaba a Perseo entre sus antepasados, aunque éste nunca llegó a reinar en Argos. El trono de Argos le

fuera de sus aposentos privados del palacio, embebido su pensamiento en un sinfín de cábalas sobre la guerra y sobre sus orgullosos yernos[62], e incapaz de decidirse entre si debía dar legal curso a las armas e infundir nuevos alientos a los pueblos, o poner freno a las iras y retener en sus vainas las asidas espadas. Por un lado le mueve la tranquilidad de la paz, y por otro el baldón que supone la calma para su pudor y la dificultad de desviar a los pueblos del novedoso atractivo de la guerra; después de muchas dudas, toma al fin una decisión, recurrir a las facultades de los vates y a los divinos ritos que presagian la verdad. La experta exploración del futuro a ti se encomienda, Anfiarao[63], y a tu lado el hijo de Amitaón, ya anciano –pero en pleno uso de sus facultades mentales y proféticas–, Melampo, adapta sus pasos a los tuyos; dudoso es a quién fue más propicio Apolo, y qué boca sació en mayor grado con el agua de Cirra[64]. Sondean primero a los dioses en las entrañas y en la sangre de las bestias; ya entonces los corazones llenos de manchas de las víctimas y las funestas venas cargadas de terribles amenazas

correspondía al ser hijo de Dánae, hija a su vez de Acrisio, rey de Argos, pero cuando mató a éste accidentalmente en cumplimiento de un oráculo, cambió este reino con su primo Megapentes, hijo de Preto, por el de Tirinto.

62. *i.e.,* Polinices y Tideo.

63. Famoso adivino argivo, hijo de Ecles y de Hipermnestra. Después de haber tenido diferentes desacuerdos con Adrasto, hicieron las paces y Anfiarao se casó con la hermana de aquél, Erifile, conviniendo que en adelante ella impondría su criterio sobre cualquier nueva disputa que surgiera entre ellos. Sobornada con el collar de Harmonía (*cf.* II, 299, nota 64 [p. 122]) obligó a su marido a ir a la guerra.

64. *i.e.,* a quien dio más poderes de adivinación. Cirra era la localidad cercana a Delfos, con la que se hace a menudo referencia a esta famosa sede del oráculo de Apolo.

dan una respuesta negativa a los espantados vates.
Se resuelve no obstante salir y buscar presagios en el
cielo abierto.
Había un monte que en los aires se perdía
con su audaz cresta –los colonos de Lerna le dan el nombre de
Afesante–, sagrado desde antiguo para las gentes de Argos;
desde allí, según decían, había profanado las nubes
en sostenido vuelo el veloz Perseo, cuando su aterrada
madre[65] vio desde una roca los pies de su hijo alzarse en el aire,
y a punto estuvo de seguirlo. Aquí llegan juntos los dos vates,
adornados de hojas de grisáceo olivo sus sagrados
cabellos, y sus sienes de blancas bandas, cuando la brillante
salida del sol ha evaporado la humedad de los campos
derritiendo la helada escarcha. Y primero el hijo de Ecles
se concilia con su plegaria el favor de la acostumbrada
divinidad: «Omnipotente Júpiter –pues, como sabemos,
das tú a las rápidas alas la facultad de aconsejar, llenas
de futuro a las aves y en el cielo revelas los presagios
y las causas que están ocultas–, no ha podido Cirra en su antro[66]
dejar hablar al dios con más veracidad, ni el follaje de
Caonia, que es fama que en los bosques molosos en tu nombre
emitió mensajes: aunque sienta envidia el árido Hammón,
y a competir se apresten las suertes de Licia, y el rebaño

65. Dánae, hija de Acrisio, rey de Argos, y de Eurídice, y madre de Perseo, el héroe dotado de sandalias aladas que dio muerte a Medusa (*cf.* I, 544 s. y nota 108 [p. 98]).
66. Los oráculos a los que se hace referencia en estos versos son el de Apolo en Delfos, Júpiter en los bosques de encinas de Dodona, Júpiter Hammón en Libia, Apolo en Licia, el buey Apis en Egipto y Branco (hijo de Apolo) en Mileto. Pisa se encuentra en la Élide, cerca de la frontera con Arcadia, donde nació el dios Pan. Las «sombras licaonias» son las de los bosques de Licaón, sobre el cual *cf.* XI, 128, y nota 23 (p. 461).

del Nilo, y Branco, igual en honor a su padre, y el rústico habitante de la agitada Pisa, que escucha de noche a Pan entre las sombras licaonias, de más fecunda inspiración goza aquel a quien tú, Dicteo[67], te has manifestado guiando el propicio vuelo de las aves. Extraordinaria es sin duda su procedencia, pero desde antiguo se otorgó a las aves este honor, sea que así lo quiso el fundador de las celestes moradas al injertar en nuevas semillas el expandido caos, sea porque se transformaron, y a partir de un origen como el nuestro, sus cuerpos cambiaron elevándose en los aires, sea que el cielo más puro, el hallarse lejos de la impiedad, y el no posarse sino rara vez en tierra les enseñen la verdad; a ti, supremo creador de la tierra y del cielo, te es dado saberlo. Permite que conozcamos de antemano en el cielo los preliminares de la guerra de Argos y las fatigas que nos aguardan. Si se nos concede y es firme para las severas Parcas esta resolución, que podamos abrir las puertas equionias con la lanza de Lerna[68], danos una señal y truena por el lado izquierdo[69]; entone entonces cada pájaro al unísono en el cielo su propicio canto con su lengua misteriosa. Si lo prohíbes, encadena entonces demoras, y cubre por completo el día de una nube de pájaros volando por la derecha». Así dijo, y acomoda sus miembros en un elevado peñasco; añade entonces más deidades desconocidas, y se engolfa en la bruma del inmenso firmamento.

67. Sobrenombre de Júpiter, que según algunos nació en el monte Dicte de Creta.
68. *i.e.,* argiva, como a menudo a lo largo del poema.
69. El adjetivo *laevus,* «izquierdo», y en sentido figurado «desdichado», «funesto», en la lengua de los augures cambiaba su significado a «favorable», «propicio», mientras que *dexter,* «derecho», «diestro», «favorable», pasaba a significar justo lo contrario.

Después de haber dividido
en partes según el rito el espacio celeste[70] durante
largo tiempo y explorado los aires con toda el alma puesta
en su tenaz observación, dice así el vate hijo de Amitaón[71]
tras una larga pausa: «¿No ves, Anfiarao, bajo el excelso
límite del inspirador cielo que ningún ave ejecuta
un vuelo sereno, y planea en los aires abarcando el polo
en su líquido trayecto, o ha dado al alejarse un presagio
tranquilizador con su batir de alas? No aparece el oscuro
compañero de los trípodes[72], ni el fiero portador del rayo,
ni graznando viene con mejores augurios la ganchuda ave
de la rubia Minerva; antes bien, un buitre y unos halcones
se han abatido exultantes desde arriba sobre sus aladas
presas. Vuelan seres monstruosos, funestos pájaros emiten
entre las nubes estridentes sonidos, nocturnos vampiros
gimen, y el búho, que presagia fatales daños. ¿Qué portentos
divinos debemos seguir primero? ¿A tales seres se entrega
el cielo, Timbreo?[73]. Desgarran a un tiempo llenos de rabia
sus rostros con sus ganchudas uñas, turban los céfiros con un
batir de alas que imita los lamentos, y golpean sus pechos
cubiertos de plumas». Aquél[74] responde a esto: «Ciertamente,
padre, a menudo he interpretado presagios de Febo
de distinta naturaleza: ya entonces, cuando en mi primera
juventud la nave tesalia[75] me llevaba henchido de vigor

70. En la auspicina u ornitomancia, es decir, el arte de adivinar mediante la observación del comportamiento de las aves, el rito inicial consistía en dividir en secciones el cielo.

71. *i.e.,* Melampo, *cf. supra,* v. 454.

72. Los pájaros a los que se hace referencia son el cuervo de Apolo, el águila de Júpiter y la lechuza de Minerva.

73. Apolo, *cf.* I, 643, y nota 122 (p. 102).

74. *i.e.,* Anfiarao.

75. *i.e.,* la Argo, nave de los Argonautas, que partió de Iolcos, en Tesalia. En V, 398 ss., no menciona sin embargo Estacio a Anfiarao entre los Ar-

entre los semidioses príncipes, mientras cantaba la suerte
que habíamos de correr por tierra y mar, los caudillos quedaron
estupefactos, y no mereció Mopso[76] la atención de Jasón
en los momentos de duda con más frecuencia que yo al presagiar
el porvenir. Pero semejante temor no lo he sentido antes,
ni he visto un cielo más prodigioso; aunque se preparan signos
mayores. Fija tu atención en este punto: en la luminosa
región del profundo éter incontables cisnes han dispuesto sus
filas, sea que el Bóreas los expulsó del nórdico Estrimón,
sea que los hace volver la fértil dulzura del plácido
Nilo. Han detenido el vuelo: piensa que son una imagen de
Tebas; pues se mantienen inmóviles, formando un círculo,
silenciosos y en calma, como dentro de unos muros y una
empalizada. Mas he aquí que a través de los aires se aproxima
una escuadrilla más fuerte; diviso en amarilla formación,
tropa exultante, siete aves que portan las armas del supremo
Júpiter[77]: sean para ti, piénsalo, los príncipes inaquios.
Han invadido el redondel formado por la bandada blanca
como la nieve, abren sus curvados picos para una nueva
carnicería, y la acosan sacadas las uñas. ¿Ves los vientos
esparciendo un rocío de sangre nueva y destilar el aire
una lluvia de plumas? ¿Cómo de pronto la ira cruel del hostil
Júpiter precipita en la destrucción a los vencedores?
Alzándose uno[78] en las alturas ha ardido de improviso

gonautas, pero lo cierto es que sólo menciona explícitamente a veinte de ellos, aunque luego afirma que eran cincuenta.

76. Adivino tesalio, hijo de Ámpico, que participó con Jasón en la cacería del jabalí de Calidón y en la expedición de los Argonautas. Murió en Libia, en el viaje de regreso de esta última, de la picadura de una serpiente.

77. Águilas, pues, las aves de Júpiter. Siete, como el número de caudillos contra Tebas.

78. Anfiarao presagia en los siguientes versos el destino de los siete caudillos tebanos por este orden: Capaneo, Partenopeo, Polinices, Adrasto, Hipomedonte, Tideo y finalmente el suyo propio.

en las llamas del sol, y ha rendido su intrépida alma,
cuando intentaba otro seguir las huellas de aves más poderosas,
sus tiernas alas le falláis. Éste cae al mismo tiempo
que su enemigo, enlazado con él, aquél se entrega a la huida
y da marcha atrás abandonando a su suerte a sus compañeros.
Perece éste envuelto en una nube, aquél se ceba al morir en su
rival aún vivo; la sangre salpica las ligeras nubes».
«¿Por qué lloras disimuladamente?»[79]. «Venerable Melampo,
reconozco a aquel otro que cae.» Turbados así bajo
el peso del futuro, y habiéndolo sufrido ya todo
en la veraz imagen de la situación, los vates son presa
del terror; se arrepienten de haber irrumpido en los consejos
de las aves y haber aplicado su razón al cielo sin su
permiso, y odian a los dioses que los han oído. ¿De dónde
surgió por primera vez en el mundo esa enfermiza pasión
de los míseros mortales por el porvenir? ¿Dirías que es
un don divino, o somos nosotros mismos, raza ansiosa que
jamás nos contentamos con lo adquirido, quienes no nos
cansamos de escudriñar cuál fue nuestro primer día, dónde se
halla el término de nuestra vida, qué planes tiene el benigno
padre de los dioses, qué planes la insensible Cloto?[80]. De aquí
el examen de las entrañas y el coloquio de las aves
a través de las nubes, las alternancias de los astros, la

79. Respetamos la puntuación tradicional que da la edición de Loeb y que indica un cambio de interlocutor, interrumpiendo a Anfiarao Melampo, aunque ésta ya avisa en nota de que sería la única ocasión en la que se hace en la obra este cambio sin ningún tipo de palabras introductorias. Otros traductores corrigen la puntuación eliminando las comillas intermedias, de suerte que Melampo no interviene, y es Anfiarao quien continúa hablando. Al ver que Melampo llora (pues ha entendido que el último presagio se refiere a Anfiarao), lo interpela directamente y lo consuela asegurándole que conoce su destino.
80. Aparece por primera vez el nombre de esta Parca («la Hiladora»). Las otras dos, Átropo y Láquesis, se han mencionado anteriormente.

calculada trayectoria[81] de la luna y el impío ritual
tesalio. Pero aquella primera raza dorada de nuestros
abuelos y los pueblos nacidos de las rocas o de los
árboles[82] no tuvieron esta mentalidad; su único afán
era domeñar los bosques y la tierra con sus manos; qué le
depararía el día de mañana, consideraba el hombre
algo ilícito saberlo. Nosotros, masa depravada
y despreciable, pretendemos penetrar hasta el fondo el designio
de los dioses: de ahí la palidez y las iras, de ahí el crimen
y las insidias, y la desmesura total de nuestros votos.

Arranca, así pues, con sus manos las bandas y las malditas
guirnaldas de su cabeza y, despojado de su honor, tirado
al suelo el ramaje, regresa el sacerdote[83] del odiado
monte; siente ya en su pecho el fragor de la cercana batalla
y los toques de trompeta, oye el clamor de la lejana Tebas.
No soporta la mirada de la gente, ni un franco diálogo
con el rey o las reuniones de los próceres, sino que se
esconde en su oscura morada, y en su encierro se niega
a revelar los dictámenes de los dioses; en cuanto a ti,
Melampo, la vergüenza y las preocupaciones te retienen
en los campos. Guarda silencio aquél[84] durante doce días,
y mantiene en la incertidumbre al pueblo y a los caudillos.
Y ya retumban los supremos mandatos del Tonante, y dejan

81. Nos apartamos aquí del texto que da la edición de Loeb *semina* (= simientes) y preferimos la lectura del grupo de manuscritos designados con la letra omega *semita* (= senda), como de hecho aconseja en nota la propia edición de Loeb.
82. El origen de los hombres primitivos a partir de árboles o rocas es una vaga tradición proverbial explicitada en algunos casos, como por ejemplo para los arcadios (*cf.* IV, 276 ss.). Su principal proyección en la mitología se da en la recreación del género humano, desaparecido en el diluvio, por parte de Deucalión y Pirra arrojando piedras a sus espaldas.
83. *i.e.,* Anfiarao.
84. Anfiararo de nuevo.

vacíos de hombres los campos y las antiguas ciudades; el dios
de los combates por doquier mueve precipitadamente ante
sí tropas sin cuento; han abandonado contentos sus hogares,
a sus amadas esposas y a sus hijos llorando en el umbral:
con tanta fuerza se ha abatido el dios sobre sus enajenados
espíritus. Arrancar las armas de los postigos paternos
y los carros sujetos ante los santuarios de los dioses
es su pasión; recuperan entonces para atroces heridas
dardos corroídos por el orín y espadas llenas de moho,
y en la piedra de amolar los fuerzan a cobrar nueva vida. Unos
se prueban los pulidos cascos y la broncínea estructura
de poderosas corazas, y ajustan a sus pechos túnicas
que crujen con el óxido de los metales, arcos cretenses
tensan otros; ya en las afanosas fraguas hoces, arados,
rastrillos y curvos azadones han tomado un fiero tinte
rojo. Y no hay pudor en cercenar los sagrados árboles para
crear sólidas lanzas, ni en revestir el escudo con la piel
de un envejecido buey. Han irrumpido en Argos y ante los
umbrales del abatido rey[85] guerra con toda el alma, guerra
a voz en grito reclaman; se eleva el clamor en los aires,
como el bramido del mar Tirreno, o cuando Encélado[86] intenta
cambiar de costado; el ígneo monte retumba arriba desde
sus antros, sus cimas se desbordan, el Péloro concentra
el oleaje, y la tierra desgajada espera volverse a unir.

Y en este punto Capaneo[87], de inmensa pasión por Mavorte
compelido y con el corazón desde hacía tiempo henchido

85. Adrasto,

86. Uno de los Gigantes. Tras la derrota de éstos en la Gigantomaquia, se le arrojó encima la mole del Etna, bajo la cual gime sepultado (Virg. *Aen*. III, 575-578). El Péloro es un promontorio al este de Sicilia.

87. Primera actuación de otro de los siete caudillos, en la que queda ya reflejada su personalidad. Estaba emparentado con Adrasto y con Tideo, pues era hijo de Hipónoo y Antínome, hermana de Adrasto, y hermano

de indignación por la prolongada paz –poseía sin duda amplia nobleza de antigua sangre, pero, habiendo superado en efecto con sus actos los hechos de sus mayores, largo tiempo llevaba mostrándose impunemente despreciador de los dioses, intolerante con la equidad y pródigo de su vida, si la cólera lo impulsaba–, como un habitante de los bosques de la sombría Fóloe, o un igual que entre los hermanos del Etna se alzara[88], ante tus puertas, Anfiarao, donde se halla la multitud de jefes y gente enardecida, «¿Qué significa tamaña cobardía –exclama–, ináquidas, y vosotros, aqueos, a quienes nos une la sangre? ¿Ante los plebeyos umbrales de un solo ciudadano –¡qué vergüenza!– pendientes estamos tantas gentes con la espada al cinto y prestos los ánimos? Ni aunque bajo las cóncavas cimas de Cirra[89] el propio Apolo –quienquiera que éste sea, por él lo toman los cobardes y la fama– bramara, encerrado en el fondo de su delirante cueva, estaría yo dispuesto a esperar hasta que la pálida doncella anunciara sus temibles enigmas[90]. ¡El valor es mi dios, y esta espada que empuño! Salga ya aquí el sacerdote con su cobarde superchería, u hoy mismo pondré a prueba cuán grande es el poder de sus pájaros». Ruge de entusiasmo la multitud aquea, y colma de aplausos su furor. Forzado al fin a salir, dice así el hijo de Ecles[91]:

de Peribea, la segunda esposa de Eneo y madre de Tideo. Casado con Evadne, fue padre de Esténelo, uno de los Epígonos que realizarán la segunda expedición contra Tebas para vengar a sus padres.

88. *i.e.,* como uno de los Centauros (que habitaban en Fóloe, monte de Tesalia) o de los Cíclopes.

89. Con el nombre de esta ciudad de la Fócide se hace a menudo referencia a Delfos y a su famoso oráculo de Apolo.

90. Los oscuros oráculos del dios, que la pitia o sacerdotisa de Apolo enunciaba. Capaneo hace alarde de su insolencia y desprecio de los dioses, que serán causa de su muerte.

91. *i.e.,* Anfiarao.

«Movido por un tumulto bien distinto de preocupaciones,
no ciertamente por los desaforados gritos de ese joven
blasfemo, ni por miedo a sus palabras, por insensatas que
sean sus bravatas, me decido a abandonar mis tinieblas;
bajo un hado distinto me está reservado el último día,
y prohibido que lo ejecuten armas mortales. Pero el amor
que os profeso y el desmesurado aliento de Febo me impulsan
a predecir lo que está oculto; os voy a desvelar, pese a mi
congoja, vuestro futuro y todo lo que se encuentra más allá;
pues por lo que a ti respecta, insensato, no está permitido
prevenirte, y nuestro Apolo sólo para ti calla. ¿A dónde,
desdichados, a dónde os precipitáis, siendo los hados y los
dioses contrarios a las armas? ¿Qué azotes de las Furias os
impelen en vuestra ceguera? ¿Tan hartos estáis de la vida?
¿Es que detestáis Argos? ¿Nada dulce halláis en vuestro hogar?
¿Os traen totalmente sin cuidado los presagios? ¿Por qué me
obligasteis a subir con tembloroso paso a las secretas
cimas del monte de Perseo[92] y a irrumpir en los cónclaves
de los dioses? Pude desconocer como vosotros qué suerte
aguardaba a nuestras armas, cuándo llegaría el día fatal,
qué planes tenía el hado para todos, qué planes para mí.
Pongo por testigo los misterios del mundo que he escrutado,
los coloquios de las aves y a ti, Timbreo[93], nunca antes tan
insensible a mis súplicas, de cuáles han sido las señales
del futuro que he obtenido: he visto presagios de un inmenso
desastre, he visto el temor de hombres y dioses, y a Meguera[94]
muy complacida, y a Láquesis vaciando generaciones hechos
trizas sus hilos. ¡Deponed las armas: es un dios quien se opone

92. *Cf. supra,* vv. 460-465.

93. Apolo *(cf. supra,* v. 513; I, 643 y nota 122 [p. 102]).

94. Una de las tres Furias. Láquesis, en el verso siguiente, es, como ya se ha visto, una de las tres Parcas.

a vuestra furia, un dios! Desdichados. ¿Qué hay de hermoso en inundar
Aonia y los sembrados del funesto Cadmo[95] con la sangre
de los vencidos? ¿Pero por qué hago estas vanas predicciones?
¿Por qué intento evitar unos sucesos inalterables? Iremos».
Cerró aquí de una vez la boca el sacerdote con un gemido.
A él se dirige de nuevo Capaneo así: «Esos augurios
haga para ti solo este delirio tuyo, que conserves sin
ninguna gloria tus estériles años y en torno a tus sienes
jamás se eleve el tirreno son[96]. ¿Por qué intentas demorar
los mejores deseos de los hombres? ¿Para que puedas tú,
claro está, seguir en posesión de tus vanas aves, tu hijo,
tu casa, y yaciendo junto a tu esposa, debemos nosotros
dejar en silencio sin cobrar venganza el traspasado
pecho del sin par Tideo y el pacto roto por las armas?
Y si lo que pretendes es impedir que los griegos soporten
una atroz guerra, ve tú como emisario ante el enemigo
sidonio: esta corona te asegurará la paz. ¿De verdad
extraen tus palabras del vacío cielo las causas
y los ocultos nombres de las cosas? ¡Lástima de dioses,
si algún interés tienen en cánticos y súplicas humanas!
¿Por qué aterrorizas los tímidos corazones? ¡El temor
fue el primero que creó dioses en el mundo![97] Da vía libre
ahora con seguridad a ese frenesí tuyo; pero a los
primeros toques de trompeta, cuando ya bebamos en nuestros
cascos las aguas del hostil Ismeno y de Dirce, no intentes
entonces, te lo advierto, enfrentarte a mí, estando yo ansioso

95. Nueva alusión a los dientes del dragón sembrados por Cadmo; *cf.* **I**, 8 y nota 2 (p. 69).
96. El sonido de la trompeta guerrera. Tirrenia es otro nombre de Etruria. Los etruscos eran hábiles artesanos del bronce.
97. Famosa sentencia que devino un tópico o lugar común entre los retóricos.

de clarines y armas, y retrasar el día de la contienda
con la observación de venas[98] o de pájaros: lejos quedará
esta floja ínfula tuya y el delirio del terrorífico
Febo: allí yo seré el augur, y conmigo todos los que se hallen
dispuestos a cometer locuras con sus manos». De nuevo
estalla un enorme clamor de entusiásticas voces y vuela
con gran estruendo hasta las estrellas. Como un rápido torrente,
que cobra bríos con las brisas primaverales y el deshielo
de los montes, cuando en su vagar desemboca en los campos pese
a los obstáculos que en vano lo intentan contener; mezclados
en su tromba retumban casas, cultivos, ganados y hombres,
hasta que se ha detenido en su nocivo avance ante una alta
colina que no puede superar, y en su gran talud halla al fin
un cauce: la noche que se ha interpuesto ha dirimido esta
disputa de los caudillos.

Pero no pudiendo aguantar más
Argía con sereno espíritu los gemidos de su esposo[99],
y compadeciéndose en el alma de un dolor que compartía,
tal como estaba, con los mesados cabellos largo tiempo
afeando su aspecto y las huellas del llanto en sus mejillas,
se dirigía a las altas estancias de su venerable
padre, llevando a su querido abuelo al pequeño Tesandro[100]
aferrado a su seno ya en las últimas horas de la noche,
poco antes de amanecer, cuando, quedando ya en el cielo sólo
su carro, la Osa mira con envidia a las estrellas que huyen

98. *i.e.,* de las vísceras de animales sacrificados.

99. Polinices, claro está.

100. El hijo de Polinices y Argía, llamado comúnmente Tersandro, que sobornaría más tarde también a Erifile, en su caso con el peplo de Harmonía, para que convenciera a su hijo Alcmeón de dirigir la segunda expedición contra Tebas, llamada de los Epígonos, en la que participaría. Tras el éxito de ésta y tomada finalmente la ciudad, se convertiría en rey de Tebas.

hacia el océano[101]. Cuando cruzó las puertas, cayó de hinojos ante su ilustre padre diciendo así: «Por qué me aproximo suplicante a tus umbrales, de noche, llorando y sin mi triste esposo, aunque me mostrara remisa a revelarlo, lo sabes bien, padre. Pero pongo por testigo las divinas leyes del matrimonio y a ti, padre, de que no es él quien me mueve, sino la angustia que no me deja dormir; desde que en primer lugar Himen y la hostil Juno agitaron la siniestra antorcha, siempre se ve perturbado mi descanso por sus lágrimas y por sus cercanos gemidos. No podría soportarlo, aunque tuviera yo la fiereza del tigre y unas entrañas más duras que las rocas del mar; sólo tú me puedes socorrer, en tus manos está la suprema facultad de remediarlo; declara la guerra, padre, mira la humillante situación en la que yace tu yerno, mira, padre, a este hijo de un desterrado; vergüenza tendrá un día de su linaje. ¡Ay, dónde están esos lazos de hospitalidad del principio y las diestras unidas con la divinidad por testigo! Éste es sin duda aquel a quien los hados anunciaban, de quien Apolo habló; no me procuré yo indebidamente unos furtivos ardores de Venus o una culpable antorcha nupcial: no hice más que seguir de todo corazón tus venerables mandatos y tus consejos. ¿Con qué crueldad despreciaría ahora sus dolientes quejas? No sabes, mi muy buen padre, no sabes cuánto amor de su casta esposa la ha unido a su infeliz marido. Y es sin duda afligida como te suplico ahora este oneroso y nada grato favor,

101. La Osa Mayor es una constelación siempre visible en el hemisferio boreal (por eso mira con envidia a las estrellas que reposan), catasterismo de Calisto, hija de Licaón, rey de Arcadia, amada por Júpiter y transformada en osa por Juno. Cuando estaba a punto de ser cazada por su propio hijo, Arcas, Júpiter los catasterizó a ambos, pero Juno consiguió de sus tíos, los Titanes Océano y Tetis, que no les permitieran ni a la madre ni al hijo descansar en su seno.

para mi temor y mi quebranto; pero cuando el triste día rompa nuestros abrazos, cuando las trompetas den su ronca señal de partida a las tropas, y brillen vuestras mejillas con el cruel oro, ¡ay de mí!, padre querido, quizá un nuevo ruego te haré».

Cubriendo de besos el padre el húmedo rostro de aquélla, responde así: «Jamás, hija, te reprocharía yo estas quejas; no temas, tus ruegos son de alabar y dignos de una respuesta positiva. Pero muchas cavilaciones sugieren a mi espíritu los dioses –y no dejes de esperar tú aquello en lo que insistes–, otras tantas el miedo y la inestable carga del poder. Se pondrá, hija, el límite que es debido a estos temas, y no te quejarás de haber llorado en vano. Consuela tú a tu esposo, y que no considere estas justas demoras una penosa pérdida de tiempo: a grandes preparativos se debe, hija, nuestra tardanza. Es provechosa para la guerra». La naciente luz le advierte mientras pronuncia estas palabras, y sus grandes preocupaciones le hacen ponerse en pie.

Libro IV

Por tercera vez al soplo de los céfiros había Febo suavizado la crudeza del invierno y obligaba al corto día a prolongar su carrera en su trayectoria primaveral, cuando quedaron rotos los consejos a impulsos de los hados, y al fin se dio vía libre a la triste guerra. Mostró primero en una mano desde la cima de Larisa[1] Belona su rutilante antorcha y blandió en su diestra la lanza del grosor de una viga, que, disparada, voló silbando en el líquido cielo y fue a clavarse en el alto talud de la aonia Dirce[2]. Penetra luego en los cuarteles y, mezclada con los guerreros que resplandecen de hierro y oro, ruge con la potencia de un escuadrón; da espadas a los que parten, alienta a los corceles, los convoca junto a las puertas; los fuertes se anticipan a sus estímulos, e incluso los tímidos han sentido una breve inyección de valor.

1. Ciudadela de Argos, *cf.* I, 382.
2. La famosa fuente con la que se hace a menudo referencia a Tebas, *cf.* I, 38.

Había llegado el día fijado.
Cae según el ritual en honor del Tonante y de Gradivo[3]
un ingente rebaño, y al no hallar en ninguna entraña signos
favorables, palidece el sacerdote y finge ante las tropas
esperar. Y ya se agolpan y confunden en torno a los suyos
hijos, esposas y padres, y bloquean el paso desde las
altas puertas. Nadie puede contener las lágrimas: chorrean
escudos y penachos de quienes dan su triste adiós, y está
colgada de las armas de cada guerrero su familia, bien
pronto objeto de sus suspiros; se complacen en hacer llegar
sus besos a través de los cerrados cascos y bajar con su
abrazo las atroces cimeras. Aquellos que en el hierro, que en
la propia muerte se complacían hacía poco, exhalan
gemidos y se deshacen en sollozos, calmada su ira.
Así, cuando van a emprender los hombres casualmente una larga
travesía por mar, en el momento en que los vientos hinchan ya
las velas y el ancla retorna del hendido fondo, el grupo de
allegados no se aparta de ellos: compiten por echarles
los brazos al cuello, nublan sus ojos arrasados en llanto
de un lado los besos, de otro la bruma del vasto mar, y al fin,
dejados atrás, en pie permanecen no obstante sobre una
roca; es dulce seguir con la vista las velas que se alejan,
y se duelen de que soplen cada vez con más fuerza los vientos
patrios. En pie permanecen no obstante, y despiden el navío
desde la conocida roca.
Ahora, Fama del pasado
y secreta Antigüedad del mundo, que te ocupas de recordar
a los caudillos y de hacer sus vidas imperecederas,
preséntame a los héroes, y tú, Calíope[4], reina de la

3. Júpiter y Marte por otro nombre.
4. Musa de la poesía épica, a cuya inspiración, como reina del Parnaso, se acoge el poeta en el momento de dar inicio, con el catálogo de las tropas, a la narración bélica en sí.

sonora floresta, coge tu lira y disponte a relatar qué tropas, qué armas movió Gradivo, cuántas ciudades dejó vacías de sus pobladores: pues nadie recibe más alta inspiración después de haber bebido de tu fuente. Triste y agobiado por el peso de sus preocupaciones, y muy cerca del final de su vida, el rey Adrasto avanza casi a su pesar entre aclamaciones, contento con el hierro ceñido a su costado; sus tropas llevan tras él sus armas, su auriga apareja a sus veloces corceles bajo las mismas puertas, y ya desde este momento lucha Aríon[5] contra el yugo. Arma para él Larisa a sus hombres, para él la alta Prosimna, más apta para los ganados que Midea, y Flionte rica en rebaños, y Néride, temerosa del Caradro que levanta espuma en su extenso valle, y Cleonas, con la gran mole de sus torres, y Tirea, que cosecharía sangre espartana. Se añaden quienes se acuerdan del rey que allí se trasladó desde su lugar de origen[6], los que siembran las peñas de Drépano y los cultivos de Sición, rica en olivos, y aquellos a los que baña con sus calladas aguas la lenta Estrangila y el sinuoso Eliso con los meandros de sus riberas. Goza este río de horrible prestigio: cuentan que en sus severas aguas se purifican las estigias Euménides; aquí están habituadas a sumergir sus rostros y sus serpientes[7] que jadean de haber bebido en el Flegetonte, después de haber asolado las moradas de los tracios, o el impío palacio de Micenas o el hogar

5. El caballo divino, dotado de facultades adivinatorias, hijo de Posidón y Deméter, regalo de Hércules a Adrasto. Lo veremos destacarse en los Juegos Fúnebres del libro VI (*cf.* 301 ss.) y salvar la vida a su dueño sacándolo al galope del campo de batalla, tras haber fracasado en su intento de evitar el duelo entre los dos hermanos (*cf.* XI, 424-443).
6. Antes de ser rey de Argos, Adrasto lo fue de Sición, a donde había huido: *Cf.* II, 179, y nota 36, p. 116.
7. Recuérdese que las Furias tenían cabellera de serpientes (*cf.* I, 90 s.). El Flegetonte es uno de los ríos del Infierno.

de Cadmo; huye de ellas el propio río mientras se bañan, y
sus aguas se vuelven lívidas con los incontables venenos.
Los acompaña Éfira, que consoló los lamentos de Ino[8],
y las tropas de Cencreas, por donde fluye la corriente,
cómplice de los poetas, brotada de una coz del caballo
hijo de la Górgona[9], y por donde el Istmo se enfrenta
al abismo y aleja de las tierras los flujos de los mares.
Exultantes se muestran los hombres que conforman esta tropa
y que siguen a Adrasto en número de tres mil; portan unos
jabalinas, otros, picas de roble endurecido al fuego
largo tiempo –pues no son uniformes ni las prácticas ni el
origen de estos destacamentos–, otros están habituados
a hacer girar pulidas hondas y ceñir el aire en un vano
círculo. El mismo[10] avanza tan venerable por su edad como
por su cetro: como camina altivo un toro entre los pastos
largo tiempo poseídos, floja ya su cerviz y sin fuerza
sus hombros, y aun así caudillo: no osan retarlo a combate
los novillos; pues ven rotos sus cuernos de multitud de heridas
e ingentes cicatrices de golpes en su pecho.

Hace avanzar
sus estandartes junto al anciano Adrasto su yerno dirceo[11],
en favor del cual se hace la guerra, cuyas iras siente como
propias el ejército entero: le han llegado incluso del suelo
patrio hombres de manera espontánea, movidos unos por

8. *Cf.* I, 14, y nota 7 (p. 70). Éfira es un antiguo nombre de Corinto, y Cencreas, su puerto.
9. El caballo alado Pegaso, nacido del cuello de Medusa, fecundada por Posidón, en el momento de ser decapitada por Perseo, hizo de una coz brotar la fuente Hipocrene del Helicón, que Estacio sitúa en cambio en Corinto (*cf.* también *Silvae* II, 7, 4), identificándola por tanto con la fuente Pirene de Corinto, consagrada a las Musas.
10. *i.e.,* Adrasto.
11. *i.e.,* tebano, por el nombre de la famosa fuente de Tebas, o sea, Polinices.

su condición de exiliado y con una inquebrantable lealtad aumentada por sus tristes circunstancias, otros para quienes es primordial que cambien los poderosos, muchos cercanos en fin al querellante por la mayor justicia de su causa; había puesto asimismo bajo su mando su propio suegro Egio y Arena, y los recursos que añade Trecén, cuna de Teseo[12], para que no marchara sin gloria moviendo pocos escuadrones, ni pensara en los honores de su patria que se le habían usurpado. Porta el héroe el mismo atuendo, las mismas armas que llevaba, huésped designado por el hado, aquella noche de invierno[13]: cubre su espalda el león teumesio[14] y brillan sus jabalinas de doble punta, en la mortífera espada ceñida a su costado muestra la feroz Esfinge sus rígidas facciones. Ya en sus esperanzas y en sus votos recupera el reino, el seno de su madre y a sus fieles hermanas, y sin embargo se vuelve a mirar en la distancia a Argía que, abrumada, se asoma con todo su cuerpo desde la torre más alta; ella atrae el pensamiento y los ojos de su esposo, y aleja de su pecho la dulce Tebas.

He aquí que en medio de ellos guía las filas de soldados de su nación el vehemente Tideo, alegre ya y totalmente repuesto, tan pronto como se han dejado oír los primeros toques de trompeta: como la escurridiza serpiente se yergue del seno de la tierra al dulce soplo del sol primaveral rejuvenecida y despojada de la sórdida capa de los años, y desliza amenazadora su verdor entre

12. El más grande de los héroes atenienses, engendrado y nacido en Trecén, patria de su madre Etra, hija de Piteo, rey del lugar. No es en vano mencionarlo aquí, pues tendrá un papel destacado al final de la contienda (*cf.* XII, 519-786).
13. Véase I, 386 ss.
14. Véase I, 483 ss.

la fresca hierba: ¡pobre del campesino que a través del césped
se ponga a tiro de su boca abierta y libere sus fauces
de su primer veneno! También para él la fama de la guerra
atrae la presencia de guerreros procedentes de las
ciudades de Etolia: le prestó oídos la escabrosa Pilena,
y Pleurón de Meleagro regada por las lágrimas de sus
hermanas cambiadas en aves[15], y la escarpada Calidón,
y Óleno, que compite por Júpiter[16] con el Ida, y Calcis,
que da hospedaje en su puerto a las aguas del Jónico, y el río[17]
cuyo rostro desfiguró Hércules en su pelea con él;
aún hoy apenas se atreve a hacer surgir de las profundas aguas
su mutilada frente, y gime con la cabeza sumergida en
su verde antro, mientras sus sedientas riberas languidecen
llenas de polvo. Todos ellos protegen sus pechos con placas
de bronce entretejidas, portan crueles jabalinas, y el patrio
Mavorte se yergue en su casco. Por todas partes rodea
una selecta juventud al magnánimo hijo de Eneo,
contento con la guerra y adornado con sus conocidas
cicatrices[18]; ni en amenazas ni en ira se muestra él inferior
a Polinices, y hasta es dudoso para quién se hace la guerra.

15. Tras la muerte de Meleagro, hermanastro de Tideo, sus hermanas lo lloraron hasta que Ártemis las metamorfoseó (excepto a Gorge y Deyanira) en pintadas o gallinas de Guinea (de ahí el nombre de meleagrides de algunas especies de estas aves).
16. De la ciudad etolia de Óleno recibe a veces Tideo el epíteto de olenio, *cf.* I, 402, y nota 91 (p. 91). Aquí parece identificarla Estacio con la ciudad de la Élide llamada igual y que recibió su nombre del padre de las dos Ninfas que criaron a Júpiter según alguna versión (véase nota 4 [p. 145], relativa a III, 26). El Ida es el monte de Creta donde en la mayoría de las versiones fue criado Júpiter por la cabra (o la Ninfa) Amaltea. Ambos lugares compiten, pues, por ello.
17. El Aqueloo, que perdió uno de sus cuernos en la pelea con Hércules por la mano de Deyanira, hermanastra de Tideo.
18. Causadas por las heridas recibidas en Tebas, en la emboscada urdida por Etéocles después de su embajada (*cf.* I, 481 ss.).

Pero más imponente avanza luego bajo sus nuevas armas el escuadrón dórico[19], aquellos que con incontables arados labran tus orillas, Lircio, tus litorales, Ínaco, rey de los ríos aqueos –pues no hay en efecto corriente que con más ímpetu brote de la tierra de Perseo, cuando lleno de espuma ahíto está de Tauro[20] o de las húmedas Pléyades y henchido de su yerno Júpiter[21]– y esos a los que rodea el rápido Asterión y el Erasino que arrastra los sembrados de los dríopes, y los que trabajan los campos de Epidauro –favorables a Iaco[22] sus collados, que niegan en cambio a la Ceres de Henna[23]–; envía ayuda la inaccesible Dima, y densos batallones la nelea[24] Pilo; aún no era Pilo conocida, y Néstor, un joven en la flor de la edad, y sin embargo no quiso tomar parte en una campaña llamada a fracasar. Enardece a todos estos y les enseña a amar el glorioso valor el corpulento Hipomedonte[25]; tremola en su cabeza un yelmo de bronce de penacho blanco como

19. *i.e.*, los guerreros procedentes del Peloponeso.
20. *i.e.*, de las aguas que trae Tauro. Esta constelación (catasterismo del toro en que se metamorfoseó Júpiter para raptar a Europa o de la vaca en que fue convertida Ío) tiene dos grupos de estrellas, ambas favorecedoras de la lluvia: en la testuz las Híades o «lluviosas», y en la cola las Pléyades.
21. *i.e.*, del agua también que en forma de granizo o de lluvia se consideraba que Júpiter enviaba. Este dios es llamado por otra parte yerno del Ínaco por ser este río padre de Ío, amante de Júpiter, a la que ya se ha hecho más de una vez referencia (*cf.* I, 255, 267, y notas 60 y 63 [pp. 82-83]).
22. Baco, como en II, 85.
23. Ciudad de Sicilia, donde según la mayoría de las fuentes fue raptada Perséfone o Prosérpina, hija de Ceres o Deméter, por su tío Plutón.
24. Por el nombre de su rey Neleo, hijo de Posidón y Tiro, y padre de doce hijos, el benjamín de los cuales sería el famoso Néstor de la *Ilíada*.
25. De controvertida genealogía, el cuarto caudillo que se nos presenta estaba en todo caso estrechamente emparentado con Adrasto. Según algunos, era hijo de Tálao y Lisímaca, y por tanto hermano de Adrasto; según otros, su sobrino, hijo de su hermano o de su hermana.

la nieve partido en tres, bajo las armas férrea coraza
ciñe por entero su costado, cubre ampliamente sus hombros
y su pecho un brillante escudo, y en él perdura en el oro,
ejecutada a la perfección, la noche de Dánao[26]: brillan
con la funesta antorcha de las Furias los cincuenta culpables
dormitorios; el propio padre alaba en las ensangrentadas
puertas el crimen y examina las espadas. Desciende aquél[27]
desde la ciudadela de Palas[28] sobre su corcel nemeo
que, espantado de las armas, llena de horror los campos con su
fugaz sombra y levanta el llano en extensas nubes de polvo.
No de otro modo, tronchando los árboles con sus hombros y su
doble pecho, se precipita desde su montañosa gruta
el híbrido Hileo[29]: se espanta el Osa a su paso, y rebaños
y fieras entraron en pánico; incluso sus propios hermanos
sintieron horror, hasta que con un gran salto se sumerge en las
aguas del Peneo[30] y detiene la poderosa corriente
con la barrera de su cuerpo.
¿Quién con palabras mortales
podría describir las numerosas armas y naciones y
su gran potencia? Su propio dios[31] llama a las armas a la antigua

26. La noche de bodas proyectada por Dánao en la que se perpetró el crimen de las recién casadas contra sus primos y a la vez maridos (*cf.* II, 222 y nota 45 [p. 118]). No todas las Danaides (cincuenta, recuérdese) asesinaron a sus esposos, los Egíptidas; una de ellas, Hipermnestra, esposa de Linceo, no lo hizo. Ambos sucederían a Dánao en el trono de Argos.
27. Hipomedonte.
28. En la acrópolis de Argos había un templo dedicado a Minerva, como ya se ha visto: *cf.* II, 251 ss.
29. Uno de los Centauros (de ahí el adjetivo «híbrido»), mencionado de nuevo en VI, 539. Fue matado por Atalanta por atentar contra su virginidad.
30. Río de Tesalia, padre de Dafne, la Ninfa amada por Apolo, según algunas versiones.
31. Hércules, héroe divinizado tras su muerte, tebano de nacimiento, pero tirintio o miceneo por su familia.

Tirinto; no es aquélla infecunda en fuertes varones ni indigna
de la fama de su formidable hijo, pero su fortuna
se ha eclipsado, y carece de medios que refuercen su brío;
los escasos pobladores de sus desiertos campos muestran
las fortalezas levantadas por el sudor de los Cíclopes.
Proporciona ésta sin embargo trescientos juveniles pechos,
masa incalculable en combate, sin correas de jabalinas
ni espadas que emitan sus siniestros destellos: rubios despojos
de leones sobre sus cabezas y espaldas son el emblema
de su raza, sus armas, un tronco de pino, mientras que en sus
inagotables aljabas se acumulan los dardos. Cantan
el peán de Hércules y todos los espacios despoblados
de monstruos; desde el frondoso Eta[32] el dios los escucha a lo lejos.
Suministra Nemea camaradas, y las fuerzas que para
la guerra reúnen los sagrados viñedos de Molorco[33]
de Cleonas. Conocida es la gloria de su cabaña, en sus
puertas de mimbre están representadas las armas del dios que se
hospedó en ella, y en su pequeño campo se muestra dónde
y en qué encina recostó su clava y sus relajados miembros,
la tierra en la que aún quedan huellas de su codo.

Pero a pie,
y mirando desde arriba a los guerreros que apenas le llegan
a la altura de los hombros, Capaneo mueve su pesado
escudo de pieles arrancadas de los lomos de cuatro
indómitos bueyes, recubiertas y endurecidas por una
capa de bronce macizo; se encoge allí en una triple rosca
la Hidra de múltiples cabezas que está llegando al fin de su
vida: parte, erizada de serpientes vivas, destella en plata

32. Monte situado cerca de Traquis, entre Tesalia y la Dóride, donde Hércules ordenó que levantaran su pira y donde se produjo su apoteosis.
33. Campesino famoso por haber acogido a Hércules durante su primer trabajo para Euristeo: llevarle la piel del león de Nemea.

cincelada, parte, descubierta la técnica[34], se desploma,
y al morir ennegrece en amarillo oro; en torno, la inmóvil
corriente de Lerna, con el tono azul oscuro del hierro.
Protege por otra parte sus extensos costados y su amplio
pecho una coraza entretejida de incontables láminas
de acero, espantosa obra, no propia de una madre; se yergue
en la resplandeciente cimera de su casco un Gigante;
y sólo él usa como arma arrojadiza un ciprés despojado
de sus ramas con la punta guarnecida. Siguen sus órdenes
aquellos a los que nutre la fértil Anfigenía, el llano
de Mesena y la montañosa Itoma, los de Trío[35] y Epi
situada en las cimas de las montañas, los de Helo y Pteleo,
y los de Dorio, que llora al poeta gético; aquí Támiris,
seguro de aventajar en el canto a las doctas Aónides[36]
y condenado a pasar los años en silencio, enmudeció
al instante privado a un tiempo de la voz y del uso de la
lira –¿quién puede desafiar a los dioses?– pues desconoció el
certamen de Febo y la fama que dio a Celenas el Sátiro[37]
allí colgado.
Y ya también el ánimo del profético augur[38],
sometido al asedio, se resquebraja; veía sin duda
las desgracias venideras y las funestas señales, pero

34. A saber, quemar la herida de cada cabeza cercenada antes de que se reprodujera. *Cf.* I, 384 s., y nota 89 (p. 90).
35. Sigue Estacio a partir de aquí y hasta el verso 186 estrechamente a Homero, *Ilíada* II, 591-600, incluida la alusión a Támiris de Dorio.
36. *i.e.,* las Musas, llamadas así porque el Helicón, que es su morada en la Fócide, penetra más aún en el territorio de Beocia, llamada con frecuencia Aonia.
37. Marsias, el consumado flautista a quien ya se ha aludido anteriormente; *cf.* I, 709, II, 666. Derrotado al fin en el certamen musical al que se atrevió a desafiar a Apolo, fue colgado de un elevado pino y desollado vivo.
38. Anfiarao.

la propia Átropo[39] había puesto las armas en sus vacilantes
manos y ahogado la voz del dios, y no faltan las insidias
de su esposa[40], y ya brilla su casa con el prohibido oro.
Fatal era este oro para el vate argivo, según advertían
los hados; lo sabe también ella –¡horror!– pero la pérfida
esposa querría cambiar a su marido por el regalo,
y ávida está de hacerse con los despojos de la poderosa
Argía y aventajarla con el hurtado adorno. Aquélla,
de buen grado –pues ve que de este punto penden los ánimos
de los caudillos y el peso de la guerra, si no participa
en ella el héroe que prevé el porvenir–, se había ella misma
despojado del maldito aderezo en brazos de su amado
Polinices sin pesar alguno, y añade además: «No me son
estos tiempos aptos para brillantes galas, ni pueden sin ti
complacer las alhajas a mi infausta belleza: bástame
burlar dudas y temores con el solaz de mis compañeras,
y arrastrar por los altares mis despeinadas trenzas. ¿Podría
yo en efecto –¡qué infamia!– llevar el oro que fue dote de la
opulenta Harmonía, mientras te ves tú encerrado dentro
del amenazador casco en medio de los chirridos del hierro
que te cubre? Con más oportunidad me otorgará quizá un dios
tales dones, y superaré en porte a las esposas de Argos,
cuando sea yo consorte de un rey, cuando, estando tú a salvo,
me disponga a llenar de coros votivos los templos; llévelo
ahora aquella que tanto lo desea y puede disfrutar
mientras su esposo está en la guerra». Así irrumpió el fatal oro
en la morada de Erifile, y sembró las semillas de enormes
crímenes, y Tisífone[41] dejó oír su perversa risa
complacida con lo que estaba por venir.

39. Una de las tres Parcas, ya mencionada y que volveremos a encontrar a menudo.
40. Erifile, sobornada con el collar de Harmonía («el prohibido oro»).
41. Una de las tres Furias.

Sobre su carro
tirado por corceles tenarios, prole que había engendrado
Cílaro[42] de una unión desigual sin que lo supiera Cástor,
golpea éste[43] la tierra; revelan su condición de adivino
las bandas de lana del Parnaso con que se adorna: su casco
está ceñido de ramas de frondoso olivo, y una ínfula
blanca se entrelaza a su rojo penacho. Maneja a un tiempo
sus armas y las riendas que mantiene tirantes contra el yugo.
Cercado está de dardos por todas partes, y un bosque de hierro
tiembla en su carro; terrible descuella el mismo a lo lejos con su
pesada lanza, y refulge en su escudo la derrotada Pitón.
Siguen su carro Amiclas, devota de Apolo, los de Pilos,
Malea, que los inseguros navíos intentan evitar,
y Carias, hábil en despertar con sus sones el aplauso de
Diana, los de Faris y la citerea Mese, madre de aves[44],
y la falange del Taigeto y el resistente batallón del
Eurotas, poblado de cisnes. El propio dios arcadio[45] educa
a estos hombres en el cruel polvo[46] y les infunde las maneras
y violentos usos del desnudo valor; de ahí sus vigorosos
ánimos y el dulce culto que rinden a una muerte honrosa.
Se alegran los padres del hado de sus hijos y los exhortan
a morir, y en el momento en que el grupo entero de efebos llora,
la madre está contenta con la corona que luce el cadáver.
Rigen las riendas y dos jabalinas sujetas con un cordel,
llevan desnudos sus anchos hombros, de los que pende un tosco

42. Nombre de un caballo de Cástor, *cf.* VI, 326 ss.
43. Anfiarao.
44. A saber, palomas (*cf.* Hom. *Il.* II, 582), el ave de Venus, de ahí el calificativo de citerea dado a la ciudad.
45. Mercurio, nacido en una gruta del monte Cilene, en Arcadia. Entre otras muchas atribuciones, era el dios de los atletas.
46. *i.e.,* en la lucha cuerpo a cuerpo.

manto, y en la cimera del casco, un penacho de Leda[47]. No sólo éstos militan en tus filas, Anfiarao: incrementa tus tropas la altiva Élide, acude el pueblo que habita el hondo valle de Pisa, esos que nadan en tus aguas, rubio Alfeo, extranjero en tierras de Sicilia[48], aunque no corrompido jamás en tan vasto recorrido a través del mar. Con un sinfín de carros hieren la extensa superficie de sus destrozados campos, y doman a sus manadas para la guerra: timbre de gloria de su raza, que perdura desde el tiempo de Enómao, con sus abyectas prácticas y su carro hecho trizas[49]; rechinan los tascados frenos cubiertos de espuma y riega la blanca lluvia la excavada arena.

También tú, Partenopeo, sin que se entere tu madre[50] –¡ah, joven inexperto en las armas, imán tan grande es la desconocida gloria!–, te apresuras a guiar las tropas parrasias[51]; domaba entonces casualmente con su arco bosques lejanos la salvaje madre –y de no ser así el joven no habría podido partir–, y los inaccesibles parajes del gélido Liceo. No hay un rostro más hermoso entre todos los dispuestos a ir a la funesta contienda, nadie despierta tanta ternura con su sin par belleza; y no le falta arrojo,

47. *i.e.,* de plumas de cisne, el ave en la que se transformó Júpiter para unirse con la joven, esposa de Tindáreo, rey de Esparta, y madre de los Dióscuros, Cástor y Pólux, así como de Helena y Clitemnestra.
48. *Cf.* I, 271 s., y nota 64 (p. 84).
49. *Cf.* I, 274 ss., y nota 65 (p. 84).
50. Atalanta, famosa cazadora, seguidora de Ártemis y que por tanto había hecho voto de conservar su virginidad. La diosa, no obstante, le perdonó el rompimiento de su voto cuando vio al pequeño Partenopeo (*cf. infra,* vv. 255 ss.), fruto quizá de los amores de Atalanta con Meleagro, o con el propio Marte. De todas formas, parece que primitivamente hubo dos Atalantas, una beocia, hija de Esqueneo y esposa de Hipómenes, y otra arcadia, hija de Íaso y esposa de Milanión. Sus historias se confunden ya desde época muy antigua.
51. *i.e.,* arcadias.

así alcance la edad de mayor vigor. ¿Qué reinas de los bosques
y divinidades adscritas a los ríos, qué Ninfas napeas
no arrebató aquél en fogosa pasión? La propia Diana, al ver
al niño entre las sombras del Ménalo dejando en el césped
las huellas de sus tiernas pisadas, cuentan que perdonó a su
compañera[52], y que ella misma acopló a sus hombros los dardos
dicteos[53] y el carcaj de Amiclas. Se abalanza impelido de audaz
amor por Marte, lleno de ardor por oír el ruido de las armas,
los toques de trompeta, por ensuciar sus rubios cabellos
con el polvo del combate y regresar a lomos de un caballo
capturado al enemigo: está harto de bosques, y avergonzado
de que sus flechas desconozcan el honor de ser culpables de
derramar sangre humana. Brilla ante todos resplandeciente
de oro, resplandeciente de púrpura, con nudos ibéricos
fruncidos los sinuosos pliegues de su túnica, pintadas en
su escudo no hecho para la guerra las luchas calidonias[54]
de su madre; resuena a su izquierda el salvaje arco, y golpea
su espalda erizada de plumas el carcaj lleno de flechas
cidoneas, pálido de ámbar y brillante de jaspe oriental.
Guiaba a su caballo, avezado a alcanzar a los temblorosos
ciervos, cubierto con dos pieles de lince y lleno de asombro

52. Atalanta, la madre de Partenopeo, que había infringido su voto de castidad.
53. *i.e.,* cretenses, por el monte Dicte de Creta, famosa por sus arcos y flechas. Amiclas era una antigua ciudad de Laconia, que recibió su nombre de su fundador, el rey Amiclas, uno de los primeros antepasados de la estirpe lacedemonia, hijo de Lacedemon y Esparta, y padre de Jacinto, amado por Apolo.
54. La cacería del jabalí de Calidón, en la que participó Atalanta, que fue la primera en herir a la fiera. Por este motivo, Meleagro, el héroe hermanastro de Tideo que capitaneó y culminó la empresa, entusiasmado con ella, le entregó la piel y las fauces de enormes colmillos del animal. Más tarde, sin embargo, estos despojos le serían arrebatados por los tíos de Meleagro, hermanos de su madre Altea, y acabarían cubriendo las espaldas de Tideo.

ante las armas que aumentaban el peso de su amo, con porte altivo y el dulce rubor lleno de encanto de sus jóvenes años sobre sus mejillas. A él los arcadios, raza antigua y anterior a las estrellas y a la luna[55], le proporcionáis fieles escuadrones, vosotros que, según la fama, nacisteis del duro tronco de los árboles, por el tiempo en que la tierra soportó con asombro por vez primera las huellas de unos pies; no había aún cultivos, ni casas, ni ciudades, ni reglas conyugales; encinas y laureles sufrían los penosos partos, creó pueblos el umbroso fresno, y un vigoroso niño cayó del preñado olmo. Vieron éstos con estupor, según cuentan, las alternancias de la luz y de las tinieblas de la noche, y, siguiendo el prolongado descenso del Titán[56], desesperaban de que volviera el día. El alto Ménalo se despuebla de colonos, se vacía el bosque del Partenio, aportan tropas para la guerra Ripa, Estratia y la ventosa Enispa[57]. No permanece inactiva Tegea, ni la propia Cilene, dichosa por su alado dios[58], ni el templo y foresta de Minerva Alea, ni el rápido Clitor ni el Ladón, que casi llegó a ser tu suegro, Pitio[59], ni la blanca Lampia de nevadas cumbres, ni Féneo[60] que, según se cree, envía la Estige

55. *Cf.* III, 559 ss., donde se habla de la Edad de Oro y los pueblos primitivos nacidos de rocas y de árboles, aunque sin mencionar a los arcadios. Más adelante (*cf. infra,* v. 340) se atribuye de nuevo a los arcadios este origen.
56. El Sol, *cf.* I, 501, y nota 105 (p. 96).
57. Verso tomado directamente de Homero, *Ilíada* II, 606, donde aparecen las tres ciudades en el mismo orden: *῾Ρίπην τε Στρατίην τε καὶ ἠνεμόεσσαν Ἐνίσπην.*
58. Mercurio, que nació en una gruta de esta montaña de Arcadia.
59. El Ladón, río de Arcadia, era en algunas versiones (en otras lo era el río Peneo, en Tesalia) padre de Dafne, la Ninfa amada infructuosamente por Apolo.
60. Ciudad de Arcadia con un famoso lago que se confunde a menudo con la fuente Estige, de igual nombre que la laguna infernal. Se creía de hecho

al sombrío Dite. Acude asimismo Azán, émulo de los alaridos del Ida[61], y los caudillos parrasios, y los campos nonacrios gratos al Tonante armado de carcaj[62] que os hicieron sonreír, Amores, y Orcómeno, rica en ganado, así como Cinosura en fieras. Igual ardor deja desiertas las tierras de Épito y la elevada Psófide y los montes famosos por la fuerza de Hércules, el Erimanto, productor de monstruos, y el Estinfalo, que resuena con el bronce[63]. Arcadios son todos estos, una sola raza de hombres, pero dividida por su distinto atuendo: unos doblan desde la raíz pafios mirtos[64] y se ejercitan para el combate con un garrote de pastor; algunos usan arcos, otros chuzos como armas, cubren éstos sus cabellos con un casco, conserva otro la costumbre del bonete arcadio, y hay quien da un fiero aspecto a su cabeza con la abierta mandíbula de una osa licaonia[65]. A estas agrupaciones guerreras y pechos consagrados a Marte por juramento la vecina Micenas no contribuyó con ningún soldado; funestos banquetes tenían entonces lugar en efecto, y el retroceso del sol de mediodía, y otros hermanos entablaban allí combate[66].

Y ya había llegado a los oídos de Atalanta la noticia de que su

que, a través de canales subterráneos, le suministraba a ésta sus aguas, mortales o de efectos en todo caso nocivos. Dite o Dis es otro nombre de Plutón.

61. En los famosos ritos de la diosa frigia Cibeles, venerada allí.

62. Cuando Júpiter se disfrazó de Diana para acercarse a Calisto.s

63. Alusión al cuarto y sexto trabajos de Hércules: el cuarto, cazar al jabalí del Erimanto; el sexto, ahuyentar a las aves del Estinfalo. Para obligarlas a salir de la espesura, Hércules hizo sonar unos crótalos de bronce, obra de Hefesto, que le proporcionó Minerva.

64. Para fabricarse arcos.

65. Pues en osa fue convertida Calisto, hija de Licaón. Sobre ella, véase III, 685, y nota 101 (p. 177).

66. Atreo y Tiestes. *Cf.* I, 325 y nota 76 (p. 87).

hijo marchaba como caudillo a la guerra arrastrando tras él toda Arcadia: vacilaron sus plantas y a su lado cayeron los dardos; escapa del bosque más veloz que el alado viento a través de las rocas y los ríos de crecido caudal que le cierran el paso, tal cual estaba, recogidas las faldas y el rubio cabello de su cabeza flotando al viento; como una tigresa llena de fiereza al verse despojada de sus crías sigue las huellas del caballo del cazador. Sólo se detuvo cuando lo tuvo delante, y apoyando el pecho contra sus riendas –perdido el color, miraba él a tierra– exclama: «¿De dónde te viene, hijo, esta desenfrenada pasión? ¿De dónde, ese temerario valor en tu tierno pecho? ¿Puedes tú adiestrar a los hombres para la guerra, tú, soportar los rigores de Marte y avanzar entre las tropas armadas de espada? ¡Aunque ojalá fueras capaz! Hace poco te vi, y mi rostro se demudó, mientras sujetabas con fuerza tus dardos contra un jabalí que se te venía encima, retroceder y caer casi al suelo al fallarte la rodilla, y si no hubiera yo disparado mis flechas con el curvado arco, ¿dónde estarían ahora para ti las guerras? Ninguna ayuda te prestarán mis jabalinas, ni los pulidos arcos, ni este caballo de color desigual y negras manchas en el que confías; grandes son las empresas que acometes, muchacho apenas maduro para los tálamos de las Dríades y la pasión de las Ninfas del Erimanto. Verídicos son los presagios: me preguntaba yo con asombro por qué me pareció hace poco que el templo de Diana había temblado y que la diosa estaba cabizbaja, y por qué cayeron los despojos de las sagradas bóvedas; por eso mi arco se volvió más lento, y mis manos, inseguras y nada certeras en causar heridas. Espera a que tu prestigio sea mayor, tu edad más firme, a que aparezca el bozo en tus rosadas mejillas y se borren mis rasgos de tu rostro; yo misma te proporcionaré entonces las batallas y la espada que tanto anhelas, y el llanto de tu madre no intentará hacerte volver atrás. ¡Llévate ahora a casa tus armas! ¿Y vosotros, arcadios, lo dejaréis partir, oh hijos sin duda de las rocas y del tronco de los árboles?»[67]. Más desea añadir; desplegados a su alrededor su hijo y los demás caudillos la consuelan y disipan sus temores, y ya las trompetas dejan oír sus pavorosas señales. Se resiste ella a soltar a su hijo de su amoroso abrazo, y no para de encomendarlo al rey Adrasto.

Pero del otro lado, el belicoso pueblo de Cadmo, consternado por los furiosos arrebatos del rey y aterrorizado por los rumores nada propicios, pues se había divulgado que Argos avanzaba con todas estas fuerzas, con bastante lentitud desde luego por vergüenza del rey y de su causa, se prepara no obstante para la guerra. Nadie siente el impulso de desenvainar la espada, o encuentra dulce proteger sus hombros con el escudo paterno ni disponer los arneses de los raudos corceles, cosas que constituyen el encanto de la guerra; abatidos, han comprometido sus temblorosas manos sin espíritu, sin coraje; gime uno por su padre del alma en penosa situación, otro, por los dulces años de su joven esposa y por los desdichados hijos que crecen en su seno. A nadie ha inflamado el dios batallador; las propias murallas se desmoronan víctima de un inveterado abandono, los magníficos alcázares de Anfíon dejan ya al descubierto su costado consumido de vejez, y un trabajo anónimo y de baja calidad consolida los muros que la sagrada lira hizo elevarse hasta el cielo[68]. Alienta también no obstante a las ciudades beocias la vengadora

67. *Cf. supra,* v. 275 y nota 55 (p. 193).
68. *Cf.* I, 10, y nota 3 (p. 70).

rabia de la espada, y no se mueven en ayuda del inicuo rey[69] cuanto en favor de un pueblo de su misma raza. Aquél es como el lobo que se ha lanzado sobre un rico rebaño y que, cargado el pecho de espesos coágulos y desfigurado el abierto hocico erizado de pelos con la lana manchada de sangre, se aleja de los establos dirigiendo su turbia mirada aquí y allá por si le siguen los furiosos pastores una vez descubierto el estrago, y huye no sin ser consciente de su gran osadía.

La agitadora Fama no deja de añadir espantos: uno cuenta que los jinetes lerneos vagan ya dispersos por la ribera del Asopo; otro, que se han apoderado de ti, Citerón, sede de bacanales, y del Teumeso, afirma un tercero, que añade que han ardido los puestos de vigilancia de Platea entre las tinieblas de la noche. Pues sudar los lares tirios[70], tintas en sangre las aguas de Dirce, nuevos engendros y que la Esfinge había vuelto a hablar desde sus peñas, ¿quién no se ha permitido afirmar que lo sabía e incluso que lo había visto? Se suma a éstos un nuevo temor que conturba los angustiados corazones: tirando los sagrados canastillos, la reina del silvestre coro[71] ha entrado de repente en trance y baja corriendo al llano desde la cima ogigia; severa, con los ojos inyectados en sangre, dirige aquí y allá las tres ramas de pino de su antorcha, y en pleno paroxismo llena de delirantes gritos la expectante ciudad : «Omnipotente padre Niseo[72], que has olvidado hace tiempo el amor a tu ancestral raza, ahora

69. Etéocles, claro está.
70. *i.e.,* tebanos, como también «ogigia» más abajo, verso 380.
71. La que dirigía las desenfrenadas carreras de las Bacantes por los bosques de Tebas.
72. Baco, criado por las Ninfas del monte Nisa, de imprecisa localización.

tú bajo el Norte que tiembla de frío bates con los rápidos
golpes de tu tirso guarnecido de hierro al belicoso
Ísmaro[73] y ordenas a tu bosque de pámpanos invadir a
Licurgo, o en clamoroso triunfo recorres enfurecido
el crecido Ganges o los remotos confines de la roja
Tetis[74] y las moradas orientales, o sales cubierto
de oro de las fuentes del Hermo[75]: y mientras, nosotros, tu progenie[76],
depuestas las armas[77] de nuestra raza que te honran en tus fiestas,
pagamos un tributo de guerra, lágrimas, miedo y crimen
entre hermanos, los dones de este injusto reinado. Transpórtame,
Baco, y deposítame entre los hielos eternos y más allá
del Cáucaso que resuena con los alaridos y las armas
de las Amazonas, antes que pueda yo hablar de los horrores
de nuestros jefes y de su profana estirpe. Pero ya me instas
a ello; distinto era el frenesí que te juré, Baco: veo que
vienen a encontrarse dos toros similares[78]; poseen ambos
el mismo rango y una sola sangre desde su nacimiento;
entrechocan sus altivos cuernos juntando sus frentes en un
encarnizado combate y se dan muerte mutuamente en su
salvaje ira. Tú que eres el peor[79], cede tú, criminal que

73. Monte de Tracia. Licurgo fue un rey de este país, en concreto del pueblo de los edonos, hijo de Driante. Maltrató y expulsó a Baco cuando éste se proponía propagar sus ritos, y en castigo por ello sufrió, de una u otra manera, una muerte atroz.
74. El mar Rojo, que para los antiguos era el golfo Pérsico.
75. Río de Asia Menor, que en sus arenas transportaba oro (*cf.* Virg. *Georg.* II, 137).
76. Baco, nacido de Júpiter y Sémele, hija de Cadmo y Harmonía, era el dios tutelar de Tebas.
77. Los instrumentos propios de los rituales orgiásticos: flauta, tambor, platillos, castañuelas y tirso.
78. Imagen de la lucha a muerte de los dos hermanos, Etéocles y Polinices.
79. *i.e.,* Etéocles.

buscas conservar tú solo los pastos de tus padres y el monte
común. ¡Ah, miserable carácter el vuestro! Con tanta efusión
de sangre habéis luchado, y otro jefe posee el prado»[80].
Así habló, y abandonándola ya Baco, quedó inmóvil,
con los rasgos congelados.
Pero alarmado por el prodigio
e incapaz de sobreponerse a sus distintos terrores, el rey,
presa de la angustia, recurre a la ayuda y sagaz ceguera
del anciano adivino Tiresias, como es costumbre para
los que temen lo incierto. Responde aquél que ni con el profuso
sacrificio de novillos, la veloz ala, o las entrañas
que revelan en sus latidos la verdad, ni tampoco con el
embrollado[81] trípode, los cálculos astrales o el humo
que flota sobre los altares cubiertos de incienso ha quedado
tan profundamente de manifiesto la voluntad de los dioses
como haciendo salir a los manes de los reinos de la dura
Muerte, y prepara el ritual de la Lete y antes al rey[82] inmerso
bajo los confines del Ismeno donde éste mezcla sus aguas
con las del mar, y purifica alrededor con desgarradas
vísceras de ovejas, emanaciones de penetrante azufre,
hierbas frescas y una larga plegaria en voz baja.
Resistente
al paso del tiempo, encorvado pero robusto a pesar de su
vejez, se alza un bosque de follaje que desconoce la poda,
jamás penetrado por los rayos del sol; no lo han reducido
los inviernos, ni tiene sobre él influjo el Noto o se ha lanzado
el Bóreas desde la Osa gética. A ras del suelo reina

80. Después de la muerte de ambos, su tío Creonte, hermano de Yocasta, asumirá de nuevo la regencia de Tebas.
81. Por los confusos oráculos emitidos por la Pitia.
82. Etéocles, que ha de ser purificado para poder asistir a estos ritos, pero hay quien entiende que se refiere a Layo, el espectro del cual se pretende evocar.

una misteriosa calma, un vago horror preserva el silencio,
y la sombra de la luz que a él no llega toma un tinte pálido
y maligno. No carece tampoco la umbría de su deidad:
la hija de Latona[83] reside con frecuencia en el bosque;
entre sus sagradas tinieblas oculta la foresta su imagen
grabada en el abeto, en el cedro y en cada árbol. Se oyen
en la espesura sin ser vistas los silbidos de sus flechas
y los nocturnos ladridos de sus perros, cuando escapa de los
umbrales de su tío[84] y recobra el aspecto más benigno
de una renovada Diana; o cuando está cansada de los montes,
y la invita al dulce sueño la luz del sol en el cenit, aquí
se entrega al reposo con la cabeza apoyada en la aljaba
y los dardos clavados por doquier a su alrededor. Fuera
se hallan los campos, la tierra de Mavorte que se abre en una
gran extensión, terreno sembrado por Cadmo[85]. Duro carácter
el de quien, tras las luchas entre hermanos y los culpables surcos,
se atrevió a remover por vez primera el suelo con el arado,
y arrancó el césped empapado de sangre; aún hoy la siniestra
tierra exhala a plena luz y entre las sombras de la solitaria
noche enorme batahola de sonidos, cuando salen a entablar
inconsistentes combates los sombríos hijos de la tierra;
huye del campo sin acabar su faena el tembloroso
campesino, y enloquecidos han vuelto los bueyes al establo.
Aquí el anciano adivino[86] –puesto que la tierra es adecuada
para los ritos estigios y le complace el terreno rico
en sangre fresca– manda situar a las ovejas de oscuro
vellón y los negros bueyes, toda cabeza de rebaño

83. *i.e.,*, Diana.
84. Plutón, hermano de Júpiter, padre con Leto o Latona de los gemelos Apolo y Diana.
85. Nueva alusión a la siembra de los dientes del dragón por parte de Cadmo; *cf.* I, 8, y nota 2 (p. 69).
86. *i.e.,* Tiresias.

que se estima más bella; gimió Dirce y el sombrío Citerón,
los resonantes valles se asombraron del insólito silencio.
Él mismo entonces, palpándolos con la mano[87], entrelazó
de oscuras guirnaldas los fieros cuernos, y en el límite del
conocido bosque derrama primero nueve veces sobre
la tierra excavada generosos caldos de Baco, el regalo
de la leche primaveral, rocíos acteos[88] y sangre que
atrae a los manes; se vierte cuanto el árido suelo puede
beber. Hacen luego rodar troncos de árboles, y el severo
sacerdote ordena que haya tres hogueras para Hécate y otras
tantas para las doncellas hijas del siniestro Aqueronte[89];
para ti, rey del Averno, el túmulo de pino, aunque hundido
en tierra, se eleva no obstante en los aires; junto a éste se erige un
altar de menor tamaño para la Ceres del inframundo;
sus frentes y ambos lados se han recubierto de fúnebre ciprés.
Y ya, marcadas sus altivas cabezas con el hierro y con la
harina pura espolvoreada, han caído bajo el cuchillo
los rebaños; hace entonces la virgen Manto[90] una primera
libación de la sangre recogida en páteras, y después de
haberse paseado tres veces en torno a todas las piras
según la costumbre de su venerable padre, devuelve
las palpitantes entrañas y las vísceras que aún conservan un
hálito de vida, y sin demora aplica al negro follaje

87. Recuérdese que Tiresias es ciego.
88. O del Ática, por el antiguo nombre de esta región, Acte o Actea, derivado de un primitivo rey mítico, Acteo, de quien nada más se sabe. Se trata de la miel, que el Ática producía en abundancia en el Himeto, monte por ella famoso.
89. Probablemente se trate de las Furias, aunque éstas o son hijas de la Tierra fecundada por las gotas de sangre procedentes de la castración de Urano, o son hijas de la Noche. El rey del Averno mencionado a continuación es Plutón, y la Ceres del inframundo, su esposa Perséfone o Prosérpina.
90. Hija de Tiresias que poseía, como su padre, dotes proféticas.

las voraces antorchas. Tan pronto como Tiresias oyó el ruido de las ramas bajo el fuego y crepitar las lúgubres pilas –pues brota con enorme fuerza el aliento de las llamas ante sus mejillas y el ígneo vapor llena sus vacías cuencas–, exclama –temblaron las hogueras y su voz ahuyentó el fuego–: «Tartáreas sedes y horrible reino de la Muerte insaciable, y tú, oh el más cruel de los hermanos[91], a quien se hallan supeditadas las almas y los eternos suplicios de los culpables y sirve la corte del mundo subterráneo, abrid al que llama a vuestra puerta los silentes espacios y el vacío de la severa Perséfone, dejad salir a la multitud sepultada en las simas de la noche, y que el barquero[92] surque de regreso las aguas de la Estige con la barca llena. Avanzad a la vez, pero que no haya para los manes una sola manera de volver a la luz; tú, hija de Perses[93], pon en un grupo aparte a los piadosos habitantes del Elisio, y que el sombrío Arcadio[94] los conduzca con su poderosa vara; por el contrario, de los muertos por crímenes, que abundan en el Érebo y son los más de la estirpe de Cadmo, sé tú su guía, Tisífone, vé tú en cabeza con tu ardiente rama de tejo, y sacudiendo tres veces tu serpiente abre a sus ojos el día, y que Cérbero no haga retroceder oponiendo sus cabezas[95] a las sombras ávidas de luz».

91. Plutón, sus hermanos son Júpiter y Posidón. Entre los tres se repartieron el gobierno del mundo tras su victoria en la Titanomaquia.
92. Caronte, el barquero de los Infiernos.
93. Hécate, diosa infernal relacionada con la brujería y la magia negra, hija de Perses (hijo del Titán Crío y de la Póntide Euribia) y Asteria.
94. Mercurio. Una de sus funciones era llevar mensajes del cielo a la tierra, y asimismo, como Psicopompo, o guía de las almas, conducir las almas de los muertos al Hades, o traerlas de regreso a la tierra. Así lo vimos hacer salir del Hades, por mandato de Júpiter, a Layo: *cf.* I, 292 ss.; II, 1 ss.
95. *Cf.* II, 53, y nota 9 (p. 109).

Había dicho, y a un tiempo el anciano y la doncella de Febo[96] mantuvieron sus ánimos atentos; no sienten ningún miedo, pues tienen al dios en su corazón, sólo al hijo de Edipo lo invade un enorme temor, y en su ansiedad oprime ya los hombros, ya las manos y las bandas del vate que pronuncia su horrible conjuro, y querría desistir de las ceremonias comenzadas. Como el cazador, que tras haber hecho salir a un león a grandes voces de su guarida en los ásperos parajes de un bosque de Getulia, lo espera afirmando su ánimo y apretando con fuerza los dardos bañados en sudor con el esfuerzo; el pavor congela sus facciones, y sus pasos vacilan a la expectativa de cómo y cuán fiero será el animal que venga, pero escucha las horribles señales de sus rugidos, y mide su sonido con ciega inquietud.

Entonces Tiresias, puesto que las sombras todavía no salen, exclama: «Os pongo por testigo, diosas, para quienes hemos alimentado con largueza este fuego y vertido sobre la excavada tierra propicias copas, ya no puedo soportar la tardanza. ¿Me oís acaso como a un inútil sacerdote? ¿O es que, si lo ordena la tesalia[97] con su rabioso conjuro, saldréis, y cada vez que os incite la de la Cólquide con sus drogas y venenos escíticos, se llenará el Tártaro de sombras en trémulo movimiento: yo en cambio merezco menos atención, si no me agrada sacar los cadáveres de las tumbas ni vaciar las urnas llenas de antiguos huesos y profanar a un tiempo a los dioses del cielo y del Érebo juntos, o escarbar con

96. *i.e.,* Tiresias y su hija, Manto. El hijo de Edipo mencionado poco después es, claro está, Etéocles, que asiste a estos ritos.
97. Nueva alusión a las hechiceras tesalias y a su arte *(cf.* II, 21 s.). De la Cólquide era, por otra parte, Medea.

el hierro los rostros exangües y arrancar las corruptas
vísceras de los difuntos? No despreciéis mis débiles años
ni esta nube que oscurece mi vista, no lo hagáis, os lo advierto;
también yo puedo enfurecerme. Sé no sólo todo aquello
que teméis que sea dicho y conocido, sino también turbar
a Hécate[98], si no te temiera a ti, Timbreo, y al supremo
monarca de los tres mundos, a quien está prohibido conocer[99].
A él –pero me callo; mi apacible vejez me impide seguir.
Pero a vosotros yo»[100]... Interviene con vehemencia Manto
consagrada a Febo: «Eres escuchado, padre, la multitud
de espectros se aproxima. Se abren las tinieblas del Elisio,
se disipa la sombra que envuelve los ocultos abismos, y
los bosques y los negros ríos se hallan a la vista, vomita
el Aqueronte sus lívidas arenas. Envuelto en humo,
negras llamas hace girar en sus aguas el Flegetonte,
y la Estige que corre por medio[101] cierra el paso a los manes
divididos. A él mismo[102] lo veo, pálido en su trono, y a su
alrededor a las Euménides al cargo de sus funestos
menesteres, y el severo dormitorio y el tétrico lecho
de la estigia Juno[103]. En su observatorio está sentada la negra

98. Diosa de las encrucijadas, de la nigromancia y de la hechicería, hija según Hesíodo de Asteria, hermana de Leto y nieta por tanto de la Titánide Febe, identificada con la Luna. Como deidad lunar, prima de Diana, es también a veces identificada con ella, de ahí la mención de Apolo (Timbreo, como en I, 699).

99. Utiliza aquí Estacio intencionadamente un lenguaje críptico, que imita probablemente el de las fórmulas mágicas, en las que se apela con frecuencia a estos poderes imprecisos.

100. De nuevo el recurso ya visto de dejar la frase sin acabar.

101. Que separa los dos mundos, que es frontera entre los manes que ya han pasado a la otra orilla en la barca de Caronte y los que aún esperan hacerlo.

102. *i.e.,* Plutón.

103. *i.e.,* Perséfone o Proserpina.

Muerte y va haciendo para su señor el recuento del silente
vulgo; la mayor parte está aún pendiente. El juez gortinio[104]
los agita en su severa urna exigiéndoles la verdad
con amenazas, y los obliga a exponer toda su vida
pasada y finalmente a hacer confesiones que agravan sus
castigos. ¿Qué decirte de los monstruos del Érebo, Escilas
y Centauros en vano enfurecidos, de las retorcidas
cadenas de sólido diamante de los Gigantes y la
encogida sombra de Egeón, de cien brazos?»[105].
«De ningún modo,
–interviene aquél–, oh timón y fuerzas de mi vejez, no me
cuentes lo que es del dominio público. ¿Quién hay en efecto
que no sepa de la piedra que vuelve siempre a caer, de los
engañosos lagos, de Titio, alimento de las aves,
y de Ixíon, que a ciegas va en las interminables vueltas?[106].
Yo mismo, cuando mi sangre tenía más vigor, inspeccioné
las ocultas sedes guiado por Hécate, antes de que un dios[107]
cegara mi vista y sepultara toda la luz dentro de mi
pecho. Haz más bien acudir aquí con tus plegarias a las almas
argivas y tebanas; a las otras, hija, hazlas retroceder
y alejarse del sombrío bosque rociándolas cuatro veces

104. Minos, uno de los jueces de los Infiernos, en vida rey de Creta (Gortina es una ciudad de Creta), hijo de Júpitetr y Europa y padre, entre otros, de Ariadna.
105. O Briáreo, sobre el cual véase II, 596, y nota 100 (p. 136). En Hom. *Il.* I, 403, Briáreo es como lo llaman los dioses, y Egeón, los hombres.
106. De la rueda a la que va atado. Se alude en estos versos a los cuatro pecadores que sufren suplicios eternos en el Tártaro. Los dos primeros, innominados, son Sísifo y Tántalo. Sobre Titio, véase I, 710, y nota 133 (p. 105).
107. Tres son las versiones sobre las posibles causas de la ceguera de Tiresias, dos de ellas muy detalladas y provocadas en cada caso por la venganza de una diosa, Atenea y Juno. La tercera versión, a la que parece aludirse aquí, es mucho menos concreta, y según ella se debería a un castigo de los dioses en general por revelar cosas que ellos no quieren que sean conocidas.

con leche; entonces, cómo es su rostro y su aspecto, qué avidez
muestran por la sangre derramada, cuál de los dos pueblos
acude con más arrogancia, dímelo, ¡vamos! y con cada
descripción ilustra esta noche mía.»
Cumple ella sus mandatos,
y recita el conjuro mediante el cual disipa las sombras y
hace volver a las que están dispersas; similar, si dejas
aparte sus crímenes, a la de la Cólquide[108] y a la maga[109]
del litoral de Eea, Circe. Entonces se dirige a su padre
que oficia la ceremonia con estas palabras: «El primero
que hunde su lánguida boca en el lago de sangre es Cadmo,
y junto a su esposo sigue la hija de Citerea[110], y las dos
serpientes beben desde sus cabezas. Los rodean los hijos
de la tierra[111], pueblo de Marte, a quienes solo se dio un día
de vida, todas las manos sobre las armas, todas sobre la
empuñadura de la espada; impiden, estorban, se lanzan
con la rabia de cuando estaban vivos, y no es el afán de
echarse sobre la siniestra fosa, sino la sed de apurar
cada uno la sangre del otro lo que los mueve. Junto a ellos,
el grupo de sus hijas y los llorados nietos[112]. Vemos aquí
a la desolada Autónoe[113], y a la jadeante Ino
volviendo la vista hacia el arco[114] y oprimiendo la dulce prenda

108. *i.e.,* Medea.
109. *simulatrix,* literalmente «la que trasforma o metamorfosea», en alusión al poder de Circe de transformar a los hombres en animales.
110. Harmonía, hija de Venus y esposa de Cadmo. Ambos fueron transformados en serpientes. *Cf.* II 289-291.
111. Los guerreros nacidos de los dientes del dragón sembrados por Cadmo, *cf.* I, 8, y nota 2 (p. 69).
112. Hijas y nietos de Cadmo, claro está.
113. Madre de Acteón, *cf.* III, 202-205, y nota 28 (p. 154). Sobre él se vuelve más abajo, vv. 572 ss.
114. De su esposo Atamante; *cf.* I, 12-15 y nota 6 (p. 70). La «dulce prenda» es su hijo Melicertes.

contra su pecho, y a Sémele intentando proteger su vientre[115] con los brazos. Rotos ya los tirsos y abandonada por el dios, con el desnudo pecho cubierto de sangre, sigue a Penteo entre gritos y lamentos su madre, hija de Cadmo[116]; escapa aquél por los inaccesibles parajes de la Lete hasta más allá de los lagos estigios, donde su padre Equíon[117] vierte sobre él tiernas lágrimas y compone su cuerpo lacerado. Reconozco al triste Lico[118], y al hijo de Eolo[119] con la diestra vuelta hacia su espalda lanzando el cadáver sobre sus cargados hombros. Todavía no muda aquél, el hijo de Aristeo[120], su aspecto, ni ha acabado de transformarse su figura debido a sus delitos: su frente está erizada de cuernos, mientras que en su mano conserva los dardos, e intenta rechazar a sus perros que abren sus fauces prestos a herirlo. Pero he aquí que se acerca la envidiosa hija de Tántalo[121] seguida de un largo cortejo, y recuenta los cadáveres con duelo henchido de orgullo, en absoluto abatida por sus desgracias; se alegra de haber escapado a la autoridad de los dioses y de poder dar ya más libertad a su desenfrenada lengua».

Mientras recita a su padre estas visiones la casta sacerdotisa,

115. En el que lleva a Baco. Ejemplo de sublime amor maternal, a punto de ser herida por el rayo de Júpiter, se preocupa sólo por proteger a su hijo. *Cf.* I, 256-259 y nota 62 (p. 83); II, 71-73, y nota 15 (p. 110), y *passim*.
116. Ágave, madre de Penteo; *cf.* III, 190, y nota 26 (p. 153).
117. Véase I, 169, y nota 45 (p. 78).
118. Hermano de Nicteo y regente de Tebas en dos ocasiones, casado con Dirce (*cf.* III, 204 s., y nota 29 [p. 154]) y matado o expulsado de la ciudad por Anfíon y Zeto.
119. Atamante, hijo de Eolo (epónimo de los eolios) y esposo de Ino, que mató de un flechazo a su hijo Learco. A él se alude repetidas veces en la obra: véase *supra,* v. 562, y nota 114. *Cf.* también III, 185-187.
120. Acteón. Véase III, 202-204, y nota 28 (p. 154).
121. Níobe. Sobre ella, véase III, 192, y nota 27 (p. 153).

los blancos cabellos de aquél tiemblan y se erizan dejando
caer las bandas, y la sangre anima sus pálidas facciones.
Y ya no se apoya en el bastón que asegura sus pasos
ni en la fiel doncella, y erguido sobre el suelo, exclama:
«Deja tu cántico, hija, basta para mí de luz ajena,
las opacas nieblas se disipan y se aleja de mi rostro
la negra bruma. ¿Ha sido acaso enviada por las sombras
o por el divino Apolo la inspiración que me invade? He aquí
que veo todo lo que has contado. ¡Pero es el caso que están
apesadumbrados, con los ojos bajos, los manes argivos!
El torvo Abante[122], el culpable Preto, el amable Foroneo
el mutilado Pélope y Enómao, sucio de sangriento
polvo, riegan sus rostros de abundantes lágrimas. Auguro
según esto que a Tebas le irá mejor en la guerra. ¿Pero qué hay
de estos que en denso pelotón, almas belicosas en extremo
como indican sus armas y heridas, tienden hacia nosotros
sus rostros y pechos bañados en sangre, y sus manos alzadas
con ilusorio clamor en gesto amenazador? ¿Me equivoco,
rey[123], o son éstos aquellos cincuenta? Estás viendo a Ctonio,
a Cromis, a Fegeo y a Meón, con el laurel distinguido
como yo. No os irritéis, caudillos, nada aquí se ha emprendido,
creedme, por designios mortales: había hilado estos años
vuestros la inflexible Átropo. Habéis cumplido vuestro destino:

122. Sobre Abante, *cf.* II, 220 y nota 43 (p. 117). Preto, hijo de Abante y hermano de Acrisio, engañado por su esposa, intentó causar la muerte de Belerofonte. Sobre Foroneo, *cf.* I, 252, y nota 59 (p. 82). Sobre Pélope, frecuentemente aludido, se añade aquí la característica de su mutilación. Después de haber sido descuartizado y servido por su padre Tántalo a los dioses como alimento, éstos lo volvieron a la vida recomponiendo su cuerpo, pero Deméter ya se había comido un hombro, así que le pusieron otro de marfil. Sobre Enómao, *cf.* I, 275, y nota 65 (p. 84).

123. Tiresias interpela directamente a Etéocles, que fue quien envió a la muerte a los cincuenta guerreros derrotados por Tideo en la emboscada (*cf.* II, 527 ss.)

una guerra horrible nos aguarda a nosotros, y de nuevo
Tideo». Dice, y ahuyenta a quienes lo acosan con su banda
de entrelazadas hojas, y les muestra la sangre[124].

En pie se hallaba
sin compañía alguna en la sombría ribera del Cocito
Layo, a quien ya había devuelto al riguroso Averno el alado
dios[125], y dirigiendo aviesas miradas a su cruel nieto –pues lo
reconoce por su rostro– no se acerca, como la restante
multitud, a beber la sangre, o a otra libación, exhalando
su inmortal odio. Pero espontáneamente el vate aonio
lo provoca así: «Egregio monarca de la tiria Tebas,
tras cuyo homicidio ningún día propicio ha amanecido
sobre las fortalezas de Anfíon, oh tú, que ya te has vengado
bastante de tu cruento fin, sombra aplacada con creces por tus
descendientes, ¿de quiénes huyes, desventurada de ti? Yace
en un prolongado aniquilamiento aquel[126] de quien reniegas,
y siente la cercanía de la muerte, su compañera,
cubiertas de inmundicia y de sangre sus consumidas facciones,
y despojado de la luz del día: ¡Su suerte es más dura
que cualquier muerte, créeme! ¿Y qué causa tienes para evitar
a tu nieto que no lo ha merecido? Acerca el rostro, sáciate
de la sangre de las víctimas y revela los sucesos por
venir y los estragos de la guerra, ya hostil, ya apiadado
de las desgracias de los tuyos. Entonces te haré yo atravesar
la prohibida Lete en la ansiada barca[127], te depositaré
en paz en el piadoso suelo y te encomendaré a los dioses

124. Para poder revelar el futuro, los espectros debían primero reanimarse bebiendo la sangre que se les había preparado.
125. Mercurio, que lo sacó del inframundo por mandato de Júpiter para que se le apareciera a su nieto Etéocles en sueños (*cf.* II, 1 ss.).
126. Su hijo y asesino, Edipo.
127. Layo no había aún pasado a la otra orilla en la barca de Caronte (*cf.* I, 296 s.).

de la Estige». Se apacigua aquél con las ofrecidas honras
y moja sus mejillas[128], tras de lo cual responde así: «Por qué
al agitar tú a los manes, sacerdote de mi misma edad,
he sido yo elegido para el vaticinio, y considerado
entre tantas sombras el más indicado para pronosticar
el porvenir? Bastante tengo con recordar el pasado.
¿Mis predicciones, ¡vaya vergüenza!, reclamáis, ilustres nietos?
Recurrid a aquél[129] en vuestros abominables ritos, a aquel
que atraviesa a su padre con complaciente espada, que retorna
a su propio origen y engendra de regreso en su inocente
madre prendas de su amor. Y ahora aquel fatiga a los dioses
y los negros consejos de las Furias, y apela a mis manes
para estos combates. Pero si tanto interés he suscitado
como adivino para estos luctuosos tiempos, por cierto que
hablaré hasta donde me permiten Láquesis[130] y la torva
Meguera: guerra, con incontables batallones guerra llega
por doquier, y arrastra con sus aguijones el fatal Gradivo
a los hijos de Lerna[131]; les aguardan prodigios de la tierra
y armas de los dioses, honrosas muertes e ilegales demoras
del fuego postrero[132]. Es segura la victoria para Tebas,
no temas, tu feroz hermano[133] no tendrá el reino, pero hay Furias,

128. Se entiende, en la sangre, o sea, bebe, tras de lo cual pronuncia su profecía.
129. Edipo, por supuesto.
130. Una de las Parcas, como ya hemos visto; Meguera, citada a continuación, es a su vez una de las Furias.
131. *i.e.,* los argivos.
132. Predice en estos versos Layo el destino de Anfiarao (tragado por la tierra; *cf.* VII, 809 ss.) y Capaneo (fulminado por un rayo de Júpiter; *cf.* X, 927 ss.) y la muerte gloriosa de los héroes, así como la prohibición por parte de Etéocles de que los muertos argivos reciban sepultura (*cf.* XI, 662 ss.).
133. Polinices. Las Furias, el doble crimen, las miserables espadas hacen alusión al duelo entre los hermanos; el cruel padre mencionado después es, claro está, Edipo.

y un doble crimen, y por medio de miserables espadas, ¡ay
de mí!, es el cruel padre quien vence». Dicho esto, se desvanece,
y los deja en la incertidumbre con sus ambiguos recovecos.

Mientras tanto los descendientes de Ínaco ocupaban con sus
errantes tropas la fría Nemea y las malezas testigo
de la gloria de Hércules[134]; ya arden y se impacientan por hacerse
con botín sidonio[135], por asolar, por saquear las casas. Quién
doblegó sus iras, de dónde vino el retraso, qué los hizo
desviarse en medio de su camino, muéstralo tú, Febo: rara
vez llegan a nosotros los comienzos de la fama.

En lánguido
abandono, conducía Liber[136] a sus tropas de regreso
del rendido Hemo[137]; había allí ya por espacio de dos inviernos
acostumbrado a celebrar sus orgías a los belicosos
getas, a cubrirse de verdor en sus laderas al blanco Otris
y de sombra icaria[138] al Ródope, y ya guía hacia las murallas
maternas[139] su carro cubierto de pámpanos; fieros linces
lo siguen a derecha e izquierda, y lamen los tigres las riendas
empapadas de vino. Exultantes portan tras él los despojos
de sus presas, lobos medio muertos y desgarradas osas,
las Mimálones[140]. Y no es una comitiva apática: en ella
figuran la Ira, el Furor, el Miedo, el Valor y el Ardor nunca
sobrio, sus pasos son inseguros, muy similares a su rey

134. Lograda en su primer trabajo, consistente en llevar a Euristeo la piel del fabuloso león que aterrorizaba a los habitantes de esta comarca de la Argólide.
135. *i.e.,* tebano, a partir de Sidón, ciudad de Fenicia, por extensión Tiro, de donde era originario Cadmo, fundador de Tebas.
136. Sobrenombre de Baco.
137. Monte de Tracia.
138. *i.e.,* de viñas, cuyo cultivo aprendió de Baco el ateniense Icario, padre de Erígone, sobre la cual *cf. infra,* vv. 691 s., y nota 145 (p. 213).
139. De Tebas, patria de su madre Sémele, hija de Cadmo.
140. Otro nombre para las Ménades o Bacantes.

sus cuarteles. Cuando éste ve que Nemea hierve en una nube de polvo, que el sol flamea en el refulgente acero, y a Tebas aún no lista para entrar en combate, alterado por la visión, pese a la flojera que invade su rostro y su pecho, hace callar trompetas y tambores y el estrépito de la doble flauta, que se eleva en torno a sus aturdidos oídos, y dice así: «A mí y a mi pueblo es a quienes se apresta a aniquilar ese pelotón; de lejos viene ese furor que arde ahora de nuevo; esta guerra la mueve contra mí la cruel Argos y la ira de mi fiera madrastra[141]. ¿Tan poca importancia tuvo mi madre reducida a inicuas cenizas, la hoguera que acompañó mi nacimiento y el estallido del rayo que yo mismo sentí?[142]. Con el hierro persigue despiadada los restos incluso y el sepulcro de su abatida rival y a la inofensiva Tebas. Urdiré con engaños demoras; a aquel campo, a aquél marchad, marchad, ¡Ío!, compañeros». Hincharon a su señal la hirsuta piel de su cuello las fieras hircanas[143] uncidas al yugo, y antes de acabar de hablar se detuvo en los campos.

Era el momento en que el jadeante día eleva el sol a la cúspide central del mundo, cuando en los sedientos campos se instala perezoso el bochorno, y todos los bosques dejan penetrar hasta el fondo la luz. Convoca aquél a las diosas de las aguas, y en medio del silencio comienza a hablar así: «Silvestres Ninfas, patronas de los ríos, y parte importante de mi cortejo, ejecutad

141. Juno. Madrastra la llama Baco por ser esposa de su padre Júpiter.
142. Alusión a la muerte de Sémele, madre de Baco, fulminada por el rayo de Júpiter, y a la brusca interrupción de su embarazo; *cf.* II, 72 ss., y nota 15 (p. 110).
143. *Hyrcanae iugales,* el tiro de animales salvajes (Hircania era una provincia de Asia, cercana al mar Caspio; el adjetivo correspondiente se emplea a menudo como sinónimo de salvaje), panteras o tigres, del carro de Baco.

la tarea que os encargo. Cubridme de polvo por un tiempo
en sus fuentes las corrientes de Argos, los estanques y errantes
arroyos. Huya el agua desde el fondo ante todo de Nemea,
por donde se da paso ahora a la guerra contra nuestros muros;
os favorece, si vuestra voluntad no lo estorba, el propio
Febo[144] aún en el punto más alto de su recorrido; fuerza
otorgan los astros a mis planes, y arroja espuma el can[145] de mi
Erígone portador del calor. Marchad de buen grado, marchad
a las profundidades de la tierra; más tarde os haré salir
yo con pleno caudal, las ofrendas más ricas que haya en mis ritos,
vuestro honor las tendrá, e impediré los asaltos nocturnos de
los lascivos seres de pies de cuerno[146] y los raptos amorosos
de los Faunos». Había dicho; y un tenue moho pareció
extenderse por los rostros de aquéllas, y la fresca humedad
se extinguió en sus cabellos. Al punto una ardiente sed devora
los campos inaquios: han huido las aguas, fuentes y lagos
están resecos, y una costra de abrasador limo cubre
las cuencas de los ríos. Sufre el suelo una angustiosa sequía,
apenas brotado su tierno tallo, se dobla la mies, en pie
permanece defraudado el ganado al borde de la ribera,
y buscan los rebaños las corrientes que habían recorrido
a nado. Así, cuando el Nilo en retroceso se ha sumergido
en sus profundos antros, y retiene en su boca las aguas

144. *i.e.,* el sol.
145. La constelación de El Can, catasterismo, según algunos, de la perrita (de ahí su otro nombre de Canícula) Mera de Erígone y su padre Icario (sobre el cual véase *supra* v. 655 y nota 138 [p. 211]). Erígone se ahorcó *(cf.* XI, 644-647) cuando descubrió que su padre había sido matado por los pastores ebrios, con los que había querido compartir el don del vino otorgado por Baco. Su perrita Mera, que la había conducido al lugar donde estaba enterrado, se tiró a un pozo. Los tres fueron catasterizados por Baco en las constelaciones de Virgo, Bootes y El Perro respectivamente.
146. *i.e.,* los Sátiros.

del invierno oriental que lo nutren, echan humo los valles
faltos de sus remolinos, y Egipto aguarda ansioso el sonido
de las ondas de su padre[147], hasta que aquél, en respuesta a sus ruegos,
devuelva a los campos de Faros su sustento y produzca un gran
año de cosechas.
Seca está la perniciosa Lerna, seco el
Lircio y el caudaloso Ínaco, y el Cáradro que hacía girar
las piedras en su curso, y el audaz Erasino, que jamás
se mantenía dentro de sus riberas, y el Asterión, de aguas
igual de bravías, famoso aquél por dejarse oír a través
de las inaccesibles alturas e interrumpir a lo lejos
el sueño de los pastores[148]. Sólo Langia conserva no obstante
sus calladas ondas, pero por mandato del dios, ella también
bajo una secreta sombra. Aún no le había dado su triste
renombre el arrebatado Arquémoro[149], ni a su diosa le había
llegado la fama; conserva sin embargo en su retiro su
floresta y su manantial; una gran gloria espera a la Ninfa,
cuando a la afligida Hipsípila y al venerado Ofeltes honre
el sudoroso certamen de jefes aqueos y el festival
de duelo trienal[150].
No tienen, pues, bastantes fuerzas para llevar
–hasta tal punto los consume la espantosa sed– los ardientes

147. El Nilo, padre de Egipto por cuanto es fuente de su fertilidad.
148. En la edición de Mozley, cuyo texto seguimos, se omiten aquí siete versos conservados sólo en un manuscrito y considerados espurios por muchos editores. A. Traglia y G. Aricó, así como L. Micozzi, los mantienen en sus ediciones respectivas.
149. El pequeño Ofeltes, cuya triste historia se relata a continuación. Bajo el nombre de Arquémoro («El comienzo del Desastre» o «La primera víctima»), sería venerado tras su muerte.
150. Los Juegos Nemeos, a cuya inauguración por parte de los caudillos griegos asistiremos en el libro V.

escudos ni las corazas de estrechos ajustes; no sólo están abrasadas sus bocas y sus cerradas gargantas, sino que una interna violencia los sacude; laten penosamente sus corazones, sus venas se hielan, y se adhiere a las secas vísceras su floja sangre; agrietada por el sol, deshecha en polvo la tierra exhala una ardorosa nube. No cae de la boca de los corceles una lluvia de espuma: chocan sus mandíbulas contra los áridos frenos, sus mandíbulas que dejan colgar en toda su longitud sus aprisionadas lenguas; y no obedecen ley ni amos, sino que la inflamada grey recorre enloquecida los campos. Aquí y allí envía Adrasto exploradores por si los estanques de Licimna perduran, si algo de agua queda de Amimone: todo está consumido por invisibles fuegos, y no hay esperanza de lluvia por parte del cielo, como si ante sus ojos tuvieran la amarilla Libia, las desiertas arenas de África y Siena[151], por ninguna nube ensombrecida.

Por fin, vagando por los bosques –así lo había dispuesto el propio Euhio[152]– ven de repente a Hipsípila, bella a pesar de su pobre estado; aunque –descuidado el cabello y humilde el vestido– prendido al pecho lleva un niño que no es suyo, Ofeltes, desdichada prole del inaquio Licurgo[153], hay no obstante en su rostro indicios de realeza, y su dignidad se impone sin que consigan ahogarla sus duras circunstancias. Tan estupefacto como está, le habla así entonces Adrasto: «Poderosa diosa de los bosques[154] –pues tanto tu rostro como

151. Ciudad del Alto Egipto.
152. Uno de los numerosos nombres de Baco, *cf.* II, 72, y nota 15 (p. 110).
153. Hijo de Feres (y hermano de Admeto, rey de Feras, al que encontraremos en VI, 332) y rey de Nemea, amo de Hipsípila, cuya historia, en gran parte narrada por ella misma, constituirá el argumento del libro V.
154. Adrasto la confunde con una de las Ninfas del séquito de Diana, y se dirige a ella en tono suplicante.

tu recato indican que no eres de raza mortal–, que feliz y
contenta bajo este fuego del cielo no buscas las aguas,
socorre a estas gentes que te son cercanas; tanto si la hija
de Latona portadora del arco[155] de su casto cortejo
al lecho matrimonial te hizo pasar como si es un amor
no humilde bajado del cielo el que te hace madre –y en efecto
no sería para los tálamos de las argivas ninguna
novedad el propio soberano de los dioses[156]–, contempla
estas afligidas tropas. Nos ha traído aquí el propósito
de destruir por la espada a la culpable Tebas, pero ahora
la insoportable sed somete nuestros ánimos a un hado
no proclive a la guerra y mina nuestras exhaustas fuerzas. Danos
tu ayuda en esta crítica situación, ya dispongas de un turbio
arroyo, ya de una infecta laguna; no hay nada que pueda
avergonzarnos en esta tesitura, nada vil. Tú eres
ahora en lugar de a los Vientos y a Júpiter dispensador
de la lluvia a quien suplicamos, haznos recobrar tú las fuerzas
que nos abandonan y colma nuestros pechos faltos de aliento
para la guerra: así crezca bajo un astro propicio la carga
que llevas[157]. ¡Que Júpiter nos conceda tan sólo torcer nuestros
pasos de regreso, oh, cuán grande será el botín de guerra
con el que serás gratificada! Rebaños dirceos, diosa,
y gran cantidad de sangre te ofreceré en recompensa, y este
bosque quedará distinguido con un gran altar». Dijo, y mientras
habla, su ardiente jadeo entrecorta sus palabras, y con su
acelerada respiración su reseca lengua vacila;
idéntica es la palidez que domina a todos sus hombres

155. *i.e.,* Diana.
156. Amores extramatrimoniales de Júpiter con mujeres argivas son por ejemplo los que tuvo con Ío y con la sobrina de ésta, Níobe, hija de Foroneo, o con Dánae, madre de Perseo.
157. *i.e.,* el pequeño Ofeltes que Hipsípila lleva en sus brazos.

y el aliento que sale de su boca abierta. Con los ojos bajos, responde la lemnia[158]: «¿De dónde sacáis que yo sea una diosa, aunque tengo ascendencia divina?[159]. ¡Ojalá no hubiera sobrepasado a los mortales en mis penas! No veis sino a una nodriza sin familia de una prenda querida puesta a su cargo; pero si las mías[160] han hallado algún seno, algunas mamas que las nutrieran, la divinidad lo sabe, y sin embargo yo tuve un reino y un padre poderoso... ¿Pero por qué os cuento todo esto, y os retengo, cuando os halláis extenuados, lejos de las ansiadas ondas? Ven ahora conmigo, a ver si por casualidad Langia[161] conserva en su fuente sus perennes aguas; suele siempre, incluso bajo el término del furioso Cangrejo[162] y aunque brille el pelo del pescuezo de la estrella icaria, seguir no obstante su curso». Al mismo tiempo, para no ser una guía lenta para los pelasgos, deposita, ¡ay!, en el cercano césped a la infeliz criatura prendida a su seno –así lo hilaron las Parcas– y consuela el tierno llanto del niño que se niega a que lo deje trayéndole flores y con blandos arrullos; como la madre berecintia[163], mientras ordena a los

158. Hipsípila, natural de la isla de Lemnos, como en el libro V veremos.
159. Pues su padre, el rey Toante, se decía que era hijo de Baco.
160. Sus propias prendas, es decir, sus hijos, que, como veremos, eran dos. Sus nombres se dan en VI, 342 s.
161. El único manantial que sigue fluyendo por designio de Baco: *cf. supra,* vv. 716 ss.
162. La constelación zodiacal de Cáncer. Es el cangrejo que Juno hizo salir como un atacante más para Hércules en su lucha contra la Hidra de Lerna y que fue catasterizado por la diosa tras ser aplastado por el héroe. La «estrella icaria» mencionada a continuación es la constelación de El Perro (Can mayor o Canícula; véase *supra,* v. 692 y nota 145 [p. 213]), a la que es común llamar también Sirio por el nombre de su estrella más brillante, que lo es asimismo de todas las del cielo.
163. Cibeles, por el monte Berecinto de Frigia a ella consagrado. Incorporada a la mitología griega, fue identificada sobre todo con Rea, la esposa de Saturno y madre de los dioses olímpicos que, tras salvar al benjamín

Curetes saltar y brincar en torno al pequeño Tonante;
ellos golpean a porfía sus instrumentos, pero el Ida
resuena con los potentes vagidos.
Pero el crío, en el seno
de la primaveral tierra y sobre el alto césped, aplasta
ya en su avance las blandas yerbas apoyándose sobre
su rostro, y llamando con un quejido falto de leche a su
querida nodriza, esbozando de nuevo una sonrisa
y ensayando palabras que se resisten a ser pronunciadas
por sus tiernos labios, se asombra del estruendo de los bosques,
o coge lo que halla a su paso, o aspira el aire con la boca
abierta, y vaga por el bosque ignorante de sus peligros
y sin temor alguno por su vida. Así el tierno Mavorte
entre la nieve odrisia, así el alado infante[164] en la cumbre del
Ménalo, y de igual manera el travieso Apolo, gateando
por la playa, hacía inclinarse Ortigia[165] a un costado.
Avanzan
aquéllos a través de la espesura por desviados parajes
de verdes y tupidas sombras; parte rodean a su guía,
parte en compacto grupo la siguen y aventajan. En medio
de la columna marcha ella ligera, con porte no humilde;
y ya devuelve el valle el ronco sonido de la cercana
corriente, y el ruido del agua entre las rocas ha golpeado
sus oídos: en cabeza de la columna exclama entonces
Argos exultante, tal como estaba, alzando el estandarte
para las tropas ligeras: «¡Agua!», y el grito de «¡Agua!» corre
de boca en boca entre los hombres. Así se elevan en la nave

de ellos, Júpiter, de ser engullido por su padre, encargó a los Curetes de Creta ejecutar en el Ida ruidosas danzas para acallar los vagidos del pequeño.

164. Mercurio. El Ménalo es un monte de Arcadia.

165. Primitivo nombre de la isla de Delos.

a lo largo de la costa del mar de Ambracia, y son a su vez
devueltas de regreso por la percutida tierra las voces
de los jóvenes en los remos al señalarla el piloto,
cuando Apolo, en respuesta a sus saludos, despliega ante su vista
Léucade[166]. A las aguas se lanzaron indiscriminadamente
de todas partes tropa y mandos a la vez, la sed los iguala
y no hace distinción entre sus mezclados rangos; penetran
las bestias uncidas a sus carros, se guía a los cuadrúpedos
cargados con sus amos totalmente armados; hace perder pie
a unos el violento torbellino, a otros, las resbaladizas
piedras, y no hay reparo alguno en pisotear a los príncipes
arrollados por la corriente o hundir en las aguas el rostro
del amigo que pide auxilio. Braman las ondas, y el río
se ve saqueado lejos de sus fuentes, su cuenca, poco antes
de un dulce verdor y visible a través de su pura corriente,
sucia está ahora, vaciada de sus profundas aguas; lo enturbian
asimismo los taludes de sus riberas y el arrancado
césped; lleno ya de fango y sucio de cieno y polvo, aunque la sed
se ha saciado, se sigue no obstante bebiendo de él. Creerías
que las tropas se enzarzan en combate, y que un Marte justiciero
ejercita su furia en la corriente, o que una ciudad tomada
es arrasada por los vencedores.

Y uno de los príncipes
rodeado de agua exclama en medio del río: «¡Nemea, reina
con mucho de los verdes bosques, sede elegida de Júpiter,
cuán menos dura te mostraste tú en las hazañas de Hércules,
cuando estrangulaba el melenudo cuello del furioso monstruo[167]
y reducía el aire en sus hinchados miembros! Baste el rigor que

166. Isla de la costa de Acarnania con un famoso templo de Apolo.

167. El león de Nemea, a quien dio muerte Hércules en su primer trabajo. Era invulnerable a las armas, por lo que el héroe hubo de estrangularlo y utilizar las garras de la propia fiera para desollarlo.

hasta ahora has demostrado contra las empresas de tus gentes;
y tú[168], a quien no hay sol capaz de domar, cornígero[169] dispensador
de eternas aguas, fluye feliz, cualquiera que sea la fuente
en la que abres tu fría boca, inmortalmente henchido tu caudal;
pues ni vierte sobre ti el blanco Invierno sus disueltas nieves,
ni el Arco Iris las aguas hurtadas de otra fuente[170], ni te asisten
las nubes del preñado Coro[171], sino que corres dueño de ti
mismo e inexpugnable para todo astro. Ni el Ladón de Apolo[172],
ni uno y otro Janto[173], ni el Esperqueo lleno de amenazas,
ni el Licormas del Centauro[174] podrían aventajarte; por mí
serás tú honrado en la paz, tú en la tormenta misma de la guerra
y en los festines –después de Júpiter, el primer honor– con tal
que nos recibas dichoso al regresar triunfantes de la guerra,
brindes de nuevo de buen grado a nuestras agotadas fuerzas
tus hospitalarias aguas y te dignes reconocer a estos
batallones que has salvado».

168. El río Langia, al que ahora se dirige el que habla en masculino, para distinguirlo de la Ninfa de sus aguas.
169. Recuérdese que los Ríos estaban dotados de cuernos; véase II, 217, y nota 41 (p. 117).
170. Según creencia popular, el arco iris absorbía por sus dos extremidades las aguas del mar y de los continentes y llenaba con ellas las nubes, que las dejaban luego caer de nuevo en forma de lluvia.
171. O Cauro, viento del noroeste.
172. Pues este río era padre de Dafne, la Ninfa amada por el dios.
173. *i.e.,* el de la Tróade (llamado también Escamandro) y el de Licia.
174. El río Licormas, en Etolia, pasó luego a llamarse Eveno por el nombre del rey, padre de Marpesa, que se dio muerte en sus aguas desesperado por no poder alcanzar al raptor de su hija, el Afarida Idas. Era famoso por haber sido derrotado y muerto en él por Hércules el Centauro Neso (sobre el cual véase nota 43 [p. 466], relativa a XI, 238).

Libro V

Había el río calmado su sed, y las columnas, tras haber
devastado su profunda corriente, dejaban sus orillas
y su disminuido caudal; recorre la llanura el caballo
con más ímpetu, y la infantería llena alegre los campos,
han recobrado los hombres sus ánimos, sus bravatas y sus
votos, como si mezclado con las aguas tintas en sangre
hubieran bebido el fuego de la guerra y grandes alientos
para el combate. Formados de nuevo en escuadrones y según
el reglamento de estricta jerarquía, cada uno en la plaza
y bajo el caudillo que antes tuviera, reciben órdenes
de reanudar la marcha. Ya se alza la tierra en las primeras
nubes de polvo, y filtran los árboles el brillo de las armas.
Como a través del mar, sorprendidas por el caluroso Faros,
se alejan las bandadas de ronco graznido[1] del paretonio[2]

1. *i.e.*, grullas, que en sus largos vuelos migratorios van lanzando sonoros gritos que se oyen a larga distancia.
2. Epíteto formado a partir del nombre de una ciudad de Libia, cercana a Alejandría.

Nilo, a donde las empujó el fiero invierno: con fugaz chillido vuelan ellas, una sombra sobre olas y campos, y resuena el inaccesible éter. Es ya un gusto soportar el Bóreas y las lluvias, nadar ya en las disueltas corrientes, y pasar el verano bajo el desnudo Hemo.

Rodeado de un similar círculo de nobles, dice así entonces de nuevo el caudillo hijo de Tálao[3], cuando se hallaba casualmente en pie bajo un viejo olmo y apoyado en la lanza de Polinices situado a su lado: «Pero no obstante tú, quienquiera que seas, con quien –tanta es tu gloria– hemos venido a quedar en deuda incontables batallones por el hado, honor que no despreciaría ni el propio padre de los dioses, cuéntanos, ¡vamos!, ya que nos alejamos de tus aguas llenos de brío, cuál es tu familia o tu tierra, de qué astros has extraído la vida[4]. Dinos, quién es tu padre. Pues debes de estar emparentada con los dioses, aunque haya mudado tu fortuna; tus rasgos revelan una muy noble sangre, y un halo de majestad envuelve tu afligido rostro».

Lanza un gemido la lemnia[5], y tras breves instantes de duda regados por un recatado llanto, empieza a hablar así: «Enormes heridas, rey, me mandas reabrir, las Furias, Lemnos, las armas deslizadas en la intimidad de los lechos, nuestros varones abatidos con infamante espada; he aquí que torna el horror y la Euménide que hiela el corazón. ¡Ah infelices, a quienes se inspiró esta locura! ¡Oh noche! ¡Oh padre! Yo soy en efecto aquella, para que no os avergoncéis quizá de vuestra amable anfitriona, aquella, caudillos, que fue la única que sustrajo y ocultó a su padre. ¿Pero por qué entretejo largos preludios

3. Adrasto.

4. *i.e.,* «¿dónde has nacido?».

5. Hipsípila, hija de Toante, rey de la isla de Lemnos, como ya dijimos y pronto se verá.

a mis cuitas? Las armas os llaman, y las grandes empresas que tenéis en mente. Basta recordar esto: nacida del noble Toante, cautiva me hallo yo, Hipsípila, al servicio de vuestro Licurgo»[6].

Fijaron en ella su atención, y la encontraron más egregia y honorable y al nivel de tan alta acción; en todos surgió entonces el interés por conocer su historia, y antes que nadie el padre Adrasto la exhorta así: «Más bien, venga, mientras hacemos avanzar a las filas de hombres en cabeza –pues no facilita Nemea el despliegue de vastas fuerzas con su frondoso follaje y su impenetrable sombra–, háblanos de ese horror, de tus loables actos y las desdichas de los tuyos, cómo es que, despojada de tu reino, arribas a estas fatigas».

Dulce es hablar para los desdichados y renovar las viejas cuitas. Comienza, pues, así: «En medio de las aguas sufre los embates del egeo Nereo[7] Lemnos, donde, cansado del ardiente Etna, recupera Mulcíbero[8] el aliento; muy cerca, cubre la tierra con su enorme sombra el Atos, y oscurece el mar con la imagen de sus bosques; aran los tracios frente a ella, las costas de los tracios, fatales para nosotros, de donde provino el horror. Florecía rica en hijos la tierra, y no era inferior en fama a Samos o a la sonora Delos, ni a las incontables islas que bate Egón[9] con su espumoso oleaje. Quisieron los dioses perturbar nuestras moradas, y no están nuestros pechos exentos de culpa: no encendimos ningún fuego

6. Véase nota 153 (p. 215) sobre IV, 742.
7. *i.e.*, «del mar Egeo». Nereo, por el cual se alude al mar, es el mayor de los Ancianos del Mar (véase nota 55 [p. 163] sobre III, 410).
8. Uno de los nombres de Vulcano, que sentía predilección por la isla de Lemnos desde que cayera en ella, al ser precipitado desde el cielo por Júpiter, y fuera atendido por sus habitantes.
9. El mar Egeo de nuevo.

sagrado a Venus, ningún templo tuvo la diosa; también mueve a veces los celestes corazones el despecho, y las Penas[10] se deslizan a paso lento. Cuentan que aquélla, abandonando la antigua Pafos y sus cien altares[11], sin conservar su aspecto ni su peinado anterior, se desató el cinturón conyugal y envió lejos a sus aves idalias[12]. Lo cierto es que algunas mujeres decían que entre las sombras de la noche la diosa, portando fuegos distintos y armas más peligrosas, se había deslizado en las alcobas entre las hermanas del Tártaro[13], que había llenado de enroscadas serpientes los rincones de los hogares y de un fiero espanto los umbrales nupciales, y sin compadecerse del pueblo de su fiel esposo[14], ¡al punto huisteis de Lemnos los tiernos Amores, quedó en silencio Himen[15], por tierra sus antorchas y yerto el cuidado del legítimo lecho! No vuelven las noches dedicadas al placer, no llega entre abrazos el sueño, amargos Odios hay por doquier y Furor, y en medio de cada lecho se instala la Discordia. El afán de los hombres se centra en abatir a los soberbios tracios en las orillas contrarias y aniquilar en la guerra a ese feroz pueblo. Y aunque tienen enfrente sus casas, y a sus hijos en pie en el litoral, hallan más dulce soportar los inviernos

10. Una de las numerosas abstracciones, hijas de Eris («la Discordia»).
11. Venus era especialmente venerada en Chipre, isla a la que pertenece la ciudad de Pafos, pues cerca de ella brotó de las aguas fecundadas por los órganos genitales de Urano tras ser castrado por su hijo Saturno.
12. Las palomas, aves consagradas a Venus. La diosa se despoja de todos los atributos que la caracterizan como diosa benigna y complaciente.
13. Las Furias, de cabellera de serpientes y armadas de látigos que son igualmente serpientes.
14. Vulcano, que tenía con la isla de Lemnos una estrecha relación (*cf. supra,* vv. 49-50 y nota 8 [p. 223]). De hecho, Lemnio era uno de sus sobrenombres (*cf.* II, 269).
15. O Himeneo, dios del matrimonio, hijo de Baco y Venus, o de Apolo y alguna de las Musas.

del Edón[16] y el riguroso Norte, o escuchar al fin después del combate la súbita caída de los torrentes que se desploman en el silencio de la noche. En cambio, las mujeres, sumidas en la tristeza –pues a mí me protegen por esa época mi virginidad libre de cuidados y mi edad–, pasan día y noche deshechas en llanto buscando consuelo en la conversación, o contemplan más allá del mar la cruel Tracia.

En medio de su carrera el Sol mantenía en equilibrio, como si permaneciera inmóvil, a sus brillantes corceles en lo alto del Olimpo; cuatro veces tronó en el cielo sereno, cuatro veces los antros del dios que exhala humo[17] dejaron al descubierto sus jadeantes cimas, y Egón[18] se agitó aun estando ausentes los vientos y batió el litoral con su poderoso oleaje: cuando de repente Políxo, de edad madura, entra en horrible frenesí, y abandonando contra su costumbre su dormitorio, se precipita fuera a la carrera. Como una tíade del Teumeso[19] llevada a la locura por su dios, cuando sus ritos la llaman y la flauta del Ida[20] la incita y a sus oídos llega el grito de Euhan[21] desde la cima de las montañas: así, erguido el semblante, la mirada extraviada, inyectada en sangre, llena de alarma con sus furiosos gritos la desierta ciudad,

16. Monte de Tracia.
17. Vulcano, que se recuperaba en Lemnos de los esfuerzos en su fragua bajo el Etna (*cf. supra,* vv. 50 s.).
18. El mar Egeo, como más arriba (*cf.* v. 56).
19. *i.e.,* «una Bacante tebana». Tíades es otro nombre para las seguidoras de Baco. El Teumeso es un monte de Beocia.
20. El monte de Frigia, donde era venerada Cibeles, quien enseñó a Baco los rituales orgiásticos y le proporcionó los instrumentos adecuados para celebrarlos.
21. *Cf.* II, 616, y nota 105 (p. 137).

y golpeando los umbrales de las cerradas casas llama
a consejo: sus hijos, infeliz cortejo, seguían como
una sombra sus pasos. Y aquéllas[22] con no menor prontitud
se lanzan todas fuera de sus casas y corren a la excelsa
ciudadela de Palas: aquí en un momento nos apiñamos
en compacto montón sin ningún orden; luego, desenvainada
la espada, silencio impuso la instigadora del crimen, y osó
hablar así en medio de todas: "Un acto extremo, ¡oh mujeres
de Lemnos sin marido –robusteced vuestros ánimos y olvidad
vuestro sexo!– me dispongo a prescribir por inspiración de los
dioses y de un legítimo dolor; si estáis hartas de guardar
eternamente unos hogares vacíos, de dejar que vuestra
juventud en flor se marchite vergonzosamente y de pasar
en prolongado duelo vuestros estériles años, he hallado,
os lo prometo, el medio –y los dioses nos asisten– de renovar
los placeres de Venus: únicamente asumid un coraje
parejo a vuestras penas, y sobre todo permitidme saber
primero esto. El tercer invierno se cubre de blanco. ¿Quién
ha gozado de los vínculos maritales o el secreto honor
del tálamo? ¿Qué pecho sintió el tibio calor del esposo?
¿De quién ha visto Lucina los esfuerzos del parto, decidme,
o en qué vientre crece pujante el anhelado fruto al paso
de los debidos meses? Por este pacífico entendimiento
se acoplan fieras y aves según sus hábitos. ¡Ah, desidiosas
de nosotras! ¿El padre griego[23] pudo dar a sus hijas armas
vengadoras y contento de sus dolosos actos anegar
en sangre los seguros sueños de los jóvenes, y nosotras
en cambio no somos sino una masa inerte? Y si necesitáis
hechos más cercanos, ahí tenéis para enseñaros coraje

22. *i.e.*, las mujeres lemnias.

23. Dánao; *cf.* II, 222, nota 45, p. 118; IV, 133 ss., nota 26, p. 186.

a la esposa del Ródope[24], que con su propia mano vengó su tálamo y asistió al festín junto con su esposo. Y no os incito quedando inmune yo o a salvo de crímenes: llena está mi casa, y enorme es, vedlo aquí mismo[25], el esfuerzo que exige. A estos cuatro de una vez, honra y solaz de su padre, en mi regazo, aunque con lágrimas y abrazos me intenten detener, los he de atravesar con el hierro, mezclaré la sangre y las heridas de los hermanos, y añadiré a su padre mientras aún respiran. ¿Hay alguna que asegure arrojo para tantos homicidios?".

Insistía sin dar tregua; en el mar que se abría a nuestra vista resplandecieron unas velas: era la flota lemnia. Llena de gozo aprovechó Políxo la ocasión, y empieza de nuevo: "¿Dejamos sin respuesta la llamada de los propios dioses? ¡He aquí las naves! Un dios, un dios vengador los entrega a nuestras iras y favorece nuestros planes. No fue vana la visión que tuve en sueños: en pie, espada en mano, claramente Venus se alzaba ante mis ojos mientras dormía diciendo así: '¿Por qué desperdiciáis vuestra edad? ¡Ea, limpiad vuestros tálamos de esos desdeñosos maridos! Yo misma os procuraré otras antorchas y mejores alianzas'. Dijo, y dejó esta espada, creedme, esta espada sobre mi lecho. ¡Vamos, oh infelices! Decidíos, mientras hay tiempo de actuar: he aquí que lanzan espuma las aguas

24. *i.e.,* de Tracia, por el nombre de su famosa montaña. Se trata de Procne, hija de Pandíon, rey de Atenas, casada con Tereo, rey de Tracia. Enamorado éste de Filomela, hermana de su esposa, la violó, le cortó la lengua para que no pudiera denunciarlo y la encerró, pero Filomela consiguió hacerle llegar a su hermana lo sucedido. Procne entonces la liberó, y entre ambas maquinaron la venganza. Procne mató a su hijo Itis y se lo sirvió en una comida a su padre. Cuando éste se disponía a vengarse de las dos hermanas, los tres fueron metamorfoseados en pájaros por los dioses: Procne en ruiseñor, Filomela en golondrina y Tereo en abubilla.

25. Políxo señala a sus cuatro hijos, que la acompañan.

batidas por sus poderosos brazos, llegan quizá con ellos sus esposas tracias". De enorme acicate sirven sus palabras y un gran clamor se alza hasta las estrellas. Pensarías que Escitia hierve con el tumulto de las Amazonas y que desciende su batallón con sus escudos en forma de luna creciente, cuando el Padre[26] permite las armas y abre la puerta de la cruel Guerra. Y sus voces no son dispares, ni surgen acaloradas discusiones en pro de pareceres contrarios, como suele ocurrir en la plebe: a todas mueve el mismo furor, el mismo propósito de asolar sus hogares, de cortar los hilos de la vida de jóvenes y ancianos, de ahogar a sus pequeños contra sus rebosantes pechos y pasar a cuchillo a todos sin distinción de edad. Entonces en un verde bosque –oscurece este bosque la tierra junto a las altas cimas de Minerva, negro él mismo, pero sobre el que se alza un gran monte, y en la doble oscuridad expiran los rayos del sol– aquí sellaron su pacto, siendo testigos tú, belicosa Enío[27], y la infernal Ceres, y asistieron, abierto el Aqueronte, las diosas de la Estige antes de ser invocadas; pero sin darse a conocer, mezclada entre ellas, por todas partes está Venus, Venus es quien sostiene las armas, Venus quien enciende sus iras. Y no es como de costumbre la sangre: la esposa de Cárope ofreció a su hijo; se ciñen, y destrozan con la espada su asombrado pecho, dejando caer ávidas a un tiempo sobre él de todas partes sus diestras, y sobre su sangre aún caliente se conjuran en su dulce crimen, mientras el nuevo espectro vuela en torno

26. Marte, padre de las Amazonas en general, en el sentido de fundador de su estirpe.

27. Diosa griega de la guerra que acompañaba a Ares en la batalla, identificada con Belona por los romanos. La infernal Ceres es, claro está, Prosérpina, hija de Ceres y esposa de su tío Plutón, y por tanto reina de los Infiernos.

a su madre[28]. ¡Qué escalofrío recorrió mis huesos ante semejante espectáculo, cómo se demudó mi semblante! Como cuando una cierva rodeada por sanguinarios lobos, que no conserva en su tierno pecho ninguna fuerza y escasa confianza en la velocidad de su carrera, se lanza ansiosa a una precipitada huida, y a cada instante cree que le dan alcance y oye abatirse sobre ella una lluvia de frustrados mordiscos.

Allí estaban ellos, y apenas chocaron las quillas contra la primera línea del litoral, saltan a porfía a tierra a toda prisa. ¡Pobres de ellos, con quienes no acabó ni su indomable valor bajo el Marte odrisio[29], ni la inclemencia del mar que separa las dos costas! Llenan también del humo del incienso los elevados templos de los dioses, y arrastran a las bestias prometidas: negro es el fuego en todas las aras, y en ninguna entraña palpita intacto el dios[30]. Con más lentitud hizo caer Júpiter la noche del húmedo Olimpo, y con benigna solicitud retuvo, creo yo, el giro del cielo, impidiendo el cumplimiento de los hados, y jamás tardaron tanto las nuevas tinieblas acabado el recorrido del sol. Aunque tardías, al cabo aparecieron en el firmamento las estrellas, pero relucen con ellas Paros, la umbrosa Tasos y las numerosas Cícladas; en la oscuridad queda

28. Compárese *Silvas* II, 1, 22, donde el alma llorosa del pequeño difunto vuela sobre su propio cadáver. Véase también *Tebaida* XII, 55, donde los espectros de los griegos privados de sepultura vuelan en torno a las vedadas piras.

29. *i.e.,* la guerra contra los tracios. Los Ódrisas eran un pueblo de Tracia.

30. *spirat deus integer, i.e.,* no da el dios un presagio favorable. En los sacrificios cruentos, la voluntad de los dioses se manifestaba en las entrañas aún palpitantes *(spirantia)* de las víctimas, que debían ser perfectas *(integra),* sin ningún defecto, para dar un presagio favorable. Cualquier imperfección era observada atentamente por los arúspices e interpretada a continuación.

sólo Lemnos totalmente cubierta por un plomizo cielo,
sobre ella se ciernen lúgubres brumas, y una red de tinieblas
se entreteje en lo alto, sólo Lemnos pasa desapercibida
a los errantes marineros. Dispersos ya por los hogares
y entre las sombras de los bosques sagrados, se entregan a ricos
festines y vacían grandes copas de oro rebosantes de
vino, mientras se explayan en narrar sus luchas en el Estrimón,
sus penosos esfuerzos en el Ródope o en el gélido Hemo.
Y no dejan de yacer sus esposas, pandilla depravada,
entre guirnaldas y festivas viandas, con sus mejores galas
cada una; Citerea les había concedido esa última
noche unos maridos tiernos y una breve y vana paz después
de tanto tiempo, y había inflamado a los desventurados
en un fuego pronto a perecer. Callaron los coros, se da fin
a los banquetes y a la placentera diversión, y se apagan
los murmullos de las primeras horas de la noche, cuando
envuelto en las tinieblas de su hermana la Muerte[31], húmedo
del rocío de la Estige, el Sueño abraza la ciudad en vías
de sucumbir, derrama de su implacable cuerno un pesado
sopor y separa a los varones. Esposas y mozas están
alerta para el crimen, y las Hermanas afilan alegres
sus terribles armas[32]. Acometieron su infame acción, en cada
pecho reina su propia Erinis. No de otro modo en los campos
de Escitia cercaron a los rebaños las leonas hircanias,
a las que al alba hace salir el primer asalto del hambre,
mientras sus cachorros solicitan ávidamente sus ubres.
De las mil formas de crímenes, dudo en efecto qué casos
relatarte. Mientras Élimo, ceñida de ramas la frente,

31. Entre otras abstracciones, el Sueño, hijo de la Noche, es hermano de la Muerte, así como de deidades personales tales como las Hespérides, las Parcas, Némesis y Eris.
32. Los husos, en los que las Parcas hilan la vida de los hombres.

exhala en el sueño los vapores del vino sobre una alta
pila de cojines, la temeraria Gorge se cierne sobre él,
y separando sus ropas, explora dónde asestar el golpe,
pero ante la proximidad de la muerte el funesto sopor
lo abandona. Confuso e intentando sus ojos distinguir
al incierto enemigo, la estrecha entre sus brazos, y al instante
hunde ella el hierro por detrás en sus costillas, según la tiene
cogida, hasta alcanzar su propio pecho. El crimen se ha cumplido;
echa atrás la cabeza, mientras, tierno aún, busca a Gorge con la
mirada extraviada y un susurro trémulo, sin separar
los brazos de su indigno cuello. No voy a desvelar yo ahora
los asesinatos de la multitud, por crueles que hayan sido,
no recuerdo sino los duelos de mi propia estirpe: cómo a ti,
rubio Cidón, cómo a ti, Creneo, con tu intacta cabellera
esparcida sobre el cuello, vosotros a quienes amamantó
el mismo seno que a mí, hijos ilegítimos de mi padre,
y al fuerte Gía, a quien temía yo, su prometida, cómo os vi
sucumbir bajo los golpes de la sanguinaria Mirmídone,
y cómo su bárbara madre atravesaba a Epopeo mientras
éste se solazaba entre guirnaldas y almohadones. Dejando
caer el arma, llora su hermana Licasta sobre Cidimón,
de su misma edad, contemplando, ¡ay!, en su cuerpo condenado a
morir esos rasgos similares a los suyos, sus mejillas
en flor y los cabellos que con oro había arreglado ella
misma, cuando su cruel madre, abatido ya su esposo, se plantó
ante ella, la incita con amenazas y le arroja su espada.
Como el animal salvaje, que ha perdido sus fieras costumbres
bajo un benigno amo, usa sus armas con excesiva lentitud
y se niega a volver a sus hábitos pese a los aguijones
y a los frecuentes golpes, así cae ella sobre el que yace,
y desplomándose sobre su pecho recibe la sangre que
brota a borbotones, y oprime contra sus frescas heridas
sus arrancados cabellos. Pero cuando vi a Alcímede

llevar la cabeza cortada de su padre, que aún murmuraba, y su espada ávida de sangre, mis cabellos se erizaron y un estremecimiento de horror me recorrió las entrañas: ¡Se me figura que aquél es mi Toante[33], mía esa bárbara diestra! Me lanzo al punto fuera de mí hacia la alcoba de mi padre. Lleva aquél por cierto largo tiempo preguntándose –¿cómo puede conciliar el sueño quien está pendiente de importantes asuntos?–, aunque nuestra espaciosa morada está alejada de la ciudad, qué es ese jaleo, qué son esos murmullos en medio de la noche, por qué el reposo está lleno de gritos. Le relato el crimen en temblorosa secuencia, qué aflicción lo motivó, de dónde les vino el coraje: "No hay fuerza capaz – le digo– de contener su furia; sígueme por aquí, oh infeliz de ti; urgen, y se presentarán si nos demoramos, y quizá caerás conmigo". Movido por mis palabras, dejó el lecho. Nos ponemos en marcha por sendas aisladas de la vasta urbe y, ocultos en un manto de tinieblas, por doquier observamos grandes montones de la nocturna matanza, según había dejado a cada uno tendido por los bosques sagrados la cruel noche. Aquí era posible ver rostros hundidos en los lechos, empuñaduras que sobresalían de los pechos abiertos, quebrados fragmentos de grandes lanzas, vestidos desgarrados por el hierro en los cadáveres, copas boca abajo, viandas flotando en el estrago, y vino mezclado con sangre que como un torrente volvía a los vasos desde las abiertas gargantas. Aquí hay un grupo de jóvenes y un montón de ancianos, a quienes ningún arma habría debido ultrajar, y niños medio muertos echados sobre los rostros de sus dolientes padres exhalan sus temblorosas almas en el umbral de la vida. Los festines de los Lápitas en el frío Osa no exhiben mayor despliegue de crueldad, cuando con la gran ingesta de vino han ardido

33. *i.e.,* su padre, el rey de Lemnos.

los Hijos de las Nubes[34]; tan pronto los invade la palidez
de la ira, vuelcan las mesas y se lanzan al combate.
Por vez
primera bajo la noche se nos reveló entonces en nuestra
zozobra Tioneo[35], portando a su hijo Toante sus extremos
auxilios, y resplandeció de repente envuelto en un haz de luz.
Lo reconocí: y no había él por cierto ceñido de guirnaldas
sus turgentes sienes ni sus cabellos de dorada uva: una
nube cubría su semblante, y vertiendo sus ojos indigno
llanto, dice así: "Mientras los hados te permitían, hijo,
conservar una Lemnos poderosa y digna de ser temida
incluso por los pueblos extranjeros, jamás mi solicitud
se apartó de tu justo gobierno: han cortado sus crueles hilos
las siniestras Parcas, y ni con palabras ni con lágrimas, que en
vano derramé a profusión como suplicante ante Júpiter,
me ha sido dado alejar los males; a su hija[36] ha concedido
el abominable honor. Acelerad vuestra huida, y tú, digna
descendiente mía, guía a tu padre, doncella, por aquí
por donde los brazos de la doble muralla conducen a la
costa: en aquella puerta, en donde crees que reina el silencio,
se alza la funesta Venus, y ceñida con la espada presta
ayuda a las furiosas mujeres –¿de dónde saca la diosa
esa fuerza, de dónde ese marcial pecho?–: confía tú al vasto

34. Los Centauros, raza creada a partir de la unión de Ixíon, rey de los Lápitas, con la nube (las nubes tenían forma equina) con la figura de Juno formada por Júpiter. Se alude aquí al famoso combate entre Lápitas y Centauros en la boda de Pirítoo con Hipodamía.
35. Sobrenombre de Baco como hijo de Tione (nombre dado a Sémele tras subir con su hijo a los cielos para morar en el Olimpo). De Baco y Ariadna es hijo Toante.
36. Venus, hija de Júpiter y Dione según Homero. Las quejas de ella son las que ha atendido Júpiter, concediéndole el privilegio de infligir un horrible castigo a las lemnias.

mar a tu padre; yo te sustituiré en su cuidado". Habiendo
hablado así, se desvanece de nuevo en el aire y, puesto que
las sombras dificultaban nuestra visión, alumbró amoroso
el camino con un largo haz de luz. Sigo por donde me indican
las señales; luego, escondido en un curvo navío, encomiendo a
mi padre a los dioses del mar, a los Vientos y a Egón[37] que en su abrazo
ciñe las Cícladas, y no se pondría jamás fin a nuestro
mutuo llanto, si no expulsara ya Lucífero a las estrellas
del oriental polo. Me alejo entonces finalmente del ronco
litoral, mil ideas debatiendo en mi temor y confiando
apenas en Lieo[38], yo misma con pasos presurosos, pero
mi angustiado corazón atrás quedaba, y sin dejar de observar
desde cada colina los vientos que se alzaban en el cielo
y las olas del mar. Se levanta el día lleno de vergüenza,
y el Titán[39] que desvela de nuevo el cielo mantiene sus rayos
alejados de Lemnos y solapado su carro tras una
nube. Han quedado a la vista los extravíos de la noche, y con
el horror del nuevo día a todas acomete, aunque entre iguales,
un repentino pudor; sepultan bajo tierra sus impíos
crímenes o los queman en apresuradas piras. Ya habían
abandonado los conquistados alcázares la tropa
de las Euménides y Venus totalmente saciada; les ha
sido posible a las mujeres darse cuenta de lo que habían
osado hacer, y mesarse los cabellos, y anegar en llanto
sus ojos. La isla rica en campos y recursos, en armas y hombres,
famosa por su situación y recientemente enriquecida
por su triunfo gético[40], ha perdido de una vez a todos sus

37. El mar Egeo, como más arriba (v. 56).
38. «El que relaja», otro de los muchos sobrenombres de Baco.
39. El Sol, como ya hemos visto en anteriores ocasiones.
40. La victoria sobre los tracios *(cf.* Lactancio Plácido *ad loc.)*.

habitantes, desolada y arrasada hasta el fondo no a causa de una inundación, ni del enemigo ni de un cielo adverso: no labran los campos, no surcan las aguas los hombres, en silencio han quedado las casas, profunda se extiende la sangre, todo teñido de rojo y cubierto de espesos coágulos, y dentro de las murallas de la gran ciudad sólo quedamos nosotras y las indignadas almas que alientan sobre nuestros tejados. También yo levanto en la recóndita intimidad del palacio una pira de elevadas llamas, arrojo sobre ella el cetro y armas de mi padre y sus conocidos ropajes, atuendo de los reyes, y junto a la hoguera donde arden confundidos, en pie me mantengo afligida con la espada ensangrentada; lloro mi engaño y la vacía sepultura temerosa de que puedan descubrirme, y suplico que el presagio sea vano para mi padre y que el mismo camino sigan mis dudas y temores de muerte[41]. Por estos méritos míos, cuando me hube ganado merced a la argucia de mi falso crimen su confianza, se me concede –¡qué tortura!– el cetro y sentarme en el trono de mi padre. ¿Podía yo negarme, acosada por ellas? Acepté, dando ante los dioses testimonio a menudo de mi lealtad y mis inocentes manos; asumo –¡oh afrentoso poder!– un exangüe reinado sobre una afligida Lemnos sin jefe.

Ya el remordimiento atormenta cada vez más los despiertos sentidos, se oyen claramente los lamentos, y poco a poco Pólixo[42] se hace odiosa; ya se permiten recordar su crimen, ya elevar altares a los manes y conjurar día tras día sus cenizas sepultadas. Así cuando las trémulas novillas han visto con estupor al guía y consorte del establo, señor del bosque y gloria de la adulta manada,

41. *i.e.,* pide que su simulacro de duelo no sea un mal presagio para su padre ni para ella misma.
42. La instigadora de la carnicería: *cf. supra,* 90-142.

caer bajo el enemigo masilo[43], avanza el cercenado
rebaño sin honor, y el propio campo, los mismos ríos y las
mudas bestias lamentan la muerte de su rey.
Mas he aquí que,
hendiendo las aguas con su broncínea proa, el navío
de madera de pino del Pelión[44] se acerca, huésped extraño
del vasto mar nunca antes surcado; los Minias[45] lo conducen,
blanca espuma levantando en torno a sus altos flancos el batir
de los remos a cada banda; creerías que avanza Ortigia[46]
arrancada de raíz, o que por el mar corre un desgajado
monte. Pero cuando, en suspenso los remos, la superficie
queda en silencio, más dulce que el canto de los ancianos cisnes
o el sonido de la lira de Febo una voz se deja oír
desde el centro de la popa, y las propias aguas se aproximan
a la embarcación. Más tarde nos fue dado saberlo: el hijo
de Eagro, Orfeo, apoyado en el mástil, canta allí en medio
de los remeros, y los ayuda a olvidar tan grandes esfuerzos.
Rumbo al Bóreas escítico[47] iban ellos, y antes a la entrada

43. Los masilos eran un pueblo del norte de África, por lo que su nombre se emplea con frecuencia por «africano». El «enemigo africano» de los rebaños es el león.
44. La Argo, la embarcación de los Argonautas. El Pelio o Pelión es un monte de Tesalia.
45. Además de Argonautas, los tripulantes de la Argo reciben también a menudo el nombre de Minias, quizá por descender de Minias, rey de Orcómeno, algunos de ellos (en concreto, su caudillo, Jasón), quizá porque así se llamaba a los habitantes de Iolcos.
46. Delos, como en IV, 796.
47. Escitia denominaban los antiguos a una vasta región al noroeste de Asia. Bóreas es el nombre del viento del norte, usado también para referirse al norte, así que la expresión equivale a «el escítico norte». Los Argonautas se dirigían efectivamente a la Cólquide, comarca del norte de Asia, al este del Ponto Euxino (el mar Negro). A este mar se alude luego, y a las islas Simplégades, o Cianeas, peligrosos escollos móviles que se entrechocaban.

del ponto cerrada por las islas Cianeas. Nosotras, seguras a su vista de que eran guerreros tracios, corremos a las casas en confuso tumulto al modo de apiñados rebaños o fugitivas aves. ¿Dónde se hallan ahora, ay, nuestros furores? Remontamos el puerto y los muros que ciñen el litoral, por donde hay una vasta panorámica sobre el mar abierto, hasta alcanzar las altas torres; temblorosas, transportan aquí piedras, estacas, las siniestras armas de los maridos y espadas tintas en sangre; es más, no tienen reparo incluso en ceñirse el áspero entramado de las corazas ni en ajustar los cascos a su licencioso rostro; enrojeció Palas contemplando con asombro los audaces batallones, y sonrió Gradivo en el lejano Hemo. Entonces por primera vez abandonó la impetuosa demencia los espíritus, y no parece aquél un navío en el mar, sino la tardía justicia de los dioses y los castigos de sus crímenes que se acercan a través de las aguas. Y ya distaban de tierra cuanto alcance tienen los dardos gortinios[48], cuando Júpiter, moviendo una nube preñada de negra lluvia, la sitúa sobre los mismos aparejos de la nave pelasga; el horror reina en las aguas, el día se ve violentamente privado de todo rayo de sol y envuelto en tinieblas, del mismo color que las cuales tórnanse al punto las olas; desencadenados desgarran los vientos las cóncavas nubes y alborotan el mar, vuelve a la superficie la húmeda arena en negros remolinos, y la masa líquida está toda a merced de los enfrentados vientos y se quiebra tras haberse arqueado su lomo hasta casi alcanzar las estrellas; y ya no conserva el inseguro navío su anterior ímpetu, sino que oscila, ora hundiendo

48. *i.e.,* se encontraban los Argonautas muy cerca de la costa, a un tiro de flecha. Las flechas cretenses (Gortina es una ciudad de Creta con la que se hace a menudo referencia a la isla, *cf.* IV, 530) eran famosas *(cf.* IV, 258).

en el profundo torbellino al tritón que se yergue en su proa,
ora alzándolo en los aires. De nada sirven las fuerzas de los
semidioses héroes, el loco mástil azota la popa,
e inclinándose hacia delante con su inestable carga arrastra
las curvas aguas, caen sobre el pecho inútiles los remos.
También nosotras, entre las rocas y desde cada terraplén
de los muros, mientras los hombres laboran y se indignan contra
olas y huracanes, dejamos caer desde arriba con nuestros
débiles brazos una lluvia de proyectiles –¿qué acto no osó
llevar a cabo nuestra mano?– contra Telamón y Peleo,
y busca nuestro arco al Tirintio[49]. Aquellos –puesto que se enfrentan
a la vez al combate y al mar– parte protegen la embarcación
con sus escudos, parte achican del fondo las aguas; combaten
por último otros, pero con el movimiento sus cuerpos pierden
estabilidad, y carecen de empuje sus tambaleantes
fuerzas. Insistimos en la descarga de dardos, la tormenta
de acero compite con la de las nubes, y grandes estacas,
fragmentos de rocas, jabalinas y saetas de ignífera
cola caen ya en el mar, ya en la popa, resuena con estruendo
la nave totalmente cubierta, la cala se desajusta y
responden con un gemido las tablas. Así azota Júpiter
las verdes campiñas con la nieve hiperbórea; todo tipo
de bestias yace sepultado en las llanuras, sorprendidas
en su vuelo caen las aves, y la mies está recubierta
de áspero hielo, de ello se sigue el estrépito en las cimas[50],
la violencia de los ríos. Pero cuando desgarró las nubes
el fuego de Júpiter blandido desde lo alto y formidables

49. Hércules. Participó en la expedición de los Argonautas, aunque no la acabó, pues desembarcó en Misia, antes de arribar a la Cólquide, para ir en busca de su favorito Hilas, raptado por las Náyades de la fuente donde había ido a por agua.

50. Con el posterior deshielo.

aparecieron los marineros bajo el rayo, se helaron
los ánimos, caen de nuestras manos paralizadas de horror
las armas ajenas y volvió a nuestras mentes nuestro sexo.
Reconocemos a los Eácidas[51], a Anceo que amenaza
ferozmente nuestros muros, y a Ífito que rechaza las rocas
con su larga lanza; en la atónita tripulación sobresale
de manera manifiesta el hijo de Anfitrión[52], hace oscilar
el navío con su peso al moverse de una a otra banda,
y arde por lanzarse en medio de las olas. Pero ligero
entre los bancos, los remos y los héroes cuyas espaldas
golpea, Jasón, a quien yo no conocía aún, pobre de mí,
no ceja en sus reiteradas exhortaciones, con voz y gestos
instando ya al gran hijo de Eneo[53], ya a Idas y a Tálao,
y al Tindárida[54], chorreando de la blanca espuma del mar,
y a Cálais, que en medio del torbellino de su gélido padre[55]
se esfuerza por sujetar al mástil las velas; baten ellos
bajo sus instigaciones ora las olas, ora los muros,
pero las espumeantes aguas no ceden y rebotan las
lanzas arrojadas contra las torres. Cansado está el propio
Tifis[56] de bregar con el potente oleaje y el timón que se
niega a obedecerlo, y palidece, y a cada momento cambia
las órdenes, y gira contra las olas que se alzan a izquierda
y derecha la proa, ávida de lanzarse contra las rocas

51. Peleo y Telamón, hijos de Éaco, primer rey de Egina.
52. Hércules de nuevo, en realidad hijo de Júpiter y Alcmena, esposa de Anfitrión.
53. Meleagro, hermanastro de Tideo.
54. Cástor o Pólux, uno de los dos Dióscuros, hijos de Leda y Júpiter, o de Leda y su esposo mortal Tindáreo, y hermanos o hermanastros de Helena y Clitemnestra.
55. Bóreas, el viento del norte.
56. El piloto de la nave, que sin embargo no pudo cumplir su misión hasta el final, pues enfermó y murió en el país de los mariandinos. Su puesto fue ocupado por Anceo.

que hacen naufragar, hasta que desde la última sección del buque
el hijo de Esón[57] levantó las ramas de olivo de Palas,
insignia de Mopso[58], y solicitó un pacto pese a la oposición
de sus compañeros; la violenta borrasca sepultó su voz.
Se puso entonces fin a la lucha, y agotados se calmaron
a la vez los vientos y el día devolvió su luz al turbado
Olimpo. Los cincuenta héroes[59], una vez amarrado el barco
como es costumbre, saltan al punto a tierra de lejos y huellan
la desconocida playa, honra y prez ellos de sus ilustres
padres, ya con frente serena y reconocible porte, una vez
que la indignación y la cólera ha abandonado sus semblantes.
Así se lanzan fuera por la secreta puerta, según cuentan,
los habitantes del cielo, siempre que les complace visitar
las moradas y la costa de los rojos etíopes, y su
humilde mesa[60]; ríos y montes les abren paso, se huelga
la tierra de sus pisadas, y goza de un breve respiro Atlas
que aguanta la bóveda celeste.
Distinguimos entonces a
Teseo, ufano del recientemente liberado Maratón[61],
y a los hermanos del Ísmaro[62], prendas amadas del Aquilón,
cuyas sienes zumbaban con sus brillantes alas; a Admeto,

57. Jasón.
58. En su calidad de adivino. De ser preferido a él por Jasón se jactaba Anfiarao (*cf.* III, 520 s.).
59. El número de los Argonautas varía según las fuentes, siendo el más alto el que da Higino (69 nombres) y el más bajo el de Apolodoro (45).
60. *Cf.* Hom. *Il.* I, 423 s., donde Zeus y el resto de los dioses asisten a un banquete de los etíopes.
61. La primera hazaña de Teseo, tras arribar a Atenas y antes de ser reconocido como su hijo por el rey Egeo, fue la de dar caza (por encargo de Egeo, instigado por Medea) al toro de Maratón, feroz animal que asolaba los campos.
62. Monte de Tracia, por el que se hace referencia a esa región del norte de Grecia donde habitaba el viento del norte, Bóreas, también llamado

a quien Febo[63] no desdeñaba tener por superior, y a Orfeo, en nada similar a la bárbara Tracia[64]; luego al vástago de Calidón[65] y al yerno del profundo Nereo[66]. Atraen las miradas por los errores y las dudas que provocan los dos Ebálidas[67]; brilla el manto de uno, brilla también el del otro, portan ambos lanza, descubiertos están los hombros de los dos e igualmente desnudas sus mejillas, del mismo astro radiantes sus cabellos. Emprende audaz la marcha y modifica el paso siguiendo las huellas del gran Hércules el tierno Hilas, y pese a que el héroe se mueve con lentitud debido a su volumen, apenas logra alcanzarlo, y cargando con las armas de Lerna se alegra de sudar bajo el enorme carcaj.

De nuevo, pues, Venus y el Amor tientan con sus ocultas llamas los severos corazones de las lemnias. La augusta Juno insinúa entonces en sus mentes las armas y porte de los héroes, las marcas de su noble linaje, y todas abrieron sucesivamente y a porfía sus puertas a los huéspedes; ardió el fuego entonces primero en los altares, y llegó el olvido de las horribles

Aquilón. Se trata de los gemelos Cálais y Zetes, hijos de este viento, dotados de alas en las sienes.

63. Apolo fue obligado por Júpiter a servir durante un año a un mortal en castigo por haber matado a los Cíclopes. Este mortal fue el rey Admeto, a quien sirvió como boyero.

64. A pesar de ser ésta su patria (era hijo de Eagro, rey de Tracia), Orfeo, el cantor y músico más insigne de la mitología, era por carácter más similar a su madre, una de las Musas (Calíope en la mayoría de las versiones).

65. Meleagro, hijo de Eneo, rey de Calidón, y Altea, y hermanastro de Tideo. Su hazaña más famosa fue la de dar muerte al jabalí que asolaba su región.

66. Peleo, casado con la Nereida (hija de Nereo) Tetis y padre de Aquiles.

67. Cástor y Pólux, ahora los dos Dióscuros (antes se ha hecho referencia a uno de ellos sin precisar a cuál: véase *supra,* 406-407), nietos de Ébalo, padre de Tindáreo.

cuitas; hubo entonces banquetes, feliz sueño y noches tranquilas, y no sin el designio de los dioses, creo yo, hallaron favor al confesar su delito. Quizá también, caudillos, tengáis interés en conocer mi falta, el hado que la disculpa. Pongo por testigo las cenizas y las furias de los míos de que ni por voluntad propia ni por mi culpa contraje yo matrimonio con un extranjero –bien lo sabe la divina providencia– por persuasivo que sea Jasón a la hora de seducir a inexpertas doncellas: sus propias leyes rigen el sangriento Fasis[68]; otros amores provocáis, gentes de la Cólquide. Y ya, libres del hielo, se han entibiado los astros con los prolongados soles, y el veloz año se da la vuelta para reiniciar su curso. Ya hay una nueva descendencia y partos logrados con arreglo a nuestros votos, se llena Lemnos de inesperados vagidos infantiles. También yo traigo al mundo a dos gemelos, testimonio de una forzada unión, y, convertida en madre bajo mi duro huésped, renuevo el nombre de su abuelo[69]; y no me es dado saber qué suerte les ha cabido desde que los dejé, ahora cumplen veinte años justos, si es que los hados lo permiten y los crio Licasta[70] tal como le pedí.

Se aplacaron los ímpetus del mar, y el más benigno austro invita a alzar velas: aborrece la tardanza y la quietud

68. Río de Cólquide, destino final de los Argonautas y país de Medea. De rojo se tiñeron sus aguas *(cruentum)* con la sangre de Apsirto, el hermano de Medea, despedazado por ella para arrojar sus miembros al agua y así ralentizar la persecución de su padre, cuando huía con Jasón tras haberle ayudado a apoderarse del vellocino de oro *(cf.* Lactancio Plácido, *ad loc.).*

69. *i.e.,* Toante. El nombre del otro niño era Euneo, como veremos más adelante *(cf.* VI, 342 s.). En este libro se nos hablará de nuevo de ellos *(cf. infra,* 710-730), pero siempre innominados. Euneo, hijo de Jasón e Hipsípila y rey de Lemnos, aparece ya en Homero *Ilíada* VII 468 ss., XXIII 747.

70. La compasiva hermana de Cidimón antes mencionada *(cf. supra,* 226 ss.).

del puerto el propio barco, y tensa las amarras que lo sujetan a la roca. Llaman los Minias a la huida, y el fiero Jasón convoca a sus compañeros, ¡ojalá hubiera costeado mis riberas ya entonces sin torcer su rumbo quien no tuvo en cuenta a sus propios hijos, ni la palabra dada!; en pueblos remotos perdura ciertamente la fama: ha retornado el vellocino del marino Frixo[71]. Cuando la luz del día fijado[72] se hundió en el mar, sintió Tifis la venidera brisa y al oeste el lecho de Febo se tiñó de rojo, de nuevo, ay, estallan los lamentos, de nuevo es nuestra última noche. Apenas se había insinuado el día, y ya Jasón, de pie en la cubierta, ordena partir, y hiere como caudillo las aguas con el primer golpe de remo. Los seguimos con la vista desde las rocas y la cima más alta del monte, mientras hienden los flancos espumosos del vasto mar, hasta que la luz fatigó nuestros errantes ojos, pareció juntar la extensa superficie con el cielo y hundió las aguas en el horizonte.

Arriba a nuestro puerto el rumor de que, transportado allende los mares, reina Toante en Quíos, la isla de su hermano[73], de que ningún delito he cometido yo, y de que la pira que ardió estaba vacía; ruge la impía muchedumbre, inflamada por los aguijones de la culpa, y reclaman el crimen. Es más, cunden por el pueblo secretas voces: “¿Es acaso la única fiel a los suyos, mientras nos complacemos nosotras en el crimen?

71. *i.e.,* los Argonautas reemprendieron efectivamente y culminaron felizmente su empresa de recuperar los dorados vellones del carnero sobre el cual Frixo (véase nota 58 [p. 121], a II, 281) sobrevoló los mares.
72. El tiempo que permanecieron los Argonautas en Lemnos es impreciso. Estacio en cualquier caso indica que fue más de nueve meses, puesto que las lemnias (entre ellas Hipsípila) habían dado ya a luz. Ovidio *(Her.* VI 56) lo fija en dos años enteros.
73. Enopión, rey de Quíos, hijo, como Toante, de Baco y Ariadna.

¿No lo quiso así la divinidad y el hado? ¿Por qué gobierna
en una ciudad maldita?". Espantada por tales rumores
–me aguarda un terrible castigo, y el trono no me seduce–,
recorro sola, a escondidas, el incierto litoral y dejo
atrás las funestas murallas por el conocido camino
por donde huyó mi padre[74]; pero Euhan no sale una vez más a mi
encuentro, pues me rapta, sin que ose yo levantar la voz, una
banda de piratas que había atracado aquí, y me transporta
como esclava a vuestras riberas».

Mientras la exiliada lemnia
repite su relato a los príncipes de Lerna y con su larga
queja se consuela de sus quebrantos, sin acordarse –¡así
lo determinasteis los dioses!– del pequeño ausente[75], hunde aquél
sus pesados ojos y su lánguida cabeza en el mullido
suelo y, cansado de tantos juegos infantiles, se queda
dormido, con un puñado de hierba en la mano.

Entretanto,
aparece en los campos una serpiente hija de la tierra,
sagrado horror del bosque aqueo, y, desplegadas sus roscas, se
desliza dejando tras de sí su enorme rastro. Arde en sus ojos
una lívida llama, hay en su boca una verdosa espuma
cargada de veneno, vibra su trífida lengua, muestra tres
hileras de agudos dientes, y una cruel divisa descuella
en su dorada frente. Los campesinos inaquios la juzgaron
consagrada al Tonante, que ostenta la salvaguardia del lugar
y en sus silvestres aras recibe humilde culto; ora rodea
los santuarios del dios reptando con sus sinuosos anillos,
ora destroza los árboles del desdichado bosque y aja
con sus abrazos los poderosos olmos; yace a menudo
sobre los ríos desplegado su cuerpo de una a otra orilla,

74. *Cf. supra,* vv. 246 ss.
75. *i.e.,* Ofeltes, *cf.* IV, 779 ss.

y la corriente, interrumpida por sus escamas, burbujea.
Pero ahora que bajo las órdenes del dios ogigio[76] la tierra
entera jadea y se ocultan en el polvo las temblorosas
Ninfas, retuerce llena de furia por el suelo con el pliegue
de sus costados su sinuoso dorso y se exaspera nociva
con el fuego de su reseco veneno. Se desliza a través
de estanques, áridos lagos y ahogadas fuentes, vaga en valles
sin ríos, y abrasada de sed[77] ora lame boca arriba el líquido
aire, ora rayendo los gimientes campos se pega a la tierra
boca abajo, por si algún jugo destilan las plantas aún verdes;
por donde ha movido su cabeza, caen las hierbas heridas
por su cálido aliento, sucumbe el campo bajo sus silbidos:
tan colosal como la Serpiente[78] que divide el cielo desde
el carro de la Osa y llega hasta los vientos del sur acabando
en un hemisferio ajeno; o como aquella que hacía temblar
las cimas del sagrado Parnaso ciñéndolas con sus roscas[79],

76. Baco, dios tutelar de Tebas, que ha impuesto la sequía en el territorio por donde avanzan los griegos, *cf.* IV, 683 ss.
77. O «fuera de sí» si se prefiere la lectura de los manuscritos, tanto P como omega, *incertusque sui* en lugar de la enmienda de Schader *incensusque siti,* que prefiere la edición de Loeb.
78. *Anguis* en latín. Parece referirse a la constelación boreal del Dragón, que se encuentra entre la Osa Mayor y la Osa Menor, pero ésta no penetra en el hemisferio austral. Con frecuencia se confunde con la Serpiente, generalmente llamada Serpentario u Ofiuco, constelación boreal aún, pero muy próxima al ecuador de la esfera celeste. Hay también otra constelación a la que se llama a veces, como a las otras dos, *anguis,* y es la Hidra, constelación austral, de figura muy prolongada.
79. La monstruosa serpiente Pitón, guardiana del oráculo de Delfos antes de la llegada de Apolo. Era una auténtica calamidad para la región, que asolaba, además de devorar a las reses. Tras haberla matado a flechazos, Apolo asumió el sobrenombre de Pitio, fundando además más tarde, para conmemorar su muerte, los Juegos Píticos. Ha sido mencionada ya en I, 711, y volverá a serlo más adelante (*cf.* VI, 9, 358 ss.; VII, 96, 349 ss.).

hasta que abatida por ti, Delio, un bosque de dardos llevó
en sus cien heridas.
¿Qué dios te dio en suerte, pequeño[80], la carga
de un destino tan grande? ¿Apenas en los albores de la vida
yaces tú bajo tal enemigo? ¿O ha sido para que con tu
muerte sagrado fueras por los siglos para los pueblos griegos
y digno de tan insigne sepulcro?[81]. Mueres, niño, azotado
por el extremo de su cola, sin que la serpiente se entere,
huye al punto el sueño de tus miembros, y sólo para morir se han
abierto tus ojos. Pero cuando el agonizante vagido
de la aturdida víctima se perdió en los aires y se extinguió
en sus labios, rotas sus quejas, como dejan salir los sueños
incompletas palabras, Hipsípila lo oyó, y presa del terror
apresura sus inseguras rodillas que apenas consiguen
sostenerla; segura ya de algún mal por un presentimiento
y dirigiendo su vista a todas partes, revisa el suelo
en su búsqueda, en vano repitiendo vocablos familiares
para el pequeño: él no aparece por parte alguna, y han perdido
los prados sus recientes huellas. Recogido en verdosa espiral
descansa el indolente enemigo ocupando amplias yugadas
de terreno, a la vista incluso así su cerviz sobre su oblicuo
vientre. Se espantó la infeliz al verlo, y de un inflamado clamor
inacabable llenó el profundo bosque; no se asustó en cambio
el animal, sino que sigue echado. Su aullido lastimero
golpeó los oídos de los argivos; por mandato del rey
vuela al punto hacia aquí el ardiente jinete arcadio[82], y lleva
en respuesta la causa. Entonces al fin, al brillo de las armas

80. Ofeltes, claro está.

81. El libro VI está todo él dedicado a las honras fúnebres y honores extraordinarios rendidos al niño Ofeltes, que, bajo el nuevo nombre de Arquémoro («la primera víctima»), será venerado como un dios a partir de entonces.

82. Partenopeo.

y el estruendo de los hombres, mueve amenazador su escamoso cuello: con vigoroso esfuerzo se apodera de un peñasco que delimitaba el campo y lo lanza en el vacío aire el colosal Hipomedonte, con el enérgico giro con el que en tiempos de guerra las blandidas piedras se abaten contra los cerrojos de las puertas. Vano fue el valor del caudillo: ya la serpiente, torciendo hacia atrás su flexible cuello, había esquivado el golpe contra ella dirigido. Retumba la tierra, y a través de los inaccesibles parajes de los bosques el denso follaje se resquebraja. «De mi herida en cambio –exclama Capaneo lanzándose a su encuentro con su imponente lanza de fresno– no escaparás, ya seas tú el fiero inquilino de este aterrador bosque, ya un capricho permitido a los dioses, y ojalá que así sea[83], no, aunque plantado sobre esos miembros acarrearas contra mí a un Gigante[84].» Vuela la trémula asta y se hunde en las abiertas fauces del monstruo, secciona el duro frenillo de su trífida lengua, despunta a través de la cresta que se eriza y es emblema de su vibrante cabeza y, teñida de la putrefacta sangre de su negro cerebro, se clava profundamente en el suelo. Apenas recorrió el dolor toda la longitud de su cuerpo, rodeó aquél de inmediato el arma con sus rápidos anillos, la arrancó y se refugió con ella en el sombrío templo del dios; aquí, midiendo la tierra con su enorme peso, rinde entre silbidos su implorante alma en los altares de su señor. Lo llorasteis las indignadas aguas de su pariente Lerna, y las Ninfas, acostumbradas a cubrirlo de primaverales flores, y el campo de Nemea que recorría reptando, y por todas las florestas vosotros,

83. Como siempre, Capaneo reta a los dioses.

84. Además de su enorme talla y descomunal fuerza, los Gigantes eran criaturas monstruosas, con cuerpos acabados en colas de serpientes en vez de piernas.

Faunos, habitantes de los bosques, con el caramillo roto.
El propio Júpiter ya había pedido incluso sus armas
desde el excelso éter, y nubes y tormentas se concentraban
desde hacía tiempo, si el dios no hubiera templado su ira
y no estuviera reservado Capaneo a merecer dardos
más terribles[85]; el soplo del blandido rayo voló no obstante y
rozó en el vértice la cima de su penacho.
Y ya la infeliz
lemnia, recorriendo los campos en cuanto se vio el lugar libre
de la serpiente, palidece al divisar a lo lejos sobre un
pequeño montículo las hierbas teñidas de un rocío
de sangre. Corre hasta aquí presa de un inmenso dolor, descubre
el abominable crimen y, desplomándose como herida
del rayo sobre la maldita tierra, en un primer momento
de quebranto no tiene palabras, no tiene lágrimas: sólo
inclinándose sobre él lo cubre de desconsolados besos
y sin aliento busca a través de sus miembros un tibio soplo
de vida. No permanece en su sitio ni el rostro ni el pecho,
la piel está arrancada, los frágiles huesos a la vista
e inundadas las articulaciones de una lluvia de fresca
sangre, el cuerpo entero en una herida. Como cuando en un umbroso
acebo sigilosa serpiente ha dejado un nido vacío
de polluelos, y vuelve su alada madre, y asombrada de la
calma de su ruidoso hogar, lo sobrevuela atónita y deja
caer espantada de su abatido pico los alimentos que
portaba, visto que en el árbol no queda sino sangre y plumas
que vagan por la asolada morada.
Cuando la desdichada
recogió en su seno y cubrió con sus cabellos los lacerados
miembros, al fin pudo su relajada voz dar paso al dolor, y

85. Para el final de Capaneo, *cf.* X, 923 ss.

sus gemidos se resolvieron en palabras: «Oh dulce imagen de los hijos de los que me veo privada, Arquémoro[86] mío, consuelo de mi situación y de mi patria perdida, gala de mi esclavitud. ¿Qué despiadados dioses te han quitado la vida, tesoro mío, a quien dejé hace poco al alejarme juguetón y hollando a gatas la hierba? Ay, ¿dónde están tus divinas facciones? ¿Dónde tus palabras imperfectas de balbuciente acento, y tus risas, y tus gorjeos que sólo yo entendía? ¡Cuántas veces solía yo hablarte de Lemnos y de la Argo, y arrullarte con mi interminable queja! Aliviaba así de hecho mis cuitas y daba a mi pequeño un pecho ya de madre[87] yo a quien ahora, desolada, en vano sube la leche y su estéril rocío se derrama sobre tus heridas. Reconozco a los dioses: ¡Oh crueles presagios de mi sueño y nocturnos terrores, y Venus que jamás para mi espanto se me ha aparecido impunemente entre las sombras! Mas ¿por qué culpo a los dioses? He sido yo –¿por qué voy a temer confesarlo destinada como estoy a morir?– quien te ha expuesto a los hados. ¿Qué locura me hizo perder el juicio? ¿Cómo pude olvidarme hasta tal punto de prenda tan amada? Mientras revivo las desdichas de mi patria y los pretenciosos orígenes de mi propio renombre –¡gran piedad y lealtad la mía!– te pagué, Lemnos, el crimen que te debía[88]; llevadme, caudillos, donde la mortífera serpiente, si del duro servicio que os he prestado me guardáis alguna gratitud, si algún respeto os merecen mis palabras, o acabad conmigo vosotros por la espada, que no vea yo de nuevo a mis pobres señores, a la desolada Eurídice[89]

86. Por vez primera se menciona el nombre de la criatura, y lo hace Hipsípila, que no lo llama con su nombre auténtico, Ofeltes, sino con el que tendrá a partir de ahora y bajo el cual será venerado.
87. *i.e.,* de una auténtica madre, no ya de una nodriza.
88. *i.e.,* el crimen que habría debido cometer en la persona de su padre.
89. Esposa de Licurgo y madre de Ofeltes.

convertida en su enemiga, por más que mi aflicción no sea menor que su duelo. ¿Habré de depositar yo en brazos de su madre esta dolorosa carga que porto? ¿Qué tierra me puede sepultar antes en su oscuro seno?». Se arroja a un tiempo, sucio el rostro de tierra y de sangre, a las plantas de los poderosos caudillos, y en silencio les reprocha las aguas[90] pese al dolor que muestran.

Y ya, mientras celebraba un sacrificio, se había divulgado la noticia a través del palacio de Licurgo, hundiendo en el llanto a él mismo y a su casa; a él, cuando llegaba de la sagrada cima del monte de Perseo[91], donde había ofrecido al Tonante mal dispuesto las entrañas, y al regresar sacudía la cabeza por la ira que éstas presagiaban. Se conserva él sin intervenir en la guerra argólica, no por falta de coraje, sino que templos y altares lo contenían. No se le habían olvidado aún las respuestas de los dioses y sus antiguas advertencias, ni las palabras que se oyeron desde el fondo del santuario: «Tú ofrecerás, Licurgo, la primera víctima en la guerra dircea». De esto se guarda, y afligido por el polvo de las cercanas tropas, se atormenta al son de los clarines, y envidia a los guerreros que corren a la muerte[92].

He aquí que —¡era palabra de los dioses![93]— acompañando los lacerados despojos llega la hija

90. Por ir en busca de las cuales abandonó ella al pequeño. Es decir, los hace responsables de su muerte.
91. *Cf.* III, 460 ss., donde se hace mención de este mismo monte.
92. Pretende evitar Licurgo el cumplimiento del oráculo que ha recibido, y que cree alusivo a él mismo, no participando en la guerra tebana, pero como en tantas otras ocasiones tiene el oráculo un sentido oculto, que siempre se cumple, por mucho que el hombre intente evitarlo.
93. *i.e.,* se ha cumplido lo anunciado por el oráculo, pero también los presagios recibidos en sueños por Hipsípila (*cf. supra,* 620-622).

de Toante, y sale del otro lado a su encuentro la madre[94],
seguida de un cortejo femenino y multitud de dolientes.
Pero el magnánimo Licurgo no se abandona a una piedad
inoperante: sobreponiéndose a sus males, su furiosa
ira de padre le hace tragarse las lágrimas, mientras salva
a largos pasos los campos que lo retardan diciendo a voces:
«¿Dónde está aquella para quien es algo baladí o incluso
jocoso la pérdida de mi sangre? ¿Vive acaso? Prendedla,
lleváosla, traedla al punto aquí, camaradas; yo haré olvidar
a esa presuntuosa todo el cuento de Lemnos y su padre
y los embustes sobre su sagrado origen»[95]. Avanzaba y se
disponía a darle muerte lleno de furia, espada en mano;
según venía, el héroe hijo de Eneo[96] lo rechaza, puesto
sin vacilar el escudo ante su pecho, al tiempo que grita
rechinando los dientes: «¡Refrena esa rabia, loco, quienquiera
que seas!», y en su ayuda acudió igualmente Capaneo,
y el impetuoso Hipomedonte con la espada desenvainada,
y el del Erimanto[97] con ella horizontal, y deslumbran al joven
con el multiplicado brillo del acero; pero del otro
lado en defensa del rey hay una tropa de campesinos.
Entre ellos Adrasto con ánimo conciliador, y Anfiarao,
lleno de aprehensión ante la cinta sagrada que con aquél
comparte[98], exclama: «¡No, os lo ruego! Deponed las armas, una
sola es la sangre de nuestros ancestros, no cedáis a la ira,
y tú el primero». Pero Tideo, no aplacado su corazón,

94. *i.e.,* Eurídice; *cf. supra,* 631 s.
95. Sagrado, sí, pues el abuelo de Hipsípila es Baco, padre de Toante.
96. *i.e.,* Tideo.
97. Partenopeo. El Erimanto era una montaña de Arcadia, patria del héroe.
98. Licurgo viene de celebrar un sacrificio, y por tanto trae puesta la ínfula sacerdotal. Anfiararo la lleva siempre como insignia de su dignidad de adivino.

agrega: «¿A nuestra guía, la salvadora de la armada inaquia, ante tantos miles de ingratos te atreverías a inmolar sobre una tumba –¡en venganza, oh, de cuán importante cadáver![99]–, a ella, en posesión de un reino, con un padre como Toante y el esplendoroso Euhan como ancestro? ¿Te parece poco, cobarde, ser el único entre los rápidos escuadrones que conserva la paz mientras por todas partes tus gentes corren a las armas? Pues consérvala, y que la victoria de los griegos te encuentre llorando todavía esta muerte al pie de la tumba».

Había dicho, y aquél, templando al cabo su ira, responde con más calma: «Ciertamente no pensaba que vosotros, rumbo a las murallas de Tebas, habíais también[100] llegado aquí como bandas hostiles. Continuad sembrando la destrucción, si tanto placer halláis en derramar sangre aliada, ensayad las armas en vuestro propio país, y que el impío fuego arrase –¿qué hay en efecto que no os sea lícito?– este templo de Júpiter inútil[101] desde hace tiempo, si, estando mi pecho oprimido por un pesar tan grande, he creído tener derecho sobre una vil esclava siendo yo su dueño y señor. Pero ve esto, lo ve el soberano de los dioses, y su cólera, aunque tardía, aguarda no obstante a los osados». Así habló, y vuelve su vista hacia la ciudad. También allí retumban las casas de un nuevo conflicto armado; la reciente Fama había sobrepasado a los veloces cuerpos de jinetes envolviendo en sus alas un doble tumulto: unos repiten que Hipsípila, en premio a su conducta, está siendo arrastrada a la muerte, otros que sucumbe en este momento, y lo creen, y estalla al punto la cólera,

99. El tono de Tideo es irónico, pero también ofensivo, pues la víctima no es más que un niño, sí, pero es el hijo del rey.

100. Sigo aquí la lectura de los manuscritos, *et*, en lugar de la propuesta de Barth, *at,* preferida por la edición de Loeb.

101. *i.e.,* visitado en vano. Licurgo acababa de volver de hecho defraudado del templo de Júpiter, *cf. supra,* v. 641.

y ya antorchas y dardos amenazan el palacio, se alzan
gritos de asolar el reino y llevarse a rastras a Licurgo
junto con Júpiter y sus altares; resuenan de alaridos
femeninos las moradas, y el dolor se olvida ante el terror.
Pero Adrasto, montado en su carro de veloces corceles,
avanza entre las tropas llevando consigo ante los airados
semblantes de los guerreros a la hija de Toante, y exclama:
«¡Parad, parad; no se ha llevado a cabo ninguna crueldad, ni ha
merecido Licurgo semejante fin, aquí está la que nos
mostró la bendita corriente!». Así, cuando el Bóreas y el Euro
de un lado, de otro el Austro negro de lluvias, han alborotado
los mares con tormentas opuestas, el día ha sido expulsado
y reinan las borrascas, llega montado en su carro el monarca
del profundo océano, y el Tritón de doble naturaleza[102],
nadando junto a los espumosos frenos, da al vasto piélago
la señal de aquietarse, y ya está lisa Tetis[103], y emergen montes
y riberas.

¿Cuál de los dioses consoló de esta pérdida
a la atribulada Hipsípila con un voto tan ansiado,
compensó sus lágrimas y le devolvió inesperados goces?
Tú, Euhan[104], fundador de su estirpe, que habías transportado
desde el litoral de Lemnos y traído hasta Nemea a los dos
jóvenes[105], y preparabas unos maravillosos destinos.
El motivo de su viaje era su madre, el hospitalario
palacio de Licurgo los había acogido, y poco después
había recibido el rey aquella noticia de la muerte
de su hijo de una deplorable herida. Están presentes, pues, entre

102. Mitad hombre, mitad pez.
103. *i.e.,* el mar.
104. Baco, como en tantas otras ocasiones.
105. Los hijos de Hipsípila y Jasón (*cf. supra,* vv. 463 ss., y nota 69 [p. 242]), Toante y Euneo.

su escolta –¡ah, la suerte y el corazón humano, ciego de lo que le reserva el futuro!– y prestan apoyo al rey; pero tan pronto como oyeron mencionar Lemnos y a Toante, habían echado a correr a través de las armas y las tropas, y llorando se disputan ambos a su madre con ávidos abrazos y la estrechan uno tras otro contra su pecho. Ella, como una roca, permanece inalterable, con la mirada fija, sin atreverse a confiar en los dioses a los que conoce tan bien. Pero cuando se fijó en sus rasgos y en los signos de la Argo en las espadas abandonadas y en el nombre de Jasón tejido en las espaldas de ambos, cesó su aflicción, y turbada por una gracia tan inmensa se dejó caer, y sus ojos se humedecieron de un llanto muy distinto[106]. Se dieron también señales en el cielo, y entre frenéticos alaridos de alegría tambores y címbalos del dios resonaron a través de los agitados aires.

Entonces el piadoso hijo de Ecles[107], tan pronto como la ira se apaciguó quedando la multitud en silencio y dispuesta a escuchar con sosegados oídos, exclama: «Escuchad, oh rey de Nemea y selectos caudillos ináquidas, lo que el veraz Apolo manifiesta sobre estos hechos. Os golpea ahora ese duelo sin duda reservado con justicia desde hace tiempo a las argólicas armas, las Parcas no se desvían en su trayectoria: la sed causada por la desaparición de las corrientes, la letal serpiente, el niño Arquémoro, así llamado, ay, en señal de nuestro destino[108], todo ello procede y mana del supremo

106. De alegría, claro está, después de tantas lágrimas de dolor vertidas.
107. Anfiarao.
108. Anfiarao da aquí la razón del nuevo nombre de Ofeltes, Arquémoro (= «la primera víctima»), como un presagio de las desgracias que aguardan a los griegos.

designio de los dioses. Reservad vuestro arrojo y deponed las armas tan aprisa tomadas; se han de rendir al pequeño honores perdurables. Los ha merecido; ¡que ofrezca el valor honrosas libaciones a sus manes, y ojalá persistas tú, Febo, en enlazar aún más demoras, que siempre nuevos sucesos nos impidan entrar en combate, y que tú, Tebas funesta, quedes por siempre lejos de nosotros! Y vosotros, felices de haber superado el destino de vuestros ilustres ancestros, vosotros, cuyo nombre perdurará desde ahora a través de los siglos, mientras subsista la laguna de Lerna, mientras fluya el padre Ínaco y mientras Nemea proyecte sus trémulas sombras sobre los campos, no profanéis el rito con vuestro llanto, no lloréis a los dioses: pues un dios es él, sí, un dios, y no habría preferido el destino del anciano de Pilos[109] ni sobrepasar la edad del frigio». Había concluido, y la noche envolvió en su oscuro manto la bóveda celeste.

109. *i.e.,* Néstor. El frigio a quien se alude a continuación probablemente sea Príamo.

Libro VI

Con andariego paso se desliza a través de las ciudades griegas la Fama, pregonando que en honor de la nueva tumba[1] los ináquidas instauran solemnes fiestas, y además juegos, en los que su marcial valor se apreste a encenderse y ensayar los sudores de la guerra. Es costumbre que los griegos tienen a gala: en los campos de Pisa disputó primero el piadoso Alcida[2] este honor a Pélope, y con olivo salvaje enjugó su polvoriento cabello; la Fócide fue la siguiente en celebrar su liberación de los anillos de la serpiente[3],

1. El sepulcro de Arquémoro, antes Ofeltes, hijo de Licurgo, rey de Nemea, cuya fatídica muerte se ha narrado en el libro V.
2. Hércules, nieto de Alceo. Los juegos a los que se alude son los Olímpicos, fundados por Hércules en Olimpia en honor de Júpiter. En ellos se honraba también a Pélope, rey de Pisa tras vencer a Enómao en la célebre carrera de carros.
3. Con los Juegos Píticos, véase nota 79 (p. 245) a V, 531-533.

hazaña infantil de Apolo y su carcaj; se guardó luego en torno a los lúgubres altares de Palemon un sombrío ritual[4], cada vez que la intrépida Leucótea reinicia sus quejas, y al litoral amigo arriba en la época de la fiesta: con su lamento resuenan las dos riberas del Istmo, y un triste eco devuelve la equionia Tebas. También ahora los eximios caudillos, vástagos a través de los cuales se ha unido Argos con el cielo y cuyos grandes nombres pronuncian entre suspiros la tierra aonia[5] y las madres tirias, se enfrentan y adiestran sus desnudas[6] fuerzas para el combate: como las birremes que por primera vez se han de aventurar a través de los mares ignotos, ya afronten las borrascas del Tirreno, ya las aguas calmas del Egeo, prueban antes en un tranquilo lago sus aparejos, su timón y sus ágiles remos, y se instruyen en el peligro mismo; pero cuando la tripulación ya es experta, entonces se lanzan confiadas a mar abierto y no buscan las tierras desvanecidas a sus ojos.

Había hecho elevarse en el cielo la luminosa Titonia[7] su carro cargado de afanes, y huía la Noche, así como el Sueño con su cuerno[8] vacío, de las vigilantes riendas de la pálida diosa; ya resuenan de lamentos los caminos, ya

4. En los Juegos Ístmicos se rendía homenaje a las divinidades marinas Leucótea y Palemon en las que fueron convertidos respectivamente Ino y su hijo Melicertes tras su muerte (véase nota 7 [p. 70] a I, 14).
5. *i.e.,* Beocia *(cf.* I, 34, y nota 16 [p. 71]). Tirio equivale, como ya hemos visto, a tebano *(cf.* I, 10, *et passim).*
6. *i.e.,* sin armas. Téngase además presente que en las diferentes pruebas los atletas participaban desnudos.
7. La Aurora, esposa de Titono. Con el nuevo día, devuelve a la tierra las fatigas olvidadas durante la noche, de ahí sus *currus laboriferos.*
8. *cf.* II, 144; X, 111, para esta misma imagen del Sueño (divinidad abstracta, lo mismo que su madre, la Noche) que de su cuerno derrama las ensoñaciones sobre la tierra.

de gemidos el triste palacio, fragmentan y multiplican
a lo lejos los remotos bosques los sonidos recibidos.
Está el propio padre[9] sentado, despojado de las honrosas
bandas entretejidas, regados de fúnebre polvo el sucio
rostro y la descuidada barba. Más fiera por el contrario
y excediendo las quejas masculinas, la desolada madre[10]
incita con su ejemplo a las siervas y las anima, aunque a ello
se prestan ya voluntariamente; arde por arrojarse sobre
los restos lacerados de su hijo, y cuantas veces la arrancan
de ellos, otras tantas vuelve. La aparta incluso el propio padre.
Luego, cuando los príncipes inaquios cruzaron con digno
semblante los tristes umbrales, como si entonces fuera nuevo
el desastre y acabara el pequeño de recibir la herida,
o irrumpiera en la estancia la letal serpiente, sobre sus pechos,
aunque agotados, se repiten uno tras otro los golpes, y
retumban las puertas atizadas por el renovado clamor;
sintieron su inquina los pelasgos, y derramando abundantes
lágrimas se disculpan del crimen.
El propio Adrasto, cada vez
que halla ocasión e, interrumpido el tumulto, ha quedado en [silencio
la atónita morada, consuela al padre con espontáneas
palabras, ora repasando los hados y penalidades
humanas, el inexorable hilo devanado por las Parcas,
ora mencionando una nueva descendencia y amadas prendas
que pervivirán con la divina benevolencia. No había
acabado de hablar, y ya las quejas estallaban de nuevo.
Tampoco aquél[11] presta mayor atención a sus afectuosas
palabras que el Jónico lleno de salvaje rabia a los gritos

9. El rey Licurgo, padre de Ofeltes/Arquémoro.
10. La reina Eurídice, esposa de Licurgo.
11. *i.e.,* Licurgo.

y votos de los hombres en el mar, o los errantes rayos
a las ligeras nubes.
Mientras tanto se entreteje la pira
destinada a arder y el infantil féretro con sombrías ramas
y tierno ciprés: de verde hierba está formado el piso inferior;
más trabajada se encuentra el área inmediata con guirnaldas
de césped, y esmaltado está el montículo de flores que pronto
morirán; emergiendo de un montón de productos de Arabia
se alza el tercer nivel rodeado de riquezas orientales,
montañas de blanco incienso, y canela que data de los tiempos
del antiguo Belo[12]. Cruje de oro la parte superior, y una
blanda cubierta de púrpura tiria se destaca, pulidas
gemas emiten sobre ella destellos por doquier, entre hojas
de acanto bordado aparece Lino[13] y los perros que le dieron
muerte: una obra admirable, que la madre[14] siempre había odiado
y de la que apartaba los ojos como de un mal presagio.
La gloria mezclada a sus males y la ambición de la afligida
corte la llevan a colocar en torno asimismo las armas
y despojos de los antiguos ancestros, como si a la pira
se condujeran para sus exequias un peso imponente
y unos formidables miembros, pero esta vana y estéril fama
consuela no obstante a los que se duelen, y la pequeña sombra
se engrandece con el funeral. Se le rinde luego un potente
homenaje de lágrimas, que procura a su vez un mísero
desahogo, y se aportan, para convertirse en cenizas, dones
de más peso que sus años –pues el padre, impaciente por ver

12. Rey de Egipto, hijo de Neptuno y Libia, hermano gemelo de Agénor y padre de Dánao.
13. Ahora se da el nombre del pequeño, hijo de Apolo y Psámate, cuya triste historia se narra en el libro primero, vv. 571 ss. Para su horrible fin, *cf.* I, 586-590.
14. No la de Lino, es decir, Psámate, sino la de Ofeltes, ahora Arquémoro, o sea, Eurídice.

cumplidos sus votos, le había destinado aljabas, pequeñas jabalinas e inofensivas flechas; y ya entonces criaba en su nombre probados corceles de la famosa cuadra de su establo–, resonantes correas[15] y armas que esperarían brazos más vigorosos. ¡Ávidas esperanzas! ¿Qué vestidos no aprestaba con afán en vuestro nombre la crédula madre, y galas de púrpura, enseña de la realeza, y un cetro minúsculo? Todo lo condena a las negras llamas el mismo padre con atroz resolución, y que a ellas se entreguen sus propios atavíos, por si pudiera aplacar con esas pérdidas su fiero dolor.

En otro lugar, según los consejos del sabio augur[16], el ejército se apresura a levantar con troncos de las devastadas forestas una esbelta pira, tan alta como un monte, que expíe el crimen de la abatida serpiente y acoja un sombrío holocausto por la infausta guerra. Se afanan ellos en talar y echar por tierra Nemea y sus umbrosos valles y dejar los bosques abiertos a Febo. En un momento se abate una selva que nunca había perdido bajo el hierro sus vetustas ramas, más rica que ella en abundante sombra no se había criado otra entre los bosques de la Argólida y el Liceo, ni había alzado su cabeza más allá de las estrellas: se yergue sagrada por la majestad de su vejez, pues no ha sobrepasado sólo en antigüedad, según se dice, a los antepasados de los hombres, sino que también se han sucedido Ninfas y grupos de Faunos mientras seguía ella en pie. Le había llegado al bosque su triste fin: las fieras han huido, y abandonan las aves –el miedo apremia– los tibios

15. Probablemente provistas de hebillas y adornos que resonarían en contacto con la armadura.
16. Anfiarao.

nidos; cae la altiva haya, y el bosque caonio[17], y el ciprés
inmune al invierno, se desploman las píceas, alimento
de las postreras llamas, y los negrillos, y las encinas, y el
tejo temible por su savia[18], y el fresno destinado a beber
la cruel sangre de la guerra[19], y el roble resistente a la vejez.
Se hiende luego el audaz abeto y el pino que por la herida
exhala su fragancia, inclinan al suelo sus no podadas
copas el álamo, amigo de los mares[20], y el olmo que ofrece
cobijo a las viñas. Gime la tierra: no se ve arrebatado
en un estrago así el Ísmaro[21], cuando el Bóreas ha alzado
su cabeza, resquebrajado su antro[22], no ha devorado el bosque
la nocturna llama con más rapidez a impulsos del viento
del sur; abandonan entre lágrimas la amada calma de estos
lugares la venerable Pales[23], Silvano, rey de la umbría,
y la grey de semidioses; gime la selva con los que parten
y las Ninfas no dejan de abrazar los árboles. Como cuando
ha sido entregada al pillaje de los ávidos vencedores
por su general la plaza fuerte conquistada, apenas se ha
oído la señal, no hallarías ni rastro de la ciudad; sin
freno ni medida arrastran, derriban, roban y saquean,
menor era el fragor que alzaban en el campo de batalla.

17. *i.e.,* de encinas, abundantes en Caonia, región del Epiro.
18. La savia del tejo, de gran toxicidad, puede llegar a ser mortal para el hombre.
19. La madera de fresno era muy utilizada en la fabricación de lanzas.
20. Pues su madera se empleaba para construir barcos.
21. Montaña de Tracia.
22. Los vientos estaban confinados en los antros de Eolia, dominio de Eolo, de donde escapaban a veces con violencia para asolar la tierra (*cf.* I, 346 ss.).
23. Antigua diosa itálica de prados, rebaños y pastores, protectora del monte Palatino. Sus fiestas, las Palilia, celebradas el 21 de abril, coincidían con la celebración del aniversario de la fundación de la ciudad. Silvano es igualmente un antiguo dios itálico de campos y bosques.

Y ya un esfuerzo parejo había construido dos aras de igual
tamaño, una a las tristes sombras, otra a los dioses del cielo,
cuando da la señal de duelo el ronco sonido de la flauta
de curvo cuerno, que suele acompañar a las tiernas almas
según la usanza fúnebre de los frigios[24]. Según decían, fue
Pélope quien mostró el rito fúnebre y cántico apropiado
para las juveniles sombras, con el que Níobe, abatida
por las gemelas aljabas[25], había transportado con ropas
de duelo las doce urnas al Sípilo.

Portan dones y ofrendas
destinadas a arder los jefes de los griegos, y en sus títulos
atestiguan las piadosas honras cada uno de su propio
pueblo; tras un largo intervalo, aparece a hombros de unos jóvenes
–los había seleccionado el rey del número total de sus
tropas– el lecho fúnebre acompañado de un fiero clamor.
Los próceres lerneos han rodeado a Licurgo, en torno a
la madre se congrega el gentío mujeril, y no es escaso
el séquito que acompaña a Hipsípila; los ináquidas de no
frágil memoria la protegen, sus hijos[26] sostienen sus brazos
llenos de moratones y permiten manifestar su dolor
a la madre que acaban de recuperar.

Tan pronto como
abandonó Eurídice el infortunado palacio, deja
escapar las quejas de su desnudo pecho y, tras un prefacio
de lamentos y prolongados gritos de dolor, comienza a hablar
así: «Nunca esperé seguirte, hijo, rodeada de un cortejo
como éste de madres argivas, ni imaginaba en mis votos

24. Rey de Frigia, en Asia Menor, era, según algunas versiones, Tántalo, padre de Pélope y de Níobe, a quienes se alude a continuación.
25. *i.e.,* las de Apolo y Ártemis, cuando acabaron a flechazos con todos sus hijos (véase nota 27 [p. 153], relativa a III, 193). El Sípilo es el monte de Lidia donde Níobe se tranformó en roca.
26. Toante y Euneo, los hijos de Hipsípila y Jasón, que han arribado al reino de Licurgo justo en estos momentos; *cf.* V, 710 ss.

tales primeras lecciones de tu infancia, insensata de mí,
que en ninguna crueldad pensaba; y de hecho, en este final de tu
vida, ¿de dónde iba yo a temer para ti la guerra y Tebas,
de las que nada sabía? ¿A cuál de los dioses le es dulce iniciar
estas luchas con nuestra sangre? ¿Quién deseó este crimen para
vuestras armas? Tu casa en cambio, Cadmo[27], aún no ha sufrido [ninguna
pérdida, ningún niño es llorado por el pueblo tirio. Yo soy
quien ha ofrecido las primicias del llanto y de la cruel matanza
antes incluso de las trompetas y el hierro, mientras sin prestar
atención confío en su fiel seno de nodriza[28] y le entrego
a mi pequeño para que lo amamante. ¿Y cómo no? Contaba
que su astucia había salvado a su padre y que sus manos eran
inocentes. ¡Hela aquí! La que debemos pensar que juró en
falso el fatal sacrificio y fue la única mujer de Lemnos
inmune a la locura de su gente, ésta es –¡y creéis en su
osadía!–, ésta, la que, un modelo de piedad[29], dejó tirado
en campos solitarios no a su rey o a su señor, sino a una
criatura ajena, impía de ella, sólo eso, en una vereda
del infame bosque abandonó a quien, no ya una atroz serpiente
–¿qué necesidad hubo en efecto, ¡ay de mí!, de esa letal mole?–,
sino sólo un soplo más fuerte de aire, las ramas movidas
por el viento o un vano temor bastaban a causar la muerte.
Y no pretendo en mi desolación acusaros de mi duelo,
a su madre aguardaba, fijo e inalterable, el horror
a manos de esa nodriza; y sin embargo más tierno con ella,
hijo mío, sólo a ella conocías y escuchabas cuando te
llamaba, a mí me ignorabas: ninguna alegría ha recibido

27. *i.e.,* el reino de Tebas, fundada por Cadmo.
28. Arremete ahora Eurídice contra Hipsípila, en cuyo relato acerca del salvamento de su padre Toante *(cf.* V, 240-290) no cree.
29. Irónico reproche de Eurídice a Hipsípila: si tan piadosa fue con su padre, ¿cómo fue tan irresponsable con el niño que estaba a su cargo?

de ti tu madre. Ella, la impía, fue quien oyó tus quejas
y tus risas entre lágrimas, y recogió los balbuceos
de tus primeras palabras. Ella fue siempre tu madre, mientras
vivías, ahora lo soy yo. ¡Pero no tengo, infeliz de mí,
ni siquiera la facultad de castigarla como merece!
¿Por qué lleváis a la pira, caudillos, esas ofrendas, por qué
esas inútiles honras? A ella –nada más exigen las sombras–,
a ella entregadla, os lo ruego, a estas cenizas y a la vez a su
destrozada madre, os lo pido, caudillos, por estas primicias
de la guerra, para la cual lo parí; y así lloren las madres
ogigias[30] muertes iguales a la que lloro yo». Se mesa
los cabellos y repite sus súplicas: «Entregadla, y no me
tachéis de cruel o de ávida de sangre: perezca yo a la vez,
siempre que mis ojos queden saciados con su justo castigo,
seamos ambas arrojadas a las mismas llamas». Mientras
lanzaba a gritos tales imprecaciones, de la otra parte
reconoció a lo lejos a la doliente Hipsípila –pues ella
tampoco respeta sus cabellos ni su pecho[31]– e, indignada
de que comparta su dolor, exclama: «Impedid al menos esto,
capitanes, y tú[32], a quien le ha sido arrancada la amada prenda
de nuestro lecho, alejad de sus últimas exequias a esa
odiosa mujer. ¿Por qué ese funesto ser se une a una madre
y se ofrece a la vista también ella en medio de mi quebranto?».
Así dice y quedó en silencio, rotas las quejas en sus labios:
del mismo modo que cuando a un novillo, de fuerzas vacilantes
y que sólo de la ubre extraía su vigor, se lo ha llevado,
con la primera leche aún en los labios, una fiera, o el pastor
para conducirlo a las crueles aras; conmueve con sus quejas

30. *i.e.,* tebanas, por el nombre del legendario rey Ógiges (véase nota 46 [p. 79], relativa a I, 173).

31. *i.e.,* se entrega a las mismas muestras de desesperación, mesándose los cabellos y golpeándse el pecho.

32. Su esposo, Licurgo.

su despojada madre ya el valle, ya los ríos, ya al ganado, e interroga a los vacíos campos; se resiste luego a volver al establo, abandona la última el triste campo y sin haber pastado se aleja de las hierbas extendidas ante sí.

Pero el padre arroja él mismo a la pira su honorable cetro y las insignias del Tonante[33], corta con la espada los cabellos que caen sobre su espalda y su pecho, cubre con los cortados mechones el delicado rostro del cadáver, y dice así mezclando las palabras con su piadoso llanto: «Bajo otro pacto, pérfido Júpiter, te había antes consagrado estos cabellos haciéndome deudor de mi voto, si me hubieras concedido ofrecer al mismo tiempo ante tu templo el primer bozo de las mejillas de mi hijo, pero tu sacerdote no ha visto su palabra confirmada, sino que sus preces han sido rechazadas: reciba, pues, mi ofrenda esta sombra, que es más digna de ella». Ya, aplicada la antorcha, crepita el fuego en las primeras ramas, cuesta trabajo alejar a los padres, locos de dolor.

En pie están los dánaos, obedeciendo órdenes, y opuestas sus armas, les impiden la visión del deplorable espectáculo. Arden esplendorosamente las llamas; jamás hubo allí antes cenizas más opulentas; crujen las piedras preciosas, se funde la plata a montones, y el oro destila de los recamados ropajes; y no dejan de impregnarse los troncos de esencias asirias, silba con el pálido azafrán la ardiente miel, se vierten páteras rebosantes de vino y cuencos de negra sangre y de leche, muy gratos al difunto[34].

33. Las ínfulas con las que, como sacerdote de Júpiter, había oficiado sus ritos.

34. Leemos *rapto* («arrebatado», «desaparecido», *cf. Silv.* II, 1, 208), en referencia al difunto Ofeltes, como sugieren Phillimore y E. H. Alton y da en nota la edición de Loeb, en lugar del *rapti* de los manuscritos, preferido en el texto, y que concertaría con *lactis,* y se traduciría por «leche fresca», «recién extraída».

Siete escuadrones entonces –en cada uno de ellos un centenar
de jinetes– conducidos por los propios príncipes griegos
con sus enseñas hacia abajo dan vueltas en torno a la pira
torciendo a su izquierda según la usanza, y con el polvo sofocan
las erguidas llamas. Tres veces efectuaron sus giros, y sus
lanzas resuenan al chocar unas con otras, cuatro veces
levantaron las armas un horrible estrépito, cuatro veces
los brazos de las siervas el femenil ruido de los golpes
de pecho. El otro fuego acoge bestias medio muertas y reses
que aún respiran; ordena aquí el adivino[35] desterrar el duelo
y el auspicio de una nueva muerte, aunque sabe que los presagios
son verdaderos; por aquí tornan[36] torciendo a la derecha y
blandiendo sus lanzas, y cada uno arroja una ofrenda arrancada
de su propio armamento, sean las riendas o el correaje
lo que le place lanzar a las llamas, sea la jabalina
o la cimera que ensombrece el casco. [Se llenan los campos
del luctuoso eco de sus roncas voces, y hieren los oídos
en torno los agudos clarines. El clamor aterroriza
el bosque: así arrancan de tierra las trompetas las marciales
enseñas, y aún no hierve la ira ni se ha teñido de rojo
la espada con la sangre, se compone aquel primer semblante
de las batallas, empresa llena de gloria: en una alta nube
se yergue Mavorte, aún indeciso de a qué armas otorgue
su favor.][37]
Era el fin de los actos, y el cansado Mulcíbero[38]
se hundía ya en deshechas cenizas; se afanan en las llamas
y apagan la pira con abundante agua, hasta que cesaron

35. Anfiarao.
36. El sujeto sobreentendido, los escuadrones.
37. Las líneas que aparecen entre corchetes se corresponden con los versos 227-233, que faltan en los principales manuscritos y son considerados espurios por la mayoría de los editores.
38. Vulcano, empleado por metonimia aquí para referirse al fuego.

los trabajos con la puesta del sol; su solicitud apenas cedió ante las tardías tinieblas. Ya Lucífero había expulsado nueve veces del cielo los astros cargados de rocío, y otras tantas cambiado su caballo y precedido de noche los fuegos de la Luna, sin conseguir engañar a las conscientes estrellas, pues se le reconoce idéntico en su alterna salida[39]; es admirable, la obra estaba acabada con extraordinaria rapidez: marmórea mole se alza, templo grandioso a sus cenizas, y la secuencia de los hechos grabada en ella da a conocer su triste suerte: muestra aquí Hipsípila las aguas a los agotados dánaos, aquí gatea el desventurado niño, aquí está tendido, en torno al extremo del túmulo eriza sus roscas el escamoso monstruo; esperarías oír los sangrientos silbidos de su agonizante boca, de tal modo se retuerce la serpiente sobre el asta de mármol.

Y ya convoca la fama al vulgo ansioso de contemplar los incruentos combates; obedientes a su llamada acuden de todos los campos y ciudades; se congregan incluso aquellos a quienes el horror de la guerra resulta desconocido, a los que había dejado en casa su avanzada o temprana edad; jamás tamañas multitudes alzaron sus voces en la ribera de Éfira o en el circo de Enómao[40].

Ceñido de un verde círculo de inclinadas colinas y abrazado por los bosques se halla un valle; ásperas crestas se alzan en torno, y el talud de dos promontorios

39. Lucífero («El que trae la luz»), hijo de Astreo y de la Aurora, es el lucero matutino o planeta Venus, cuya identidad con el lucero vespertino o Héspero (*cf. infra,* 580 s.) se conocía ya al menos desde el siglo VI a.C.
40. *i.e.,* en los Juegos Ístmicos (véase *supra,* versos 10-14 y nota 4 [p. 257]), o en los Juegos Olímpicos, celebrados respectivamente en Corinto (Éfira era su antiguo nombre) y en Olimpia, ciudad de la Élide muy cercana a

sirve de barrera e impide extenderse fuera al campo que,
llano en su extenso recorrido, realzan los frentes cubiertos
de yerba y las suaves cimas de no abruptas pendientes surcadas
de fresco césped. Reunidos allí, tiñendo ya el sol de rojo
los campos, toma asiento la combativa tropa; mezclados
allí en un solo cuerpo, es dulce para los hombres contar
el número e inspeccionar los rostros y atavíos de los suyos,
y les infunde confianza en tan gran guerra. Arrastran allí
con su lenta masa a cien negros toros, la fuerza del rebaño;
igual número de vacas del mismo color y de novillos aún
sin la media luna[41] en su frente.
Aparece luego en carros
la antigua serie de nobles antepasados[42], en admirables
imágenes de rostros que parecen vivos. En primer lugar
el Tirintio[43], ahogando al jadeante león en la dura
presión de su pecho, lo tritura contra sus propios huesos.
No sin terror lo contemplan los ináquidas, aunque está en bronce
y constituye su propia gloria. Inmediatamente después
se ve el padre Ínaco, recostado a la izquierda en la vertiente
de la orilla llena de juncos y derramando el contenido
de su urna. Mira a su espalda Ío, ya encorvada y tormento
de su padre[44], a Argos de cien ojos que nunca se cierran. Pero

Pisa, donde fue rey Enómao, a quien se alude repetidamente; sobre él, véase nota 65 (p. 84), relativa a I, 275.

41. *i.e.,* sin que les hubieran aún salido los cuernos.

42. Al tratarse de unos juegos fúnebres, la ceremonia de apertura comprende la procesión ritual en los funerales.

43. Hércules. A su hazaña de dar muerte al león de Nemea, invulnerable a las armas, se ha aludido ya: véase IV, 827, y nota 167 (p. 219).

44. El propio río Ínaco. Se alude primero a Ío convertida en vaca (encorvada) y vigilada por Argos Panoptes (véase nota 60 [p. 82], relativa a I, 254), y luego ya en Egipto (los campos de Faros), recobrada su figura humana y venerada por los pueblos orientales (aludidos mediante la mención de la Aurora, que por ellos sale); véase nota 63 (p. 83), sobre I, 265.

en los campos de Faros el compasivo Júpiter le había devuelto su figura erecta, y ya entonces la hospitalaria Aurora la veneraba. Viene luego el padre Tántalo, pero no el que ansía las falaces aguas o consigue sólo asir el estéril aire de la rama que lo evita, sino el piadoso convidado del gran Tonante[45]. En otra parte Pélope, vencedor en su carro, maneja las riendas de Neptuno[46], y el auriga Mírtilo trata de asir las ruedas que saltan mientras es dejado cada vez más atrás por el veloz carro. Y el severo Acrisio[47] y la horrenda figura de Corebo y Dánae con su culpable seno, y Amimone pesarosa en el hallado manantial[48], y Alcmena orgullosa del pequeño Hércules, rodeado su cabello de una triple luna[49]. Unen sus hostiles diestras en pérfido pacto los hermanos, hijos

45. *i.e.,* no el Tántalo condenado al suplicio del hambre y la sed eternos en el Tártaro por sus ofensas a los dioses (véase nota 58 [p. 82], relativa a I, 247), sino el de los primeros tiempos, temeroso de los dioses e invitado incluso por ellos a su mesa en el Olimpo.
46. Después de ser recompuesto su cuerpo y devuelto a la vida por los dioses, Pélope vivió un tiempo en el Olimpo como favorito de Neptuno, así que pidió ayuda al dios cuando se enfrentó con Enómao en la famosa carrera de carros, y aquél le proporcionó uno tirado por alados corceles. No contento con ello, sobornó a Mírtilo, auriga de Enómao, que aflojó las ruedas del carro de su señor causando su muerte.
47. Padre de Dánae, ya mencionado (*cf.* II, 220 s.). Para la figura de Corebo, *cf.* I, 605-665. Dánae fue madre de Perseo tras conseguir Júpiter llegar a ella en forma de lluvia de oro, famoso adulterio del dios al que Juno alude en I, 255.
48. Amimone, una de las cincuenta hijas de Dánao, enviada por su padre a buscar agua al llegar a Argos, donde reinaba la sequía impuesta por Posidón, fue salvada por el dios de ser violada por un Sátiro. Al extraer Posidón su tridente del peñasco en el que se había clavado, brotó un manantial, identificado por algunos con la laguna de Lerna.
49. En recuerdo de la noche multiplicada por tres en la que concibió a Hércules.

de Belo; pero los rasgos de Egipto son más afables, mientras
que en el falso rostro de Dánao se dejan ver claramente
señales de una perversa paz y de la noche que seguirá[50].
Se añaden mil imágenes más. Al fin se dio por satisfecho
el placer, y el valor convoca a los insignes guerreros a sus
propias recompensas.
Los caballos son los primeros en medir
sus fuerzas. Di, Febo, los ínclitos nombres de los aurigas, di
los de las propias monturas; pues jamás se ha enfrentado en efecto
alineación de veloces corceles más generosa, como si
compitieran en alada carrera cerradas formaciones
de pájaros o en un solo litoral estableciera Eolo
campeonatos de furiosos vientos.
Sale antes que nadie
Aríon, notable por el fuego de sus brillantes crines. Fue
Neptuno, si es cierta la antigua fama, el padre de este caballo;
se dice que fue el primero en herir su boca en sus tiernos años
con el freno y domarlo en la arena del litoral sin recurrir
a la fusta; su ansia de galopar era en efecto insaciable,
su humor tan variable como el del mar invernal. Uncido al tiro
entre los marinos corceles estaba habituado a recorrer
a menudo el mar Jónico y el de Libia, y a transportar a su
azulado padre a todas las orillas; estupefactas se
vieron dejadas atrás las nubes, y Euros y Notos lo siguen
a porfía. No menos fogoso en tierra había llevado,
abriendo un profundo surco a través de los prados, al hijo
de Anfitrión[51] cuando éste acometía los retos de Euristeo,

50. Nueva referencia al crimen de las Danaides, al que se alude repetidamente (*cf.* II, 222; IV, 132-135; V, 117-119, y notas correspondientes: 45 [p. 118], 26 [p. 186] y 23 [p. 226]).

51. Hércules, como ya se ha visto, hijo putativo de Anfitrión, esposo de su madre Alcmena, aunque en realidad lo era de Júpiter. Los «retos de Euristeo» mencionados después son sus famosos doce trabajos.

fiero también para él e indócil a las riendas. Por regalo
de los dioses acató luego las órdenes del rey Adrasto, y
se había amansado mucho en la edad adulta. Ahora el rey se lo
deja llevar a su yerno Polinices, no sin advertirle
encarecidamente por qué medio, cuando el corcel se excita,
se le puede habitualmente aplacar, ni mano dura, ni rienda
suelta a su fogosidad; «espolea –dice– con aguijones
y amenazas a los otros; él correrá más de lo que tú mismo
deseas». Así al entregar el Sol a su hijo[52] las ígneas
riendas y ponerlo sobre su veloz carro, aleccionaba entre
lágrimas al gozoso joven en las traicioneras estrellas
y las zonas inaccesibles a sus rayos y el equilibrio
medio entre los polos: piadoso él sin duda, y de un prudente
temor, pero las inflexibles Parcas impedían al joven
aprender. De pie en su carro Anfiarao, siguiente favorito
para la palma, guía a sus corceles ebalios[53]; prole tuya,
Cílaro, furtivamente engendrada mientras, al partir Cástor
rumbo a la boca del ponto escítico[54], cambia por el remo
las riendas de Amiclas. Blanco como la nieve el mismo en su [atuendo,
blancos como la nieve los caballos que someten su cuello
al yugo, del mismo color que su blanco penacho es el casco
y la ínfula que lo adorna. Desde las riberas de Tesalia

52. Faetonte. Al famoso incendio por él provocado al conducir el carro del Sol ya alude Júpiter en I, 219-223.
53. Lacedemonios o espartanos, por el nombre de Ébalo, antiguo rey de Laconia, abuelo de los Dióscuros (*cf.* V, 438, y nota 67 [p. 241]). Tenarios son llamados en IV, 214, por el famoso promontorio de Laconia. Cílaro era el nombre del caballo de Cástor.
54. En la nave Argo, como uno más de los Argonautas. Amiclas era una ciudad de Laconia, célebre por ser el lugar de nacimiento de los Dióscuros Cástor y Pólux.

también el dichoso Admeto[55] apenas consigue refrenar a sus estériles yeguas; descendientes de los Centauros, según cuentan (y lo creo, tanto desprecian su sexo[56], concentrado en sus fuerzas todo su instinto sexual), imitan la noche y el día, blancas con manchas negras entremezcladas: uno y otro color tan vívido, que se creía no degenerar de aquel rebaño que con asombro y placer oyó los silbidos de la caña de Castalia[57] y despreció el pasto tras haber escuchado a Apolo. Y he aquí que los jóvenes hijos de Jasón, reciente orgullo de su madre Hipsípila, han montado cada uno en su carro, Toante, nombre de su familia, por su abuelo y Euneo, así llamado por feliz presagio para la Argo[58]. Idénticos los gemelos en todo: rasgos, carros, caballos, vestidos, igual concordia hay también en sus votos, desean vencer o ser dejados atrás sólo por el hermano. Avanzan Cromis e Hipódamo, uno hijo del grandioso Hércules, otro

55. Hijo de Feres y hermano de Licurgo, el padre de Ofeltes, era rey de Feras. Famoso ante todo por haber tenido a Apolo a su servicio y por el piadoso comportamiento para con él de su esposa Alcestis, hija de Pelias, rey de Yolco, participó en la expedición de los Argonautas (era primo de Jasón) y en la cacería del jabalí de Calidón. Su presencia en las carreras de caballos de los Juegos Fúnebres en honor de Arquémoro no está confirmada por otras fuentes, pero sí en las de su suegro Pelias, pues, según Homero (*Iliada* II, 763-767), su hijo Eumelo tenía, heredadas de su padre, las yeguas más veloces de Troya.

56. No está muy claro por qué habrían de despreciar su sexo por ser descendientes de los Centauros, seres bastante lascivos por otra parte, como pusieron de manifiesto en su famosa batalla contra los Lápitas.

57. El caramillo tocado por Apolo cuando sirvió como boyero a Admeto (*cf.* V, vv. 434 s., y nota 63 [p. 241]), tras ser castigado por Júpiter a pasar un año como criado de un mortal por haber matado a flechazos a los Cíclopes Arges, Estéropes y Brontes, en represalia por haber fulminado Júpiter a su vez con un rayo (los Cíclopes eran sus constructores) a su hijo Asclepio.

58. La palabra griega Euneos sugiere «el que navega con éxito».

de Enómao[59]: dudarías cuál de los dos maneja riendas más
fieras. Uno posee la cuadra del gético Diomedes[60],
pero otro el tiro de su padre de Pisa, ambos carros plagados
de crueles despojos y de funesta sangre. A modo de metas,
había de un lado una encina de tronco desnudo, tiempo ha
despojada de todas sus hojas, del otro, un mojón de piedra,
que señalaba el límite a los labradores; entre uno y otro
extremo queda un espacio similar al que podrías salvar
cuatro veces con la jabalina, tres con una flecha[61].
Entretanto,
embelesando con su canto a la noble asamblea de las
Musas y tañendo su lira, desde las etéreas cimas
del Parnaso Apolo contemplaba las tierras; revela ahora
–pues a menudo en su piadoso canto había celebrado
a Júpiter, Flegra[62], su propia hazaña contra la serpiente
y las honras de sus hermanos– los principios de los dioses, qué
espíritu dirige el rayo o guía los astros, de dónde
procede el ímpetu de los ríos, qué es lo que nutre a los vientos,
de qué fuente se mantiene el mar inmenso, qué ruta del sol
precipita o prolonga la noche, si está la tierra abajo

59. Uno de los personajes más citados del poema, a quien se hace de nuevo referencia ya en este mismo libro; *cf. supra* 253 s. De sus hijos, la más famosa es Hipodamía, de nombre parejo al de su hermano aquí citado, y por la mano de la cual se celebraban las famosas competiciones de carros organizadas por su padre.
60. Rey de Tracia, hijo de Marte, dueño de unas yeguas antropófagas, cuya captura fue el objetivo del octavo trabajo de Hércules. A ambas cuadras, la de Enómao y la de Diomedes, se hace ya referencia desde el comienzo de la obra; *cf.* I, 274 ss., y nota 65 (p. 84).
61. La distancia es calculada por Mozley en la nota correspondiente al pasaje de la edición que seguimos como texto.
62. Escenario de la Gigantomaquia. Véase nota 100 (p. 136) relativa a II, 595 ss. La hazaña contra la serpiente mencionada a continuación es la matanza de la serpiente Pitón, *cf.* I, 562 ss.

o en el centro y rodeada a su vez por un mundo oculto[63]. Había
concluido, despacha a sus hermanas[64], ávidas de escucharlo,
y mientras cuelga de un laurel su instrumento y el radiante tejido
de su corona y libera su pecho del adornado cinto, el clamor
llama su atención, y divisa no lejos de allí la famosa
Nemea de Hércules y en ella la grandiosa escena de una
carrera de cuadrigas. Reconoce a todos los contendientes,
y casualmente Admeto y Anfiarao se habían detenido
en un campo cercano. Habla entonces así consigo mismo:
«¿Qué dios es ese que ha enzarzado en lid a los dos príncipes, [nombres
en extremo leales a Febo? Ambos piadosos y queridos
ambos; no podría yo dar la prioridad a ninguno. Aquél,
cuando servía yo en las llanuras del Pelio[65] –tal fue el mandato
de Júpiter y la voluntad de las siniestras Hermanas–,
ofrecía incienso a su siervo y no osó hacerme sentir que era
su subordinado; pero éste[66] es el colega de los trípodes
y el piadoso discípulo de la ciencia celeste. Superior
es aquél no obstante por sus méritos, pero en el huso se hallan
ya los últimos hilos de la vida de éste; para Admeto está
acordada una larga vejez y una tardía muerte; a ti no
te quedan ya alegrías, pues Tebas está cerca y el oscuro
abismo[67]. Lo sabes, infeliz de ti, también mis aves hace
tiempo que te lo han predicho». Dijo, y bañado en llanto su rostro

63. Todas ellas cuestiones filosóficas en torno al cosmos y a su funcionamiento, que entran dentro del ámbito de Apolo, en cuanto dios de la razón y de la verdad.
64. Las Musas eran hijas de Júpiter y Mnemosine, y por tanto hermanastras de Apolo, pues tenían el mismo padre.
65. Monte de Tesalia, donde apacentaba el rebaño del rey Admeto, *cf. supra* 338 s. y nota 57 (p. 272).
66. *i.e.,* Anfiarao.
67. Anfiarao desaparecerá tragado por la tierra, *cf.* VII, 816 ss.

casi inviolable, de un radiante brinco a través de los aires
viene al punto a Nemea más veloz que el rayo de su padre
y que sus propias flechas. Lleva ya un tiempo en tierra y
[perduran
sus huellas en el cielo, y su clara estela brilla aún a través
de los céfiros.
Y ya había agitado Prótoo las suertes
en un casco de bronce, y cada uno ocupa su lugar y orden
en la línea de salida. La flor y nata de la tierra,
los aurigas, gloriosos igualmente sus caballos, de estirpe
divina unos y otros, aguardan confinados tras la barrera
la esperanza, la audacia unida al miedo y la confianza teñida
de zozobra. Ningún sentimiento persiste en su corazón:
pugnan por salir y lo temen, recorre sus miembros de punta
a punta un helado coraje. Idéntico ardor que sus amos
experimentan sus corceles; sus ojos despiden llamas,
rechinan sus mandíbulas que no dejan de tascar el freno,
y arde el hierro de espuma y sangre, puertas y cerrojos apenas
consiguen resistir sus embates, echa humo su anhelante
respiración de ira reprimida. La espera es insoportable
en extremo, mil pisadas se pierden antes de la salida,
y la enérgica uña hiende el campo que se le niega. Leales
escuderos los rodean, deshacen los nudos y enredos
de sus crines, y no dejan de alentarlos de mil maneras.
El tirreno sonido[68] se dejó oír frente a ellos, y todos
saltaron fuera de sus puestos. ¿Qué velas en el mar, qué dardos
en la guerra, qué nubes en el cielo vuelan con tal rapidez?
Menor es el ímpetu de los torrentes en invierno, menor
el del fuego, más lento es el ocaso de los astros, más lenta

68. De la trompeta (*cf.* III, 650, y nota 96 [p. 175]), que da la señal de salida.

la acumulación de las lluvias, más lenta la bajada de los
ríos desde la cima del monte.
Los vieron los pelasgos
salir disparados y los reconocieron. Y ya hurtados
a sus ojos, mezclados ya en ciega polvareda se ocultan
en un solo torbellino, y en el tumulto que ensombrece sus
rostros, apenas se reconocen entre ellos gritando el nombre.
Evolucionaron en pelotón, quedando luego unos de otros
a la distancia que era capaz cada cual de mantener: borra
los surcos anteriores la siguiente vuelta, y ya en sus ansias
se inclinan hacia delante hasta tocar el yugo con el pecho,
ya se encorvan haciendo fuerza con la rodilla y tirando de las
riendas. Se hinchan los musculosos cuellos de pobladas, enhiestas
crines que el aire peina una y otra vez, bebe la reseca
tierra la blanca lluvia que destilan. El ruido es imponente,
el formidable de las pezuñas y el ligero de las ruedas.
No hay brazo en reposo, silba el aire con los constantes azotes;
no cae más denso el rocío del gélido norte ni manan
tan abundantes las lluvias de los cuernos olenios[69].
Había
notado el clarividente Aríon que era otro conductor quien
se hallaba en pie manejando las riendas, y libre de culpa,
estaba espantado del cruel hijo de Edipo[70]; en desacuerdo
ya desde la misma barrera e irritado contra su carga,
arde con más fiereza de la habitual. Creen los ináquidas
que son los elogios los que lo inflaman; él huye de su auriga,
a su auriga amenaza ciego de furia, y pasea su vista
por todo el campo en busca de su dueño. Ante el resto no obstante
lo sigue y va el segundo aunque a distancia Anfiarao, al que iguala

69. De la Cabra, estrella principal de la constelación del Auriga. Véase nota 4 (p. 145) relativa a III, 25.

70. *i.e.,* el inocente caballo se espanta de tener por auriga a Polinices, cuya culpa conoce.

en la carrera el tesalio Admeto: inmediatamente después
los gemelos, ora delante Euneo, ora Toante, ceden
y se adelantan, y jamás el ansia de gloria enfrenta
a los piadosos hermanos. Competían en último lugar
el fiero Cromis y el fiero Hipódamo, no sin experiencia
en este arte, pero el peso de sus caballos los retarda;
Hipódamo, que va delante, soporta el jadeante aliento
de los corceles que le siguen, los poderosos resoplidos
que abrasan su espalda. Dirigiendo las riendas hacia dentro
para acortar el espacio al doblar la meta, el augur de Febo[71]
esperó tomar la delantera; arde también el héroe
tesalio de una esperanza muy similar, mientras Aríon, sin que
pueda su guía impedirlo, se pierde en amplios círculos y se
desvía a la derecha. Ya el hijo de Ecles iba el primero y ya
no ocupaba Admeto el tercer lugar, cuando, vuelto atrás al fin
de su extenso circuito, el marino corcel[72] acosa y supera
a ambos, por poco tiempo exultantes; el estruendo se eleva
hasta las estrellas, tiembla el cielo, y han quedado libres todos
los asientos, puesta la multitud en pie. Pero el descendiente
de Lábdaco[73], perdido el color, ni controla las riendas ni osa
emplear el látigo: como, agotada su razón, se lanza
el piloto contra el oleaje, contra los escollos, y ya
no observa más las estrellas, sino que al albur ha dejado
su derrotado arte.
De nuevo en rectas y curvas del campo
tuercen y mantienen su desenfrenada carrera, de nuevo

71. Anfiarao. El «héroe tesalio» es Admeto, claro. Ambos ocupan el segundo lugar después de Polinices, que conduce a Aríon. Lo aventajarán por breves instantes, quedando Anfiarao («el hijo de Ecles») en primer lugar, detrás Admeto y en tercer lugar Polinices, como vemos a continuación.
72. Aríon es hijo de Neptuno. *Cf. supra,* vv. 302 s.
73. Polinices, bisnieto de Lábdaco.

chocan ejes con ejes, ruedas con radios; no hay tregua ni buena
fe alguna: juzgarías algo más liviano la guerra que se
libra por la espada, la horrible guerra; tal es su furia en busca
del aplauso, tiemblan y se amenazan de muerte, y más de una
pezuña resulta herida a través de los campos. Y ya no son
bastante ni aguijones ni azotes, con la voz y por sus nombres
animan Admeto a Fóloe y a Iris y a Toe que arroja
espuma, el argivo augur al veloz Ásqueto increpándolo
y a Cigno, que bien merecido tiene su nombre[74]. Escucha Estrímon
a Cromis, hijo de Hércules, y a Euneo escucha el fogoso
Etíon; provoca Hipódamo al lento Cidón y Toante
pide que avance al caprichoso Podarces. Sólo el descendiente
de Equíon[75] guarda un afligido silencio en su errante carro
y teme que su temblorosa voz lo traicione.
Iniciado
apenas su esfuerzo, recorren ya los caballos por cuarta vez
el campo entre una nube de polvo, de tibio sudor bañados
también ya sus exhaustos miembros, mientras la ardiente sed les hace
aspirar con fuerza y exhalar luego un espeso vapor, ya su ímpetu
desfallece y largos jadeos arquean sus flancos. Entonces
la Fortuna, largo tiempo dudosa, acude por primera vez
dispuesta a decidir. Cae, mientras lleno de ardor se esfuerza
en superar al hemonio[76] Admeto, Toante, y no ha podido
su hermano prestarle ninguna ayuda. Querría aquél sin duda,
pero antes el marcial Hipódamo lo impidió interponiendo sus
riendas. Retiene luego Cromis sujetando su carro con
hercúleas fuerzas y todo el vigor de su padre a Hipódamo
al doblar la meta por su parte interior, pugnan los corceles

74. Probablemente por su blancura; *cycnus* o *cygnus* significa cisne.
75. Polinices. Sobre Equíon, véase nota 45 (p. 78) relativa a I, 169.
76. Hemonia es un antiguo nombre de Tesalia.

por alejarse en vano, y tensan las bridas y sus rígidos cuellos.
Como cuando retiene el oleaje los bajeles sículos
y el potente Austro los empuja, permanecen inmóviles
las infladas velas en medio del mar. Lo expulsa entonces Cromis
del roto carro, y habría tomado la delantera, pero cuando
los caballos tracios vieron a Hipódamo por tierra, vuelve
aquella famosa hambre suya[77], y ya se habrían repartido en su
furioso extravío a su temblorosa víctima, si el héroe
tirintio[78], olvidándose de la palma, no hubiera torcido
hacia atrás sus frenos y a los propios corceles que relinchaban
y abandonado el campo vencido y colmado de alabanzas.
Pero Febo desea para ti, Anfiarao, los honores
largo tiempo prometidos. Finalmente, juzgando oportuno
el momento para mostrarte su favor, llega a los horrendos
espacios del polvoriento circuito cuando ya la carrera
toca a su fin y la victoria es por última vez incierta;
promueve un monstruoso fantasma de cabellera de serpientes,
con los rasgos más salvajes que verse pueden, sea que aquél
se hallaba en el Érebo, sea que lo modeló para sus
momentáneos ardides, y a esta calamidad, dotada sin
duda de incontables horrores, sube a los espacios abiertos.
No lo podrían haber contemplado ni impávido el portero
de la aciaga Lete[79], ni sin un profundo espanto las propias
Euménides, habría perturbado en su marcha a los caballos
del Sol y el carro de Marte. Cuando lo vio en efecto el dorado
Aríon, se le erizaron las crines, se para, se encabrita,
y deja con él suspendidos en el aire a su compañero
de yugo y a los caballos que de uno y otro lado comparten

77. Recuérdese que los animales de Cromis pertenecían a la cuadra de Diomedes, de yeguas antropófagas: *cf. supra,* v. 348.
78. Cromis, hijo de Hércules.
79. El can Cérbero.

sus fatigas. Cae al momento el desterrado aonio[80], y dando muchas vueltas sobre sus espaldas suelta las riendas; libre de control, el carro se pierde a lo lejos; en cuanto a él, mientras yace en la polvorienta arena, lo sobrepasaron el carro tenario, el coche tesalio y el héroe lemnio[81] torciendo su precipitada marcha para esquivarlo en la medida de lo posible. Al fin, con la pronta asistencia de sus amigos, alza la cabeza sumida en la confusión, levanta del suelo los doloridos miembros y regresa junto a su suegro Adrasto que ya no lo esperaba.

¡Qué ocasión para morir, tebano, si no lo hubiera impedido la cruel Tisífone, qué espantosa guerra habrías podido alejar![82] Te llorarían públicamente Tebas y tu hermano, y Argos, y Nemea, en tu honor depondrían como suplicantes Lerna y Larisa sus cabelleras, más que Arquémoro serías tú honrado en tu sepulcro.

Pero entonces el hijo de Ecles[83], aunque la palma ya era segura para el siguiente al ir en cabeza Aríon libre de su dueño, arde aun así en deseos de vencer al carro incluso vacío. El dios[84] le da fuerzas y lo alienta; vuela más veloz que el viento, como si acabara de salir al campo, abierta la barrera, y ataca con látigo y riendas

80. Polinices, claro está.
81. *i.e.,* Anfiarao, Admeto y Euneo (porque su hermano Toante había caído el primero, *cf. supra,* 475 ss.).
82. Segundo apóstrofe, en este caso exclamativo, con esta misma reflexión dirigido por el autor a Polinices; el primero fue con ocasión de su combate con Tideo en los umbrales del palacio de Adrasto (*cf.* I, 429 ss.).
83. Anfiarao. Va en segundo lugar, pero Aríon, que va en cabeza, ha perdido a su auriga, Polinices, y corre solo.
84. Apolo, que busca la victoria de Anfiarao y ha provocado la caída de Polinices espantando a su caballo, Aríon.

las crines y las espaldas azuzando al ligero Cero[85]
y a Cigno blanco como la nieve. Al menos ahora, mientras no hay
ningún otro delante, devora el ardiente carro las vueltas,
y la barrida arena se esparce a lo lejos. Lanza un gemido
la tierra y ya entonces lo amenaza[86] fieramente. Y quizás
habría llegado Cigno el primero tras vencer a Aríon,
pero su padre el dios del mar impide que éste sea vencido:
así, en justa reciprocidad, para el corcel quedó la gloria,
la victoria fue para el vate. Dos jóvenes le presentaban
el premio consistente en una cratera de Hércules: en otro
tiempo el Tirintio, vencedor de un monstruo o en las lides de Marte,
la solía aguantar con una sola mano mientras vaciaba,
con la cabeza hacia atrás, su abundante contenido. Tiene
artísticamente labrados en oro a los fieros Centauros
y una serie de terribles figuras: aquí, entre la masacre
de Lápitas, ruedan piedras, antorchas y nuevas crateras,
por doquier la ingente cólera de los moribundos; él mismo
sujeta al furibundo Hileo[87] y asiéndolo por la barba
blande su maza. Por tus méritos se trae por otra parte
para ti, Admeto, un manto orlado de un ribete meonio varias
veces bañado en púrpura: desafía aquí el joven[88] a nado

85. Más arriba *(cf.* 463) al caballo que se menciona junto a Cigno es a Ásqueto.

86. La tierra se abrirá de hecho más tarde, tras los primeros enfrentamientos, para sepultar a Anfiarao *(cf.* VII, 816 ss.).

87. Con este Centauro se compara *(cf.* IV, 139 ss.) a Hipomedonte sobre su caballo. Es mencionado por Virgilio en la lucha contra los Lápitas *(Georg.* II, 457) y también *(Aen.* VIII, 294) junto con Folo, sobre el cual véase nota 95 (p. 134) relativa a II, 564.

88. Leandro, que cruzaba a nado cada noche el Helesponto desde Abido, en la costa asiática, hasta Sesto, la principal ciudad del Quersoneso tracio, situada enfrente y un poco al norte de Abido, en la orilla europea del estrecho de los Dardanelos, para encontrarse con Hero. El Helesponto es llamado aquí «mar de Frixo» por el nombre del joven que, huyendo de su madrastra Ino, lo so-

el mar de Frixo, y brilla azulado a través de las pintadas ondas; su mano parece moverse hacia el costado al ir él a cambiar de brazada, y no esperarías hallar su cabello seco en el tejido; enfrente, en vano permanece en su atalaya llena de angustia en lo alto de la torre la doncella de Sesto[89], se extingue cerca la llama cómplice. Estos lujosos objetos ordena Adrasto dar en recompensa a los vencedores; a su yerno por otra parte lo consuela con una esclava aquea.

A los guerreros más rápidos en la carrera llama entonces a competir por espléndidos premios: prueba de agilidad que requiere muy poco valor, actividad pacífica, cuando a ello invitan las ceremonias religiosas, no es empero inútil recurso en la guerra, si la diestra falla. Antes que nadie avanza Idas, cuyas sienes habían hacía poco ensombrecido los ramos de Olimpia; entre aplausos lo reciben la juventud de Pisa y los grupos de Élide. Lo siguen el sicionio Alcón y Fédimo, dos veces aclamado vencedor en la arena del Istmo, y Dimante[90] que anteriormente adelantó en la carrera a los corceles de alados pies, pero ahora no puede sino seguirlos retardado por la edad. Acudieron también de aquí y de allí muchos, a quienes la ignorancia de la variada multitud recibe en silencio. Repiten en cambio el nombre del arcadio Partenopeo y levantan murmullos que vagan por el atestado circo. Famosa corredora es su madre[91].

brevoló sobre el carnero de oro junto con su hermana Hele, aunque de hecho fue de ella de quien tomó el mar su nombre al precipitarse en sus aguas.

89. Hero, la amada de Leandro, que encendía cada noche un fanal para guiar a su amado, hasta que un día los vientos lo apagaron, Leandro se ahogó y ella se suicidó arrojándose al mar.

90. El fiel seguidor de su caudillo Partenopeo que junto con Hopleo protagonizará el célebre episodio del décimo libro; *cf.* X, 347 ss.

91. Sobre la madre de Partenopeo, véase nota 50 (p. 191) relativa a IV, 246. La Atalanta cazadora, arcadia (el Ménalo es un monte de esta región), madre de Partenopeo, y la Atalanta corredora, beocia, se fusionan en una sola. Esta

¿Quién hay que desconozca la insigne gloria de la menalia Atalanta y sus huellas que ningún pretendiente era capaz de alcanzar? Lleva sobre sí el hijo la gran notoriedad de su madre, y él mismo, famoso ya a lo lejos, se dice que atrapa a pie a las indefensas ciervas en los abiertos espacios del Liceo y coge al vuelo el disparado dardo. Tras la larga espera, se destaca al fin de un ágil brinco sobre las filas y desata el broche de oro de su manto. Brillaron sus miembros y al descubierto queda toda la gracia de su anatomía, sus insignes hombros, su pecho no menos suave y liso que sus mejillas, y se olvidó su rostro ante el encanto de su cuerpo. Desdeña él sin embargo el elogio de su belleza y aparta a sus admiradores; no sin destreza se dedicó entonces a untarse generosamente con el líquido de Palas[92] y oscurece su piel con abundante aceite. Del mismo modo lustrosos se muestran Idas, Dimante y los demás. Así cuando en el tranquilo mar resplandecen las estrellas y tiembla en las aguas la imagen del cielo tachonado de ellas, brillan todas nítidamente, pero con más nitidez que ninguna emite sus rayos Héspero[93], y cuanto brillo ostenta a través del alto éter, tanto se refleja en las azuladas ondas. Idas lo sigue en belleza, no es mucho más lento en la carrera y sólo un poco mayor en edad; pero ya le ha cubierto de una leve pelusa el aceite de las palestras, y el bozo se extiende por sus mejillas, aunque apenas se deja ver bajo

última era tan veloz en la carrera que desafiaba a todos sus pretendientes, a los que invariablemente vencía y mataba luego, hasta que Hipómenes consiguió aventajarla mediante la famosa estratagema de las manzanas de oro.

92. Aceite, como se especifica a continuación, con el que los atletas untaban su cuerpo. El olivo era el árbol sagrado de Minerva, con el que consiguió derrotar a Neptuno cuando ambos competían por el patronazgo de Atenas.

93. El lucero vespertino. Véase más arriba (vv. 239 ss.), nota 39 (p. 267) relativa a Lucífero.

la nube de su intacta cabellera. Comprueban y ejercitan entonces según las reglas la rapidez de sus pasos, y con diversas técnicas de un docto entrenamiento estimulan sus flojos miembros: ora se agachan con la rodilla flexionada, ora baten con fuertes palmadas sus lustrosos pechos, ora alzan sus fogosas piernas y emprenden una breve carrera que frenan en seco.

Cuando cayó la barrera y dejó libre la salida, prestos se lanzaron a recorrer el espacio, y brilló en el campo el desnudo[94] pelotón: con más lentitud parecen haber corrido poco antes en la misma llanura los alados corceles; creerías que otras tantas flechas han salido disparadas de un tropel de cidones[95] y de partos en fuga. No de otro modo vuelan los ciervos por los salvajes lugares de Hircania, cuando a lo lejos han oído, o así lo creen, el rugido de un hambriento león; a una ciega huida se entregan espantados, el miedo los junta y se entrechocan sus cuernos con un largo estrépito. Más veloz que la rápida brisa escapa a la vista entonces el joven menalio[96], a quien pisa los talones el fiero Idas echándole el aliento sobre los hombros y atosigando sus espaldas con sus resoplidos y la sombra de su pecho. Detrás van sin apenas distancia entre ellos Fédimo y Dimante, los acosa el rápido Alcón. De su cabeza que no ha conocido la tonsura pendían los rubios cabellos del arcadio; desde sus primeros años dejaba crecer esta ofrenda a la Trivia[97], y con vana audacia

94. Los atletas competían normalmente desnudos, véase *supra,* nota 6 (p. 257) al verso 18.
95. *i.e.,* cretenses, a partir del nombre de una ciudad de Creta. Cretenses y partos eran famosos arqueros.
96. Partenopeo, mencionado por el mismo epíteto que antes se atribuyó a su madre Atalanta (*cf. supra,* 563).
97. Sobrenombre de Diana como diosa de las encrucijadas, función que compartía con Hécate, con la cual se identificaba a menudo.

la había prometido a los altares patrios, una vez que hubiera tornado vencedor del Marte ogigio[98]. Ahora, libre de sujeción y suelta en toda su longitud sobre su espalda, flota hacia atrás con el soplo del viento, y a un tiempo entorpece su marcha y despliega sus ondas ante su rival Idas. Vio entonces el joven la traición y la ocasión oportuna para el fraude; cerca ya de la meta, mientras el vencedor Partenopeo alcanza la barrera, lo agarra del cabello y, dejándolo atrás, toma la delantera, pisando el primero la entrada de la ancha puerta.

Los arcadios llaman a gritos a las armas, por las armas se muestran dispuestos a defender a su señor, si no se le devuelven la arrebatada gloria y los honores merecidos, y se aprestan a descender por todo el circo. Hay también quienes se alegran de la traición de Idas. Partenopeo mismo ha derramado sobre su rostro y sus húmedos ojos puñados de tierra, sumándose a su belleza el encanto de las lágrimas. Con sanguinarias uñas araña en su aflicción ora su pecho, ora su inocente rostro y su culpable[99] cabellera, por doquier se eleva confuso clamor, y el anciano Adrasto no sabe qué decisión tomar. Al fin exclama: «¡Dejad vuestra disputa, jóvenes! Vuestro mérito se ha de poner a prueba de nuevo; pero no corráis por un solo carril, este lado se concede a Idas, ocupa tú distinta banda, y quede fuera de la carrera cualquier tipo de fraude».

Lo habían escuchado, y se pliegan a sus dictados. El joven tegeo[100] dirige luego este callado ruego a la divinidad: «Diosa soberana de los bosques, pues a ti, a rendirte honor,

98. *i.e.,* de la guerra contra Tebas.
99. Pues es la que ha dado ocasión a su derrota.
100. Nuevo epíteto de Partenopeo, a partir de Tegea, famosa ciudad de Arcadia.

está consagrada esta cabellera, y de esta tu ofrenda viene
la injuria que padezco, si algún favor ha merecido mi madre,
si alguno he merecido yo mismo en el ejercicio de la caza,
no permitas, te lo suplico, que parta yo a Tebas con este
presagio ni que haya atraído sobre Arcadia tamaña vergüenza».
Testimonio manifiesto de que había sido oído: apenas
siente el suelo su pisada, un tenue aire se cuela entre sus
plantas, y raras huellas quedan en el intacto polvo. Irrumpe
entre clamores en las puertas, entre clamores llega otra vez
ante el rey, y recibe la palma con un suspiro de alivio.
Han acabado las carreras, y he aquí los premios al esfuerzo.
El arcadio obtiene un caballo en recompensa, un escudo
el traicionero Idas, los restantes corredores se retiran
satisfechos con unas aljabas licias.
Convoca entonces
a todo aquel que se atreva a competir en el lanzamiento
de disco y quiera hacer gala de unas soberbias fuerzas[101]. Acude
a su requerimiento Ptérelas, y a duras penas consigue,
encorvado todo el cuerpo, depositar cerca la pesada
y resbalosa mole de bronce; en silencio inspeccionan
y calculan el esfuerzo los ináquidas. Se precipitan
luego en tromba, dos del pueblo aqueo, tres de Éfira, uno nacido
en Pisa y en séptimo lugar un acarniense; y a más hombres
incitaría la gloria, si el gigantesco Hipomedonte,
aguijoneado por la multitud, no hubiera aparecido
en medio, y aguantando otro disco enorme sobre el costado
derecho exclamara: «Mejor éste, jóvenes, que a destrozar

101. El tamaño y el peso del disco podían variar considerablemente. El material era primitivamente la piedra, luego el metal, hierro, bronce o plomo. Por los discos que nos han llegado, y también por las manifestaciones artísticas, la más conocida *El Discóbolo* de Mirón, la prueba no exigía especiales fuerzas, pero sí la que aquí se describe, como se ve a continuación.

los muros con piedras y a abatir las torres tirias marcháis, coged
éste: pues aquel peso ¿qué diestra no es capaz de lanzarlo?».
Y sin ningún esfuerzo lo alzó bruscamente y lo arrojó a un lado.
Se alejan y declaran perplejos que abandonan; apenas
uno, Flegias, y el ardiente Menesteo –y éstos retenidos
por la vergüenza y la nobleza de su cuna– mantuvieron su
compromiso; los restantes jóvenes desistieron por propia
iniciativa y, admirados del disco, volvieron sin gloria
a su sitio. Así en los campos de los bistones[102] hiere el escudo
de Mavorte el Pangeo con su perversa luz, espanta al sol
con sus destellos y retumba gravemente al ser golpeado
por la lanza del dios.
Comienza la prueba Flegias de Pisa, y
sobre sí atrajo al punto todas las miradas: tal eficacia
promete visto su cuerpo. Primero vuelve áspero el disco y su
mano[103] con tierra, luego, sacudido el polvo, le da vueltas,
a ver qué lado se adapta con más seguridad a sus dedos,
qué lado al centro del brazo, pues no era profano en el arte:
este deporte siempre le había deleitado, no sólo
cuando participaba en las famosas fiestas de su patria[104],
sino que solía recorrer las dos orillas del Alfeo,
y en el punto en el que la corriente es más ancha, franquearla
con el disco sin que éste quedara jamás sumergido.
Así pues, confiando en su experiencia, mide, no directamente
las yermas yugadas del campo, sino su diestra con el cielo[105],
y apoyado en tierra con ambas rodillas, concentra sus fuerzas,

102. Otro nombre de los tracios, aludidos siempre por sus fieras costumbres.
103. O sea, frota el disco y su mano con tierra para hacerlos menos resbaladizos.
104. Los Juegos Olímpicos. Véase *supra,* nota 2 (p. 256) relativa al verso 5.
105. Este primer lanzamiento no es, como se verá, el definitivo, y en él se calcula la altura más que la longitud.

hace girar sobre su cabeza el disco y lo oculta en las nubes.
Vuela aquél en los aires y, como si cayera, incrementa
al remontarlos su velocidad[106], hasta que al fin, exhausto,
vuelve con más lentitud a tierra desde lo alto y se hunde
en los campos. Así cae, siempre que se ve arrancada de los
atónitos astros, la oscura[107] hermana del Sol; hacen resonar
los pueblos a lo lejos los bronces en su auxilio y son presa
de un vano temor, pero la tesalia[108] se ríe victoriosa
de los jadeantes corceles obedientes a su conjuro.
Aplauden los dánaos, pero no es favorable tu punto
de vista, Hipomedonte, y se espera una mano más poderosa
en longitud.
Y al punto la Fortuna, a quien es grato quebrantar
las esperanzas desmesuradas, se abate sobre él[109]. ¿Qué puede
acometer el hombre contra la voluntad de los dioses? Ya
preparaba un lanzamiento a gran distancia, ya ha girado el cuello,
y ya todo su costado se enderezaba[110]: el pesado disco
se le escurrió y cayó ante sus pies, quedó el impulso frustrado
y en vano dejó su mano vacía. Un gemido unánime
se alzó y pocos fueron los que disfrutaron del espectáculo.
Al intento acude entonces con medrosa habilidad y más

106. El disco es lanzado con tanto ímpetu que aumenta su velocidad en la subida como lo haría en la bajada, que, por contraste, parece más lenta.
107. La comparación es con un eclipse de luna, obra de la magia según la mentalidad de la época.
108. Las brujas de Tesalia, como ya se ha visto antes repetidamente, eran famosas. Los corceles de los que se trata son los del carro de la Luna.
109. Flegias, que se dispone ahora a efectuar el lanzamiento definitivo.
110. *i.e.,* completado el movimiento de torsión del tronco hacia el lado derecho, siguiendo la mano que portaba el disco para lograr el máximo impulso, el lanzador iniciaba el giro contrario previo al lanzamiento.

cautela Menesteo, y tras haberte implorado, hijo de Maya[111],
insistentemente, previene con polvo el deslizamiento
de la potente carga. De una mano vigorosa y con mucha
mejor fortuna sale disparada aquélla, y no se detuvo
sin haber atravesado un largo trecho del circo. Estalla
el aplauso, y se señala con una flecha clavada el lugar
en que ha caído. Hipomedonte dirige el tercero sus lentos
pasos a la dura prueba, pues en el fondo de su corazón
tanto el fracaso de Flegias como el éxito de Menesteo
lo ponen sobre aviso. Levanta el utensilio de la prueba
habituado a su diestra, y sosteniéndolo en alto comprueba
la solidez de su costado y la potencia de sus brazos, y
con un vasto giro lo lanza saliendo incluso él mismo tras él.
Vuela el disco por los aires con espeluznante rapidez,
y ya conserva memoria a lo lejos de la diestra emisora
y mantiene su trayectoria, y no con una marca dudosa
o cercana a la suya sobrepasó al vencido Menesteo:
se detuvo mucho más lejos de la señal del rival, e hizo
temblar con su masa, como si su finalidad fuera causar
una vasta ruina, los verdes flancos y las umbrosas cimas
del teatro: como la roca que desde el humeante Etna
arrojó Polifemo contra la estela del navío que,
pese a carecer su mano de luz que la guiara[112], podía
sin embargo oír, y cerca de su enemigo Ulises. Así
también los Aloídas[113], cuando ya el áspero Osa tenía

111. Mercurio. Como dios del ingenio y de la habilidad, se le atribuían, entre otros inventos, el de algunos deportes, como la lucha o determinados tipos de carreras, y era el patrón de los atletas; *cf.* IV, 228-230.
112. Polifemo, como es bien sabido, había sido cegado por Ulises y sus compañeros.
113. Los gigantescos gemelos Oto y Efialtes, hijos putativos del Gigante Aloeo, aunque en realidad lo eran de Posidón, y de Ifimedea. Quisie-

el Olimpo a sus pies, traían también el gélido Pelio y esperaban juntarse con el espantado cielo[114].

Ordena entonces el hijo de Tálao[115] entregar al vencedor una piel de tigre que resplandecía rodeada de un ribete dorado y mostraba mansas en el oro las garras de sus extremidades, mientras que Menesteo recibe un arco de Cnosos y fugitivas flechas. «Pero a ti –dice–, Flegias, burlado por un azar funesto, queremos ofrecer esta espada, en otro tiempo ornato y defensa de nuestro Pelasgo[116], e Hipomedonte no la envidiará. Y ahora es coraje lo que se requiere: levantad los terribles cestos[117] del pugilato; el valor que exige no es inferior al de la guerra y la espada.»

Colosal a la vista y un colosal pavor inspirando, hizo acto de presencia el argivo Capaneo, y mientras se ajusta a los brazos el áspero cuero de buey ennegrecido del plomo, igual de inclemente él mismo, exclama: «Presentad aquí a uno solo de tantos miles de jóvenes, y ojalá apareciera mejor un rival de estirpe aonia, a quien pudiera enviar al otro mundo, sin que mi valor se tachara de cruel por derramar sangre próxima». Sobrecogidos los ánimos, un medroso silencio se impuso. Al fin, de la masa desnuda[118] de laconios

ron conquistar el cielo acumulando los montes Osa y Pelio o Pelión sobre el Olimpo.

114. Los versos 719-721 se encuentran sólo en manuscritos tardíos e inferiores, por lo que son considerados por lo general espurios.

115. Adrasto.

116. Uno de los primeros reyes de Argos, epónimo del pueblo del mismo nombre que habitó Grecia desde época muy antigua.

117. *caestus,* tiras de cuero guarnecidas de plomo que protegían los nudillos, la muñeca y el antebrazo de los atletas en la lucha cuerpo a cuerpo.

118. *Cf.* IV, 229, donde se dice de los espartanos (los batallones del Taigeto y del Eurotas, montaña y río de Laconia respectivamente) que Mer-

salta fuera de improviso Alcidamante, ante el asombro de las dóricas filas de caudillos; pero sus compañeros sabían que confiaba en su maestro Pólux[119], y que había crecido en medio de las sagradas palestras. El propio dios colocó sus manos y adaptó sus brazos en la postura correcta –su amor por la materia lo estimulaba–; a menudo lo hizo su oponente, y admirado de que lo aguardara a pie firme, con ira similar, lo alzó lleno de gozo y lo estrechó desnudo contra su pecho. Capaneo lo mira con desdén, se ríe de sus provocaciones como compadeciéndolo, pide otro rival, y al fin ocupa a la fuerza su puesto, y ya se hincha de ira con las pullas su relajado cuello. Gravitando sus cuerpos sobre sus plantas, alzaron sus fulminantes puños; a salvo y retirado el rostro en la atalaya de sus hombros, cerrado tienen el acceso a los golpes. Uno[120], con volumen parejo al de Titio si las torvas aves le permitieran alzarse de los campos estigios, tan vastos miembros exhibe por doquier y fiero se alza de tan imponente osamenta. El otro no era más que un niño poco antes, pero posee en efecto una fuerza más madura que su edad, y años gloriosos promete su tierno ardor, no hay nadie que prefiera verlo vencido ni cubierto de cruel sangre, y que no alce sus preces y tema el espectáculo.

Cuando se hubieron medido con los ojos y aguardado cada uno la primera ocasión, no surge de inmediato la ira ni los golpes: por un momento el temor es mutuo, se mezclan las prevenciones con el furor, amagan sólo con sus brazos

curio (patrón de los atletas, véase *supra,* nota 111 [p. 289] relativa a 699) los entrenaba en el desnudo valor.

119. Uno de los dos Dióscuros, hermano gemelo de Cástor y experto en el pugilato.

120. Capaneo, a quien se compara con el gigantesco Titio, sobre el cual véase nota 133 (p. 105) correspondiente a I, 710.

cada uno al contrincante, tantean sus cestos[121] y mitigan
la contundencia de sus asaltos. Más docto uno[122] en este arte,
controla su arrojo, y temeroso de lo que está por venir,
se demora y ahorra fuerzas; el otro en cambio, prodigando
sus ataques sin cuidarse de sí mismo, se abalanza todo él,
desgasta ambos puños sin control alguno, rechina en vano
los dientes lanzándose contra el adversario y se agota él mismo.
Pero el laconio, prudente y astuto, y sin bajar la guardia con
la pericia de su país, rechaza unos golpes y esquiva otros;
saliendo a veces ileso gracias a un rápido movimiento
de cabeza, alejando otras veces con las manos las armas
del contrario, se mantiene a pie firme con el rostro alejado:
a menudo incluso, con espontáneo y temerario arrojo
–tan vigoroso es su talante, tan grande la experiencia de su
diestra–, arremete contra el enemigo enfrentado a él con fuerzas
desproporcionadas y le echa encima la sombra de su cuerpo
asaltándolo desde arriba. Como la acumulada ola
salta abruptamente sobre los amenazadores escollos,
se rompe y se retira, así acosa aquél a su furioso rival
consiguiendo reducirlo; he aquí que se yergue, y amenaza
largo rato sus costados y sus ojos; lo distrae mientras
se cuida aquél de sus fieras armas[123], e intercala con astucia
un golpe inesperado y marca el centro de su frente con una
herida: brota ya la sangre, y un tibio arroyo surca sus
sienes. No se da aún cuenta Capaneo, y se asombra del súbito
murmullo que recorre las filas; pero cuando casualmente

121. Las defensas de sus manos y brazos; *cf. supra,* 729 y nota 117 (p. 290).
122. Alcidamante.
123. Los cestos, que, como ya se ha dicho, estaban guarnecidos con plomo.

se llevó al rostro la cansada mano y vio las manchas en el cuero[124],
ni un león, ni un tigre alcanzado por una jabalina se ha
enfurecido tanto: hirviendo de cólera persigue al joven
que recula por todo el campo, lo fuerza a una precipitada
retirada y le hace caer de espaldas mientras, con un horrendo
rechinar de dientes, multiplica las descargas de sus puños.
Sus golpes se los lleva el viento, algunos caen sobre los cestos
del contrario; con un ágil movimiento y la ayuda de sus pies,
elude el espartano las mil muertes que caen en torno a sus
cóncavas sienes, pero sin olvidarse no obstante de su arte,
huye sin dejar de ofrecer resistencia y, pese a huir, para y
devuelve los golpes.

Y ya están ambos exhaustos del esfuerzo
y de su penosa respiración. Más lenta es la persecución
de uno y no tan rápida ya la huida del otro, las rodillas
les fallan a los dos, y se detienen a un tiempo. Así cuando
una larga travesía por mar ha agotado a los errantes
marineros y desde popa se ha dado la señal, bajaron
sus brazos sólo por breves instantes: apenas hay respiro,
ya otro grito los llama a los remos. He aquí que de nuevo esquiva[125]
la impetuosa arremetida del adversario, y sale airoso
agachándose espontáneamente con la cabeza hundida
en los hombros: cae el otro de frente[126], y conforme se alzaba,
con otro golpe lo abatió el ladino joven, palideciendo él mismo
con su éxito. Los ináquidas elevan un clamor que ni el fragor
de litorales o bosques iguala. Cuando lo[127] vio Adrasto
alzándose con esfuerzo del suelo, levantando los puños

124. De los cestos, de nuevo.
125. Los nombres de ambos contendientes están sobreentendidos en toda la escena, que no ofrece sin embargo ninguna duda.
126. *i.e.,* llevado de su propio impulso, Capaneo pierde pie y cae de cabeza sobre su rival.
127. *i.e.,* a Capaneo, naturalmente.

y presto a cometer intolerables actos, exclama: «¡Acudid, os lo suplico, amigos, está fuera de sí, acudid, oponed vuestras diestras, deprisa, está fuera de sí, llevadle la palma y los premios! No desistirá, lo veo, sino después de mezclar sus huesos tras haberle roto el cráneo, librad al laconio de la muerte que le espera». Y no hay demora, acude al punto Tideo, y no desoye sus órdenes Hipomedonte; a duras penas consiguen ambos entonces dominar y retener sus dos manos con las palabras más persuasivas: «Eres el vencedor, abandona la lid; honroso es hacer don de la vida a un inferior; también él es uno de los nuestros y compañero de armas». Pero el héroe no se deja convencer, y rechaza el ramo y la coraza que le ponen en las manos diciendo a voz en grito: «¡Dejadme en paz! ¿No voy yo a sepultar en sangre y en el grasiento polvo esas mejillas, con las que ese afeminado ha hallado favor, a enviar a la tumba su desfigurado cuerpo y a dar de qué lamentarse a su maestro ebalio?»[128]. Así dice, pero logran sus amigos alejarlo henchido de cólera y negando haber obtenido la victoria, mientras los laconios aclaman en cambio al alumno del famoso Taigeto y se ríen con ganas de las amenazas[129].

Desde hace tiempo los diversos honores y la consciencia de su valía inquietan al noble Tideo con urgentes acicates. Podía ciertamente competir con éxito tanto en el disco como en la carrera, y no desmerecer en el pugilato, pero ante los demás deportes la reina de su corazón era la lucha libre rica en aceites[130]. Así tenía él por costumbre entretener

128. Pólux (ebalio es sinónimo de laconio o espartano), *cf. supra,* vv. 741 ss.
129. De Capaneo, claro.
130. Por las generosas fricciones con aceite utilizadas por los atletas.

los ocios del combate y relajar su ardor bélico contra
potentes rivales en torno a las riberas del Aqueloo
y las palestras exitosas gracias al asesoramiento
divino[131]. En consecuencia, cuando el deseo de gloria llamó
a luchar a los jóvenes, retira el etolio de sus hombros
la piel del jabalí patrio que le sirve de horrible cubierta[132].
Frente a él alza sus descomunales miembros Agileo, que se
jacta de su estirpe de Cleonas[133], y no es inferior a Hércules
en corpulencia, tan alto se eleva sobre sus vastos hombros
sobrepasando con creces la estatura humana. Pero no hay
en su cuerpo aquella dureza y fortaleza de su padre:
su estructura es desproporcionada, y sus miembros, regados
por una sangre sin brío, se mueven con torpeza; de ahí
la audaz confianza del hijo de Eneo[134] en superar a tan gran
antagonista. Aunque es a todas luces pequeño de tamaño,
su esqueleto sin embargo es consistente, y sus brazos, nervudos.
Jamás osó la naturaleza encerrar semejante arrojo
y fuerzas tan imponentes en un cuerpo tan pequeño[135].
Una vez
que la piel se impregnó a placer de aceite, uno y otro se dirigen
a la carrera al centro del llano y se revisten de una capa
de arena. Secan entonces alternativamente con polvo
sus húmedos miembros, sepultaron sus cuellos en los hombros
y mantienen sus brazos extendidos y curvados hacia

131. Se entiende de Mercurio.
132. La piel del jabalí de Calidón, *cf.* I, 488-490, y nota 103 (p. 95).
133. *i.e.,* de ser descendiente de Hércules, a partir del nombre de la localidad cercana a Nemea, que fue el escenario del primer trabajo de aquél, véase nota 102 (p. 95) relativa a I, 486.
134. *i.e.,* Tideo.
135. Ya en el combate nocturno con Polinices del libro primero se describe a Tideo como pequeño de estatura, mas no inferior en fuerza y menos aún en valor; *cf.* I, 415-417.

delante. Desde un primer momento, con calculada astucia, Tideo consigue bajar a su nivel y hacer que se encorve al gigantesco Agileo doblando la espalda y tocando casi con sus rodillas la arena. Como el ciprés, rey de las cimas de los Alpes, inclina su copa bajo el impetuoso soplo del Austro, a duras penas aguantándose en pie por su raíz, y se aproxima a la tierra para volver al punto a elevarse en los aires: no de otro modo el corpulento Agileo agacha espontáneamente sus enormes miembros y se dobla gimiendo sobre su pequeño enemigo, y ya las manos de uno y otro acosan la frente, los hombros, el costado, el cuello, el pecho y las piernas que las esquivan. Quedan a veces largo rato en suspenso sostenidos por sus mutuos brazos, otras en cambio rompen ferozmente los cerrojos de sus dedos. No entablan tan encarnizado combate dos toros, caudillos de la manada; en medio del prado permanece la radiante novilla esperando al vencedor, mientras quebrantan furiosos sus obstinados pechos, el amor los estimula y cura sus heridas: así los jabalíes de fulminante colmillo, así los torpes osos se abrazan con sus vellosos miembros para librar ásperas luchas. La fuerza del hijo de Eneo se mantiene intacta; ni el sol ni el polvo han agotado sus miembros haciéndolos tambalearse, tensa está su apretada piel, puesta a prueba por el esfuerzo de sus rígidos músculos. El otro en cambio no conserva su vigor; exhausto, con la respiración entrecortada y jadeante, se despoja entre ríos de sudor de la arena acumulada y hurta el pecho dándole así respiro y ganando espacio. Tideo lo acosa sin tregua, finge amenazar su cuello y arremete contra sus piernas; no fueron sus brazos, demasiado cortos, capaces de lograr su intento, vino el otro sobre él con su descomunal altura sepultándolo bajo su demoledora masa.

Del mismo modo, cuando un minero de una colina de Iberia[136]
ha penetrado en sus entrañas dejando muy atrás la vital
luz del día, si ha temblado el suelo sobre su cabeza y se ha
roto la tierra con un súbito fragor, queda oculto dentro
de ella cubierto por los fragmentos del monte, y su cadáver
destruido, hecho pedazos, no ha devuelto a las estrellas propias
su indignada alma. Más enérgico Tideo que su adversario,
lo supera asimismo en coraje y decisión. No tarda pues
en zafarse de las cadenas de sus brazos y su desigual
peso, lo rodea mientras vacila y de improviso se pega
a su espalda; envuelve luego en un rápido y firme abrazo
su costado y sus riñones, y hundiendo cruelmente las rodillas
en sus corvas, mientras aquél intenta en vano librarse de su
llave e insertar la diestra en su costado, lo levantó en alto,
una carga admirable y horrible de contemplar. Así sudó,
según cuenta la fama, el libio hijo de la tierra[137] apresado
por los brazos de Hércules, cuando, descubierta su treta, se vio
alzado en los aires, sin tener ya esperanza alguna de caer
ni ocasión de tocar a su madre ni siquiera con la punta
de los dedos. Un clamor se eleva, y en jubilosos aplausos
estallan las filas. Balanceándolo en alto, lo soltó
entonces de repente por propia voluntad, dejándolo
caer de través, lo siguió en su caída y atenazó a la vez
su cuello con la diestra y con las piernas sus caderas. De tal
forma bloqueado, se siente desfallecer[138], y si resiste

136. La Península Ibérica fue siempre rica en metales, lo que constituyó un poderoso atractivo para los sucesivos pueblos que arribaron a sus costas, fenicios, griegos, cartagineses y romanos.

137. El Gigante Anteo, rey de Libia, hijo, como el resto de los Gigantes, de Gea, la Tierra. De ella recibía su fuerza, y era invencible si conservaba el contacto con ella. Para vencerlo, pues, Hércules lo alzó del suelo privándole de este eficaz recurso.

138. El sujeto ahora es, lógicamente, Agileo.

es sólo por vergüenza. Al fin yace tendido, con el pecho y el vientre contra el suelo, y después de un largo rato se levanta profundamente afligido, dejando impresas en la arena las señales de su oprobio. Tideo por su parte, llevando en su derecha la palma y en su izquierda las resplandecientes armas recibidas en recompensa, exclama: «¿Cuál sería el resultado, si una cantidad no pequeña –lo sabéis– de esta mi sangre no la guardara el campo dirceo, donde hace poco estas heridas fueron la respuesta al pacto con Tebas?»[139], exhibiéndolas a un tiempo, y da a sus compañeros los honrosos premios ganados, mientras sigue a Agileo una coraza de la que no hace aprecio.

Hay también quienes acudirían a enfrentarse con la desnuda espada. Y ya estaban presentes, provistos de sus armas, el epidaurio Agreo y el exiliado dirceo, aún no a impulsos de los hados[140]. El caudillo descendiente de Íaso[141] se opone: «¡Gran acopio de muerte nos espera, jóvenes! Guardad vuestro coraje y vuestro furor, ávido de sangre hostil. Y tú[142], por cuya causa hemos dejado desiertos los solares de nuestros abuelos, nuestras amadas ciudades, no permitas, te lo ruego, que antes del combate tanto poder tenga el azar, ni –¡los dioses nos libren!– los votos de tu hermano». Así dice, y hace a ambos el rico presente de un casco dorado. Entonces, para que no quede su yerno sin gloria, ordena entretejer de guirnaldas sus altivas sienes y que a grandes voces

139. La jactanciosa pregunta retórica de Tideo hace clara alusión a la embajada que llevó a cabo en Tebas ante Etéocles, para reclamar el trono para Polinices, y a la emboscada que sufrió, episodio que ocupa buena parte del libro segundo.
140. En un duelo también hallará la muerte Polinices, pero no son éstos el momento ni el rival.
141. El rey Adrasto.
142. Polinices.

se le proclame vencedor de Tebas: devolvían como un eco
los presagios las crueles Parcas.
También a él mismo lo exhortan
los próceres a juzgar dignos de un esfuerzo propio estos
festivos certámenes y a rendir a la tumba este último honor,
y para que no falte una victoria al número de caudillos[143],
le ruegan que o bien haga llover con su arco las flechas lictias[144]
o bien atraviese las nubes con su ligera lanza. Lo concede
complacido, y desciende al llano desde la verde ladera
rodeado por los más distinguidos jóvenes; tras él porta
su escudero, obediente a sus órdenes, su ligera aljaba
y su arco: planea atravesar de lejos el enorme circo
con su tiro y herir a un determinado olmo.
¿Quién puede negar
que emanan de las causas ocultas de las cosas los presagios?
Los hados son patentes al hombre, pero cuesta estar atento,
y la promesa del futuro enviada previamente se pierde:
así hemos considerado los presagios fruto del azar,
y de ahí ha sacado la Fortuna su capacidad de dañar.
Tras haber atravesado el campo, del árbol que apenas ha
rozado, pavorosa visión, vuelve atrás la fatal flecha
a través de los aires que había recorrido poco antes,
completa su trayectoria a la inversa desde la meta y viene
a clavarse junto a la boca del conocido carcaj.
Muchas
opiniones barajan los caudillos en su error: unos dicen

143. Más de una en realidad, pues sólo cuatro de los siete caudillos (Anfiarao, Partenopeo, Hipomedonte y Tideo) han alcanzado la victoria sobre sus oponentes. Polinices se vio descabalgado de Aríon *(cf. supra,* 505-512), y Capaneo fue vencido por Alcidamante en el pugilato *(cf. supra,* 730-825), aunque se le otorgó la victoria por temor a su venganza.

144. *i.e.,* cretenses, de una ciudad de la isla llamada Licto.

que se topó el dardo con las nubes y los altos vientos, otros
que su impacto contra el árbol lo repelió. Profundamente
oculto permanece el grandioso desastre, la atrocidad
puesta de manifiesto: sólo a su dueño auguraba la flecha
el regreso de la guerra y el triste retorno[145].

145. En efecto, el rey Adrasto será el único de los siete caudillos que sobrevivirá, alejado del campo de batalla por su divino caballo Aríon.

Libro VII

Mientras se demoraban en estos preámbulos de la guerra
tiria, volvió sobre los pelasgos lleno de enojo su vista
Júpiter, y sacudió la cabeza con ese movimiento,
que hace inquietarse a las elevadas estrellas y lamentarse
a Atlas del sobrepeso de su cerviz[1]. Habló entonces así
al veloz retoño de Tegea[2]: «Corre, niño, deslízate
de un rápido salto en medio del Bóreas hasta las moradas
bistonias[3] y el polo de la nevosa constelación, donde
la Parrasia[4] alimenta su fuego prohibido al Océano

1. *Cf.* I, 98.
2. *i.e.,* Mercurio, nacido en Arcadia (Tegea es una ciudad de esta región), patria de su madre, la Atlántide Maya, la menor de las Pléyades.
3. *i.e.,* el país de los tracios.
4. Calisto, hija del rey de Arcadia (Parrasia es el nombre de una ciudad de esta región) Licaón, convertida en osa por Juno y luego en constelación, la Osa Mayor, por Júpiter. Esta constelación es siempre visible, o, lo que es lo mismo, no se oculta en el Océano, por ello «alimenta su fuego» (= calma su sed) «prohibido al Océano». Véase nota 101 (p. 177) relativa a III, 685.

con las tempestuosas nubes y nuestra propia lluvia. Allí, sea que Mavorte se da un respiro dejada a un lado la lanza, aunque el descanso le resulta odioso, sea que, como pienso, conserva sus armas y sus trompetas de las que jamás se sacia, y se goza en la sangre de su querido pueblo[5], comunícale al punto, sin omitir detalle, las airadas advertencias de su padre. Sin duda hace tiempo que le ordené inflamar a los batallones inaquios y todo el espacio que el Istmo separa y la ira del ronco Malea[6] envuelve en su fragor: apenas la juventud ha franqueado los muros y el umbral de sus puertas, celebran ellos ceremonias; creerías que han vuelto de la guerra, tan insistentes son sus aplausos, tan perseverante su asistencia a las honras fúnebres del ofendido sepulcro. ¿Es éste tu famoso furor, Gradivo? Resuena el disco sacudida su esférica masa, y los cestos[7] ebalios entran en lid. Pero si es de su propia rabia y su loco amor por las armas de lo que está henchido, reducirá a cenizas inocentes ciudades sin piedad alguna cayendo sobre ellas a hierro y fuego, dejará tendidos por tierra a los pueblos mientras imploran al Tonante, y acabará con el mísero globo. Ahora ningún interés muestra por la guerra, y mi cólera le trae sin cuidado. Pero si no acelera los combates y lanza los batallones griegos contra los muros tirios en menos tiempo del que tardo yo en dictar mis órdenes –y no son en absoluto crueles mis amenazas– que se convierta en una divinidad afable y benigna, y su fiero carácter se relaje en la ociosidad, que me devuelva sus caballos y su espada, y nunca más le asistirá el derecho de sangre: posaré sobre las tierras mi mirada e impondré

5. Los belicosos tracios, enzarzados siempre en sangrientos combates.
6. El elevado promontorio del Peloponeso descrito en II, 32 ss.
7. Usados por los púgiles, véase VI, 729, y nota 117 (p. 290).

la paz a todo el mundo; bastará para la guerra ogigia[8]
la Tritonia».

Había dicho, y en los campos de los tracios
se adentraba el Cilenio[9]; y al deslizarse desde los umbrales
de la puerta del Norte, lo empujan en sentidos contrarios
la eterna tempestad de la zona, las densas masas de nubes
que cubren el cielo y los primeros soplos del Aquilón: cruje
su dorado manto con la descarga de granizo, y la sombra
del gorro arcadio[10] no lo protege bien. Distingue aquí estériles
bosques, el santuario de Marte –y se estremece al verlo–,
donde de mil furores se encuentra ceñida a las espaldas
del Hemo la salvaje morada de aquél. De hierro es la armazón
de sus costados, de hierro están compuestos sus desgastados
umbrales, sobre columnas de hierro descansan los techos.
Se amortigua al chocar contra ella el resplandor de Febo, teme
la propia luz esta sede, y su frío fulgor ensombrece
las estrellas. Digna del lugar es su guardia: desde la puerta
principal se precipita el Ímpetu insensato, el ciego Crimen,
las Iras de enrojecido semblante, y el pálido Miedo,
con las espadas ocultas se yerguen las Asechanzas, y la
Discordia, en su mano el hierro de doble filo. De incontables
Amenazas resuena el patio, se alza en el centro el Valor
sumido en la tristeza, y sentados se hallan el exultante
Furor y la Muerte armada y con el rostro ensangrentado; no hay
en los altares más sangre que la de las guerras, ni otro fuego
que el sustraído de las ciudades incendiadas. En torno
se ven despojos de las tierras, pueblos cautivos adornaban

8. *i.e.,* tebana, por el nombre de Ógiges, sobre el cual véase nota 46 (p. 79) relativa a I, 173. Tritonia, como ya se ha visto, es uno de los sobrenombres de Minerva; *cf.* II, 684, y nota 116 (p. 140).

9. Mercurio; *cf.* I, 293, y nota 69 (p. 85).

10. El pétaso, sombrero de alas anchas y copa baja usado por campesinos y viajeros, característico de Mercurio; *cf.* I, 305.

el frontón del templo, hay fragmentos de puertas de hierro forjado,
buques de guerra, carros vacíos y cabezas aplastadas
por los carros, casi se oyen incluso los gemidos: hasta tal
extremo es todo violencia, todo una herida. Por doquier era
posible observar al propio dios, pero jamás con relajado
semblante[11]: así lo había representado Mulcíbero con su
divino arte; aún no había expiado el adúltero, puesto
en evidencia por los rayos del sol, su vergonzosa unión
en el lecho cargado de cadenas[12].
Apenas el alado
Menalio[13] había empezado a buscar al rey del templo, he aquí
que tiembla la tierra y, quebrado su caudal, muge el cornígero[14]
Hebro; el ganado útil para la guerra[15] que devastaba el valle
arroja entonces espuma sobre la hierba que tiembla bajo
sus cascos, señal de su llegada, y de par en par se abrieron
las puertas cerradas con sólido diamante. Él mismo avanza
sobre su carro, soberbio de sangre hircana, y cambia el aspecto
de los campos que recorre con sus terribles salpicaduras,
a su espalda despojos y llorosas catervas: le abren paso
los bosques y la nieve acumulada; dirige la sombría
Belona con su mano tinta en sangre el tiro de caballos,

11. *i.e.,* las representaciones de Marte, obra de Vulcano (Mulcíbero, como en V, 51), eran previas a su adulterio con Venus, como veremos a continuación.
12. Al famoso adulterio de Marte con Venus, descubierto por Apolo a Vulcano y a todos los dioses y castigado con las cadenas invisibles fabricadas por el dios herrero, se alude en varias ocasiones a lo largo del poema; *cf.* II, 269 ss.
13. Mercurio, con el epíteto derivado del famoso monte de Arcadia, el Ménalo, que se utiliza igualmente para Partenopeo (véase VI, 603) o su madre Atalanta.
14. Dotados de cuernos estaban todos los ríos importantes, que contaban con afluentes. *Cf.* II, 217.
15. *i.e.,* los caballos de Marte.

y los hostiga con su larga lanza. Helado se quedó al verlo el vástago Cilenio, y bajó la vista: el propio padre[16], si se hallara cerca, sentiría respeto, retiraría sus amenazas y no daría semejantes órdenes. «¿Cuál es el mandato de Júpiter, qué encargo traes del vasto cielo? –dice en primer lugar el dios poderoso en las armas–, pues en efecto, hermano, a esta zona del globo y a estas tormentas mías no vienes por propia voluntad, tú que tienes al lado el Ménalo cubierto de rocío y la brisa más suave del templado Liceo.» Le expone aquél las decisiones del padre. Y sin demorarse mucho, jadeantes como estaban, unido bajo el yugo su sudor, lanza Marte a sus corceles que vuelan, lleno también él de indignación contra los griegos reacios a entrar en combate. Desde las alturas lo vio el padre, y ya, mitigada su cólera, inclinaba el rostro con mesurada lentitud: como cuando el Euro amaina y deja las rendidas aguas, la propia calma no acaba de imponerse y agita la débil borrasca el quieto mar: aún no disponen las naves de todos sus trebejos, ni respiran los marineros a pleno pulmón.

Las honras fúnebres habían puesto fin a las luchas pacíficas, no se había aún disuelto la asamblea, y en medio del silencio general el héroe Adrasto, derramando vino sobre el suelo, aplacaba así las cenizas de Arquémoro: «Permítenos, pequeño, celebrar a partir de ahora este tu día con un festival trienal[17], y que no sea más grato al mutilado Pélope visitar los altares arcadios y con su mano de marfil llamar en los templos eleos[18], ni en los altares

16. Júpiter.
17. Se instauran así los Juegos Nemeos.
18. Para Pélope y su hombro de marfil, véase nota 122 (p. 208) relativa a IV, 590. Se alude en estos versos, en el mismo orden que en VI, 5-14, primero a

de Castalia se deslice mejor la serpiente, ni su propia sombra en el Lequeo plantado de pinos. Te reclamamos, niño, al Averno de lágrimas, y con los eternos astros ligamos estas tristes ceremonias nosotros, tropa ahora presta a partir. Pero si nos concedes derribar las moradas beocias con la espada, de magníficos altares más digno entonces serás, entonces serás un dios, y no sólo se te rendirá culto a lo largo de las ciudades inaquias, sino que también la cautiva Tebas jurará en tu nombre». Por todos ellos pronunciaba estos votos el caudillo, los mismos cada guerrero hacía en su interior.

Ya con sus caballos al galope hollaba Gradivo los litorales de Éfira, por donde alza su cima en los aires el Acrocorinto[19] y cubre con su sombra alternativamente los dos mares. Ordena luego al Pavor, uno de los integrantes de su infausto cortejo, preceder a sus corceles: no hay otro más apto para inspirar el miedo que corta la respiración y privar al ánimo de fuerzas; voces y manos sin cuento tiene el monstruo, y tantas caras como quiera; capaz es de hacer creíble cualquier cosa y de enloquecer a las ciudades con sus terribles incursiones. Si insinuara que existen dos soles, que están los astros a punto de caer, que el suelo oscila o se nos vienen encima los añejos bosques, ¡ay!, creerían los infelices haberlo visto. Entonces renovaba su agudo ingenio: levanta el campo de Nemea

los Juegos Olímpicos, fundados por Hércules y en los que se conmemoraba la victoria de Pélope sobre Enómao en los campos de Pisa, luego a los Délficos (a los que se alude con el nombre de la fuente de Beocia consagrada a las Musas), en memoria de la hazaña de Apolo cuando dio muerte a la serpiente Pitón, y finalmente a los Ístmicos (la sombra es la de Palemon que visita de nuevo el Lequeo, puerto de Corinto) en honor de Leucótea/Ino y su hijo Palemon/Melicertes, sobre los cuales véase nota 7 (p. 70) relativa a I, 14.

19. La ciudadela de Corinto.

en una falsa polvareda; atónitos volvieron sus ojos
los jefes a la nube que se alzaba en oscuros remolinos;
aumenta el tumulto con un falso clamor, imita el ruido
de las armas de los hombres y de los cascos de los caballos,
y difunde en los errantes aires un terrible alarido.
Los ánimos se exaltaron, y en suspenso queda, entre rumores,
la indecisa multitud: «¿qué es ese estrépito?, si el oído no
nos engaña, ¿cómo es que están los astros envueltos en una
nube de polvo?, ¿son acaso los soldados ismenios a la
carga? Así es: avanzan. ¿Tan grande es la audacia de Tebas? ¿O es que
dudarían –¡no hay ni que pensarlo!– mientras nos dedicamos
nosotros a honrar las cenizas de un difunto?». Tales preguntas
inspira el Pavor a sus perplejas mentes; y asume distintos
aspectos a través de sus filas, ora es uno de los mil
guerreros de Pisa, ora un pilio, ora un laconio por su habla,
y jura que los enemigos están cerca, y llena a las tropas
de un vano temor. Nada les parece falso en su terror. Pero
cuando el propio dios[20] cayó sobre los enajenados hombres y,
desplazándose en raudo torbellino en torno a las cimas
del sagrado valle, tres veces levantó la lanza, tres veces
fustigó a los caballos y tres veces golpeó el escudo
contra su pecho, las armas, las armas fuera de sí toma
rápidamente cada uno, propias y ajenas, sin orden ni
concierto, cambian sus cascos y uncen a yugos ajenos
a sus corceles; en cada pecho arde el fiero amor a la muerte
y la matanza, no hay obstáculo que frene su ardor: se lanzan
precipitadamente a compensar su demora. Así resuenan
a los primeros soplos del viento las riberas, cuando el puerto
se deja; por doquier se hinchan las velas, por doquier se sueltan
amarras; y ya se deslizan los remos, se desliza cada
ancla sobre la superficie del mar, ya desde el centro de las

20. *i.e.,* Marte.

aguas se vuelve la vista a la dulce tierra y a los amigos dejados atrás.

Había visto Baco emprender en pelotón la marcha a toda prisa a las tropas inaquias; lanzó un gemido vueltos sus ojos hacia la ciudad tiria, y recuerda el hogar donde se crio y los fuegos de su padre[21] con el corazón acongojado y alterado el purpúreo semblante: ni sus cabellos ni sus guirnaldas siguen en su sitio, ha abandonado el tirso su diestra, y han caído de sus cuernos[22] intactas las uvas. Así pues, tal como estaba, con indigno aspecto a causa de las lágrimas y el desavío de sus ropas, se presentó ante Júpiter, que casualmente se hallaba entonces solo en el cielo y que jamás lo había visto de esa guisa –y no se le ocultaron al padre las causas– y le habla así en tono suplicante: «¿Tu propia Tebas destruyes, muy benévolo padre de los dioses? ¿Tan cruel es tu esposa? ¿Y no te compadeces de esa amada tierra, del hogar que burlaste y de mis queridas cenizas?[23]. Sea, contra tu voluntad lanzaste en otro tiempo tu fuego desde las nubes –lo creo–: mas he aquí que de nuevo envías negros incendios contra el país, sin haber jurado por la Estige ni cedido a los hábiles ruegos de una amante[24]. ¿Cuál es el límite? ¿O es que sólo para nosotros, padre,

21. Alusión al rayo de Júpiter que causó la muerte de su madre Sémele, episodio al que se vuelve repetidamente a lo largo del poema.
22. ταυρόκερων θεὸν (dios de cuernos de toro) es llamado Dioniso por Eurípides *(Bacantes* 100). Cuernos y pezuñas de macho cabrío tiene por otra parte el dios Pan, que figura a veces en su séquito junto a Sátiros y Silenos (macho cabrío que pervivirá en la figura de Satán de los aquelarres nocturnos de las brujas). Como dios del vino, el desenfreno y la orgía, recibía a menudo Baco atributos similares.
23. *i.e.,* las de su madre Sémele; véase *supra,* 147, y nota 21.
24. Cuando Sémele pidió a Júpiter que le concediera lo que le iba a pedir, éste juró hacerlo por la Estige, juramento de obligado cumplimiento para los dioses.

airado o aplacado, tienes el rayo? No irás de tal modo
a la ciudad de Dánae[25], ni al bosque parrasio ni a la Amiclas
de Leda. ¿De todos tus hijos soy yo, pues, el vástago más
despreciado? Y sin embargo yo soy, ¿no es cierto?, quien te supuso
al llevarme una dulce carga[26], para quien te dignaste reabrir
los umbrales y la vía interrumpida antes de tiempo de la vida,
así como los meses que quedaban de gestación. No olvides
además que se trata de una tropa pacífica, en pocos
campamentos adiestrada, que no conocen sino mis lides,
mis combates, entrelazar sus cabellos con hojas y girar
a los inspirados sones de la flauta: temen los tirsos
de las esposas y las batallas de las madres[27]. ¿Cómo van a
aguantar las trompetas y a Marte que, a la vista está, prepara
tan gran contienda lleno de ardor? ¿Y si fuera a tus Curetes[28]
a quienes condujera aquél a las armas y ordenara luchar
con sus inofensivos escudos? ¡Y aún más, es a la odiosa
Argos[29] –¿no había otro enemigo?– a quien eliges! ¡Oh órdenes tuyas,
padre, más rigurosas que los propios peligros: estamos
condenados a enriquecer a la Micenas de mi madrastra![30]

25. Argos, donde reinaba Acrisio, su padre. Con «el bosque parrasio» se alude a Arcadia, país de Calisto, sobre la cual véase *supra,* v. 8 y nota 4 (p. 301). Amiclas era una ciudad de Laconia, cercana a Esparta, de donde era rey Tindáreo, marido de Leda.
26. Cuando, al morir Sémele fulminada por su rayo, introdujo Júpiter en su muslo a Baco para acabar su gestación; *cf.* II, 71-73.
27. En las orgías báquicas.
28. Divinidades menores, autóctonas de Creta, que guardaban la gruta donde Júpiter fue ocultado de niño e impidieron con sus ruidosas danzas que su llanto llegara a oídos de su padre Saturno; *cf.* IV, 782-785.
29. La ciudad protegida por Juno (véase el discurso de la diosa en su defensa en I, 248 ss.), enemiga mortal de Tebas, patria de Sémele.
30. Juno, a la que sólo en sentido figurado, como esposa de Júpiter, puede Baco considerar su madrastra.

De acuerdo, acato tus designios. ¿Pero a dónde, no obstante, mandas
que vayan mis ceremonias, los ritos de mi destruido pueblo,
y si algo dejó para la tumba mi madre, para su mal
preñada? ¿A Tracia y a los bosques de Licurgo?[31]. ¿O he de huir
cautivo junto a los indos, sobre los que triunfé? ¡Proporciona
una sede al fugitivo! Pudo mi hermano[32] –y no lo envidio–
dejar fija Delos, las rocas de Latona, encomendándola
a las profundas aguas; alejó la Tritonia[33] de su amada
ciudadela las aguas hostiles; yo mismo he visto dictar
leyes a los pueblos orientales al poderoso Épafo[34], y ni
la apartada Cilene[35] ni el Ida de Minos se preocupan
de trompetas algunas: ¿Por qué, ¡ay!, sólo nuestros altares
te causan enojo? Aquí –ya que mi influencia es sin duda menor–
tuviste tus noches hercúleas[36] y tu delicioso idilio
con la errante hija de Nicteo[37], aquí, el linaje tirio y el toro

31. Rey de Tracia que opuso resistencia a la introducción del culto de Baco en su territorio: *cf.* IV, 386.
32. Apolo, *cf.* I, 702, y nota 131 (p. 105).
33. Minerva, que compitió con Neptuno por conseguir el patronazgo de Atenas.
34. Hijo de Júpiter e Ío, que reinó en Egipto sucediendo a su padrastro Telégono.
35. Montaña de Arcadia donde nació Mercurio, hijo de Júpiter y Maya. El Ida es el monte de Creta donde nació el propio Júpiter, y además en Creta reinó Minos, hijo de Júpiter y Europa.
36. *i.e.,* la noche multiplicada por tres en la que yació con Alcmena, esposa de Anfitrión, y engendró a Hércules.
37. Antíope, hija de Nicteo, regente de Tebas, madre por Júpiter de Anfíon y Zeto. Por temor a su padre huyó a Sición cuando estaba embarazada y se casó con su rey Epopeo. Devuelta a Tebas por su tío Lico, su historia engarza con la de Dirce, esposa de aquél, sobre la cual *cf.* III, 204-205, y nota 29 (p. 154). Tras la terrible muerte de Dirce, devota de Baco, el dios castigó a Antíope haciéndola enloquecer, por lo que anduvo errante por toda Grecia hasta llegar a la Fócide, donde Foco la curó y se casó con ella.

menos dañino que el rayo usado con nosotros[38]: protege al menos a los descendientes de Agénor».

Sonrió el padre ante los reproches de su hijo que, doblada la rodilla, le tendía las manos, y lo alzó tranquilo del suelo para besarlo, mientras le da a su vez esta complaciente respuesta: «No suceden estas cosas por consejo de mi esposa, como piensas, hijo, ni estoy yo hasta tal punto a merced de sus crueles demandas: por el inalterable devenir de los hados nos movemos; antiguas son las causas para la guerra y por largo tiempo aplazadas. ¿Pues quién refrena tanto sus iras o hace un uso más parco de sangre humana? Testigo es el cielo y esta morada por siempre eterna conmigo de cuántas veces depongo el ya blandido rayo, en qué pocas ocasiones este fuego se adueña de la tierra. Si hasta concedí de mala gana a Marte destruir a los Lápitas, o a Diana la antigua Calidón, pese a que habían sufrido graves ofensas dignas de ser vengadas[39]; es una penosa pérdida, y me cuesta reemplazar tantas almas, devolver a la vida tantos cuerpos. Pero aniquilar a los descendientes de Lábdaco[40], a los retoños de la estirpe de Pélope es algo que ya tardo en asumir; tú mismo sabes –por no mencionar los crímenes dóricos– cuán pronta a ultrajar a los dioses es Tebas; incluso

38. Alusión a la metamorfosis de Júpiter en toro para raptar a Europa, hija de Agénor, rey de Tiro, y hermana de Cadmo, fundador de Tebas.
39. Marte fue el único dios no invitado por Pirítoo a su boda con Hipodamía, y se vengó de ello provocando en el transcurso del banquete la famosa batalla entre Lápitas y Centauros (Servio, *Aen.* VII, 304). Diana, irritada con Eneo, rey de Calidón, porque había olvidado rendirle culto, envió contra el país el fabuloso jabalí que daría lugar a la famosa cacería en la que participaron numerosos héroes griegos.
40. *i.e.,* a los tebanos, mencionados por su famoso rey, abuelo de Edipo. Los retoños de la estirpe de Pélope son a su vez los argivos.

a ti[41]... pero, ya que tu antigua ira está aplacada, guardaré silencio. Y sin embargo Penteo, que no se había manchado con la sangre de su padre, ni era tampoco culpable de haber deshonrado en el lecho a su madre y engendrado hermanos de forma criminal[42], llenó con su despedazado cadáver[43] tus salvajes antros: ¿Dónde estuvieron entonces tus lágrimas, dónde tan consumado arte de implorar? Se da además el caso de que yo no sacrifico a los crueles hijos de Edipo en aras de mi propio dolor: lo exigen la tierra y el cielo, la piedad, la buena fe quebrantada, la naturaleza y las propias leyes de las Euménides. Pero deja de preocuparte tú por tu querida ciudad: no he establecido el fin de la nación aonia en este momento, vendrá una época más temible y otros vengadores: ahora es la egregia Juno quien puede lamentarse»[44]. Tras escuchar esto, recuperó aquél[45] su ánimo y su aspecto; como cuando cuelgan los rosales abrasados por el viento del sur bajo los inclementes, severos, rayos del sol, si el claro día y la brisa del céfiro han depurado el cielo, toda su belleza vuelve, relucen los nuevos brotes y adorna las marchitas ramas su propio esplendor.

41. Se interrumpe una vez más la alocución, quedando la frase sin acabar, como ya hemos visto en otras ocasiones.
42. Penteo es comparado así con Edipo para magnificar la parcialidad de Baco. El crimen de Penteo, primo de Baco por ser hijo de Equíon y de Ágave, hermana de su madre Sémele, no fue otro que el de pretender erradicar, al subir al trono de Tebas, los ritos de Baco.
43. Por obra de Baco, Penteo fue confundido con una fiera por las Bacantes, entre las que se encontraban su propia madre, Ágave, y sus tías Autónoe e Ino, y cruelmente despedazado.
44. Pues esta expedición contra Tebas fracasará y todos los caudillos a excepción del rey Adrasto morirán. Será la segunda expedición, la de los hijos de aquéllos, los Epígonos, la que tomará venganza sobre Tebas.
45. Baco, claro está.

Desgrana ya hace tiempo el mensajero ante los atónitos
oídos de Etéocles sus averiguaciones, y lo informa
de que los caudillos griegos avanzan a la cabeza de un
vasto ejército y ya no se hallan lejos de los campos aonios;
que, por doquiera que pasan, todos tiemblan y se compadecen
de Tebas; refiere quiénes son por su estirpe, cuál es su nombre
y con qué armas cuentan. Aquél, ocultando su miedo, reclama
información y odia a quien se la da; decide luego enviar
mensajes de aliento a sus aliados y calcular sus propias
fuerzas. Marte, así le placía a Júpiter, había agitado
toda Aonia y Eubea y los campos de la vecina Fócide;
vuela veloz a lo lejos la cédula con las órdenes:
hacen avanzar a sus filas, y se exhiben bajo las armas;
se aproximan al campo que, cercano a la ciudad, condenado
está a ser escenario de la guerra y aguarda sus furores.
Aún no se halla el enemigo enfrente, y sin embargo las madres
suben en convulso tropel a las murallas y muestran desde
allí a sus hijos las resplandecientes armas y el pavoroso
aspecto de sus padres bajo el casco.
En una torre lejana
y solitaria Antígona, a quien aún no está permitido
mostrarse a los ojos de la gente[46], protege bajo negros
ropajes sus tiernas mejillas; de escolta le sirve el que fue
un tiempo escudero de Layo, y cuyas canas venera ahora
la regia doncella. Tomando la palabra le dice ella así:
«¿Hay esperanzas, padre, de que estos estandartes puedan hacer
frente a los pelasgos? Tenemos noticias de que vienen contra
nosotros todos los pueblos de Pélope: dime, te lo ruego,

46. Pues a las doncellas no se les permitía mostrarse en público abiertamente. Se menciona aquí por su nombre por primera vez a la hija de Edipo y hermana tan cara a Polinices, a la que se aludió probablemente cuando éste tuvo que abandonar Tebas como desterrado (*cf.* II, 313-315).

los batallones externos con que contamos y sus príncipes, pues veo qué enseñas dirige nuestro Meneceo[47], qué armas nuestro Creonte[48] y cuán eminente con su Esfinge de bronce[49] sale Hemón por las grandes Homoloides»[50]. Así habla la ingenua Antígona, a quien el anciano Forbante[51] responde en estos términos: «Ahí tienes a Driante, que dirige a mil arqueros de las colinas de la fría Tanagra; éste, cuyas níveas armas llevan un tridente y un rayo en basto oro labrado, es por su valor verdadero descendiente del gran Orión[52]: ruego a los dioses que lejos de él quede el presagio paterno y no perdure la antigua ira de la casta Diana[53]. Se unen a sus reales y lo adoptan a título de rey Ocalea y Medeón, y Nisa muy abundante en bosques, y Tisbe, que propaga el zureo de las aves de Dione[54]. A su lado se halla Eurimedonte armado de un pino, con el que imita las

47. Hijo de Creonte que se inmolará más tarde para propiciar la victoria de Tebas, como veremos en el canto X.
48. Hermano de Yocasta y tío por tanto de Antígona, regente de Tebas en varias ocasiones, la última tras la muerte de Etéocles y Polinices en combate singular.
49. En la cimera del casco, se entiende. Hijo también de Creonte y hermano por tanto de Meneceo, Hemón era el prometido de Antígona.
50. Nombre de una de las puertas de Tebas.
51. El anciano escudero de Layo comienza el catálogo de pueblos que apoyan la causa tebana, paralelo al de las tropas argivas que vimos antes: *cf.* IV, 32-308.
52. Sobre él véase nota 5 (p. 145) correspondiente a III, 27.
53. Parece que la súplica no fue atendida, pues Driante, el matador de Partenopeo, caerá él también a continuación sin descubrir a su atacante, y deja Estacio en el aire la sospecha de que sea la diosa, protectora de Partenopeo, su vengadora; *cf.* IX, 875 s. Lactancio Plácido *(commentum ad loc.)* da este hecho por seguro.
54. La Oceánide, madre, en la genealogía homérica, de Venus. Estacio tiene *in mente* el catálogo de Homero *(Iliada* II, 494 ss.), donde ya se menciona a Tisbe como famosa por sus palomas *(πολυ τρήρωνά τε Θίσβην:* verso 502).

pastoriles armas de su padre Fauno[55] y sus crines equinas, terrible en las selvas: así creo que será también en el cruel combate. Lo siguen Éritras, rica en ganados, los que habitan Escolo y Eteono, plagada de abruptos montes, y el parvo litoral de Hile, y la Esqueno de Atalanta[56], orgullosos ellos de sus famosos campos que conservan sus huellas; blanden al modo de los macedonios largas lanzas de madera de fresno, y pequeños escudos poco aptos para evitar fieras heridas. Pero aquí vienen gritando los de Onquesto, pueblo de Neptuno: aquellos a quienes nutre en sus campos de pinos Micaleso, y el Melas[57] de Palas, y Gargafia con su corriente querida por Hécate, y cuyas jóvenes espigas mira con envidia Haliarto, con sus alegres mieses cubiertas de una hierba demasiado abundante. Bastos troncos son sus armas, sus cascos, vacías cabezas de leones, y de escudo les sirven las curvas cortezas de los árboles. Faltos de rey, nuestro Anfíon, ahí lo tienes, es quien los guía –fácil es reconocerlo, doncella– con su inconfundible yelmo adornado con la lira y el toro[58] de su abuelo. ¡Bravo, joven, por tu coraje! A abrirse paso se dispone entre las espadas y a exponer su desnudo pecho por sus queridos muros. A prestarnos socorro en esta coyuntura acudís también vosotros, gentes del Helicón;

55. En XI, 34, lo hace en cambio Estacio hijo de Pan, aunque ambas divinidades son prácticamente idénticas.
56. La Atalanta beocia (hija de Esqueneo y esposa de Hipómenes), no la arcadia, madre de Partenopeo; véase nota 91 (p. 282) relativa a VI, 563.
57. Río de Beocia consagrado a Minerva. Gargafía es el nombre de una fuente situada en un valle de la misma región cercano a Platea, consagrada igualmente a Minerva, pero en las funciones por las que es asimilada a Hécate.
58. Tocando su lira hizo Anfíon unirse las rocas hasta formar los muros de Tebas (*cf.* I, 10, y nota 3 [p. 70]), y a un toro ataron él y su hermano gemelo Zeto a Dirce, esposa de Lico, para vengar a su madre Antíope (véase nota 29 [p. 154] relativa a III, 204-205).

y habéis armado a vuestros hijos, poco amigos de las guerras, tú, Permeso, y Olmio, feliz de tus cantarinas aguas. Exulta la tropa, la estás oyendo, con los cantos de su patria, como saludan los cisnes al radiante Estrimón cuando el pálido invierno se aleja. Marchad gozosos, no perecerá nunca vuestra gloria, y en inmortales versos recordarán las Musas vuestras guerras».

Había dicho, e interrumpiendo su discurso, habló así brevemente la doncella: «Pero en cuanto a aquéllos, ¿cuál es el origen de esos hermanos? Talmente iguales son desde luego sus armas, así como el airón del casco que se eleva en los aires; ¡ojalá hubiera entre los nuestros[59] esa concordia!». Le respondió el anciano sonriendo: «No eres, Antígona, la primera a quien la vista engaña: muchos –su edad los confunde en efecto– los han creído hermanos. Son padre e hijo, pero hay poca diferencia de años entre ellos: cuando era un niño inexperto del tálamo y sin sazón aún para los fuegos maritales, la Ninfa Dercetis, llevada de una ardorosa pasión y sin freno alguno en su lascivia, corrompió antes de tiempo a Lapitaón; poco después, venido al mundo el bello Alatreo, en la flor de su primera juventud alcanza a su padre, sacando sus rasgos y mezclando sus años. Y ahora se alegran de ser así tomados por hermanos, y el padre más; últimamente le agrada incluso la vejez que ha de venir. Trescientos jinetes el padre y otros tantos el hijo mueven para la guerra: dicen que han dejado éstos la árida Glisante y Coronia que cultivaban, rica en mieses Coronia, en viñas Glisante. Pero mira más bien a este Hipseo[60] que con su sombra

59. *i.e.,* entre sus propios hermanos, Etéocles y Polinices.
60. Asistiremos a su muerte a manos de Capaneo para vengar su ultraje al cadáver de Hipomedonte, al que despojó, para pasear luego su casco en la punta de la espada (*cf.* IX, 539-565).

cubre ampliamente a los esbeltos caballos de su cuadriga, su izquierda protegida por las siete capas de piel de toro de su escudo, su pecho, por una triple malla de hierro; su pecho, pues por su espalda jamás sintió temor[61]. Su lanza fue otrora orgullo de los bosques, y una vez disparada, no hay armadura ni cuerpo que se le resista, y jamás se ha visto su mano defraudada en sus deseos. Se dice que lo engendró el Asopo, y digno es de ser considerado su padre cuando, rotos los puentes, se desborda con todo su ímpetu, o cuando, vengador henchido de cólera de su virginal hija, alzó sus indignadas aguas contra su yerno el Tonante. En efecto cuentan que, arrebatada de las ondas paternas, oculta quedó Egina por el abrazo de Júpiter: se enfurece el río, y se dispone a entablar encarnizada guerra con los astros –aún no estaban permitidas ni siquiera a los dioses tales cosas–; dando libre curso a su ira, se alzó desafiante y presentó batalla, sin tener a quien implorar, hasta que, rechazado por truenos y rayos, a duras penas cedió. Aún hoy la impetuosa corriente de exhalantes riberas se alegra de las cenizas del rayo, insignia de su soberbio castigo, y de despedir contra el cielo vapores propios del Etna. De tal guisa admiraremos nosotros a Hipseo en el campo de Cadmo, si es que la complacida Egina ha logrado aplacar al Tonante. Capitanea a los de Itone y a las columnas de la Alalcomene de Minerva, a los que aporta Midea y Arne rica en uvas, a hombres que cultivan Aulida, Grea y la verde Platea, doman con surcos Peteón y controlan, por donde toca nuestro territorio, el Euripo[62], bañado y descubierto alternativamente por el mar en su pasaje, y a ti, Antedon, última ciudad de su trazado, donde

61. *i.e.,* no dio jamás la espalda al enemigo en fuga vergonzosa.
62. Estrecho entre Eubea y Beocia, hoy día Egribos.

desde el verde litoral se lanzó Glauco a las aguas que lo
llamaban, ya en sus cabellos y mejillas de color verdemar,
y se asustó de la forma de pez que, desde la ingle, había
asumido su cuerpo[63]. Blandiendo la honda se ocupan de hendir
los céfiros con sus balas de plomo: a las flechas cidoneas
sobrepasarán sus proyectiles. También tú, Cefiso, habrías
aportado a Narciso, de tan singular belleza, pero ya
palidece en los campos de Tespias el salvaje joven; sólo
una flor[64] bañas, padre, en tu desolada corriente. ¿Quién puede
hacerte cabal relación de las tropas de Febo y la antigua
Fócide? Los hombres de Pánope, Dáulida, Cipariso,
de tus valles, Lebadía, y Hiámpolis, sobre un agudo risco
apoyada, o los que labran con sus bueyes el Parnaso de
doble cima, o Cirra y Anemoría, y la foresta coricia,
y Lílea que hace brotar la glacial cabeza del Cefiso,
donde tenía costumbre de aplacar su anhelante sed Pitón
y privar al mar de su corriente, mira cómo todos llevan
en la cimera del casco laurel entrelazado, y armas
con Titio[65] o Delos como emblema, o las aljabas que este dios
vació en sus incontables matanzas. Los guía el fiero Ífito,
que se ha visto hace poco privado de su padre el hipásida

63. El pescador Glauco se convirtió en divinidad marina, con cuerpo híbrido de cola de pez, cuando se lanzó al mar tras mordisquear las yerbas en las que había visto recobrar la vida a los peces que allí depositaba.
64. El bellísimo Narciso, hijo del dios-río Cefiso y de la Ninfa Liríope, que desdeñaba a todos sus pretendientes, fue castigado al fin por Némesis a enamorarse de sí mismo, y así, al verse reflejado en las aguas, fue incapaz de alejarse de su imagen y se fue consumiendo de amor por sí mismo hasta convertirse en la flor a la que dio nombre.
65. El colosal hijo de Júpiter que intentó violar a Leto. Véase nota 133 (p. 105) a I, 710. Los guerreros de la Fócide llevan el laurel de Apolo en sus cascos y emblemas relativos al dios en sus armaduras, como alguna de sus hazañas, o la isla de Delos, donde nació.

Náubolo[66], tu querido huésped, oh muy amable Layo; aún
gobernaba yo tu carro y sus seguras riendas, cuando a los pies
de los caballos rodó, ¡ojalá acompañada de mi sangre![67],
tu cabeza, con crueles golpes arrancada».

Se humedecieron
sus mejillas mientras hablaba, invadió su rostro la palidez,
y un sollozo repentino interceptó el libre curso de su voz;
reconforta su pupila[68] el benévolo pecho del lánguido
anciano; vuelve en sí y dice con un hilo de voz: «¡Oh, Antígona,
inquietud, gala y sumo placer mío! Es por ti por lo que aplazo
tenazmente mi ya tardía muerte, quizá para contemplar
los mismos crímenes y matanzas de tus ancestros, hasta que
pueda yo entregarte lista e intacta en matrimonio: esto me
basta, dejad partir entonces, Parcas, a quien está cansado
de la vida. Pero mientras abandono mi tarea, cuántos
caudillos –ahora he aquí que los veo de nuevo– han pasado
por delante: no he mencionado a Clonis, ni a los hijos de Abante
con sus cabellos sueltos sobre las espaldas, ni a ti, rocosa
Caristo, ni la llana Egas, ni el altivo Cafereo. Y ya mi
vista cansada se niega a seguir, y todos se detienen, y he
aquí que tu hermano[69] impone silencio a las tropas».

Apenas
había dicho esto el anciano en la torre cuando comienza
el rey a hablar así desde un montículo: «Magnánimos jefes,

66. Rey de la Fócide, que hospedó a Layo cuando fue a consultar el oráculo de Apolo.
67. Recuérdese que el que habla es el anciano Forbante *(cf. supra,* v. 253), escudero de Layo *(cf. supra,* v. 246), cuya muerte en una encrucijada de la Fócide *(trifidae in Phocidis arto, cf.* I, 64) a manos de su hijo Edipo, que desconoce que lo es, deplora.
68. *i.e.,* Antígona.
69. Etéocles, claro está, comandante en jefe de todas las tropas que acuden a apoyarlo.

a quienes no rehusaría obedecer yo mismo, cabeza
del ejército, y defender mi amada Tebas como un simple
soldado, no me atrevería yo a arengaros –pues libre es
el impulso que os ha puesto en armas, y por propia iniciativa
habéis jurado secundar mi justa cólera–, ni os podría
rendir suficientes loores ni testimoniar dignamente
mi gratitud –los dioses y vuestras propias manos, una vez
vencido el enemigo, os recompensarán–: de pueblos amigos
habéis venido en defensa de una ciudad que sufre el ataque,
no de un belicoso saqueador procedente de otras costas
o nacido en una tierra extraña, sino de un enemigo
hijo de este país, que, mientras rige campamentos hostiles,
tiene aquí a su padre, a su madre, a unas hermanas de su misma
sangre, y a un hermano también tenía. Fíjate bien, aquí lo
tienes, nefasto ser que tramas la ruina total de tu casta:
voluntariamente han acudido los pueblos aonios, y no
me han dejado en tus manos, cruel de ti. Qué es lo que quiere
[esta tropa,
te convendría también saberlo: se oponen a que devuelva
el trono». Así habló, y toma todas las disposiciones de rigor,
quiénes deben entrar en lid, quiénes han de proteger los muros,
qué tropas va a situar en vanguardia, qué tropas en el sólido
centro. Así abre el pastor las puertas por donde se filtra la luz
del día y descorre los cerrojos de cañas, mientras la tierra
está fresca; en cabeza hace ir a los jefes, los siguen las hembras
en el centro del rebaño; sostiene él mismo a las preñadas y
las ubres de las madres que a punto están de rozar el suelo,
y les acerca a sus vacilantes crías.
Los dánaos mientras
tanto día y noche están en armas, día tras día, noche tras
noche –tanto los impulsaba la cólera– sin interrupción:
desdeñan el reposo, apenas los hacen demorarse el sueño
o la comida; se marcha a toda prisa contra el enemigo

como si de huir se tratara. No atienden a los portentos
que la fortuna, mensajera de un hado seguro, encadena
sin cesar vaticinando de manera prodigiosa. Horribles
avisos siembran en efecto las aves, las fieras, los astros,
los ríos que invierten el sentido de sus recorridos, truena
el padre con hostilidad y brillan funestos rayos; se oyen
en los santuarios pavorosas voces, y las divinas puertas
se cierran solas; cae ya una lluvia de sangre, ya de piedras,
de improviso se muestran los manes, y salen a su encuentro
antepasados llorando. También entonces guardó silencio
el oráculo de Apolo en Cirra, en los meses no habituales[70]
dejó Eleusis oír sus lamentos durante toda la noche,
y la profética Esparta vio en los abiertos templos entrar
en combate –¡horrorosa señal!– a los hermanos de Amiclas[71].
Cuentan los arcadios que en el silencio de la noche aúlla
la demente sombra de Licaón[72], afirma su amada Pisa
que Enómao[73] corre por el salvaje campo; que el Aqueloo
estaba para su deshonra desfigurado en sus dos cuernos[74]
divulgaba el errante acarnanio. Afligida está la imagen
de Perseo a la que Micenas alza sus preces, y alterado

70. Anualmente se celebraban en Eleusis, ciudad del Ática, los famosos misterios de Deméter y Prosérpina. Eran de dos tipos, menores (aproximadamente por el mes de marzo), y mayores (en septiembre).
71. Cástor y Pólux, hijo uno u otro real o putativo de Tindáreo, rey de Esparta, en Laconia, nacidos en Amiclas. El mismo adjetivo *(Amyclaeos)* se emplea para las riendas de Cástor en VI, 329.
72. Rey de Arcadia, convertido en lobo por Júpiter tras haberle aquél servido a la mesa miembros humanos (de alguno de sus hijos, de un rehén o incluso de su nieto Arcas, hijo del propio Júpiter y de Calisto, única hembra hija de Licaón). A él se hizo ya referencia en III, 480.
73. Nueva alusión al rey de Pisa, padre de Hipodamía, a quien se hace continua referencia desde el comienzo de la obra; véase I, 274-277.
74. Uno de sus cuernos lo perdió de hecho en su lucha con Hércules. Véase nota 17 (p. 184) relativa a IV, 106.

el marfil de la estatua de Juno; brama el poderoso Ínaco
según los labradores, cuenta el habitante de los dos mares[75]
que el tebano Palemon deja oír sus quejas en todo el ponto.
La armada de Pélope[76] oye todo esto, pero el ardor guerrero
le impide tener en cuenta las advertencias de los dioses
alejando su temor.
Ya se ha llegado, Asopo, a tus riberas
y a los ríos de Beocia. No osaron los escuadrones cruzar
al punto la hostil corriente; con un gran caudal bajaba también
casualmente sobre los trémulos campos, sea que recibió
bríos del arco portador de la lluvia, sea de las nubes
de las montañas, sea que aquél fue el propósito del río y que
con el obstáculo de sus aguas intentaba el dios frenar sus
armas. Lanzó entonces el fiero Hipomedonte a su vacilante
corcel arrastrando tras de sí un gran fragmento de la orilla,
y manteniendo en alto sus riendas y sus armas grita desde
el centro del torbellino a los caudillos dejados atrás:
«Seguidme, guerreros, así prometo guiaros el primero
contra los muros de Tebas, así abrir brecha en la cerrada
ciudad». Todos se precipitan al río, avergonzados de no
haber llevado la iniciativa. Como cuando por ignotas
aguas guía el pastor a su rebaño, el ganado permanece
en pie abatido, a todas las reses les parece lejana
la otra orilla y en medio no hay sino un vasto temor: pero cuando
el toro guía de la manada avanza abriéndoles camino,
entonces parece la corriente menos peligrosa, el salto,
fácil, y accesibles las riberas.
No lejos de allí distinguen
un cerro y una llanura apta para un seguro campamento,

75. El Jónico y el Egeo, en el Istmo de Corinto. Sobre Palemon, a quien se alude también repetidas veces a lo largo del poema, véase nota 7 (p. 70) relativa a I, 14.

76. *i.e.,* el ejército argivo.

desde donde divisar incluso la ciudad y las torres sidonias; les agradó el sitio y la segura retirada que garantizaba, con la extensa colina que al aire se alzaba, a cuyos pies, en su abierta hondonada, se extendían los campos, sin amenaza alguna de ser oteados desde otros montes; y no fue un penoso trabajo lo que suministró al lugar sus largas líneas de defensa: la propia naturaleza lo favorecía de manera extraordinaria. Unas rocas se elevaban en una suerte de empalizada, sus declives formaban una especie de fosos, y en cuatro altozanos obra del azar otras tantas almenas podían verse; el resto lo proporcionan ellos mismos, hasta que abandonó el sol por completo los montes, y dio el sueño descanso a las fatigas.

¿Quién podría expresar con palabras el estupor de Tebas? Aterroriza a la ciudad, incapaz de conciliar el sueño en vista del desastre inminente de la guerra, la negra noche, y augura un día cargado de amenazas. De todas partes corren a los muros; bajo aquel horror nada parece resguardado, nada bastante seguro, y resultan débiles las fortalezas de Anfíon. Por doquier anuncia el rumor nuevos y más numerosos enemigos, y el temor acrecienta su importancia; observan enfrente las tiendas inaquias y los fuegos extranjeros en sus queridos montes. Unos con preces y quejas se encomiendan a los dioses, apelan otros a sus marciales armas y a sus belicosos caballos, y hay quienes estrechan entre lágrimas los pechos amados y encargan, desdichados de ellos, sus piras y funerales para el día siguiente. Si un ligero sopor ha cerrado sus ojos, libran batallas en sueños; en su estupor, ya ven como una ventaja la demora, ya sienten hastío de la vida, temen la luz y suplican su llegada. Sacudiendo sus dos serpientes va Tisífone presa del delirio por los dos campos; azuza a un hermano contra otro, y contra ambos a su padre: del fondo

de su apartada sede[77] arrancado aquél, implora a las Furias
y reclama sus perdidos ojos[78].
Ya había el nuevo amanecer
ahuyentado a la fría Febe[79] y a las desvaídas estrellas,
cuando está ya henchido el océano del venidero fuego
y su vasta superficie, franqueada por el renacido
Titán[80], queda en calma bajo los rayos de sus jadeantes
corceles: he aquí que Yocasta[81], con fiera mirada, cubiertas
de desgreñadas canas sus pálidas mejillas, y los brazos
negros de moratones, con un ramo de olivo entretejido
de negra lana, como la más anciana de las Euménides,
sale por las puertas con toda la majestad de sus desgracias.
La sostienen a uno y otro lado sus hijas[82], ahora el mejor
sexo, mientras apresura sus seniles miembros y avanza más
deprisa de lo que cabría esperar. Llega ante el enemigo y,
desnudo el pecho, golpea las hostiles puertas, mientras con
trémulos gemidos ruega ser admitida: «¡Permitidme entrar!,
os lo implora la impía madre de la guerra; este vientre tiene
algún derecho abominable sobre estos reales». Temblaron
de espanto al verla los batallones, y más al oírla; vuelve
ya el mensajero enviado a Adrasto: obedeciendo sus órdenes
la acogen y le abren paso en medio de las espadas. Tan pronto

77. Edipo permanece en el palacio de Tebas, donde ahora reina su hijo Etéocles, recluido en sus secretas estancias; *cf.* I, 49.
78. En su invocación a las potencias infernales y en concreto a Tisífone pidiendo el castigo para sus hijos, ya había reclamado Edipo un horror que le hiciera arrepentirse de haberse cegado *(quod cupiam vidisse nefas): cf.* I, 85-86.
79. La hermana de Febo, Diana o la Luna.
80. *i.e.,* el Sol, como en otras ocasiones.
81. Primera aparición de la madre y esposa de Edipo, que sigue también viviendo en el palacio tebano donde ahora reina su hijo Etéocles.
82. Antígona e Ismene, claro está, «el mejor sexo» por contraste con sus hermanos.

como ella vio a los caudillos aqueos, loca de dolor lanzó un horrendo alarido: «Nobles argivos, ¿quién me mostrará al enemigo a quien he parido? ¿Bajo qué yelmo encontraré, decidme, a mi hijo?». Sale a su encuentro para su sorpresa el héroe cadmeo[83] y, tomándola entre sus brazos, la cubre de lágrimas de alegría y la consuela mientras la retiene, y a cada momento repite «¡madre!» «¡madre!», estrechando contra su pecho ora a ella, ora a sus queridas hermanas, cuando la anciana mezcla la ira con el llanto cargado así de amargura: «¿Por qué me finges, príncipe argivo[84], esas tiernas lágrimas y ese venerable nombre? ¿Por qué rodeas mi cuello con tus brazos y estrechas contra tu pecho cubierto de acero a tu odiada madre? ¿Eres tú aquel errante exiliado, aquel huésped digno de lástima? ¿A quién no podrías conmover? Grandes destacamentos aguardan tus órdenes, y refulge de incontables espadas tu costado. ¡Ah, desdichadas madres! ¿A un individuo como tú lloraba yo noche y día? Si no obstante te dignas escuchar las palabras y consejos de los tuyos, mientras guarda el campo silencio y mantiene en suspenso la piedad los horrores de la guerra, yo, tu madre, te lo ordeno e imploro: ven conmigo, contempla al menos a los dioses patrios, las casas prestas a arder, y con tu hermano –¿por qué apartas la vista?– habla con tu hermano, y reclama el reino conmigo ya como juez: o te lo dará, o con mayor motivo empuñarás de nuevo la espada. ¿Temes acaso que pueda tratarse de una trampa y que yo, tu madre, intente engañarte a sabiendas? No ha abandonado la rectitud nuestro mísero hogar tan por completo: apenas deberías sentir temor si fuera Edipo quien te guiara. Abominable acto

83. *i.e.,* su hijo, Polinices.
84. Tremendo reproche en boca de su madre, que lo acusa así de haber cambiado de patria.

cometí sin duda con mi boda y mis partos, pero os amo tal
cual sois –¡oh, dolor!– y aún ahora disculpo vuestros furores.
Y si tanto te obstinas, el triunfo te hemos puesto en las manos,
cruel de ti, por propia iniciativa: apresa a tus hermanas y ata
a la espalda sus muñecas, cárgame de cadenas: pese a la
penosa situación en que se encuentra, se traerá aquí también
de cualquier forma a tu padre. A vuestro pundonor, ináquidas,
vuelvo ahora mis quejas, pues en casa habéis dejado cada uno
a pequeños, a ancianos y lágrimas como éstas: ¡confiad sus
propias entrañas a una madre! Si en poco tiempo esa persona
os es querida –y ruego que así sea–, ¿qué sentimientos debo
albergar yo, os lo pregunto, pelasgos, qué sentimientos estos
senos? Habría soportado yo esto de príncipes hircanos
u odrisios[85], y si hubo quienes sobrepasaron nuestra locura.
Dadme vuestro consentimiento, o abrazando a mi hijo muera
yo aquí y que la guerra me sobreviva». Aplacaban sus palabras
a las enfervorecidas tropas, podrías ver vacilantes
los cascos de los hombres y regadas sus armas de piadosas
lágrimas. De igual modo, cuando han dejado tendidos por tierra
a hombres y armas fieros leones con el embate de su pecho,
al momento disminuye su ira, y se complacen en aplazar
su hambre segura de saciarse en la capturada presa: así
vacilan los conmovidos corazones de los pelasgos, y
su ávido ardor guerrero se había amansado.
También él mismo[86]
a la vista de todos se vuelve a besar ora a su madre, ora
a la ingenua Ismene, ora a Antígona con sus muy acongojados
ruegos, y en la tormenta de emociones que turban su espíritu
había olvidado el reino: desea ir, y el gentil Adrasto
no se opone; interviene entonces Tideo, que no se olvida de

85. Mencionados como pueblos salvajes y sin leyes.
86. *i.e.*, Polinices.

su justa cólera: «Mejor a mí, camaradas, que hace poco
he podido comprobar la lealtad de Etéocles, y no era
yo su hermano, ponedme a mí frente a ese rey, cuya egregia paz
y fieles pactos llevo aún hoy en este pecho. ¿Dónde estabas
entonces, madre garante de la buena fe y de la paz, cuando
con tan bello hospedaje me retuvo aquella noche vuestra?[87]. ¿Es a
tales convenios a los que arrastras a tu hijo? Llévalo al campo
que pingüe de vuestra sangre y de la mía aún hoy exhala sus
vapores. ¿Y tú, ay, demasiado blando y demasiado olvidado
de los tuyos, la seguirás sin más? ¿Cuando las hostiles diestras
desnuden por doquier las espadas en torno a ti, seguro que
ella llorará y las armas se detendrán? ¿Te devolverá aquél,
ay, loco de ti, al campamento argivo una vez encerrado
dentro de las murallas y a merced de su odio? Antes se cubrirá
de hojas esta lanza echado abajo el hierro, antes se volverá atrás
el Ínaco y nuestro Aqueloo. Y si se trata de una amable
entrevista y es la paz lo que se busca entre crueles armas:
este campamento también está abierto, y aún no ha merecido
ser temido[88]. ¿O acaso soy sospechoso yo? Me aparto y hago
donación de mis heridas[89]. Que entre[90]: también aquí están su [madre
y sus hermanas como mediadoras. Supón por otra parte
que dándose por vencido se aleja del reino pactado,
¿se lo vas tú a devolver de veras a tu vez?». De nuevo cambian
de opinión las tropas dejándose convencer: como ha salido

87. Alusión a la emboscada que sufrió después de su embajada ante Etéocles reclamando el reino para Polinices.
88. Pues los griegos no han cometido ninguna felonía, como sí han hecho los tebanos.
89. *i.e.,* «renuncio a cobrar venganza».
90. Tideo se refiere evidentemente a Etéocles. Da por supuesto que él es quien ha enviado a su madre y a sus hermanas para hacer venir a Polinices al palacio, y le invita a ser él quien acuda al campamento griego a celebrar la entrevista.

en un súbito vendaval el Noto al encuentro del Bóreas
y se ha hecho dueño del mar. Las armas y las furias son otra vez
la mejor opción; la fiera Erinis[91] aprovecha la ocasión
y siembra las semillas del primer enfrentamiento.
Dos tigres
vagaban junto a las aguas de Dirce, mansa yunta del carro
otrora devastador en la guerra de oriente, pero Liber,
al retornar victorioso últimamente de los litorales
eritreos[92], los había soltado en los campos aonios
en premio a sus servicios. El variopinto séquito del dios
y, como de costumbre, un anciano sacerdote se ocupan
de adornarlos, olvidados como están de la sangre y oliendo
a hierbas indias, con maduros sarmientos y varios manojos
de hiedra, y entrelazan con cintas de púrpura su manchada
piel. Y ya las mismas colinas, los mismos rebaños –¿quién lo
creería?– los amaban, y en torno a ellos osaban mugir
las novillas; porque no los acucia en absoluto el hambre:
se les ofrece el alimento en la mano, y ellos lo aceptan,
y echan atrás sus horribles fauces para beber el vino que
se derrama sobre ellas, libre es en el campo su descanso;
si alguna vez han entrado en la ciudad con manso paso, el fuego
de los sacrificios calienta cada morada y cada templo,
y es como si el propio Lieo[93] se hallara dentro. Cuando, tras
haberlos tocado tres veces la Euménide[94] a cada uno con su
látigo de serpientes, los hizo volver a su primitiva
fiereza de carácter, irrumpen en los campos que no los
reconocen. Como si en diversos puntos del cielo dos rayos

91. No se concreta de cuál de las Erinies o Furias se trata, pero es Tisífone la que está pendiente de que no se disipen las iras; véase *supra,* 466-468.

92. Como mar Eritreo o mar Rojo se conocía lo que ahora llamamos golfo Pérsico, como añade en nota la edición de Mozley.

93. Sobrenombre de Baco; *cf.* V, 292, y nota 38 (p. 234).

94. La Erinis innominada, *cf. supra,* v. 562.

estallaran y cayeran a la vez arrastrando su larga
cabellera a través de las nubes: del mismo modo en veloz
carrera y dando espantosos rugidos atraviesan los llanos,
y con un colosal salto se echan sobre tu auriga, Anfiarao
–y no faltó el presagio, pues casualmente guiaba éste el primero
hacia un estanque cercano a los caballos de su amo[95]–; atacan
luego al tenario Idas, que lo seguía, y al etolio Acamante:
atroz es la huida de los corceles a través de los campos,
hasta que inflamado Aconteo, de comprobada habilidad
en abatir fieras –era arcadio–, a la vista de la masacre
de hombres, los persigue con una lluvia de dardos hasta las
fieles murallas a las que ya habían tornado, y blandiendo
una tras otra incontables jabalinas, los atraviesa hundido
el proyectil tres, cuatro veces en sus lomos y sus flancos. Ellos
a su vez, dejando tras sí un largo reguero de sangre, arrastran
medio muertos hasta las puertas los dardos que se erizan en sus
cuerpos, y con un gemido que imita los lamentos, recuestan
sus lacerados pechos en los amados muros. Creerías
que a saco son tomados los templos y la ciudad, que los lares
sidonios arden bajo infames antorchas, tal clamor se eleva
en los abiertos muros; preferirían que la cuna del gran
Hércules o el tálamo de Sémele o las secretas cámaras
de Harmonía se hubieran venido abajo. Fegeo, devoto
de Baco, ataca de cerca con su espada a Aconteo, carente
ya de dardos y lleno de euforia por su doble victoria;
acuden en su auxilio aunque tarde los jóvenes de Tegea:
ya sobre los sagrados cuerpos de las fieras yace el joven
en venganza del afligido Baco.

El súbito tumulto que
recorre el campo interrumpe asimismo el debate de los griegos;
huye Yocasta a través de los enemigos manifiestos sin

95. La muerte de su auriga anuncia la de Anfiarao, que va a ser el primero de los siete caudillos argivos en caer, tragado por la tierra.

osar persistir ya en sus súplicas; a sus hijas y a ella misma
rechazan quienes hace poco eran tan amables, y Tideo
se apresura a aprovechar la ocasión: «¡Id pues, esperad ahora
la paz y la buena fe! ¿Ha podido[96] al menos aplazar el crimen
o aguardar, mientras vuelve su madre sana y salva?». Dicho esto,
llama a sus camaradas con la espada desenvainada. Se alza
ya un fiero clamor, por una y otra parte se inflaman las iras;
se entabla combate sin orden ni concierto, los jefes están
confundidos con la tropa, se descuidan las órdenes de los
capitanes; mezclados se hallan jinetes, grupos de soldados
a pie y veloces carros; una indistinta masa cerca a quienes
corren a la lucha, y no hay tiempo de identificarse ni de
reconocer al enemigo. Así en súbitos pelotones se han
enfrentado la juventud tebana y argiva; las enseñas
detrás y a su espalda las trompetas; los clarines han llegado
a la zaga de la guerra. ¡Tan violento llega a ser Mavorte
con un poco de sangre! Como concentra primero sus fuerzas
el viento dentro de las nubes, débil aún, y mece las hojas
y las descubiertas copas de los árboles, para llevarse
luego por delante el bosque y dejar al desnudo los umbrosos
montes.

Y ahora, ¡ea, hermanas Pierias![97], pues no os consultamos
hechos lejanos, cantad a vuestras tropas y a vuestra Aonia; las
visteis en efecto, mientras al acercarse Marte se espantan
del estruendo tirreno[98] los plectros del Helicón.

Inseguro
en medio de las armas, en loca carrera lleva su corcel

96. El sujeto sobrentendido, Etéocles, a quien Tideo acusa de haber ordenado la muerte de Aconteo.
97. *i.e.,* las Musas, nacidas según la mayoría de las fuentes en Pieria, región de Macedonia, al norte del Olimpo.
98. El sonido de la trompeta guerrera, (*cf.* III, 650 ss., y nota 96 [p. 175]), ante el que tiemblan las liras de las Musas, «los plectros del Helicón».

al sidonio Ptérelas, que destroza las riendas, a través
de las filas contrarias, ya libre, tan agotada se halla
la mano que lo rige: a través de sus hombros vuela la lanza
de Tideo, traspasa la ingle izquierda del joven y lo deja,
mientras se desploma, sujeto al caballo; huye aquél unido
a su muerto dueño, y lo continúa llevando encima aunque ya
no sujeta las armas ni las riendas: como cuando un Centauro,
aún no privado de su doble alma, se deja al morir caer
sobre su propia grupa. En competencia entra la obra del hierro:
con alternativa furia abaten Hipomedonte a Síbaris,
al pilio Perifante Meneceo, Partenopeo a Itis:
cae Síbaris víctima de una ensangrentada espada, de una
lanza el fiero Perifante, Itis de una traicionera flecha.
Corta de un tajo el mavortio Hemón el cuello del inaquio
Ceneo, cuyos ojos abiertos buscan el tronco más allá
del cuerpo seccionado, su espíritu la cabeza; ya Abante
despojaba al cadáver de sus armas: sorprendido por una
jabalina aquea dejó caer al morir el escudo
del enemigo y el suyo propio.
¿Quién te incitó, Euneo,
a abandonar el culto de Baco, quién los bosques de los que un
sacerdote tiene prohibido ausentarse, y a reemplazar[99]
tu habitual frenesí de Bromio? ¿A quién podrías aterrorizar?
Rodean el entramado fácil de atravesar de tu escudo
pálidas yedras y guirnaldas de Nisa, una blanca cinta está
anudada a tu jabalina de pámpanos, ocultos quedan
tus hombros bajo tu cabellera, crece el bozo en tus mejillas,
y una coraza no hecha para la guerra despide el rojo
fulgor del hilado tirio; cubiertos los brazos por las mangas,
los pies ceñidos de adornadas correas, y de muy fino

99. *i.e.,* cambiar el furor de un dios, Baco (Bromio, «el Atronador», «el Ruidoso», es uno de sus sobrenombres), por el de otro, Marte.

lino los pliegues de sus vestidos, una pulida fíbula
de oro sujetaba con un brillante jaspe el manto tenario,
sobre el cual a su espalda se ve el ligero carcaj y el arco,
y resuena la suspendida aljaba de piel de lince en oro
bordada. Avanza poseído por el dios por el centro de las
innumerables tropas gritando a lo lejos: «Apartad vuestras
manos, estas murallas por un presagio favorable Apolo
las reveló mediante la novilla de Cirra[100]; respetadlas,
para formarlas se movieron las piedras espontáneamente.
Somos una raza sagrada: por yerno tiene esta ciudad
a Júpiter, y a Gradivo por suegro[101]; no llamamos en falso
hijo a Baco y al gran Alcida»[102]. Mientras se jacta de tal forma
en vano, el impetuoso Capaneo sale a su encuentro con su
lanza que se pierde en los aires. Como cuando ha recuperado
un león al amanecer en su negra guarida su furia
primera y desde su feroz antro espía a un ciervo o a un novillo
de frente aún inofensiva, avanza con gozoso rugido,
aunque lo acosen con sus armas los grupos de cazadores,

100. Buscando un lugar donde asentarse después de la búsqueda infructuosa de su hermana Europa, Cadmo se dirigió a Delfos, y el oráculo de Apolo le indicó que debía seguir a una vaca con una mancha blanca en forma de luna llena en ambos flancos y fundar una ciudad allí donde el animal se tendiera a descansar. Llegado a Beocia, encontrada y seguida por él la vaca, al mandar a buscar agua a sus hombres a una fuente cercana para celebrar un sacrificio, se produjo el episodio de la lucha con el dragón de Marte, la siembra de sus dientes por parte de Cadmo, la lucha entre los Espartos y la subsiguiente fundación de Tebas por parte de Cadmo asistido por los cinco Espartos supervivientes. Sus murallas las construyó Anfíon de manera prodigiosa, colocándose las piedras solas al son de su lira (*cf.* I, 5-10, y notas 2 y 3 [pp. 69-70]).

101. Júpiter puede considerarse yerno de Cadmo como amante de Sémele, hija de Cadmo y Harmonía, y madre por él de Baco. Marte, su suegro, pues Cadmo estaba casado con Harmonía, hija de Marte y Venus.

102. Hércules, nieto de Alceo por ser éste padre de Anfitrión, padre putativo a su vez del héroe.

ve la presa y no piensa en sus heridas: así Capaneo,
congratulándose de esta contienda desigual, blandía
su ciprés[103] presto a partir con su gran masa. Pero antes exclama:
«¿Por qué aterrorizas con mujeriles gritos a los hombres tú,
a quien la muerte ya está llamando? ¡Ojalá acudiera en persona
aquel a quien debes tu frenesí![104]. ¡Dirige estas monsergas
a las madres tirias!», y lanzó a un tiempo el asta; salió volando
aquélla, como si no hubiera obstáculo capaz de frenarla,
y apenas resonó en su escudo, ya ha atravesado su espalda.
Las armas se le caen de las manos, cruje el oro con sus
profundos estertores, y la sangre que fluye a borbotones
inunda los pliegues de su ropa. Mueres, audaz joven, mueres,
segunda amada prenda del aonio Lieo[105]. Te lloró el
mustio Ísmaro con sus rotos tirsos, y el Tmolo, la fértil
Nisa y Naxos de Teseo, y el Ganges, que por miedo juró
secundar las orgías tebanas[106].
Y no notaron remiso
a Etéocles los batallones argivos, mientras que la espada
de Polinices, menos pronta, tembló frente a sus paisanos.
Se destaca ante el resto Anfiarao, pese al temor que inspiran ya
los campos a sus caballos[107], y entre nubes de polvo recorre
el malhadado campo: honra añade inútilmente a su siervo

103. Que le servía de lanza; *cf.* IV, 177.
104. *i.e.,* Baco. El descreído Capaneo no pierde ocasión de provocar a los dioses.
105. Sobrenombre de Baco, véase V, 292, y nota 38 (p. 234).
106. Todos son lugares relacionados con Baco. El Ísmaro y el Tmolo, dos montes, situados el primero en Tracia y el segundo en Lidia. Nisa es también una montaña, de imprecisa localización, donde fue criado de niño por sus Ninfas según algunas versiones. En la isla de Naxos abandonó Teseo a Ariadna, descubierta luego por el dios, y con el nombre de su principal río, el Ganges, se hace referencia a la India, por él conquistada.
107. Que habían visto caer a su auriga víctima de los tigres de Baco, *cf. supra,* v. 586.

el consternado Apolo, y glorifica sus últimos momentos.
Hace también resplandecer de honrosos destellos su escudo
y su casco; también tú, Gradivo, te apresuraste a conceder
a tu hermano que ninguna mano, ningún arma mortal herir
pudiera en la guerra a su vate: que su cadáver descendiera
santo y venerable al reino de Dite. De tal guisa se deja
llevar al centro de los enemigos, seguro también él mismo
de su muerte, y esta confianza le infunde fuerzas; siente
el héroe sus miembros más poderosos, la luz más diáfana,
y que nunca sería tan profundo su conocimiento del cielo,
si tuviera tiempo: lo distrae de ello el Valor que acompaña
a la muerte. Arde de insaciable amor por el fiero Mavorte,
y disfruta empleando su diestra y se enorgullece de su
ardiente alma. ¿Es éste aquel que solía aliviar las desgracias
de los hombres y sustraer sus derechos a los Hados? ¡Cuán
diferente de improviso de aquel que tenía por guía
trípodes y laureles, que era docto en descifrar el mensaje
de las aves en cada nube tras haber invocado a Febo!
A un número incalculable de guerreros, cual pestífero año
o pernicioso brillo de hostil astro, inmola a sus propios manes:
con jabalina a Flegias y con idéntica arma al arrogante
Fileo; con la hoz de su carro siega la vida de Clonis
y Cremetaón, la de uno de cerca, mientras se encontraba
en pie, la de otro cortándolo por la corva; lanza en ristre, sin
disparar el arma, a Cromis, a Ifínoo, a Sages, al intonso
Gías y a Licoreo consagrado a Febo –a éste sin querer:
ya había hundido su robusta lanza de fresno, y apareció en
el sacudido penacho la cinta sacerdotal–; con una
piedra a Alcátoo, que en torno a los estanques de Caristo casa,
mujer e hijos tenía amantes de sus riberas. Había aquél
vivido largo tiempo como un pobre explorador de las aguas[108],

108. *i.e.,* pescador o marinero.

la tierra lo ha burlado, alaba al morir borrascas y vientos,
y los peligros más benignos del conocido mar.
Contempla
de lejos desde hace tiempo Hipseo[109], hijo del Asopo, estos
estragos de las desordenadas filas, y arde por torcer
el curso del combate, aun no siendo inferior el descalabro
que él mismo está provocando con su carro en las fuerzas tirintias[110];
pero a la vista del augur[111], la sangre que tiene delante
se le antoja de menos valía: a él anhela enfrentarse
con toda su alma. Le impedía acercarse el compacto costado
de una cuña del ejército enemigo; sacó con orgullo
pues una jabalina escogida de las riberas paternas,
y antes de lanzarla implora: «Rico dispensador de las aguas
aonias, Asopo, aún hoy famoso por cenizas de Gigantes[112],
concede tu favor a mi diestra: te lo suplica tu hijo
y la encina criada en tus aguas[113]; también yo puedo desdeñar
a Febo, si contigo se enfrentó el padre de los dioses. En tu
corriente sumergiré todas sus armas, así como sus cintas,
tristes sin el augur». Lo había escuchado su padre: le impide
Febo complacerlo, como quería, y desvía el tiro contra
el auriga Herses[114]. Cae aquél: el propio dios toma a su cargo

109. De este guerrero se ha hecho ya una detallada presentación, *cf. supra,* 309-329. Lo veremos actuar en VIII, 428 ss., y en el libro X asistiremos a su muerte.
110. *i.e.,* argivas.
111. Anfiarao, que está realizando portentosos hechos de armas.
112. *i.e.,* por cenizas similares a las causadas al abatir los dioses a aquéllos en la Gigantomaquia. De las cenizas del rayo y de exhalar hacia el cielo vapores como los del Etna se vanagloriaba el río Asopo tras su enfrentamiento con Júpiter después del rapto de su hija Egina por parte del dios *(cf. supra,* 325-327).
113. De su madera es la jabalina que blande.
114. Auriga de Anfiarao, claro, que va a ser, como veremos, sustituido por el propio dios.

las sueltas riendas, asumiendo los falsos rasgos del lerneo
Haliacmón. Entonces ciertamente no hay enseña que intente
resistir a su ardor, se desbaratan[115] presa del mero terror,
y una muerte cobarde, sin heridas, les sobreviene en medio
de su pánico, y es dudoso a quien lo observa si ha retardado
o dado impulso a los fogosos corceles la carga que llevan.
Así cuando un nuevo invierno de ventiscas ha desprendido
el flanco de un monte envuelto en las nubes, o no lo ha soportado
más su decrepitud, como horrendo espanto se abate sobre el
llano, arrastrando consigo en su diversa trayectoria campos,
hombres y añejos robles, y al fin, exhausto, debilitada su
vertiginosa caída, excava un valle o intercepta ríos
en medio de su curso. No de otro modo el carro, cargado
con el gran héroe y el poderoso dios, se agita ya en esta,
ya en aquella sangre. El propio Delio, ocupando su asiento,
rige armas y riendas a la vez, él guía los tiros, desvía
los dardos enemigos y hace fallar el blanco a las astas que
los buscan. Tendidos por tierra están Menáleo que luchaba
a pie, Ántifo, a quien de nada ha servido su alto caballo, Etión,
nacido de una Ninfa del Helicón, Polites, manchado con
la sangre de un hermano, y Lampo, que intentó mancillar el lecho
de la sacerdotisa Manto[116]: contra éste Febo en persona
disparó sus sagradas flechas. Y ya los corceles, inquietos
y resoplando sobre las moribundas víctimas, escrutan
el suelo, y cada surco se abre a través de cuerpos, y las ruedas
se tiñen de rojo de los miembros machacados. Despedaza

115. Sujeto sobreentendido, las tropas enemigas.

116. La hija de Tiresias a la que vimos (*cf.* IV, 463 ss.) asistiendo a su padre en el ritual de conjuro de las almas infernales. Sobrevivirá a esta primera expedición y también a la de los Epígonos, capitaneada por Alcmeón, con quien tendrá dos hijos, y será madre también más tarde por Apolo o por el mortal Racio de otro famoso adivino, Mopso, distinto del adivino tesalio que participó en la expedición de los Argonautas (*cf.* III, 517-521).

a unos el implacable carro sin que sean ya conscientes,
pero otros, medio muertos de la herida –e incapaces de evitarlo–,
lo ven venir sobre sus rostros; ya están resbalosas las riendas
de coágulos, el mojado timón no permite mantener
la posición, giran con dificultad las ruedas en la sangre
y la pezuña se ve entorpecida por las pisoteadas
vísceras: fuera de sí arranca entonces él mismo[117] los dardos
que conservan los cadáveres y las picas que sobresalen
entre los huesos, con agudos chillidos persiguen las almas
el carro.

Revelándose al fin Apolo en toda su gloria
a su servidor, «disfruta de este tu día –dice– y alcanza
imperecedera fama, mientras me respeta a tu lado
la Muerte irrevocable. Estamos vencidos: sabes que las duras
Parcas ningún hilo vuelven a hilar; marcha, deleite hace tiempo
prometido a las gentes del Elisio, bien seguro de no haber
de soportar las órdenes de Creonte ni yacer desnudo
privado de sepultura»[118]. Le responde aquél, en tanto que se
permite un breve respiro de las armas: «Hace tiempo que en el
trepidante carro he notado que eras tú, padre Cirreo
–¿cómo tan alto honor a los míseros mortales?–, quien estaba
sentado al timón presto a desaparecer; ¿hasta cuándo vas a
detener a los manes que me acucian? Ya oigo la rápida
corriente de la Estige y los negros ríos de Dite y los triples
ladridos del siniestro guardián[119]. Recibe el ornato otorgado
a mis sienes, recibe estos laureles que es un sacrilegio
llevar al Érebo. Ahora con mis últimas palabras, si algún

117. *i.e.,* Anfiarao.
118. Apolo le revela así a su sacerdote en sus últimos momentos el destino que aguarda a los cadáveres de los argivos, así como al de Polinices.
119. El can Cérbero, de tres cabezas.

favor se debe a tu adivino a la hora de partir, te encomiendo, Febo, mi traicionado hogar, el castigo de mi abominable esposa[120] y el noble furor de mi hijo». Saltó del carro Apolo afligido e intentando contener las lágrimas: entonces gimió en verdad el carro y los desolados caballos. No de otro modo, en el ciego torbellino desencadenado de noche por el Coro[121], la embarcación conoce que va a perecer, cuando ya los hermanos de Terafnas[122] han abandonado las velas condenadas por el fuego de su hermana.

Y ya poco a poco la tierra comenzaba a temblar dispuesta a abrirse, y a agitarse su superficie, y a elevarse el polvo en densos remolinos; retumba ya el llano con infernal rugido. En la guerra piensan espantados, y que éste es el fragor del combate, y aprietan el paso; un nuevo temblor hace caer las armas, así como a los hombres y a los atónitos caballos; ya las frondosas cimas, ya los muros oscilan, y huye el Ismeno abiertas sus riberas; se aplacaron las iras, hincan sus vacilantes dardos en el suelo, en sus inestables lanzas se apoyan cuando llegan tambaleando al encuentro, y reculan a la vez vista

120. Erifile, que sobornada con el collar de Harmonía (*cf.* II, 299 ss.) obligó a su esposo a participar en la expedición (*cf.* IV, 190-213). La venganza la llevará a cabo su hijo Alcmeón, que matará a su madre al regreso de la segunda expedición, la de los Epígonos, ésta sí victoriosa, contra Tebas.

121. O Cauro, viento del noroeste.

122. Ciudad de Laconia por la que se hace referencia a toda la región o a su principal ciudad, Esparta. Se trata de los Dióscuros Cástor y Pólux, patronos de los marinos, que dieron nombre al meteoro ígneo conocido después como fuego o fuegos de Santelmo. Este fenómeno luminoso que se deja ver a veces en los mástiles y vergas de las embarcaciones sobre todo después de la tempestad se consideraba maléfico cuando se manifestaba en una sola llama, conocida como Helena, la hermana de los Gemelos. En cambio, cuando brillaban dos haces de luz, era signo inequívoco de la benéfica asistencia de ambos hermanos. *Cf. Silv.* III. 2, 8 ss.

la palidez del contrario. Así cuando Belona, desafiando
el mar, entabla navales combates sobre sus aguas, si una
propicia[123] tempestad surge por azar, se cuidan todos cada
uno de sí mismo, y hace envainar las espadas una muerte
distinta, y parejos temores han logrado la paz. Tal era
la imagen de la guerra que flotaba en el campo. Sea que
la tierra, bregando con las generadas ráfagas, dio vía
libre a la rabia de los vientos y a su reprimido furor,
sea que las corrientes subterráneas erosionaron el
descompuesto suelo desgastándolo hasta consumirlo, sea
que el mecanismo del giratorio cielo hizo presión aquí,
o que el tridente de Neptuno movió el océano entero
y lanzó contra las últimas orillas un mar demasiado
embravecido, sea que aquel fragor estaba dedicado
al vate[124] o que la tierra amenazó a los hermanos: he aquí que
el suelo se entreabrió de repente con una honda, abismal
grieta, y astros y sombras temblaron a la vez. La profunda
sima lo[125] engulle y sepulta a los corceles que se disponían
a atravesarla; no soltó de su mano las armas, no soltó
las riendas: tal cual estaba, conduce directamente hacia el
Tártaro su carro y, mientras caía, volvió su vista al cielo
y gimió al ver que el campo se juntaba, hasta que un temblor más [leve
volvió a unir los dos extremos y excluyó la luz del Averno.

123. «Benigna» por comparación con la batalla.
124. Anfiarao, destinado a ser engullido por la tierra. Los hermanos mencionados a continuación han de ser lógicamente Etéocles y Polinices, causantes con su discordia de la guerra.
125. A Anfiararo, claro está.

Libro VIII

Cuando el adivino[1] apareció de repente entre las pálidas
sombras irrumpiendo en las moradas de la muerte y los arcanos
del mundo subterráneo y turbando a las almas con su armado
cadáver, el horror se apodera de todos, maravillados
a la vista de las armas, los caballos y ese cuerpo inusual
en las orillas de la Estige; no habían sido en efecto
entregados a las llamas sus miembros, ni de la urna sepulcral
llegaba como una negra sombra, sino ardiente del sudor
de la guerra, y cubierto su escudo de un sangriento rocío
y del polvo del hendido campo. No había aún salido a su
encuentro la Euménide para purificarlo con su rama
de tejo, ni lo había anotado Prosérpina en las sombrías
jambas como admitido en las congregaciones de difuntos;
la propia rueca de los Hados se sorprendió de su llegada,
y espantadas a la vista del augur rompían entonces

1. *i.e.,* Anfiarao. Continúa la acción desde el punto en el que quedó en el libro anterior.

finalmente sus hilos las Parcas. Intentando adivinar
el sentido de aquel fragor miraron en torno los seguros
habitantes del Elisio, y aquellos a quienes a lo lejos,
en el más hondo abismo, una noche distinta abruma y una
ciega red de otro tipo de tinieblas. Replican entonces
con un gemido los inertes lagos y abrasados pantanos,
y el pálido barquero[2] de las aguas que a las almas transportan
se indigna de que el Tártaro haya quedado abierto hasta el fondo
por una insólita hendidura de la tierra, y de que admitidas
hayan sido unas almas no a través de sus ondas.
Sentado
en el centro del alcázar de su infeliz reino, el soberano
del Érebo[3] pedía casualmente cuentas a las almas
de los delitos de su vida, sin mostrar compasión alguna
por los hombres, sino irritado con todas ellas. Alrededor
se yerguen las Furias y las diversas Muertes en su debido
orden, y el fiero Castigo descubre sus ruidosas cadenas;
los Hados conducen a las almas y con la misma mano[4] las
condenan: el trabajo es agotador. Al lado Minos con su
temible hermano[5] aconseja benigno sentencias más clementes,
y aplaca al sanguinario rey; asisten henchidos de lágrimas
y fuego el Cocito y el Flegetonte, y la Estige denuncia
los perjurios de los dioses[6]. Él[7] por su parte, cuando se rompió

2. Caronte.
3. Plutón.
4. Literalmente «con el mismo pulgar» *(eodem pollice).* Como es bien sabido, con un movimiento del pulgar, hacia arriba o hacia abajo, se salvaba o condenaba a los gladiadores en el anfiteatro. Podría tratarse de este mismo gesto, y así lo interpreta Mozley en nota al pasaje.
5. Radamante, juez del Infierno como su hermano Minos y su hermanastro Éaco.
6. El juramento por la Estige era sagrado e inviolable, como ya se ha visto: *cf.* I, 290, y nota 68 (p. 85).
7. *i.e.,* Plutón, «soberano del Érebo» *(dux Erebi), cf. supra,* v. 22.

la compacta estructura superior[8] y, sin estar habituado a
sentir miedo, se espantó a la vista de las estrellas, exclama
ofendido por la placentera luz: «¿Qué azote de los dioses
ha hecho penetrar en el Averno el enemigo firmamento?
¿Quién ha roto nuestras tinieblas y recuerda la vida a las
silenciosas almas? ¿De dónde vienen las amenazas? ¿Cuál
de mis hermanos[9] me declara esta guerra? Acepto el desafío,
perezca en buena hora el reparto del universo[10]. ¿Pues a quién
puede complacer más? El tercer lote de la Fortuna me echó
vencido del grandioso cielo, y guardián soy del mundo del crimen:
y ni siquiera éste es mío, pues he aquí que abierto está a la vista
de los temibles astros. ¿Explora acaso henchido de soberbia
mis fuerzas el dueño del Olimpo? Controlo los calabozos
ahora sacudidos de los Gigantes, y a los Titanes,
deseosos de salir a la luz del día, y a nuestro infeliz
padre[11]: ¿Por qué me impide en su crueldad disfrutar de mi triste
ocio y mi inquieto descanso, y odiar la perdida luz del día?
Abriré totalmente mi reino, si me place, envolveré
a Hiperíon[12] en el cielo de la Estige. No dejaré al Arcadio[13]
volver junto a los dioses –¿por qué me va y viene en efecto a ambos
reinos como mensajero?– y retendré a uno y otro Tindárida[14].

8. Al abrirse en la superficie terrestre la profunda grieta que sepultó a Anfiarao.
9. Júpiter o Neptuno, hijos junto con Plutón de Saturno y Rea.
10. Que tuvo lugar entre los tres hermanos, Júpiter, Neptuno y Plutón, tras su victoria en la Titanomaquia.
11. Saturno, derrotado en la Titanomaquia junto a otros Titanes, sus hermanos.
12. El Sol, ya mencionado (*cf.* III, 35) por el nombre de su padre, el Titán Hiperíon.
13. Mercurio, mensajero de Júpiter y conductor de las almas al Hades.
14. Cástor y Pólux, los Dióscuros, compartían alternativamente la inmortalidad: cuando uno disfrutaba de ella en el Olimpo junto al resto de los dioses, el otro permanecía en el Hades, entre los muertos.

¿Por qué, por otra parte, hago trizas a Ixíon con las ávidas
revueltas?[15]. ¿Por qué huyen las aguas de los labios de Tántalo?
¿O es que voy a tolerar que el caos sea profanado tantas
veces por un huésped vivo? Me ataca la temeraria pasión
de Pirítoo, y Teseo unido por juramento a su audaz
amigo[16], me ataca el fiero Alcida[17], en aquella ocasión en que
callaron los férreos umbrales de la puerta de Cérbero,
alejado su guardián. Vergüenza me da, ¡ay!, asimismo que
el Tártaro se haya abierto a las quejas odrisias[18]: yo mismo he
visto las vergonzosas lágrimas de las Euménides ante
sus tiernos cantos y la repetida labor de las Hermanas[19];
también yo[20]... pero el rigor de la inflexible ley es más fuerte.
Por lo que a mí respecta, sólo una vez me atreví a emprender
a escondidas el camino, y no hacia las altas estrellas, para
raptar a mi esposa[21] en la llanura de Sicilia: y, según dicen,
no me estaba permitido; al punto dictó Júpiter inicuas
leyes, y la madre[22] me calcula la parte del año que me

15. *i.e.,* por qué va a seguir ejecutando el castigo de este condenado a un suplicio eterno en el Tártaro, lo mismo que Tántalo mencionado a continuación (sobre ambos, véase IV, 538-539 y nota 106 [p. 205]).
16. Teseo acompañó a su amigo Pirítoo a los Infiernos con la intención de raptar a Proserpina (véase nota 99 [p. 94] sobre I, 475).
17. Hércules, que en su duodécimo y último trabajo se apoderó del can Cérbero.
18. *i.e.,* tracias. Alusión a Orfeo, y a su bajada a los Infiernos en busca de su amada Eurídice.
19. Las Parcas, dispuestas a volver a hilar el ovillo de la vida de Eurídice, cuyos hilos habían ya cortado.
20. De nuevo se interrumpe la frase sin acabar. Se sobreentiende que también él, Plutón, dejaría partir a Eurídice, pero al incumplir Orfeo la condición puesta de no volverse a mirar a su esposa, no tiene más remedio que acatar la ley.
21. *i.e.,* su sobrina Proserpina, hija de Júpiter y Deméter.
22. Deméter, madre de Proserpina, obtuvo (finalmente y no inmediatamente después del rapto de su hija por parte de Plutón) la gracia de

toca. ¿Pero a qué vienen estos lamentos? Marcha, Tisífone,
venga las moradas del Tártaro; si alguna vez has mostrado
tu inflexibilidad con nuevos monstruos, da vida a una impiedad
funesta, inusitada, enorme, que el cielo aún no haya visto,
que a mí mismo cause admiración y envidien tus Hermanas[23].
Que se llegue al extremo de que unos hermanos[24] –y sean éstos
los primeros presagios de nuestro odio–, unos hermanos corran
con el favor de Marte a acometerse mutuamente; que haya quien,
al modo de las fieras salvajes, muerda con atroz saña
la cabeza del enemigo, y quien prive a los muertos del postrer
fuego y contamine los aires con los cadáveres desnudos[25]:
que se goce el fiero Tonante con este espectáculo. Además,
para que no golpee su furor sólo mi reino, busca a quien
declare la guerra a los dioses[26], quien con su escudo humeante
repela las llamas del rayo y la ira de Júpiter. Haré que
nadie sienta menos temor de provocar al negro Tártaro
que de unir el Pelio con el frondoso Osa»[27]. Había dicho;
y en respuesta a sus palabras ya hace tiempo que tiembla el sombrío
palacio, y tanto la tierra que pisa como la que lo abruma
desde arriba oscilaba: no hace con su mirada girar con más
violencia Júpiter el cielo e inclina los polos tachonados
de estrellas.

compartir a su hija con el rey del inframundo, de suerte que ésta pasara medio año con su esposo en el Hades y medio en el Olimpo con su madre.

23. *i.e.,* las otras dos Furias, Meguera y Alecto.

24. Etéocles y Polinices, claro.

25. Alusión primero a Tideo y luego a Creonte. Para el primero, *cf. infra,* versos finales; para el segundo, *cf.* libro XII.

26. Capaneo, cuya animosidad contra los dioses ha sido ya destacada en varias ocasiones. Para su muerte, fulminado por el rayo de Júpiter, *cf.* X, 926 ss.

27. Como hicieron los gemelos Oto y Efialtes; véase VI, 719-721 y nota 113 (p. 290).

«Y en cuanto a ti[28] –dice–, que te precipitas a través
del vacío por no lícita ruta, ¿qué castigo mereces?».
Afronta aquél sus amenazas ya en tenue sombra convertido,
desvaneciéndose ya sus armas, a pie ya: en su exánime
rostro se mantiene no obstante intacta la dignidad del augur,
permanece en su frente, difuminada, la sagrada cinta,
y sujeta en su mano el ramo de olivo mortecino. «Si es
lícito y permitido a las benditas almas abrir su boca
aquí, oh destructor supremo para todos de las cosas, pero
para mí, que un día conocí las causas y los elementos,
creador[29] también, te lo suplico, suaviza tus amenazas
y tu excitado corazón, no juzgues digno de tu cólera
a un hombre también temeroso de tus leyes, pues ni para
raptos como el de Hércules –¿qué tengo yo que ver con tales [luchas?–
ni a causa de un amor ilícito –confía en estas insignias–
penetro audazmente en la Lete: que no huya a su gruta Cérbero
mohíno, ni de mi carro sienta Prosérpina ningún temor[30].
Augur poco ha muy amado en los altares de Apolo, pongo
por testigo el inerte caos –¿qué sentido tiene en efecto
jurar por Apolo aquí?– de que no afronto por crimen alguno
este inusitado hado, ni he merecido ser arrancado
así de la vivificadora luz; la urna del juez dicteo[31]

28. Plutón apostrofa ahora directamente a Anfiarao.
29. Plutón, como divinidad ctónica, que dispensa a la humanidad todas las riquezas procedentes del subsuelo, además de destino final de los mortales, puede ser considerado principio y fuente de vida. En este sentido, también la Tierra es vista como creadora, *cf. infra,* vv. 303 ss.
30. Vuelve Anfiarao a los dos asaltos de su reino de los que antes se quejó Plutón *(cf. supra,* vv. 53-56): el de Hércules en su duodécimo trabajo (apresar al can Cérbero) y el de Pirítoo con la intención de raptar a Prosérpina.
31. *i.e.,* cretense, por el nombre del monte Dicte de Creta, donde nació y fue rey en vida Minos, juez ahora en los Infiernos.

lo sabe y puede Minos discernir la verdad. Por la traición de
mi esposa y por el inicuo oro[32] vendido, ingresé a sabiendas
en las tropas argivas –de ahí esa multitud de nuevas sombras
que te van llegando, algunas también víctimas de mi diestra–:
en una súbita vorágine de la tierra –aún ahora
mi ánimo se horroriza– estas tinieblas tuyas me absorbieron
en medio de los miles de hombres. ¿Cuáles son mis pensamientos,
mientras recorro en una caída sin fin las huecas entrañas
de la tierra y doy vueltas en el cerrado espacio? ¡Ay de mí!
Nada de mí ha quedado a mis amigos ni a mi patria, ni ha sido
botín de Tebas; no veré más los techos de Lerna, ni al menos
como ceniza tornaré a mi abatido padre. Sin túmulo,
sin pira, infeliz de mí, ni lágrimas de los míos en mi
despedida, tal cual estaba, con mi cadáver entero a ti
he venido, sin intención de acometer ninguna osadía
con estos corceles; y no es que me resista a aceptar mi sombra[33]
ni a olvidarme de mis trípodes. ¿Pues qué necesidad tienes tú
de un profético augur, cuando las Parcas hilan tus órdenes?
Pero doblega tu corazón y sé mejor, te lo suplico,
que los dioses. Y en el momento en que llegue aquí mi criminal
esposa, guarda para ella horribles suplicios: más digna es ella,
buen rey, de tu ira.» Acepta aquél sus ruegos, y se indigna de ceder.
Como un león, cuando el brillo del hierro masilo se ha alzado
ante sus ojos, reúne sus iras, reúne sus armas; mas
si el enemigo cae, se contenta con pasar por encima,
perdonando la vida al vencido.
Mientras tanto su carro,
señalado con las sagradas cintas y el espléndido laurel,
y poco antes temido por sus insignes hechos de armas,
es buscado a la clara luz del día, pues por nadie ha sido

32. *i.e.,* el collar de Harmonía, *cf.* II, 298 ss., y nota 64 (p. 122).
33. *i.e.,* a convertirse en una sombra, lo cual no es todavía.

derrotado y por nadie puesto en fuga: las tropas se apartan,
la tierra resulta sospechosa para todos, los soldados
inspeccionan las huellas en el traicionero campo, y aquel
siniestro lugar de voraz aniquilación queda desierto
y se evita por consideración a la infernal tumba. Mientras
Adrasto exhortaba en otro lugar a sus tropas, Palemon,
apenas seguro él mismo de haberlo visto, vuela hacia él
con la noticia, y temblando –pues había estado casualmente
cerca de aquél al caer[34] y, vista la hendidura, el pobre
palidecía– exclama: «Vuelve sobre tus pasos, huye, rey,
si es que la tierra doria y los alcázares patrios permanecen
en el sitio donde los dejamos. No hay necesidad de armas
ni de sangre: ¿por qué desenvainamos contra Tebas la inútil
espada? La tierra impía absorbe carros, armas y hombres mientras
combaten; incluso este suelo sobre el que nos hallamos he aquí
que parece huir. Yo mismo he visto el camino a la profunda
noche y cayendo, roto el compacto suelo, a aquél, ¡ay!, más amigo
de las proféticas estrellas que ningún otro, el hijo de Ecles,
y en vano tendí en un grito mis manos hacia él. Es algo
portentoso lo que digo, surcos ha dejado aún ahora
el auriga, y el lugar humeante, y los campos húmedos
de espuma. Y no es un azote que todos compartamos: la tierra
reconoce a sus hijos, el ejército tebano sigue en pie».
Ante estas nuevas queda estupefacto Adrasto y duda en creerlas;
pero Mopso[35] afirmaba lo mismo, al igual que el tembloroso Áctor.
Ya la fama, audaz en sumar espantos, cuenta que no ha caído
uno solo. Por propio impulso, sin aguardar el habitual

34. Anfiarao, claro está.

35. Un guerrero con este nombre. No puede tratarse del adivino tesalio que junto con Anfiarao participó en la expedición de los Argonautas, pues éste murió en el viaje de regreso de ella; véase nota 76 (p. 169) sobre III, 521.

toque de trompeta que llama a retirada, los escuadrones retroceden a toda prisa: pero su marcha se entorpece, y en su precipitación les fallan las rodillas a los hombres; los propios animales –pensarías que se han percatado– se resisten y desoyen fieros cualquier orden, o de acelerar el paso o de levantar los ojos del suelo. Con más encono los hostigan los tirios, pero el oscuro Véspero guía ya a los caballos de la luna; una breve tregua ha brindado a los hombres un triste reposo, y una noche que aumentará sus temores.

¿Qué espectáculo se te ofrece ahora, una vez que se pudo dar rienda suelta a los gemidos? ¿Cómo cayeron las lágrimas, desatados los cascos? Nada habitual complace a los fatigados hombres; tiraron los escudos chorreando, tal cual estaban, y nadie pulió las jabalinas, ni alabó a su caballo, ni compuso y adornó el alto penacho del brillante casco; a duras penas lavan sus profundas heridas y suturan sus supurantes llagas: tan grande es el dolor en cada pecho. Tampoco el temor al combate los instigó a atender a la comida y a la alimentación requerida por la guerra: todo se reduce a celebrar entre lágrimas tus alabanzas, Anfiarao, y tu mente fecunda en veraces presagios, y a través de las tiendas se escucha un solo rumor: que los dioses se han alejado y han perdido su favor nuestros reales. «Ay, ¿dónde están el carro ornado de laurel, las solemnes armas y la cimera rodeada de cintas de su casco? ¿De esto sirven los antros y estanques de Castalia y la confianza en los trípodes? ¿Así es como demuestra Apolo su gratitud? ¿Quién me desvelará el curso de los astros, el significado del rayo que descarga a la izquierda, o qué divina providencia palpita en las entrañas de las víctimas, cuándo es conveniente marchar, por qué aguardar, qué hora es la indicada para las crueles armas, qué hora aconsejaría más bien la paz? ¿Quién revelará ahora todo el futuro, o con quién hablarán las aves sobre mi destino? Habías también previsto estos lances de la guerra tanto para nosotros como para ti, y sin embargo –¡cuánto valor en tu sagrado pecho!– viniste, y te sumaste a nuestras desdichadas armas siendo nuestro compañero. Y cuando te llamaba la tierra y la hora fatal, aún tuviste tú tiempo de abatir las filas tirias y las hostiles enseñas; digno de inspirar temor al enemigo también entonces en medio de la muerte te vimos partir con la lanza enhiesta. ¿Qué es de ti ahora? ¿Podrás regresar de las sedes estigias y salir de las profundidades de la tierra? ¿Estás acaso sentado junto a las felices Parcas, tus deidades, y aprendes y enseñas de mutuo acuerdo el porvenir? ¿O en los bienaventurados bosques te ha permitido observar a las aves del Elisio el señor del Averno movido a compasión? Sea cual sea tu estado, dolor eterno y desgracia renovada serás siempre para Febo, y por largo tiempo llorado en la enmudecida Delfos. Mantendrá cerrados este día Ténedos, Crisa y Delos, que el parto[36] convirtió en fija, y el santuario del intonso Branco, y nadie en este día cruzará las puertas de Claro[37] ni los umbrales de Dídima ni acudirá a Licia a consultar como suplicante el oráculo. Es más, el bosque del vate provisto de cuernos[38], la encina que exhala las respuestas del moloso Júpiter y la troyana Timbra se mantendrán en silencio. De manera espontánea ríos y laureles se secarán,

36. El de Latona, que en esta isla dio a luz a los gemelos Apolo y Ártemis. Todos los lugares mencionados tenían templos, muchos de ellos oraculares, consagrados por lo general a Apolo. El oráculo de Branco, hijo de Apolo, así como el existente en Licia (Patara), ya han sido mencionados, *cf.* III, 477-479.
37. Ciudad de Jonia, con un famoso templo de Apolo, al igual que Dídima, cercana a Mileto.
38. En el templo de Júpiter Hammón, en Libia, ya mencionado, como el bosque de encinas proféticas de Júpiter en Dodona (*cf.* III, 475 s.).

el mismo éter ningún presagio cierto enviará en proféticos
gritos, ni herirá las nubes ave alguna. Y ya llegará el día
en que también tú recibas culto en templos confidentes de los
hados[39], y tu propio sacerdote devuelva tus respuestas.»
Tales honores rinden al profético caudillo, como si
a la pira entregaran las llamas, ofrendas y honras fúnebres
debidas, y en la amable tierra depositaran su alma. Todos
tienen el corazón partido y mal dispuesto para la guerra:
así, cuando con su repentina muerte solos dejó Tifis[40]
a los arrojados Minias, parece que ni los aparejos
responden, ni aguanta el remo las aguas, e incluso que reciben
menos impulso de los propios vientos. Cansados ya de ayes,
poco a poco el dolor, aliviado por la conversación, también
se disipó en los corazones, la noche vino a sumarse
sepultando las inquietudes, y fácilmente se deslizó
el sueño entre las lágrimas.
Pero en el lado contrario, a través
de la ciudad sidonia[41], bien distinta era la noche: prolongan
con diversos juegos las horas nocturnas ante sus hogares
y dentro de ellos, y los propios centinelas dormitan en las
murallas; címbalos y tambores del Ida[42] se dejan oír,
y la flauta de sonido modulado por sus diferentes
orificios. Por doquier resuenan sagrados peanes a sus
amados dioses y a cada deidad por orden criada en su suelo,
por doquier hay guirnaldas y copas de vino rodeadas de

39. *i.e.,* templos dotados de oráculos, en este caso del propio Anfiarao divinizado.
40. El piloto de la nave Argo (*cf.* V, 413 ss.; 476 s.), muerto de una extraña y súbita enfermedad en el país de los mariandinos, en la costa sur del mar Negro.
41. *i.e.,* en Tebas.
42. Usados en el culto a Cibeles, por el que era famoso el monte Ida, en Frigia. Los instrumentos de su culto fueron adoptados por Baco.

coronas. Ora se burlan de la muerte del ignorante augur[43]
y compiten a un tiempo en alabar en cambio a su Tiresias,
ora cuentan una y otra vez las hazañas de sus mayores
y cantan la antigua Tebas desde sus orígenes: celebran
unos el mar sidonio, los cuernos del Tonante aferrados
por unas manos y a Nereo surcado por el poderoso
toro[44]; otros a Cadmo y a la fatigada vaca y los campos
preñados de un sanguinario Marte[45]; otros las piedras que reptan
al son de la lira tiria[46] y a Anfíon dando vida a las duras
rocas; éstos a la grávida Sémele, aquéllos las bodas
citereas[47], y cómo fue Harmonía escoltada en cortejo
nupcial por sus hermanos con profusión de antorchas: a ninguna
mesa le falta ya su propia narración. Como si acabara
de devastar Liber con su tirso el Hidaspes rico en piedras
preciosas y los países orientales, y en su triunfo sobre
esas negras razas a las gentes mostrara sus estandartes
y a los indios hasta ahora desconocidos.

Dicen que entonces
Edipo, que siempre se había mantenido en su cruel retiro
oculto a las miradas, salió por primera vez para asistir
a las amigables tertulias de la compartida mesa, y que
con sereno semblante se atusó las canas negras de mugre,
liberó su sucio rostro de la maraña de sus cabellos,

43. Anfiarao, claro.
44. Alusión una vez más al rapto de Europa por parte de Júpiter en forma de toro.
45. *Cf.* VII, 664 y nota 100 (p. 332).
46. La lira de Anfíon, a cuyos sones las piedras se colocaron solas para formar la muralla de Tebas.
47. *i.e.,* las bodas de Cadmo y Harmonía, hija de Venus Citerea. Los hermanos de ésta, mencionados a continuación, son los Amores, pluralización de Eros o Cupido, de muy diversas genealogías, entre ellas la que lo hace hijo de Venus y Marte.

y admitió las amables palabras de sus amigos y el solaz
que antes rechazara, e incluso consumió alimentos y limpió
la reseca sangre de sus mejillas. Oye y contesta a todos
quien estaba habituado a importunar sólo con sus afligidas
quejas a Dite, a las Furias y si acaso a su guía Antígona.
La causa nadie la vislumbra. No es la buena fortuna de las
armas tirias, es la guerra sólo lo que le complace; anima
y aprueba a su hijo[48], y no querría verlo vencedor; acecha
en cambio los primeros combates cuerpo a cuerpo y las semillas
del crimen con voto secreto. De ahí lo gratos que le resultan
los festines y la desconocida alegría de su rostro.
Como después del largo ayuno de su condena, cuando dejó
de sentir Fineo[49] en su palacio los estridentes gritos
de las aves ahuyentadas –y aún no se fía del todo–, palpó
exultante las mesas, los lechos y las copas no volcadas
por las feroces alas.
Yacía el resto de las tropas griegas
rendido por los afanes y las armas; desde un altozano
del campo, con el alma en un puño, prestaba atención Adrasto
al estrepitoso jolgorio, pues aun debilitado por su
avanzada edad, el penoso ejercicio del poder lo obliga
a estar pendiente del peligro. El ruido del bronce por doquier
y la algazara tebana lo atormentan, lo sacan de quicio
el estridente sonido de la flauta, las voces ahora
desafiantes por el excesivo embotamiento, las trémulas

48. Etéocles, que es el rey ahora y defensor de la ciudad, no Polinices, que es el atacante.
49. Adivino, rey de Salmideso, en Tracia, cegado por los dioses y condenado a ser atormentado por las Harpías, que le arrebataban o ensuciaban los alimentos. Cuando de camino a la Cólquide los Argonautas visitaron su reino, les vaticinó los peligros a los que habrían de enfrentarse, y en premio de ello los hijos alados de Bóreas, Cálais y Zetes, ahuyentaron a las Harpías.

antorchas y el fuego ya a punto de extinguirse. Así, cuando a través de las olas ha quedado en silencio el navío sumido en un sueño general, y a la paz del mar ha encomendado sus vidas la despreocupada juventud: en pie en la popa siempre en vela sólo se mantiene el piloto y el dios que navega en la inscripción de la nave[50].

Era el momento en que ya ha sentido la resplandeciente hermana de Febo a los uncidos caballos y el bramido de las hondas cavernas del Océano bajo la inminente arribada de la luz, y recoge sus dispersos rayos poniendo en fuga a las estrellas con un leve chasquido de su látigo: convoca el rey al triste consejo, y debaten entre gemidos quién puede quedar como sucesor al cargo de los trípodes, a quién debe pasar el profético laurel y el vacante honor de la sagrada cinta. No hay discusión, todos prefieren a Tiodamante, de insigne fama e hijo del bendito Melampo[51], con quien el propio Anfiarao solía compartir los secretos de los dioses y sólo a él admitir como colega en la observación de las aves, y sin envidia alguna de su profunda maestría se alegraba de que lo consideraran su igual o su inmediato seguidor. Tan gran honor lo confunde, esta gloria inesperada lo perturba, adora sumiso los ramos que se le ofrecen y niega estar a la altura del cargo, mereciendo ser forzado a aceptarlo: como un joven príncipe aqueménida, para quien sería más seguro que su padre viviera, si por ventura ha heredado el trono y los pueblos paternos, se debate entre la alegría y la temerosa incertidumbre de si se mantendrán fieles los nobles, si se resistirá el pueblo a sus riendas, a quién debe

50. El dios bajo cuyo patrocinio se halla la embarcación y que figura grabado en su casco.
51. Sobre el cual véase III, 452 ss.

confiar el flanco del Éufrates, a quién las puertas del Caspio;
no se atreve a llevar el arco ni a montar el caballo de su
padre, ni capaz se ve de sostener el cetro en su mano ni
de llenar todavía la tiara[52].
Cuando ciñó sus cabellos
la emblemática cinta de lana y obtuvo el beneplácito
de los dioses, recorre el campamento entre alegres ovaciones
de la multitud congregada, y como su primer testimonio,
se dispone a aplacar como sacerdote a la Tierra: cosa que
no ha parecido fútil a los afligidos dánaos. Así
pues manda entretejer al punto dos altares de ramas verdes
y crecido césped, añade incontables flores, dones de ella
misma, para la diosa, montones de frutos y cualquier nuevo
producto de la infatigable estación, y regando de leche
fresca los altares, comienza a hablar así: «Eterna creadora
de hombres y dioses, que produces ríos y bosques y cuantas
semillas de seres vivos conoce el mundo, las manos de
Prometeo y las piedras de Pirra[53], que a los hambrientos mortales
diste los primeros alimentos y variados los hiciste,
que abrazas y transportas el mar: dueña eres tú de los mansos
rebaños, de la ira de las fieras y el reposo de las aves;
en torno a ti, núcleo firme e inmóvil del inextinguible
mundo, que suspendida estás en el vacío aire, da vueltas
la veloz máquina del cielo y uno y otro carro[54], ¡oh centro
del universo no repartido entre los grandes hermanos![55].

52. Demasiado ancha para su juvenil frente.
53. Entre los orígenes míticos del hombre se encuentran estos dos: fabricados con barro por Prometeo, o recreados, después de su desaparición en el diluvio universal, por Deucalión, hijo de Prometeo, y su esposa Pirra arrojando piedras a sus espaldas.
54. El del sol y el de la luna.
55. Júpiter, Neptuno y Plutón, que se dividieron el mundo (cielo, mares e infierno respectivamente), quedando la tierra en poder de los tres.

Sostén por tanto a un tiempo de tantas razas, de tantas altivas
ciudades y pueblos, por arriba y por abajo tú sola te
bastas, y sin ningún trabajo tú misma sostienes a Atlas
portador de los astros que se esfuerza en aguantar las moradas
celestes[56]: ¿Sólo a nosotros, diosa, te niegas a llevar? ¿Sólo
nuestro peso encuentras excesivo? ¿Qué crimen, te imploro,
[expiamos
sin saberlo? ¿Se debe acaso a que somos un pueblo extranjero
que aquí llegamos desde las orillas inaquias? Todo suelo
es patria del hombre, y no sería digno de ti, óptima diosa,
diferenciar por un final tan cruel y vil pueblos que son tuyos,
sean cuales sean su procedencia y ubicación; mantente
neutral y tolera las armas de ambos bandos; que podamos,
te lo ruego, exhalar, en el transcurso de la guerra, nuestras
belicosas almas y devolverlas al cielo. No arrebates
en tan súbita sepultura[57] nuestros cuerpos aún vivos, no te
apresures: vendremos en efecto por la senda que todos
hollamos, por la vía que es lícito seguir; únicamente,
cediendo a nuestros ruegos, mantén firme para los pelasgos
el liviano campo, no te anticipes a las rápidas Parcas.
Pero tú[58], amado de los dioses, a quien ni mano alguna abatió
ni espadas sidonias, sino que, abierto su seno, así acoge
en estrecho abrazo la grandiosa Naturaleza, como si
por tus méritos te sepultara en la honda gruta de Cirra,
concédeme gustoso, te lo pido, conocer tus plegarias,
procúrame el favor del cielo y de los altares que predicen
la verdad, y enséñame lo que estabas dispuesto a revelar
a los pueblos: a ti dedicaré los ritos de adivinación,

56. *Cf.* I, 98; VII, 4.
57. Como la que halló Anfiarao, tragado por una grieta del terreno.
58. Ahora Tiodamante cambia el destinatario de su canto, y ya no es la Tierra, sino Anfiarao.

e intérprete de tu divinidad, te invocaré en ausencia de Febo. Aquel lugar por el que tú caes más potente es para mí que cualquier Delos o Cirra, mejor que ningún templo». Dicho esto, sepulta en la tierra negras bestias y reses de oscuro color, acumula sobre sus cuerpos vivos montones de ondeante arena, y rinde como es debido al vate simulacros de su muerte[59].

Tales cosas ocurrían entre los griegos, cuando ya las trompas de Mavorte, ya el ruido del bronce hace desenvainar las crueles espadas en el campo contrario. Sacudiendo su cabellera añade Tisífone su estridente sonido[60] desde la cumbre del Teumeso, y hace más agudo el timbre de las trompetas mezclando sus silbidos: asombrado está el lánguido Citerón del insólito estrépito, y las torres que siguieron acordes muy distintos[61]. Ya golpea Belona las trémulas puertas y los fortificados umbrales, ya se despuebla Tebas por sus numerosas salidas. Estorba el jinete a los infantes, frenan los carros a quienes salen a toda prisa, como si a sus espaldas los acosaran los dánaos: así se amontonan las alas en todas las puertas y firmes se mantienen en las siete salidas. Por la Ogigia[62] marcha por sorteo Creonte, a Etéocles despide la Neista, tiene Hemón la alta Homoloida, deja salir a Hipseo la Pretia y al gran Driante la Electra, hacen retumbar la Hipsista las tropas de Eurimedonte, cubre el dintel de la Dircea el magnánimo Meneceo. Como cuando el Nilo ha bebido en secreto hasta

59. *i.e.,* cumple los ritos fúnebres que se le hubieran debido rendir al cadáver de Anfiarao.
60. La cabellera de las Furias está, como se sabe, erizada de serpientes.
61. Los de la lira de Anfíon, bajo cuyo influjo las murallas de Tebas se construyeron solas.
62. Se dan a continuación los nombres de las siete puertas de las murallas de Tebas y de los caudillos que salen por cada una.

saciarse el alimento de un distante cielo y las orientales
nieves, divide los caudales de su fuente y lleva al mar sus
torrenciales aguas por siete bocas abiertas en los campos;
al fondo se han retirado en fuga las Nereidas, temerosas
de encontrarse con un mar dulce.
Afligida avanza por su parte
la juventud inaquia lentamente, sobre todo las tropas
de Élide y de Lacedemonia, así como los de Pilos[63]; siguen
en efecto, desprovistos de su augur, al recién nombrado
Tiodamante, aún no se han habituado a su mando. Y no sólo
tus escuadrones, príncipe de los trípodes[64], te echan de menos:
toda la armada siente tu falta; a través de las alas menos
poderosa se eleva aquella séptima cimera. Como si
en el líquido éter una nube celosa borrara una
de las estrellas parrasias[65], mutilada queda la dignidad
del Carro, el eje no se mantiene igual de estable cercenado
su fuego, y los inseguros marineros cuentan sus estrellas.
Pero ya la guerra me llama: préstame otras fuerzas de nuevo,
Calíope, y que mi lira temple un Apolo más poderoso.
Trae a los pueblos el negro día la hora fatal que por propio
impulso reclaman, goza del cielo la Muerte, liberada
de las tinieblas de la Estige, cubre con sus alas el campo
de batalla, e invita a los guerreros abierta de par en par
su negra boca, no eligiendo gente del común, sino que
a los cadáveres que más dignos son de vida, a aquellos
guerreros que destacan por su edad y por su arrojo señala
con ensangrentada uña; y ya se reparte entre los infelices

63. Tropas todas ellas a las órdenes de Anfiarao; *cf.* IV, 223 ss.
64. *i.e.,* Anfiarao.
65. De la Osa Mayor (*cf.* VII, 8, y nota 4 [p. 301]), que tiene siete estrellas principales, como siete eran los caudillos que avanzaban contra Tebas hasta la desaparición de Anfiarao, sustituido ahora por Tiodamente, menos relevante.

toda la tarea de las Hermanas, y han arrebatado sus
hilos las Furias a las Parcas. De pie en el centro del campo
se alza el dios de las batallas con la lanza aún seca, y vuelve
su escudo ya contra unos, ya contra otros, llamándolos a las
armas, y les hace olvidar casas, esposas e hijos. Y no se
destierra sólo el amor a la patria, sino incluso a la vida,
el último que se borra del corazón; mantiene la ira
prestas las manos sobre la empuñadura de la espada y sobre
la lanza, pugna el jadeante espíritu por salirse de las
corazas, tiemblan los cascos bajo los erizados penachos.
¿Y qué hay de extraño en el ardor de los guerreros? Se inflaman contra
el enemigo los caballos, riegan el desgastado suelo
de una lluvia de blanca espuma, como si formaran un solo
cuerpo con sus amos y asumido hubieran las iras de quienes
los montan: así tascan los frenos, así entre relinchos piden
entrar en combate, y se encabritan echando a sus jinetes
hacia atrás.

Y ya se lanzan al galope, y comienzan los hombres
a venir al encuentro entre una nube de polvo, y se acercan
recorriendo de uno y otro lado espacios iguales, y ven
disminuir el campo que los separa. Ya se rechaza escudo
con escudo, codo con codo, amenazadora espada con
espada, pie con pie y lanza con lanza: así de encarnizada es
la batalla; la vaharada de sus jadeos se confunde,
brillan en el casco contrario sus encontrados penachos.
Bello es aún el aspecto del combate: se alzan las cimeras
en lo alto del casco, no hay montura sin jinete ni carro
sin conductor, las armas permanecen en su sitio, brillan
escudos, aljabas adornadas y correajes, y el oro
no está aún teñido de sangre. Pero una vez que la rabia
y el valor menospreciador de la vida dieron vía libre
al coraje, no azota tanto la Osa con su sólida nieve

el escarpado Ródope cuando declinan los Cabritos[66], ni es
tan grande el fragor de Ausonia cuando Júpiter truena en todo
el cielo, ni con tanto granizo son golpeadas las Sirtes
cuando el oscuro Bóreas ha descargado sobre Libia las
ítalas tormentas. Desaparece el día bajo los dardos,
nubes de acero cubren el cielo, y no da el atestado aire
abasto para tantas jabalinas. Perecen unos bajo
las astas arrojadas, otros bajo las que retornan, chocan
en el aire los venablos y desaprovechan mutuamente
el golpe, chocan las lanzas, llueven las piedras disparadas
con agudo silbido por la honda, veloces balas y flechas
temibles no por una sola muerte[67] imitan los rayos. No hallan
los dardos ocasión de llegar al suelo: todo hierro cae
sobre algún cuerpo; a menudo matan y mueren sin ser conscientes.
El azar cumple el cometido del valor: ora la multitud
retrocede, ora avanza, y pierde y gana alternativamente
terreno. Como cuando de vientos y aguaceros Júpiter
suelta amenazador las riendas, y aflige el mundo con su alterno
torbellino: en pie se alzan en el cielo las opuestas líneas,
ya es más fuerte el temporal del Austro, ya el del Aquilón, hasta que
en la borrascosa contienda o vence éste con sus excesivas
aguas, o aquél con su sereno cielo.
Al inicio del combate
Hipseo, hijo del Asopo, rechazó a las tropas ebalias[68] –pues
éstas, henchidas de un gran orgullo de raza, rompen con sus

66. Dos estrellas situadas junto a su madre, la Cabra, en el hombro izquierdo de la constelación del Auriga o Cochero.
67. *i.e.,* capaces de causar la muerte de más de una forma (por su doble poder para matar, por el veneno y por la herida causada) o de más de una persona, por poder atravesar dos cuerpos a la vez, como ya se ha visto, *cf.* II, 637, y se verá más adelante en este mismo canto, *cf. infra,* v. 538.
68. *i.e.,* laconias o espartanas, a partir de Ébalo, antiguo rey de Esparta. Sobre Hipseo, *cf.* VII, 309 ss.; 723 ss.

firmes escudos las filas de Eubea–, suprimido Menalcas,
caudillo del escuadrón. Éste, laconio incluso de corazón,
hijo de su salvaje torrente –y no deshonró a sus abuelos–,
extrae por detrás a través de los huesos y las vísceras
la lanza que le atraviesa el pecho, para que no haya en su espalda
deshonor[69], y con desfalleciente diestra la arroja de nuevo
cubierta de sangre contra el enemigo: vagan en los ojos
del moribundo su amado Taigeto, sus luchas, la firmeza
de su pecho alabada por su madre. Elige el dirceo Amintas
como blanco de su arco a Fédimo[70], descendiente de Iasio:
¡Oh veloces Parcas!, ya palpita en el suelo Fédimo y aún
resuena el arco del certero Amintas. El calidonio Agreo
ha separado de su hombro el brazo derecho de Fegeo:
mantiene aquél en tierra su acero tenazmente sujeto y lo
blande; se espantó Acetes que avanzaba al verlo tirado entre
las dispersas armas, y lo traspasó pese a estar cercenado.
Derribó a Ifis el sanguinario Acamante, a Argos el fiero
Hipseo, Feres dejó a Abante tendido en tierra, y llorando sus
diversas heridas yacían el jinete Ifis, el infante
Argos, el auriga Abante. Unos gemelos del Ínaco habían
atravesado con su espada a otros gemelos de la sangre de
Cadmo ocultos por sus cascos –cruel ignorancia de la guerra–;
pero mientras arrancan todos sus despojos a las víctimas,
vieron su nefanda acción, y consternado vuelve cada uno
los ojos hacia su hermano y se lamentan a un tiempo de su error.
Ion, sacerdote de Pisa, abatió, espantados sus caballos,

69. *i.e.,* para no mostrar una herida recibida por la espalda.
70. A este guerrero ya lo vimos competir en la carrera a pie en los Juegos Fúnebres en honor de Arquémoro: *cf.* VI, 557 s.; 605 s. Agreo por su parte (aunque aquí se le llama calidonio y en el libro VI epidaurio) pretendía también participar en ellos enfrentándose a Polinices en la prueba de esgrima, pero Adrasto lo impidió: VI, 912 ss.

a Dafneo, sacerdote de Cirra: alaba a uno Júpiter
desde lo alto, en vano compadece Apolo al otro aunque tarde[71].
De uno y otro lado hace brillar la Fortuna a los poderosos
guerreros en la sangre del contrario: abate y pone en fuga
a los dánaos el cadmeo Hemón[72], lleno de furia persigue
Tideo a las tropas tirias; cuenta éste con el favor de Palas,
colmado del Tirintio[73] se halla aquél. Como dos tempestuosos
torrentes se desploman de las cimas de los montes y caen
sobre el llano con doble estrago: creerías que compiten
por cuál de los dos levante campos y arboledas o se eleve
por encima de los puentes con olas más altas; mas he aquí que
un solo valle recibe y mezcla ya sus aguas; en su orgullo
cada uno anhela correr por su cuenta y se niegan a penetrar
juntos en el mar.
Agitando una humeante antorcha el onquestio
Idas iba por el centro de las tropas, y desbarataba
las filas de los griegos abriéndose paso con el fuego;
de cerca, con poderosa arremetida la lanza del fiero
Tideo lo despojó del casco y lo traspasó. Con su enorme
cuerpo yace sobre su espalda aquél, en su frente permanece
clavada la lanza, sobre sus sienes se alzan las llamas que
con él han caído. Lo despide así Tideo: «¡No dirás que
Argos es cruel; arde, tebano, te concedemos una pira,
en tu propio fuego!». Después, como ansía el tigre exultante
en su primera sangre arremeter contra todo el rebaño, así
abate a Aon con una piedra, a Folo y a Cromis con la espada,
y con la lanza a los dos Helicáones, a los que había
traído al mundo Mera, sacerdotisa de la egea Venus,
pese a la oposición de la diosa; presa del sanguinario

71. Júpiter y Apolo eran venerados en Olimpia y Delfos respectivamente.
72. Hijo de Creonte, hermano de Meneceo y prometido de Antígona.
73. *i.e.,* Hércules.

Tideo sois vosotros, y aún ahora vuestra madre acude ante los insensibles altares.

No se deja en el campo contrario arrastrar menos el hercúleo Hemón por su inquieta sangre: con insaciable acero se precipita a través de los miles de enemigos, ora deshaciendo las fuerzas de la soberbia Calidón, ora las fieras filas de Pilene, ora a los hijos de la triste Pleurón, hasta que, agotada ya su lanza, cae sobre el olenio Butes. Arremete contra él mientras se hallaba vuelto hacia sus escuadrones y les prohibía la retirada; un muchacho era aquél, un muchacho de imberbes mejillas e intonsos cabellos, a quien cogió desprevenido el hacha tebana de doble filo blandida contra su casco: quedan de un tajo separadas sus sienes, cae sobre sus brazos su dividida cabellera, y sin temerlo ha abandonado la vida por imprevisto umbral. Suma entonces a los vencidos al rubio Hipanis y al rubio Polites –dejaba crecer aquél la barba de sus mejillas para Febo, su cabellera éste para Iaco: uno y otro dios despiadado–[74], a Hiperenor y a Dámaso que se había dado a la fuga; pero el asta del héroe deslizándose a través de sus hombros le atraviesa el pecho, le arranca el escudo de la mano y se lo lleva fugitiva en la punta.

Seguiría abatiendo el ismenio Hemón a sus adversarios ináquidas –pues el hijo de Anfitrión[75] dirige sus dardos y le da fuerzas–, pero lanza contra él Palas al fiero Tideo. Y ya favoreciendo cada uno a un adversario han venido al encuentro, y dice así el Tirintio[76] en primer lugar en tono apaciguador: «Fiel hermana, ¿qué azar nos ha

74. Pues ninguno de los dos se ocupó de proteger a su fiel servidor.
75. *i.e.,* Hércules.
76. Estacio presenta a los dos dioses interviniendo directamente en la escena. Hércules es quien dirige primero la palabra a Palas.

traído este enfrentamiento en el torbellino de la guerra?
¿Ha maquinado acaso la majestuosa Juno esta impiedad?
Antes me vería ella arremeter –¡cosa inimaginable!–
contra los rayos y combatir con mi poderoso padre.
El origen de éste[77]... pero renuncio a reconocerlo, ya que
tú favoreces la otra causa, y no lo haría aunque fuera al propio
Hilo[78] o a Anfitrión devuelto del reino de la Estige a quien
acosara de cerca la lanza de tu Tideo; tengo muy
presente y siempre lo tendré cuánto se ha esforzado esta divina
mano, cuántas veces lo ha hecho esta égida en mi favor, mientras
esclavo de penosos azares[79] recorría peregrino
todas las tierras; tú misma, ay, me habrías acompañado
al inaccesible Tártaro[80] si el Aqueronte no prohibiera
el tránsito a los dioses. Tú me diste una patria, tú me diste
el cielo[81]. ¿Quién podría relatar beneficios tan grandes?
Quede en tu poder, si tu propósito es destruirla, toda Tebas.
Por mi parte me retiro, y te pido perdón». Habiendo hablado
así, partía. Aplaca a Palas su sumisión: se recompuso
su semblante, calmado su ardor, y las erguidas serpientes
de su pecho[82] se relajaron.
El cadmeo Hemón notó que el dios
se había alejado, blande sus armas con menos potencia

77. *i.e.,* Hemón, a quien favorece Hércules. De nuevo queda interrumpida la frase, recurso que más de una vez vemos utilizar a Estacio.
78. El mayor de los hijos de Hércules y Deyanira. Anfitrión, como se sabe, era por otra parte el padre putativo de Hércules.
79. *ie.*, cumpliendo los doce trabajos impuestos por Euristeo.
80. Para apoderarse, en su duodécimo y último trabajo, del can Cérbero.
81. Después de su muerte y de ser ascendido en una nube al cielo, fue Minerva quien tomó de la mano a Hércules para presentarlo ante la asamblea de los dioses, entre los cuales sería admitido.
82. En su faceta de diosa guerrera, Minerva llevaba el pecho protegido por la égida, con la cabeza de Medusa, de cabellera de serpientes, en su centro, y ribeteada igualmente de serpientes.

y no reconoce su brazo en ningún golpe. Cada vez más
las fuerzas y el coraje lo abandonan, y retrocede sin
avergonzarse; el héroe del Aqueloo[83] lo hostiga mientras
da marcha atrás, y blandiendo una lanza que sólo él es capaz
de arrojar, dirigió el disparo hacia el sitio por donde la parte
baja del casco se apoya en el borde superior del escudo
y se hace visible la zona vital de la garganta. Y no erró
su mano, el asta había hallado el punto mortal; pero lo impide
la Tritonia, que sólo le ha permitido rozar levemente
el hombro izquierdo del guerrero respetando a su hermano[84] [por sus
méritos. No osa aquél[85] sin embargo mantenerse en su puesto ni
volver a enfrentarse o aguantar la mirada del sanguinario
Tideo; su coraje se ha debilitado y ha perdido la
confianza en sí mismo: como el jabalí que ha sentido en su hirsuta
frente el roce de la lanza lucana, por más que la herida
no haya penetrado profundamente en su cerebro ni haya
sido certero el disparo de la diestra, deja que su ira
se amortigüe y se desvía a un costado y ya no sale al encuentro
del asta que ha probado.
He aquí que, indignado de que Protoo,
jefe de un batallón, blanda con feliz brazo certeros dardos
contra el enemigo, el violento hijo de Eneo[86] hiere a la vez
con su lanza de pino los dos cuerpos, caballo y jinete:
cae aquél sobre Protoo que cae, y pisotea sobre su
rostro el casco y sobre su pecho el escudo, mientras intenta éste
recobrar las riendas escapadas de su mano, hasta que escupe

83. Tideo. La Tritonia mencionada más abajo es, como ya se ha visto antes, Minerva.
84. *i.e.,* Hércules.
85. *i.e.,* Hemón.
86. *i.e.,* Tideo.

extenuado el freno con una última bocanada de sangre y se desploma con la cabeza pegada a su amo. Así caen del monte Gaurano[87] el olmo y la viña, doble pérdida para el agricultor, pero busca el olmo su doble follaje más afligido, y no se duele al desplomarse tanto de sus ramas como de las habituales uvas que a su pesar aplasta. Contra los dánaos había tomado las armas Corimbo del Helicón, antes amigo de las Musas, a quien la propia Urania[88], consciente de la tarea de la Estige, había predicho hacía tiempo la muerte por la posición de los astros. Anhela aquél no obstante combates y guerreros, quizá para cantarlos; yace digno de ser cantado él mismo con perdurable alabanza, pero en silencio han llorado su pérdida las hermanas[89].

Prometido desde su niñez a Ismene, de la estirpe de Agénor, marchaba Atis, un joven no extranjero en la guerra tiria. Aunque su patria era Cirra, no había desdeñado a sus suegros[90] pese a sus tristes hechos; antes bien, su casto desaliño y la gracia de su inmerecido duelo hacen más digna a la novia a ojos de su amante. Notable él mismo también, los sentimientos de la doncella hacia él no eran diferentes, y se complacían mutuamente, si la fortuna lo permitiera. Pero impide la guerra encender las antorchas nupciales, y este hecho aumenta la ira del joven contra el enemigo; se lanza entre los primeros, y hostiga a las tropas de Lerna, ya a pie con infatigable espada, ya

87. O Gauro, monte de Campania, famoso por sus viñas.
88. La menor de las Musas, patrona de la astronomía y la astrología, y sabedora por tanto del destino individual que anuncian los astros y se encargan las Parcas de hilar en los Infiernos.
89. *i.e.,* las Musas.
90. Edipo y Yocasta, claro está, padres de los dos varones, Etéocles y Polinices, y las dos mujeres, Antígona e Ismene.

manejando las riendas desde su montura, como si fuera
blanco de las miradas. De triple púrpura había su madre
cubierto sus hombros todavía en desarrollo y su tierno
pecho; y ahora de oro había cargado sus guarniciones
y de oro sus flechas, su correaje y sus guanteletes, para
que no desmereciera de su esposa, y de oro repujado
había adornado su cimera. Confiando, ay, en tales
armas, provoca a los griegos al combate. Y acometiendo
primero con su lanza a débiles batallones, lleva a sus
compañeros sus armas y regresa junto a sus leales
filas perpetrada la matanza. Así entre las sombras hircanas
un león del Caspio, desprotegido aún, sin gloria alguna
de rubia melena que lo haga terrible, e inocente aún
de haber vertido importante sangre, se echa encima no lejos del
establo de un tranquilo rebaño cuyo guardián se ha alejado,
y sacia su hambre en una tierna oveja. No se ha arredrado luego
ante Tideo, cuyos hechos de armas desconocía y a quien
sólo juzgaba por su cuerpo[91], y se había atrevido a hostigarlo
con su frágil jabalina mientras sin tregua arremetía aquél
contra unos y perseguía a otros. Al fin vuelve casualmente
sus ojos el Etolio hacia sus inútiles ataques y
con una formidable carcajada exclama: «Ya hace tiempo
que veo, osado de ti, que un gran renombre ansías con tu muerte»;
al mismo tiempo, juzgando indigno de su espada o su lanza
al audaz joven, de sus relajados dedos, sin brío, dejó
escapar un débil venablo: traspasó el misil no obstante
los profundos entresijos del bajo vientre, como si hubiera
sido blandido con todas las fuerzas. Deja de lado el hijo
de Eneo a aquél cuya muerte es segura, demasiado orgulloso
para despojarlo. «No colgaré desde luego en tu honor, Marte,
ni en el tuyo, belicosa Palas, tales despojos –dice–,

91. Como ya sabemos, Tideo era de pequeño tamaño, *cf.* I, 417.

vergüenza me daría acarrearlos yo mismo; apenas si a la
guerra, dejado el tálamo, Deípile[92] me hubiera seguido,
se los habría llevado para provocar sus burlas». Así
dice, y se deja llevar con la mente a más altas recompensas
de la guerra: como el león que en su poder tiene casualmente
incontables víctimas, desdeña a mansos becerros y tiernas
novillas: puestas están sus ansias en bañarse en una sangre
de valía, y en no echarse sino sobre la cerviz del toro
jefe de la manada. Pero no pasa desapercibido
a Meneceo[93] el caído Atis con su agonizante gemido:
dirige hacia allí a sus corceles y salta del veloz carro:
se agolpaba sobre el moribundo la juventud tegea, y no
lo impiden los tirios. «¡Qué vergüenza, jóvenes descendientes de
Cadmo, que desmentís a vuestros ancestros hijos de la tierra![94].
¿A dónde huis –dice–, bastardos? ¿No yace mejor en defensa
de nuestra sangre nuestro huésped Atis? Sólo huésped aún y,
pobre de él, vengador de la que aún no era su esposa ¿prendas
tan valiosas traicionamos nosotros?». Se recobran las filas
alentadas por un justo pudor, y a la mente le han vuelto
a cada uno sus seres queridos.

Entretanto, en el retiro
de sus aposentos, las hermanas[95], pareja bien diferente
de caracteres, inocente prole del desdichado Edipo,
mezclan en su conversación distintas quejas. Y no los males
del presente, sino desde el lejano origen del hado, llora
ésta las antorchas nupciales de su madre, aquélla los ojos
de su padre, al hermano que reina una, otra al desterrado, ambas

92. La esposa de Tideo, hija de Adrasto y hermana de Argía, *cf.* II, 201 ss.
93. Aparece en escena el virtuoso hijo de Creonte al que pronto veremos sacrificarse heroicamente por su patria.
94. Los Espartos. Véase nota 2 (p. 69) sobre I, 8.
95. *i.e.,* Antígona e Ismene, *par aliud morum,* pues nada tienen que ver con los odios que enfrentan a sus dos hermanos Etéocles y Polinices.

la guerra. De ahí la onerosa vacilación de sus míseros deseos: oscila su temor en uno u otro sentido, a quién querrían vencido en esta lid, a quién vencedor: en secreto es el desterrado quien gana. Así cuando retornan las aves de Pandíon[96] a sus fieles albergues y al hogar que el invierno les hizo abandonar, y se ciernen sobre sus nidos, y junto a sus techumbres repiten la trama de su viejo sino, se oye un entrecortado y débil murmullo; piensan que son palabras, y no deja de ser no obstante aquella voz tan inteligible como las palabras. Y entonces, después de sus lágrimas y de un largo silencio, comienza de nuevo Ismene así: «¿Qué extravío de los mortales es éste? ¿Qué la confianza defraudada? ¿Vela la inquietud en el reposo y vuelven claramente en sueños las sugestiones del ánimo? He aquí que yo, que no tendría en mi pensamiento el matrimonio ni aun en el caso de una paz profunda y duradera, he visto de noche, hermana mía –¡ay, qué vergüenza!–, mis desposorios. ¿De dónde mi insensato sopor trajo a un esposo que apenas conozco de vista? Sólo una vez en este palacio, mientras se concertaba mi enlace, ignoro bajo qué acuerdo, le presté atención, hermana, y no por propia voluntad. De repente todo estaba alterado ante mi vista, el fuego se extinguió de improviso, y me perseguía su madre reclamando a Atis con rabiosos gritos. ¿Qué presagios de un vago desastre son éstos? Y no abrigo ningún temor, mientras nuestra morada esté a salvo, se retire el soldado dorio y nos sea posible reconciliar a nuestros airados hermanos».

Tales cosas se decían, cuando sobrecogido quedó el tranquilo palacio por un súbito tumulto, y se trae a Atis, con gran

96. Las golondrinas, pájaro que es metamorfosis de Filomela, hija de Pandíon y hermana de Procne, esposa de Tereo, para cuyo trágico destino véase nota 24 (p. 227) sobre V, 121.

esfuerzo recuperado, aún con vida pese a haber perdido prácticamente toda su sangre, su mano sobre la herida, el lánguido cuello colgando fuera del escudo, y caídos hacia atrás los cabellos desde su frente. La primera en verlo es Yocasta, y llamaba temblando a su querida Ismene: pues sólo esto implora la moribunda voz de su yerno, sólo este nombre vaga ya por su helada garganta. Gritan las siervas, se llevaba al rostro las manos la doncella, la contuvo el fiero pudor; se ve forzada con todo a acercarse, este último favor concede Yocasta al moribundo, y se la muestra y la lleva ante él. Cuatro veces en brazos ya de la muerte se esforzó al oír su nombre en abrir sus ojos y alzar su desfallecido rostro; sólo la mira a ella, sin hacer caso de la luz del cielo, y no se sacia de contemplar su amado semblante. Entonces, puesto que su madre no está cerca y su padre reposa en la paz del sepulcro, encomiendan a su prometida el triste deber de cerrar sus ojos; entonces finalmente, sin testigo alguno, dio rienda suelta a sus piadosos lamentos y anegó en llanto sus ojos.

Mientras esto acontecía en Tebas, enfebrecida con otras serpientes y cambiada su antorcha, reanudaba Enío[97] la guerra. La pasión por las armas es unánime, como si sólo hubieran sostenido las primeras refriegas cuerpo a cuerpo, y reluciera aún cada espada. El hijo de Eneo se destaca. Aunque con certera flecha ataque Partenopeo, pisotee Hipomedonte con su furioso caballo el rostro de los moribundos, y el pino[98] de Capaneo vuele ya a lo lejos presto a dejar sus señas de identidad en las

97. Diosa de la guerra, ya mencionada; *cf.* V, 155, y nota 27 (p. 228).
98. Un ciprés desprovisto de sus hojas era la lanza de Capaneo en IV, 177; de madera de fresno, en V, 566; en todo caso siempre un tronco entero macizo y temible.

tropas aonias: aquél es el día de Tideo, de él huyen despavoridos mientras exclama: «¿A dónde giráis las espaldas? He aquí que se os da ocasión de vengar a vuestros aniquilados camaradas y devolver aquella funesta noche. Yo soy aquel que en una orgía de sangre acabó él solo con cincuenta almas[99]: ¡otros tantos, otros tantos brazos oponedme en masa, venga! ¿No ha dejado padres, no ha dejado hermanos que lo sientan ninguno de los muertos? ¿Cómo puede ser tan grande el olvido de vuestro duelo? ¡Qué vergüenza que pueda yo haber partido contento a la inaquia Micenas! ¿Son éstos los que están a cargo de Tebas? ¿Son éstos los baluartes del rey? ¿Y dónde puedo yo encontrar por otra parte a aquel egregio caudillo?»[100]. Al mismo tiempo lo ve en las filas de la izquierda exhortando a las secciones y notable por el brillo de su soberbio casco; y se lanza enardecido a su encuentro con no menos celeridad que el ave portadora del rayo[101] se cierne sobre el níveo cisne y lo envuelve tembloroso en su poderosa sombra. Exclama entonces así el primero: «¡Oh, muy justo rey del pueblo aonio! ¿Nos enfrentamos abiertamente y al fin mostramos nuestras espadas, o te es más grato esperar la noche y tus habituales tinieblas?». Aquél nada replica, pero silbando vuela contra el enemigo trayendo los recados del monarca su lanza, que el sagaz héroe desvía de un golpe justo al fin de su trayectoria, y lanza a su vez ávidamente y con brazo poderoso cual nunca antes una enorme pica: volaba la atroz lanza capaz de poner fin al conflicto. Volvieron sus ojos los dioses sidonios y griegos que favorecían a uno y otro bando; lo impide la cruel Erinis y reserva a Etéocles para su

99. En la emboscada urdida por Etéocles, *cf.* II, 490 ss.
100. El tono irónico de Tideo es evidente al preguntar así por el monarca Etéocles.
101. *i.e.,* el águila de Júpiter.

abominable hermano: fue a clavarse la punta errando el blanco en su escudero Flegias. Enorme lucha de guerreros tuvo lugar entonces, pues con más fiereza acomete el etolio[102] espada en mano, y mientras retrocedía protegían a su rey las tropas tebanas. Así ya en la oscuridad de la noche intenta alejar a un lobo del novillo que ha apresado un denso grupo de pastores; con terquedad se yergue en contra, y no se ocupa de atacar a quienes se lo impiden: sólo a aquél, a aquél contra quien había venido, acosa. De igual modo desdeña[103] las tropas que se le oponen, esa caterva insignificante, y las pasa por alto; atraviesa no obstante el rostro de Toante, el pecho de Deiloco, el costado de Clonio, el vientre del fiero Hipótades; devuelve a veces a los troncos sus propios miembros, y hace volar por los aires cascos y cabezas juntos. Y ya se hallaba rodeado de cadáveres y despojos de los caídos; sólo en torno a él se agota el ejército, sólo él es blanco de todos los dardos: en la superficie de sus huesos se clavan unos, caen parte al suelo sin alcanzar su objetivo, parte los arranca la Tritonia[104], muchos se erizan en su escudo. Sembrado ya de densos venablos, tremola en éste un bosque de hierro, sobre su espalda y sus hombros rasgada está la piel del jabalí emblema de familia[105]; no queda ni rastro de la altiva gloria de su cimera, y ha caído Gradivo, que ocupaba la cúspide de su amenazador casco[106], infausto presagio para su dueño: clavado en sus sienes

102. *i.e.,* Tideo.
103. Sujeto sobreentendido, Tideo, claro está.
104. Palas Atenea, Minerva. Véase nota 116 (p. 140) sobre II, 684.
105. La piel del jabalí de Calidón, matado por su hermanastro Meleagro, que cubre los hombros de Tideo; *cf.* I, 489 s.
106. La efigie de Marte se alzaba en la cimera del casco de Tideo, como en las del resto de sus hombres; *cf.* IV, 111.

se mantiene el bronce desnudo, y resuenan en torno enormes
piedras que golpean su cabeza y ruedan sobre sus armas.
Ya está su casco cubierto de sangre, ya un negro torrente
mezcla de sudor y sangre baña su herido pecho. Se vuelve
a mirar a sus compañeros que lo exhortan y a su fiel Palas,
que muy a lo lejos oculta tras su escudo sus ojos: iba
de hecho a intentar convencer con sus lágrimas a su poderoso
padre.

He aquí que hiende los aires una jabalina de gran
ira y de la fortuna portadora, y el autor del disparo
no se hace notar: era Melanipo, hijo de Ástaco, y no lo ha
proclamado él mismo, que querría que su actuación se hubiera
mantenido oculta, pero su exultante escuadrón lo ponía
tembloroso a la vista; pues doblado sobre su vientre había
Tideo caído de costado y soltado su redondo
escudo. Al clamor de los aonios se mezcla el gemido de los
pelasgos; forman sus tropas una barrera y lo protegen
mientras arde de indignación. Atisbando a lo lejos a través
de las filas opuestas al desazonado hijo de Ástaco,
se concentra en el golpe con lo poco de vida que le queda,
y lanza un venablo que le había tendido Hopleo[107], situado
a su lado: el esfuerzo hace brotar la sangre hasta agotar sus
venas. Sus tristes camaradas lo arrastran entonces ávido
de pelear –¡qué arrojo!–, pidiendo lanzas y resistiéndose
a expirar en los mismos brazos de la muerte, y lo depositan
en el extremo más alejado del campo, apoyados sobre
dos escudos sus desfallecientes costados, y entre lágrimas
le prometen que volverá a las lides del fiero Marte. Pero él
también ha notado que el cielo se desvanece, que sus grandes
alientos lo abandonaban en el postrer escalofrío,

107. Su fiel soldado, que protagonizará junto con Dimante una de las escenas más emotivas del poema (X, 347-448).

y apoyándose en tierra exclama: «Compadeceos, ináquidas: no pido que sean llevados mis huesos a Argos o a mi hogar etolio; me tienen en efecto sin cuidado mis últimas exequias: odio estos miembros y este cuerpo tan frágil e inútil, desertor de mi espíritu. ¡Tu cabeza, oh tu cabeza, oh si alguien me la trajera, Melanipo! Pues ruedas por el suelo, estoy seguro, no me ha fallado mi valor en la hora suprema. Ve, Hipomedonte, te lo ruego, si algo te resta de la sangre de Atreo, ve tú, Arcadio[108], oh muchacho famoso en tus primeras lides, y tú, Capaneo, ya el más grande del ejército argivo»[109].

Todos se han puesto en movimiento, pero es Capaneo el primero que parte, el primero que encuentra al hijo de Ástaco; lo levanta aún con vida del suelo, y vuelve con él sobre su hombro izquierdo, regando su espalda de la sangre que mana a borbotones de la herida a cada sacudida: de igual manera regresó de la guarida arcadia el Tirintio[110], y trajo entre aclamaciones a Argos al capturado jabalí.

Se incorpora Tideo, lo recorre con la mirada y, loco de júbilo y de ira, cuando vio los estertores de esa boca, que sus ojos se removían, y se reconoció en aquél, manda que corten la atroz cabeza de su enemigo y que se la traigan, la coge aún tibia con su mano izquierda y la contempla, exultante de gozo al ver sus ojos torvos y que vacilan aún en quedar inmóviles. El desdichado ya estaba satisfecho, pero la vengadora Tisífone exige más. Y ya había

108. *i.e.,* Partenopeo.

109. Se entiende, después de su muerte. Tideo es siempre consciente de su supremacía guerrera.

110. *i.e.,* Hércules, cuyo cuarto trabajo consistió en capturar al jabalí del Erimanto.

tornado la Tritonia[111] tras haber doblegado a su padre trayendo al infortunado honra inmortal; lo ve bañado en la putrefacción del abierto cerebro y ensuciando sus mandíbulas con la sangre fresca –y los compañeros no son capaces de apartarlo–: se irguió amenazadora la Górgona[112] erizados sus cabellos, y sus serpientes erguidas ante su rostro ocultaron a la diosa; huye apartando sus ojos del guerrero que yace, y no ascendió a los cielos hasta que la mística lámpara y la pura corriente del Eliso[113] hubo purificado copiosamente su vista.

111. Minerva, que ha obtenido de Júpiter la inmortalidad para su protegido, Tideo.
112. La cabeza de Medusa de cabellera de serpientes inserta en la égida de Minerva.
113. El río Iliso, en Atenas, que corría por un idílico paraje y era escenario idóneo de los ritos de purificación.

Libro IX

La saña del sanguinario Tideo exacerba a los aonios
al llegar a sus oídos; los propios ináquidas lloraron
también menos su pérdida, y culpan al héroe, y se lamentan
de que haya quebrantado las leyes del odio; es más, cuentan que tú,
Gradivo, el más violento de los dioses, aunque por entonces
te entregabas especialmente a tu furiosa obra de destrucción,
ofendido por su fiereza[1], apartaste tu rostro y guiaste a otro
lado a tus espantados corceles. A vengar el cadáver de
Melanipo profanado por la salvaje herida se lanza
por tanto la juventud cadmea con el mismo ardor que si
alterados hubieran sido en sus sepulcros los huesos de sus
padres y entregadas sus urnas a crueles monstruos. Los inflama
así además el propio rey[2]: «¿Tienen aún los pelasgos a alguien

1. *virtute.* El término normalmente positivo *virtus* («valor», «firmeza», «mérito», «energía») tiene aquí evidentemente un sentido peyorativo, como en XI, 1, *virtutis iniquae,* aunque allí lo aclara el empleo del adjetivo.
2. Etéocles.

compasivo y que se comporte como un hombre? Ya a feroces
mordiscos –¡oh furor!, ¡hasta tal punto hemos saciado sus armas!–
desgarran nuestros miembros. ¿No os parece que combatís con
[tigres
hircanos u os enfrentáis a fieros leones libios? Y ahora
yace aquél[3] –¡oh bello solaz de la muerte!– sujetando entre sus
dientes la cabeza de su enemigo, y en la dulce carroña
halla su nefando fin; usamos nosotros la cruel espada
y las teas, del mero odio se sirven ellos, y la fiereza
no precisa de más armas. Sigan así, henchidos de rabia,
y disfruten de alabanza tan gloriosa, con tal que tú, padre
supremo, lo veas. Y aún se quejan de que los campos se abran,
y se admiran de que huya el suelo bajo sus plantas[4]. ¿Podría
acaso servir a ésos de asiento incluso su propia tierra?».
Esto diciendo, incitaba a sus hombres a abalanzarse con gran
clamor, todos con el mismo furioso anhelo de hacerse con los
despojos del odiado Tideo adueñándose de su cuerpo.
No de otro modo velan el cielo bandadas de impuras aves,
a las que la brisa ha traído de lejos el nocivo efluvio
de los cadáveres dejados sin sepultura; hacia allí vuelan
con ávidos graznidos, resuena el alto éter con su batir
de alas, y han abandonado el cielo las aves inferiores.

Recorre errabunda la Fama con rápido murmullo el campo
aonio y vuela entre los batallones, mensajera más veloz
de lo habitual cuando refiere sucesos luctuosos, hasta
deslizarse en los inquietos oídos de Polinices, a quien
trae en sus nuevas el más grande daño. Petrificado quedó
el joven, fijas en sus cuencas las lágrimas prestas a brotar,
y sin acabar de darle crédito; pues el valor de sobra
conocido del hijo de Eneo de un lado lo incita a creer

3. *i.e.,* Tideo.
4. Como ha ocurrido en el caso de Anfiarao, *cf.* VII, 764 ss.

en su muerte y de otro se lo impide. Pero cuando el desastre
se supo a ciencia cierta, cae la noche sobre su vista y su
razón; helada su sangre, se desploman entonces a un tiempo
sus miembros, a un tiempo sus armas: rebosante de llanto está ya
su altivo casco, y han aguantado sus grebas su escudo al caer.
Avanza afligido sosteniéndose apenas sobre sus flojas
rodillas y con la lanza a rastras, como entorpecido por mil
heridas y maltrecho en todos sus miembros; sus compañeros se
apartan y lo señalan entre gemidos. Finalmente aquél,
tiradas las armas que a duras penas había acarreado,
se arrojó desnudo sobre el cuerpo ya inerte de su noble
amigo y se deshizo en llanto mientras decía así: «¿Ésta es mi
gratitud, hijo de Eneo, esperanza suprema de mis armas,
ésta la digna recompensa que te he pagado, que yacieras
desnudo en la odiosa tierra de Cadmo quedando yo con vida?
Ahora sí que soy yo un desterrado y por siempre fugitivo,
puesto que se me ha arrebatado, pobre de mí, mi otro y mejor
hermano[5]. Y no reclamo ya mis antiguos derechos fijados
por la suerte[6] ni la insidiosa diadema de un reino culpable:
¿de qué me pueden servir placeres comprados a tan alto
precio, o un cetro que no me entregue tu diestra? Marchad, soldados,
y dejadme solo frente a mi fiero hermano[7]: no hay necesidad
de probar más las armas ni desperdiciar más muertes; marchad,
os lo suplico, ¿qué bien mayor me podréis dar ya finalmente?
¡He acabado con Tideo![8] ¿Con qué muerte expiaré yo esto?

5. De hermano trata a Tideo Polinices, y mejor que su auténtico hermano Etéocles.
6. El reino que ahora en turno le correspondería en virtud del pacto sellado con su hermano Etéocles, *cf.* I, 138 ss.
7. Ahora sí que se refiere a su auténtico hermano, Etéocles.
8. Pues él, Polinices, es el último responsable de su muerte, ya que en defensa de sus derechos se ha entablado la guerra en la que aquél ha caído.

¡Oh suegro! ¡Oh Argos! Y esa honrosa disputa de la primera
noche, y esos mutuos golpes, esa ira pasajera que fue
garantía de un prolongado afecto[9]. ¡No haber hallado entonces
yo la muerte por tu espada, muy noble Tideo –y en tus manos
estaba–, en los umbrales de nuestro amado Adrasto![10] Aún más, por mi
causa acudiste voluntariamente a Tebas y al impío
palacio de mi hermano, de donde otro no habría regresado,
como si de recuperar tu cetro y tus propios honores se
tratara. Ya del piadoso Telamón, ya de Teseo no se
acordaba la fama[11] –¡y mira cómo yaces aquí!–. ¿Qué heridas
puedo admirar primero? ¿Cuál es tu sangre aquí, cuál la de tu
enemigo? ¿Qué regimientos, qué incontables pelotones te han
abatido? ¿O me equivoco, y ha sido el propio padre Marte quien,
envidioso, ha cargado contra ti con toda la potencia
de su lanza?». Así dice, y acongojado baña de lágrimas
el rostro todavía resbaloso de sangre corrompida
del héroe, y lo deposita con su diestra. «¿Has odiado tú
hasta este extremo a mis enemigos, y voy yo a seguir con vida?».
En su desesperación había desenvainado la espada
y se aprestaba a darse muerte: sus amigos lo contuvieron,
y lo reprende su suegro que, discurriendo sobre los lances
y los hados de la guerra, consuela su inflamado corazón
y lo aleja poco a poco del amado cuerpo que le causa
tal dolor y ferviente deseo de morir, mientras devuelve
con disimulo el acero a su vaina en medio de sus palabras.
Se deja aquél guiar como el toro que ha perdido a su compañero

9. *Cf.* I, 401 ss.

10. En boca del propio Polinices se pone ahora esta reflexión, que antes había ya hecho el narrador, es decir, el propio Estacio; *cf.* I, 429-430.

11. Mencionados bien por su valor (véase nota *ad loc.*, en la edición de Traglia y Aricó), bien por su famosa amistad, con Hércules en el caso del primero, y con Pirítoo en el del segundo (Lactancio Plácido, *ad loc.).*

de fatigas, y en medio del campo de labranza abandona sin
fuerzas el surco que había empezado y, abatida la cerviz,
arrastra en parte el deforme[12] yugo, la otra parte la sostiene
entre lágrimas el labrador.

Pero he aquí que, siguiendo
la llamada a las armas de Etéocles, una tropa elegida
se aproxima, unos jóvenes, con quienes ni habría desdeñado
Tritonia combatir, ni Mavorte medir su lanza; frente a ellos,
apretado el escudo contra el pecho, lanza en ristre, a pie firme
se mantiene el gigantesco Hipomedonte: como una roca
enfrentada al oleaje, que no teme al cielo y ante la que
se retiran las olas que se rompen a sus pies, permanece
inmóvil frente a todas las amenazas, el propio mar huye
de sus afiladas aristas, y los infelices navíos
la han reconocido en lontananza. Grita primero entonces
el aonio[13] –al tiempo que elige una potente jabalina–:
«¿No te da vergüenza proteger en presencia de los dioses
y a la vista del cielo estos manes, este cadáver que cubre
de infamia esta guerra? ¡Encomiable esfuerzo y proeza digna
de ser recordada sin duda dar sepultura a esta fiera,
que no deje de ir a Argos a ser llorado en dolientes exequias
y vomitando en su blando féretro su infanda podre! Perded
cuidado; ni las aves, ni los monstruos impíos, ni el mismo
fuego sagrado, si a él lo entregáramos, lo devoraría».
Y sin más, blande su enorme jabalina que, detenida en el
duro bronce, se abrió no obstante paso a través de él y vino
a clavarse en el segundo círculo del escudo[14]. Lo intentan
luego Feres y el impetuoso Lico; pero sin resultado

12. Privado de uno de los animales de la yunta, el yugo no mantiene su forma, está inclinado o desequilibrado.
13. Por tebano, *i.e.,* Etéocles.
14. De Hipomedonte, claro.

alguno regresa el asta de Feres, Lico golpea el casco con su altivo y terrible penacho; volaron lejos las plumas arrancadas por la punta de la lanza, y sin su ornato se vio el yelmo. Él mismo[15] ni retrocede ni sale al encuentro de sus armas respondiendo a sus provocaciones, sino que, plantando cara a todos siempre sobre sus mismas huellas, se adelanta, se aparta, no permite jamás a su diestra ir más allá, todos sus movimientos van encaminados a proteger el cuerpo[16], sobre el cuerpo y en torno a él da vueltas sin perderlo de vista. No forma tal barrera en torno al indefenso novillo para protegerlo del ataque de un lobo su madre tras su primer parto, esgrimiendo en torno a él sus cuernos con peligroso giro; sin miedo alguno por sí misma y olvidándose de su sexo más débil, arroja espuma e imita, siendo hembra, a los grandes toros. Al fin se interrumpió la lluvia de dardos y se hizo posible devolver los disparos; y ya había acudido en su ayuda el sicionio Alcón, y se acerca el batallón de Pisa del ágil Idas, y restablecen el flanco. Feliz con estos refuerzos, arroja el mismo contra el enemigo una enorme jabalina de Lerna, que vuela tan veloz como las flechas y sin detenerse un punto atraviesa por el centro a Polites y perfora imparable el escudo de Mopso junto a él situado. Abate luego al foceo Cidón, a Falanto de Tanagra, y a Érice, a éste por la espesa mata de pelo de su cabeza mientras, vuelto hacia atrás, pedía dardos, sin esperar en absoluto la muerte; se asombra aquél al morir de haber recibido no de cara el asta en lo hondo de la garganta, y a un tiempo brota la sangre cargada de murmullos y han saltado los dientes arrancados por la punta de la lanza. Había osado Leonteo avanzar furtivamente su diestra,

15. *i.e.,* Hipomedonte.
16. El cadáver de Tideo, en torno al cual se libra batalla.

ocultándose tras los hombres y las armas, y arrastraba
la abatida cabeza[17] asiéndola por los cabellos: lo vio
Hipomedonte, pese a las numerosas amenazas que ante
la vista tenía por doquier, y con bárbara espada le cortó
la audaz mano, al tiempo que lo increpa así: «¡Es Tideo, Tideo
mismo quien te la arrebata; incluso después de cumplido el sino
de los héroes, témelos, y abstente de tocar, miserable,
sus poderosos manes!». Tres veces la falange cadmea se
llevó el torvo cadáver, tres veces lo recobran los dánaos:
como en el revuelto mar de Sicilia vaga la ansiosa nave
pese a la inútil resistencia del piloto, y torna sobre sus
pasos con la vela en sentido contrario.

No habrían sido
las tropas sidonias capaces de apartar de su propósito
a Hipomedonte, no habría catapultas que lo movieran
enfrentado a sus impactos, y los temidos choques lanzados
desde soberbias torres habrían rebotado tras topar con
su escudo. Pero acordándose del rey del Elisio[18], y pasando
revista mentalmente a las faltas de Tideo, se desliza
arteramente hasta el centro del campo la impía Tisífone:
las filas lo percibieron, y un repentino sudor recorrió
a corceles y jinetes, aunque abandonando su aspecto
adoptaba la apariencia del inaquio Halis; ni rastro
de su abominable fuego ni de sus azotes, y obedientes
a sus órdenes han guardado silencio sus cabellos[19]. Porta
sus armas, y llega con mirada y voz persuasivas junto al
fiero Hipomedonte, pese a lo cual tembló aquél ante su rostro

17. De Tideo.
18. Plutón le había dado órdenes expresas, *cf.* VIII, 65 ss.
19. *i.e.,* han dejado de emitir silbidos las serpientes que los componen. Véase en el libro I la descripción de la Furia, de cabellera de serpientes (I, 90-91; 103) y blandiendo en una mano una antorcha y en la otra un látigo que es también una serpiente (I, 112-113).

y sus palabras y se asombra de su temor. Con lágrimas
en los ojos dice ella: «En vano proteges tú ahora, insigne
guerrero, a tus compañeros muertos y los insepultos cuerpos
de los griegos –¿de verdad es éste nuestro temor, el cuidado
de un sepulcro es lo que nos ocupa ahora?–; el propio Adrasto
te es arrebatado capturado por un escuadrón tirio, y es
a ti antes que a nadie, a ti a quien llama con sus gritos y gestos;
¡ay, cómo lo he visto resbalar en la sangre, con los blancos
cabellos despojados de su corona hecha trizas! Y no está
lejos de aquí, vuelve los ojos; donde se alza aquella masa
de polvo, donde se halla aquel pelotón». Se detuvo un momento
el angustiado héroe, y contrapesaba sus miedos; lo insta
la implacable doncella: «¿Por qué no te mueves? ¿Vamos? ¿O acaso
te retienen estos manes, y vale menos quien sobrevive?».
Encomienda a sus compañeros la triste tarea y las luchas
que había asumido[20], y marcha abandonando a su amigo del alma,
sin dejar de volver no obstante su vista atrás, y preparado
por si acaso lo hacen regresar. Siguiendo luego las confusas
huellas de la feroz diosa, corre de acá para allá en vano, sin
rumbo fijo, hasta que la impía Euménide, tirado el escudo,
desapareció como una sombra de su vista, y reventaron
el casco sus incontables serpientes. Contempla el infeliz,
disipada la nube, a los tranquilos ináquidas y a Adrasto
en su carro, sin temer nada.

Y ya los tirios tienen el cuerpo[21],
ya sus elevadas voces confirman su alegría, y el grito
de victoria llega hasta sus oídos[22] y hiere su corazón

20. *sua proelia* para proteger el cadáver de Tideo, esa «triste tarea». El sujeto sobreentendido siempre, Hipomedonte.
21. *i.e.,* el cadáver de Tideo.
22. Los oídos de Hipomedonte, que ha abandonado el cadáver engañado por Tisífone.

con secreto quebranto. Por hostil suelo –¡ah implacable poder del hado!– es arrastrado aquel Tideo, a quien poco antes se había dejado enorme espacio por ambos lados cuando perseguía a las filas tebanas, ya se lanzara a pie, ya manejando las riendas; jamás descansan armas ni brazos, ni ningún tipo de fiereza humana: les encanta golpear impunemente aquellas facciones rígidas por la muerte, aquel temido rostro. Éste es su deleite, con ello buscan a la par cobardes y valientes ennoblecer sus brazos, y guardan las armas tintas en sangre para mostrárselas a sus esposas y a sus pequeños hijos. Así, cuando a un león que ha devastado largo tiempo los campos de Mauritania, y por cuya causa están encerrados los rebaños y se mantienen vigilantes sus dueños, cuadrillas de pastores, rendidas de cansancio, lo han conseguido abatir: exulta de alegría la comarca, acuden con gran clamor los campesinos, y le arrancan la melena, y le abren la enorme boca, y conmemoran los daños sufridos, ya haga aquél guardia ahora clavado bajo la techumbre, ya esté colgado como gala de algún antiguo bosque.

Pero el fiero Hipomedonte, aunque sabe que ya es inútil su ayuda y tarde para luchar por el arrebatado cadáver, acude sin embargo, y blande con ciega determinación su espada, apenas distinguiendo amigos de enemigos, con tal que nada retarde su avance; pero la tierra resbaladiza ya de la nueva masacre, las armas, los guerreros medio muertos y los carros sueltos dificultan su marcha, así como su muslo izquierdo, herido por la lanza del rey equionio[23], aunque en su ardor había disimulado la herida o ni siquiera se había percatado de ella. Al fin divisa al afligido Hopleo[24]; fiel

23. *i.e.,* Etéocles, *cf. supra,* vv. 103-105.
24. *Cf.* VIII, 726, y nota 107 (p. 372).

camarada este del gran Tideo y últimamente en vano
su escudero, sujetaba a su veloz corcel que, inclinada
la cerviz e ignorante del destino de su amo, protestaba
sólo de su inactividad y de que fuera aquél[25] más audaz
contra las tropas de infantería. Se hace[26] con el animal, que
se encabrita rechazando ese peso inusual sobre sus lomos
–pues desde los años de su doma sólo una mano había
conocido–, y le habla así: «¿Por qué rehúsas tu nuevo destino,
desdichado corcel? No volverás a llevar la dulce carga
de tu insigne señor; no te podrás ya saciar en la campiña
de Etolia ni dejarás flotar tus exultantes crines en las
aguas del Aqueloo. Lo que queda, sus amados manes, ve,
véngalos al menos, o síguelos, no vaya a ser que ultrajes tú
también su desterrada sombra cayendo cautivo, y sirvas
de montura a un engreído jinete, después de a Tideo».
Creerías que lo ha oído[27] y se ha inflamado: con tal ímpetu
se lo ha llevado a la carrera, y se indigna menos de unas riendas
parecidas. De igual modo se lanza a los valles desde el Osa
que en los aires se pierde el monstruoso Centauro, tiemblan
ante el mismo[28] los altos bosques, el campo ante el caballo. Presas
del pánico se agolpan en jadeante carrera los hijos
de Lábdaco[29], carga aquél sobre ellos, y cortándoles el cuello
de improviso con la espada, deja a sus espaldas sus troncos que
se desploman.
Se había llegado al río; con mayor caudal
de lo habitual –presagio de calamidades– fluía entonces

25. Su amo, es decir, Tideo, que prefería combatir a pie que hacerlo a caballo.
26. Sujeto sobreentendido, Hipomedonte, claro.
27. Cambio de sujeto, que pasa a ser el caballo de Tideo. Se lleva éste a la carrera a su nuevo jinete, que maneja las riendas de forma similar a su dueño.
28. *i.e.,* ante su parte superior, la humana.
29. *i.e.,* los tebanos.

el Ismeno con su gran masa de agua. Era aquél un breve respiro, hacia allí dirigieron su fatigada huida desde los campos las temerosas filas; se asombra de los guerreros la corriente, huésped en la guerra, y se enciende con el brillante reflejo de las armas. Se lanzaron a las aguas, con un gran estruendo se desmoronó la ladera, y ocultas quedaron en el polvo las riberas opuestas. Con más potente salto se arroja aquél[30] también contra las atónitas tropas en medio de la hostil corriente, tal como estaba –supondría una gran pérdida de tiempo soltar las riendas–, sólo encomienda al tronco de un álamo sus jabalinas, en el verde césped clavadas de momento. Muertos de miedo entonces realmente, dejan por propia voluntad sus armas en poder de las ondas que los arrastran: otros se quitan el casco y, mientras pueden contener el aliento bajo el agua, se ocultan vilmente; muchos tratan de cruzar el río a nado, pero las correas los retienen, traba su costado el talabarte, y la empapada[31] coraza sumerge sus pechos. No es distinto el terror de los cerúleos peces bajo el hinchado oleaje, cada vez que ven al delfín explorando las secretas pendientes del mar: huye a las simas más profundas el banco entero, y se agolpan espantados entre las verdes algas; y no salen de allí hasta que por encima de las aguas salta su curvado lomo, y prefiere competir con las naves que a su vista se ofrecen: de igual modo persigue el héroe a los dispersos hombres, y en medio de las olas maneja a la vez las riendas y las armas, mientras con el remo de sus pies sostiene a su caballo[32]; acostumbrada al llano, flota

30. *i.e.,* Hipomedonte, que viene persiguiendo a los tebanos.
31. Evidentemente, no de metal, como ya señala en nota Mozley, sino de algún tejido resistente, como el lino.
32. Seguimos aquí la lectura de los principales manuscritos: *pedumque remigio sustentat equum,* en lugar de las correcciones de Housman *pedum quem* y *equus* que prefiere la edición de Loeb.

la leve pezuña y busca las sumergidas arenas. A Ion abate Cromis, a Cromis Antifonte, a Antifonte Hipseo, Hipseo a Astiages y a Lino, que, abandonado el río, a punto estaba de escapar, si no se opusieran los hados ni desde un principio en la urdimbre de su vida[33] prohibido tuviera morir en tierra. Acosa a las tropas tebanas Hipomedonte, pone en fuga a los dánaos Hipseo, hijo del Asopo: teme por ambos lados el río, uno y otro tiñe de espesa sangre sus aguas, y es decreto del destino que ninguno de los dos regrese de ellas. Ya en la rápida corriente giran los miembros mutilados, y cabezas y diestras cortadas vuelven a sus troncos, ya la onda arrastra dardos, escudos ligeros y flojos arcos, y los penachos impiden que se hundan los cascos: está la superficie del río cubierta en toda su extensión de armas a la deriva, el fondo de hombres; luchan allí los cuerpos con la muerte, y la opuesta corriente ahoga sus últimos alientos.

Arrastrado por las aguas, se había asido el joven Árgipo a un olmo de la ribera; corta los notables hombros con su espada el fiero Meneceo; conforme aquél cae, aún vivo su empeño, contempla el tronco sus propios brazos en las altas ramas. Ha hundido el asta de Hipseo a Tages con una profunda herida; mientras permanece él en el fondo, ha vuelto en lugar de su cuerpo su sangre a la superficie. Dispuesto a rescatar a su hermano, ha saltado Agénor desde la orilla, ay, pobre de él, y lo ha cogido, pero el herido lo ahoga con su abrazo al intentar levantarlo: habría podido soltarse Agénor y salir de las aguas, pero se ha visto incapaz de regresar sin su hermano. A Cápeto, que surgía amenazando herir con su diestra, lo absorbía en su vertiginoso abismo el rápido torbellino; ya desaparece su rostro, ya su cabello, ya no queda ni rastro de su diestra, su espada es la última

33. *i.e.,* en los hilos tejidos por las Parcas.

que se hunde en las turbulentas aguas. Con mil formas de des-
[trucción
atormenta una única muerte a los desgraciados. Atraviesa
por la espalda a Agirtes una lanza de Micaleso; miró hacia
atrás: no se veía autor por parte alguna, pero impelida
por la tumultuosa corriente, el asta había hallado en su huida
sangre que derramar.
También el corcel etolio[34] es herido
en sus vigorosos hombros; dio con el golpe mortal un alto
respingo y en suspenso golpea el aire; no fue sacudido
por su ímpetu no obstante su jinete, pero se compadece
del animal; gimiendo arrancó él mismo el dardo de la profunda
herida, y soltó espontáneamente las riendas. Reemprende
luego a pie las luchas con paso y ademán más firmes, y abate
con su espada uno tras otro al lento Nomio y al bravo Mimante,
a Lica de Tisbe y a Liceto de Antedon, y a un Tespiada[35]
de los dos hermanos gemelos; a Panemo, que suplicaba
idéntico destino: «Sigue viviendo –dice–, y vuelve solo
a las murallas de la funesta Tebas, sin poder engañar
más a tus infelices padres[36]. Benditos sean los dioses, que
a la veloz corriente ha desviado Belona de sanguinaria
mano las luchas: arrastra a los medrosos la onda en las aguas
patrias, y el pesaroso Tideo, privado de sepultura,
no exhalará ante vuestras piras con su desnuda sombra sus
estridentes chillidos; de cruel pasto serviréis a los monstruos
marinos, a él en cambio en su seno lo transporta la tierra,
y lo disolverá en sus propios elementos». Así hostiga a sus

34. *i.e.,* el caballo de Tideo, ahora montado por Hipomedonte.
35. Ya hemos visto a dos hermanos llamados igual, Tespiadas, entre los guerreros que montaron la emboscada a Tideo y hallaron la muerte a sus manos; *cf.* II, 629-643. A la escena de duelo de su madre asistimos también: III, 133-139, 147-168.
36. Pues no podrán ya confundirlo con su hermano.

enemigos, y añade a sus golpes la acritud de sus insultos, y ora arremete furioso con la espada, ora atrapa los dardos que flotan y los lanza contra ellos: acaba así con Terón, compañero de la casta Diana, el campesino Gies junto con el navegante Ergino, el intonso Herses y Creteo, intrépido marinero, que en su pequeña embarcación a menudo había sorteado el lluvioso cabo de Cafareo y las tormentas de Eubea. ¿De qué no son capaces los hados? Traspasado su pecho por el hierro, da vueltas entre el oleaje, ¡náufrago, ay, de qué aguas![37]. También a ti, Farsalo, mientras vas en busca de tus compañeros cruzando el río en tu alto carro, te hace caer hacia atrás la lanza dórica, tras eliminar a tus caballos; la violencia del fiero torbellino y el yugo que para su desgracia los mantiene unidos los sumerge.

Y ahora, ea, doctas hermanas[38], permitidnos conocer qué adversidad abatió en las hinchadas aguas al gran Hipomedonte, por qué el propio Ismeno se alzó en armas: es tarea vuestra tornar al pasado y alejar de la fama la vejez[39]. Se complacía el tierno Creneo, hijo de Fauno y de una Ninfa del Ismeno, en combatir en las maternas ondas, Creneo, que en las fieles aguas vio por vez primera la luz del día y tuvo por cuna la cuenca natal y sus verdes riberas. Seguro, pues, de que ningún poder tienen allí las Hermanas del Elisio[40], cruza alegremente la acariciadora corriente de su abuelo ya desde una, ya desde otra orilla: secunda la onda su avance, nade él a favor de la corriente o la atraviese; ni cuando las remonta le han ofrecido sus aguas obstáculo alguno,

37. De las aguas de un mísero río, él, avezado a enfrentarse a las más bravas olas.
38. *i.e.*, las Musas.
39. Reverdeciendo los hechos pasados al traerlos de nuevo a la memoria.
40. *i.e.*, las Parcas.

sino que con él se da también la vuelta el río. No abraza con más dulzura el mar la cintura de su huésped de Antedon[41], ni emerge de las estivales aguas con más brío Tritón, o Palemon, cuando regresa raudo a los besos de su querida madre azuzando a su lento delfín[42]. Le sientan bien las armas a sus hombros, y grabados lleva su insigne escudo, brillante de oro, los orígenes del pueblo aonio. Sobre el blanco lomo del manso novillo, la Sidonia[43], segura ya del mar, no se aferra aquí ahora a los cuernos con sus delicadas manos, juegan las aguas con la planta de sus pies; creerías que avanza en el escudo el novillo hendiendo las olas. Ayudan a crear la ilusión del mar las aguas del río, de color tan similar. Audaz a un tiempo con sus armas y su altanera voz, provoca entonces así a Hipomedonte: «Ésta no es Lerna, fecunda en venenos, ni las aguas que consumían hasta saciarse las serpientes de Hércules[44]: es un río sagrado, sagrado –¡y lo vas a comprobar, infeliz de ti!– en el que irrumpes, y unas aguas que han nutrido a los dioses». Nada responde aquél, pero iba a su encuentro; se opuso el río condensando su masa, y retardó su brazo; llevó aquel no obstante a cabo el golpe retenido y penetró hasta el fondo en los arcanos de la vida. Se encresparon las ondas ante el crimen, llorasteis los bosques en una y otra margen, y muy hondos murmullos dejaron oír las riberas desde su seno. De su agonizante boca brotó este último grito: «¡madre!», y las aguas se abatieron sobre su quejosa voz.

41. Glauco, convertido en pez de cintura para abajo. Véase nota 63 (p. 318) relativa a VII, 337.
42. Sobre Melicertes/Palemon y su madre Ino/Leucótea, frecuentemente mencionados por Estacio, véase nota 7 (p. 70) sobre I, 14.
43. *i.e.,* Europa. A su rapto por parte de Júpiter en forma de blanco toro se ha aludido también ya a menudo; *cf.* I, 4 ss. y nota 1 (p. 69).
44. Las múltiples cabezas de serpiente que tenía la Hidra de Lerna, matada por Hércules.

Conmocionada por tal desgracia, su madre, que se encontraba en compañía de sus glaucas hermanas[45], saltó al punto fuera del cristalino valle enloquecida, con los cabellos sueltos, y con una lluvia de golpes desgarró salvajemente su rostro, su pecho y sus verdes ropas. Saliendo a la superficie, repite una y otra vez con trémula voz «Creneo»: en ninguna parte se le ve, pero sobre las aguas, señal, ¡ay!, a todas luces evidente para su infeliz madre, flota su escudo; él yace lejos, donde, al final de su curso, alterada ve el Ismeno su corriente, que viene a mezclarse con las aguas del mar. Así llora a menudo Alcíone[46] a solas su flotante hogar y sus húmedos penates, cuando el furioso Austro y la envidiosa Tetis le han arrebatado a sus amadas prendas y sus fríos nidos. Desolada, se sumerge otra vez, y oculta en el fondo de las aguas, por cualquier sitio por donde se hace visible una líquida senda bajo su paso, busca en vano el cadáver de su desventurado hijo, sin dejar no obstante de lamentarse; a menudo la encrespada corriente la entorpece, y se enturbia su vista cegada por la sangre. Sin embargo, sin detenerse un instante, tropieza con lanzas y espadas, inspecciona con su mano los yelmos, y echa hacia atrás los cuerpos caídos boca abajo; ni se retira del ponto, sino que penetraba en el salado reino de Doris[47], hasta

45. Las Náyades, Ninfas de los ríos.
46. Hija de Eolo y esposa de Céix (hijo del Fósforo o Lucífero). Al morir su esposo en un naufragio, se arrojó ella al mar, siendo metamorfoseados ambos en las aves marinas que llevan su nombre. Estas aves ponen sus nidos en los arrecifes durante siete días del invierno (entre el 15 de enero y el 15 de febrero, aproximadamente). Según el mito, Eolo, para proteger a sus nietos de las olas que amenazaban con destruirlos, contenía sus vientos, y así el mar permanece en calma durante esos días conocidos por los marineros como «días del alción».
47. *i.e.,* el mar. Doris es una de las Oceánides (hijas del Océano y de su hermana Tetis), esposa de Nereo y madre por éste de las Nereidas, mencionadas a continuación.

que, en poder ya el cuerpo[48] de las olas del océano, un grupo de Nereidas lo empujó, compadecido de ella, hasta el pecho de su madre. Abrazándolo como si estuviera vivo, vuelve a traerlo ella, lo deposita en el lecho de la orilla y enjuga con sus suaves cabellos su húmedo rostro, mientras añade a sus lamentos estas palabras: «¿Es ésta la merced que te han dispensado tus semidivinos padres[49] y tu inmortal abuelo? ¿Es así como reinas en nuestras aguas? Más benigna fue contigo, pobre mío, esta discorde y ajena tierra, más benigna la ola marina que trajo de regreso tu cuerpo hasta el río y pareció esperar a tu desdichada madre. ¿Son éstos mis rasgos? ¿Éstos, los ojos de tu terrible padre? ¿Éstos, los ondulantes cabellos de tu abuelo? Fuiste una vez tú honra y prez de aguas y bosques, por quien, mientras te mantuviste a salvo, era considerada yo una gran diosa y la reina con mucho de las Ninfas. ¿Dónde está, ay, aquella numerosa corte en torno a los umbrales de tu madre, dónde las Napeas[50] solicitando servirte? ¿Por qué en mis pobres brazos, Creneo, debiendo permanecer[51] más bien en el cruel piélago, te traigo ahora de vuelta para la tumba, no para mí? ¿Y no te da vergüenza, ay, ni te compadeces de tamaño estrago, cruel padre? ¿Qué charca te ha ocultado en el fondo del río tan honda e ineluctable, que ni la atroz muerte de tu nieto ni nuestros lamentos la pueden penetrar? He aquí que Hipomedonte muestra su furia y se jacta en medio de tu corriente de su victoria,

48. De su hijo Creneo, lógicamente.
49. Fauno y ella misma, Ninfa del río, *cf. supra,* 319.
50. Ninfas de los valles frondosos. Ya se aludió a ellas a propósito de Partenopeo; *cf.* IV, 255.
51. La lectura de los manuscritos, *mansura,* hace referencia a la Ninfa que está hablando. La edición de Loeb, que seguimos como texto, adopta la propuesta de Baehrens *mansure,* que haría referencia al hijo. Nuestra traducción se mantiene en la ambigüedad.

tiemblan ante él orillas y aguas, bebe la onda nuestra sangre
bajo su ímpetu: y tú te quedas impasible y dispuesto a servir
a los salvajes pelasgos. Ven al menos, cruel de ti, a rendir
los últimos honores ante las cenizas de los tuyos, tú,
que no sólo la pira de tu nieto has de encender aquí». Mezcla
a estas voces sus lamentos, y cubre de sangre su inocente
pecho, mientras que sus cerúleas hermanas reproducen sus
gemidos: de igual manera en el puerto del Istmo cuentan que se
lamentó Leucótea, aún no una Nereida[52], mientras su yerto
pequeño, con jadeante pecho, expulsaba sobre su madre
las furiosas aguas del mar.

Pero el padre Ismeno, que se hallaba
retirado en su secreto antro, de donde beben vientos y
nubes, se nutre el arco iris portador de la lluvia y viene
un año mejor a los campos tirios, cuando a lo lejos oyó,
pese al estruendo de sus propias aguas, los lamentos y nuevos
gemidos de su hija, alza su cuello erizado de musgo y sus
cabellos cargados de hielo, cayó de su mano el crecido
pino que sujetaba y rueda la urna[53] dejada ir. Al verlo
asomar a través de sus orillas el rostro cubierto de
costras de viejo limo, bosques y ríos menores se asombran:
tan potente emerge del inflado torbellino, levantando
su cabeza cubierta de espuma y su pecho chorreante
del agua que en sonora cascada resbala de su azulada
barba. Una de las Ninfas sale a su encuentro e informa al padre
de los ayes de su hija y la desgracia de su nieto, le muestra

52. En realidad Leucótea no fue nunca propiamente una Nereida, pues no es hija de Nereo. Leucótea es la divinidad marina en que fue convertida Ino, hija de Cadmo, cuando se arrojó al mar con el cadáver de su hijo Melicertes, convertido a su vez en otra divinidad marina, Palemon, en brazos. Véase nota 7 (p. 70) relativa a I, 14.

53. Se suele en efecto representar a las divinidades fluviales con la urna inclinada, dejando caer sus propias aguas; *cf.* II, 218.

al sanguinario autor y aprieta su diestra: en toda su altura
se alzó de sus profundas aguas, y golpeando sus mejillas
y sus cuernos entrelazados de verdes algas comienza
furibundo a hablar así con ronco acento: «¿Ésta es mi recompensa,
soberano de los dioses de arriba, por haber visto, huésped
y cómplice tantas veces de tus hazañas –y no me asusta
recordarlo–, ora los deshonestos cuernos en tu falsa frente[54],
ora cómo se le prohibía a Febe desuncir su carro, y la
pira, tu dote de bodas, y el traicionero rayo, así como
por haber nutrido a tus principales hijos? ¿Consideran
ellos también despreciable mi favor? Junto a esta corriente
gateó por cierto el Tirintio, con estas aguas apagué yo
las llamas que abrasaban a tu Bromio. Contempla qué masacre,
cuántos cadáveres llevo en mi corriente, cubierto por doquier
de armas y de un heterogéneo montón. Mi cauce entero es un
continuo campo de batalla, cada onda exhala horror, almas
recientes[55] vagan por abajo y por arriba, y en una densa
sombra unen las dos riberas. Yo, el río invocado con sagrados
clamores, que en mi pura fuente los blandos tirsos y los cuernos
de Baco tengo fama de lavar, sembrado de cadáveres
me abro con dificultad camino hacia el mar; no nadan en tanta
sangre las impías aguas del Estrimón[56], ni el espumoso Hebro
se tiñe tan hasta el fondo de rojo cuando lucha Gradivo.

54. Se hace de nuevo alusión a los amores de Júpiter con Europa (convertido Júpiter en blanco toro para raptarla), con Alcmena (para yacer con la cual triplicó la duración de la noche, o sea, prohibió a la Luna desuncir su carro) y por último con Sémele (fulminada por el rayo). Los «principales hijos» a los que se hace referencia son Hércules, hijo de Alcmena, y Baco, hijo de Sémele, a quienes se va a mencionar luego explícitamente («el Tirintio» y «Bromio»).
55. Es decir, de los guerreros que acaban de morir.
56. Río de la belicosa Tracia, como el Hebro, mencionado a continuación.

¿Y no te incita a intervenir, Liber[57], ya hace tiempo olvidado
de tus ancestros, la nutricia onda? ¿Merece más el oriental
Hidaspes[58] ser pacificado? En cuanto a ti[59], que lleno de orgullo
te jactas de los despojos y de la sangre de un inocente
niño[60], no regresarás victorioso al poderoso Ínaco ni a la
cruel Micenas desde esta corriente, a no ser que yo sea mortal
y tú tengas origen divino».

Así dice rechinando
los dientes, y dio la señal a las ya de por sí embravecidas
aguas: envía ayuda desde sus cimas el frío Citerón
y deja ir sus añejas nieves, pasto del invierno; ocultas
fuerzas le presta en su avance su hermano el Asopo, y aporta
sus aguas por sus abiertos canales. Él mismo investiga
las profundas entrañas de la tierra, agita estanques, quietos
lagos y perezosos pantanos, y alzando al cielo su ávido
semblante absorbe la humedad de las nubes y seca el aire. Y ya
inundaba sus riberas imponiéndose a uno y otro talud,
ya Hipomedonte, que hacía poco había superado el centro
del río sin que sus aguas tocaran sus hombros ni sus brazos,
ve con asombro que la corriente ha crecido y que disminuye
su propio tamaño. De uno y otro lado se hincha el oleaje,
y se alza impetuosa la tormenta a semejanza del mar,
cuando vacía las Pléyades[61] o lanza al sombrío Orión

57. Otro de los sobrenombres más usados, como se ha visto, de Baco.
58. Río de la India, afluente del Indo. Las referencias a las conquistas orientales de Baco son frecuentes cada vez que se menciona a este dios.
59. El Ismeno se vuelve ahora contra Hipomedonte.
60. Recordemos su nombre, Creneo. *Cf. supra,* v. 320.
61. Las siete hijas de Atlas y de Pleíone, transformadas por los dioses en palomas para librarlas de la persecución de Orión (sobre el cual véase nota 5 [p. 145] sobre III, 27), que quería violarlas al igual que a su madre. Finalmente fueron catasterizadas por Júpiter, que las colocó en la cola de Tauro (véase nota 20 [p. 185] sobre IV, 120). Allí parecen seguir siendo perseguidas por la constelación de Orión.

contra los temblorosos marineros. No de otro modo azota el teumesio río a Hipomedonte con marinas, encrespadas olas, y siempre es rechazado por el escudo de su brazo izquierdo; cae sobre éste en espumoso asalto con su negro torbellino, se repliega, rota la onda, y vuelve con mayor presión; y no contento con la masa de sus aguas, arranca los árboles que sostienen las deshechas riberas y hace girar los añosos troncos y las piedras desgajadas de su lecho. Persiste la lucha desigual del río y del héroe, pese a la indignación del dios; pues aquél en efecto no vuelve la espalda, ni hay amenaza que lo haga desistir, sino que franquea las olas que se le vienen encima saliendo a su encuentro y hiende las aguas opuesto su escudo. Firmes están sus pies, pese a que el suelo se desliza bajo ellos, con las corvas tensas sujeta las resbaladizas rocas, y apoyándose con fuerza en sus rodillas conserva su postura socavada por el traicionero limo, al tiempo que lanza estas invectivas: «¿De dónde te viene, Ismeno, esta repentina cólera? ¿De qué abismos has sacado estas fuerzas, tú, que eres siervo de un dios no guerrero, que no conoces sino la sangre derramada por los femeniles coros, cuando brama la báquica flauta y las enajenadas madres deshonran las trienales fiestas?». Había dicho; y al instante se alzó frente a él el dios, turbias sus mejillas de agua y de una nube de flotante arena, y no se desató en furiosos insultos, sino que, elevándose, golpeó con un tronco de encina, con toda la potencia de su divina cólera, tres, cuatro veces el pecho de su rival: torció aquél al fin sus pasos, su escudo fue arrancado de su brazo, vuelve la espalda y lentamente se retira. Las aguas lo acosan, y lo persigue el río triunfante mientras él se tambalea; y no dejan de atacarlo desde arriba los tirios con piedras y una lluvia de dardos, y lo rechazan de una y otra vertiente. ¿Qué puede hacer, asediado por armas

y olas? No tiene huida ya el desgraciado, ni posibilidad
de una muerte honrosa.
Avanzándose sobre el borde de la verde
orilla hasta plantear dudas de si estaba en la tierra o en las
aguas, pero más apegado a las aguas, se alzaba un fresno
que se había hecho dueño de la corriente con su enorme sombra.
Al socorro de éste –¿pues por dónde alcanzaría la tierra?–
se aferró con el garfio de su diestra: pero no aguantó aquél
su tensión, sino que, vencido por un peso mayor que aquel
sobre el que se asentaba, se desprende, y con la raíz con la que
penetra en el río y aquellas con las que mordía el árido
suelo, se vino abajo desde lo alto, se precipitó junto
con la orilla sobre el alarmado héroe y, sin aguantarlo más,
lo encerró bajo el puente formado por su súbito derrumbe.
Se acumulan aquí las aguas, y una infranqueable sima
de cieno y huecos remolinos se asienta y crece. Y ya rodea
la ondulante vorágine los hombros, ya el cuello del caudillo:
forzado entonces por último a reconocer su fin, exclama:
«¿Sumergirás en un río –¡qué baldón!–, insigne Marte, un alma
como la mía, penetraré en los inertes lagos y estanques[62]
como un guardián del rebaño, sorprendido por las traicioneras
aguas de un súbito torrente? ¿No he merecido, pues, sucumbir
por el hierro?». Conmovida al fin por sus preces, se presenta
Juno ante el Tonante: «¿Hasta cuándo, ilustre padre de los dioses,
hasta cuándo oprimirás a los pobres ináquidas? Ya incluso
Palas odia a Tideo[63], ya ha quedado Delfos en silencio
arrebatado su augur: ¿he aquí que mi Hipomedonte, que tiene

62. *i.e.,* en las aguas infernales.
63. Juno recuerda ahora a los dos caudillos de los siete desaparecidos hasta ahora invirtiendo el orden de su muerte. Menciona primero la repugnancia de Minerva tras el acto de canibalismo de Tideo al término de su vida *(cf.* VIII, 758 ss.) y después el dolor de Apolo al tener que abandonar a Anfiarao a su suerte *(cf.* VII, 774 ss.).

por origen de su estirpe Micenas y los lares argólicos[64], y adora a Juno antes que a cualquier otra divinidad –¿es así como soy yo leal a los míos?–, irá a servir de pasto a las crueles fieras del piélago? Concedías tú ciertamente túmulos y últimos honores a los vencidos; ¿dónde están las llamas de los descendientes de Cécrope[65] tras los combates, dónde está el fuego de Teseo?». No desprecia aquél las justas quejas de su esposa, sino que volvió levemente los ojos hacia la ciudad de Cadmo, y visto este gesto, se aplacaron las aguas. Aparecen los abatidos hombros y el herido pecho del héroe: como cuando se ha calmado la tempestad levantada por los vientos en alta mar, surgen los escollos y la tierra ansiada por los marineros, y bajan las aguas de las amenazadoras peñas. ¿Mas de qué le sirve haber alcanzado las orillas? La falange fenicia[66] lo acosa de todos lados con una lluvia de dardos, y sus miembros no tienen protección alguna, sino que se halla totalmente expuesto a la muerte; sus heridas se reabren, la sangre que bajo el agua se detuvo largo tiempo fluye al aire libre y dilata las frágiles aberturas de sus venas, mientras que sus plantas vacilan inseguras a causa del frío de las aguas. Cae, como cae en el gético Hemo, víctima de la furia del Bóreas o de su podrido tronco, una encina

64. Hipomedonte era de la familia de Adrasto, pariente cercano suyo; bien su hermano, por ser hijo de Tálao, bien su sobrino, por ser hijo de Aristómaco, hermano de aquél.

65. Los atenienses (= descendientes de Cécrope) serán los encargados de vengar la afrenta hecha a los griegos insepultos (*cf.* XII, 570), pues, consecuente con la piedad que, según la fama, Teseo, principal héroe ateniense, tenía con sus víctimas (*cf.* XII, 575 ss.) y cediendo a las súplicas de la viuda de Capaneo, el héroe obligará a Creonte a conceder sepultura a los cadáveres de los griegos (*cf.* XII, 598).

66. *i.e.*, tebana, por Cadmo, legendario fundador de Tebas, hijo de Agénor, rey de Fenicia.

que confundía su follaje con el cielo, y deja un gran hueco
en el aire: mientras oscila, tiembla el bosque y el propio monte,
ante la incógnita de dónde va a caer a tierra, qué fila
de árboles sepultará. Nadie tiene sin embargo la osadía
de tocar su espada o su casco; apenas se fían de lo que ven,
se espantan de su enorme cadáver, y no se acercan sino
ceñidas las armas.
Finalmente se aproximó Hipseo[67],
arrancó de su mano la empuñadura de la espada que aún
muerto sujetaba y liberó del casco su torvo semblante;
va entre los aonios mostrando el casco colgado de la punta
de su brillante espada y grita henchido de orgullo: «¡He aquí el fiero
Hipomedonte, he aquí el temible vengador del infame
Tideo y el vencedor de la sangrienta corriente!»[68]. De lejos
lo reconoció el magnánimo Capaneo; templó su dolor,
y blandiendo con su brazo una enorme jabalina se alienta
así: «Asísteme tú, oh diestra mía, única e inevitable
deidad presente en las batallas, a ti te invoco, a ti adoro
únicamente yo, despreciador de los dioses». Así dice,
y se apresta a ejecutar él mismo su voto. La tremolante
asta atraviesa el escudo y el broncíneo entramado de su
loriga, y al fin halla el asiento de la vida en su gran pecho[69]:
se desploma con el mismo estrépito que una elevada torre
cuando, sacudida hasta sus cimientos por incontables golpes,
se viene abajo y abre a los vencedores la destruida ciudad.
Deteniéndose junto a él, exclama[70] además: «¡No negamos

67. *Cf.* VII, 309 ss., 723 ss.; VIII, 428-431.
68. El tono de burla es evidente, pues Hipomedonte ni ha conseguido proteger el cadáver de Tideo ni sobrevivir al combate en el río Ismeno.
69. La víctima, claro está, es Hipseo.
70. El sujeto sobreentendido, Capaneo.

el honor de tu muerte, vuelve aquí los ojos, yo soy el autor de tu herida; marcha contento, mucho más orgulloso que otras sombras!»[71]. Se apodera entonces de la espada y el casco[72], y arranca el escudo de Hipseo; y sujetándolos sobre el exánime Hipomedonte: «Recibe –dice–, gran adalid, los despojos del enemigo y tuyos a la vez; recibirán tus cenizas su honor, y tus manes el rango que les corresponde; entretanto, mientras te entregamos a las debidas llamas, tu vengador Capaneo sepulta tus miembros bajo este sepulcro». Así en la dura alternativa de la guerra trenzaba a un tiempo heridas para griegos y sidonios el ambiguo Mavorte: aquí es llorado el fiero Hipomedonte, allí el no menos activo Hipseo, y el duelo alternativo les proporciona consuelo.

Entretanto, turbada en su sueño por funestas imágenes, la torva arcadia[73], madre del joven arquero, con los cabellos sueltos y los pies descalzos, como era habitual, se dirigía con las primeras luces del alba a las frías aguas del Ladón[74] para purificarse en su viva corriente de su mal sueño. Durante las noches de inquieto descanso a causa del peso de sus preocupaciones a menudo veía en efecto caídos de los templos los despojos que ella misma había dedicado, y que, expulsada de los bosques y puesta en fuga por la plebe de las Dríades, vagaba ella por ignotos sepulcros; a menudo eran los recientes desfiles triunfales de su hijo a su vuelta de la guerra lo que veía, y sus armas,

71. Que no han tenido el honor de morir por su mano. Fiel a sí mismo, Capaneo demuestra su excesiva soberbia, igual que en sus anteriores palabras hacía alarde de su impiedad.
72. De Hipomedonte, a quien había despojado Hipseo; *cf. supra* 540 s.
73. Concretamente el epíteto empleado para designarla es *Tegeatis,* «la de Tegea», ciudad de Arcadia. Se trata de Atalanta, madre de Partenopeo. Sobre ella, véase nota 50 (p. 191) relativa a IV, 246.
74. *Cf.* IV, 289 s., 837.

y a su conocido caballo, y a sus camaradas, pero jamás
a él mismo; otras veces, que se le había desprendido la aljaba
de los hombros, y que ardían sus propias imágenes y sus
conocidos retratos. Pero aquella noche le pareció
en efecto a la infeliz presagiar especiales espantos
y puso totalmente en guardia su corazón de madre. Había
una encina famosa en los bosques de Arcadia por su fértil
tronco, que había consagrado ella misma a la Trivia[75], después
de haberla elegido entre una multitud de árboles, dotándola
por su culto de un carácter divino: aquí dejaba en reposo
su arco y sus agotadas flechas, y colgaba las curvas armas
de los jabalíes[76], las pieles de los leones y los cuernos
similares a intrincadas selvas. Apenas tienen espacio
las ramas, hasta tal punto la rodean por entero agrestes
despojos, y el brillo del hierro eclipsa su verde sombra. Cuando,
cansada de una larga cacería, volvía casualmente
de los montes, portando ufana la cabeza recién cortada
de una osa del Erimanto, ve que, desgarrada por múltiples
heridas, ha rendido ésta su follaje y que sus ramas yacen
por tierra chorreando sangre; en respuesta a sus preguntas una
Ninfa dijo que las sanguinarias Ménades y el hostil Lieo
se habían ensañado con ella[77]. Mientras gime y cubre de
vanos golpes su pecho, rompieron sus ojos el reposo
nocturno, salta del triste lecho y busca en sus párpados
sus imaginarias lágrimas.

Así pues, cuando, sumergido
tres veces su cabello en las aguas, hubo conjurado el horror

75. Sobrenombre de Diana como diosa de las encrucijadas.
76. Los colmillos, trofeos de sus cacerías, como las pieles de las fieras y la cornamenta de los ciervos.
77. La feroz agresión de Baco y su séquito contra el árbol predilecto de Atalanta era un funesto presagio para su hijo Partenopeo en la guerra contra Tebas.

y añadido palabras de consuelo a su angustia e inquietud maternas, corre al santuario de Diana armada bajo el rocío de la aurora y descubre llena de alegría las conocidas frondas y la encina sin alteración alguna. Se detuvo entonces ante los umbrales de la diosa, y así le implora en vano: «Casta señora de los bosques, cuyas rigurosas enseñas y fiera milicia, despreciando mi sexo, sigo asiduamente al modo no griego –y no te han rendido más culto la Cólquide, nación salvaje por sus ritos, ni las catervas de Amazonas–: si no he prestado la menor atención a danzas báquicas o juegos de la desenfrenada noche y, aunque mancillada en el odiado lecho[78], no he manejado no obstante los flexibles tirsos ni las blandas madejas, sino que, incluso después del concúbito, permanecí en las sombrías selvas, cazadora aún así y virgen de corazón: ni he procurado tampoco ocultar mi culpa en secretos antros, sino que mostré a mi hijo y lo deposité temblando ante tus pies tras haber confesado mi falta; y no indigno aquél de su sangre, al punto gateó hasta mi arco, y con sus primeras palabras y pueril llanto reclamó flechas: ¡a él, te lo imploro –¿qué amenazas trae el sueño y las inquietas noches?–, a él, que demasiado confiado, ay, en ti, parte ahora al combate con audaces deseos, concédeme verlo vencedor en la guerra, o, si pido demasiado, concédeme sólo verlo! Que se cubra aquí de sudor y lleve tus armas. Detén las funestas señales de males. ¿Cómo es que reinan en nuestros bosques, Delia, señora de las frondas, las Ménades hostiles y los dioses tebanos? ¡Ay de mí! ¿Por qué en el fondo de mi corazón –¡y sea yo vana augur del porvenir!–, por qué en el fondo de mi corazón veo

78. Se desconoce quién fue el padre de Partenopeo, pero en todo caso, por estas palabras de su madre, Estacio lo hace fruto de una unión ilegítima y forzada.

en la encina un poderoso vaticinio? Y si son verdaderos
los presagios que el sueño me envía, pobre de mí, ¡por ti, gentil
Dictina[79], las fatigas de tu madre, y la gloria de tu hermano,
traspasa con todas tus flechas este infeliz vientre; permite
que antes se entere él de la muerte de su desdichada madre!».
Dijo, y ve que incluso el blanco mármol de Diana está cubierto
de una lluvia de lágrimas.
La deja la feroz diosa aún
postrada en el sagrado umbral y barriendo con sus cabellos
los gélidos altares, y de un salto sobrepasa el Ménalo
que se cubre de hojas en medio de los astros, y dirige sus
pasos hacia las murallas de Cadmo, por donde una interior
senda del cielo brilla sólo para los dioses, y divisa
desde arriba la totalidad de las tierras en su conjunto.
Y ya se hallaba casi a medio camino a lo largo de las
boscosas colinas del Parnaso, cuando en una radiante
nube ve a su hermano con un aspecto distinto del habitual:
regresaba afligido de las luchas equionias, deplorando
la muerte de su sepultado augur[80]. Se tiñó la celeste
zona de rojo mezclado su brillo[81], ardió a la vez el resplandor
de cada uno en el encuentro divino, sus arcos se juntaron
y resonaron sus aljabas. Habla así aquél el primero:

79. Nuevo sobrenombre de Diana que la identifica con una diosa cretense, patrona de la caza. Las «fatigas de tu madre» y la «gloria de tu hermano» hacen relación a las penalidades que hubo de afrontar Leto en el momento de dar a luz a ella y a su hermano Apolo, para encontrar un lugar (que sería finalmente la isla de Delos) que se prestara a desafiar la ira de Juno y a darle cobijo.
80. Anfiarao, sacerdote de Apolo, tragado por la tierra; *cf.* VII, 794- final.
81. *i.e*, el de cada uno de los dos hermanos, identificados con harta frecuencia en la poesía latina con los dos astros principales: Apolo con el Sol y Diana con la Luna. Algunos comentaristas (*cf.* Lactancio Plácido *ad loc.*) han creído por ello que se describe aquí un eclipse de sol.

«Sé, hermana, que buscas las tropas labdacias y al arcadio[82]
que osó emprender combates demasiado encarnizados. Su fiel
madre te lo implora: ¡Ojalá los hados permitieran complacer
al suplicante! Pero he aquí que yo mismo –¡qué vergüenza–
he visto inútilmente descender al sombrío Tártaro
las armas y los sagrados laureles de mi devoto, y sus ojos
vueltos hacia mí; y no he podido sujetar su carro ni cerrar
la grieta de la tierra, cruel de mí e indigno de veneración.
En duelo ves mis antros, hermana, y mudas[83] mis moradas: ésta es
mi única recompensa a sus piadosos servicios; no persistas
tampoco tú en procurar ayudas que han de quedar sin efecto,
ni prosigas tu triste tarea en vano. El final del joven está
cerca, este destino no se puede cambiar, y los oráculos
de tu hermano no te engañan acerca de cosas dudosas».
«Pero seguramente un final glorioso –responde a su vez
la turbada doncella– y un solaz para su indudable muerte
me es lícito buscar, y no escapará al castigo quien se atreva
a manchar impíamente su infame diestra con la sangre
del inocente muchacho, a mis flechas también les ha de ser
posible mostrar su furor.» Dicho esto, se pone en marcha; ofreció
el rostro a su hermano para que le diera un rápido beso, y se
dirigió a Tebas con ánimo hostil.
Pero en uno y otro bando
se incrementa la violencia del combate tras la eliminación
de los caudillos, y el ansia de venganza excita el furor de ambos.
Rugen de un lado las escuadras de Hipseo y la tropa privada
de su jefe, pero del otro, aún con más fuerza, el huérfano
regimiento del muerto Hipomedonte; con decisión exponen
sus cuerpos al hierro, en su furia el mismo ardor muestran en
[saciarse

82. *i.e.,* Partenopeo.
83. Inoperantes sus oráculos.

de la sangre del enemigo que en derramar la suya propia,
y no se mueven de su posición: permanece la columna
fija en su sección, y dan la vida antes que volver la espalda
al sanguinario enemigo: cuando, deslizándose a través de
los aires, la ágil hija de Latona se detuvo en la cima
del monte dirceo, la reconocen las colinas, y tiembla
ante la conocida diosa el bosque, donde, en otro tiempo,
había destruido a pecho descubierto con sus crueles flechas
a la fecunda Níobe[84] agotando su arco.

Iniciada ya
la matanza, precipitadamente lo[85] llevaba soberbio
entre las filas su cazador corcel, inexperto en las armas
y entonces por primera vez sometido a las riendas, la grupa
cubierta de una manchada piel de tigre que araña sus hombros
con sus doradas garras. Sirve su cuello de asiento a las trenzas
que reprimen la libertad de sus crines, y como enseña del
bosque en su pecho se balancea un collar de blancos colmillos.
Él mismo[86] se había recogido en la cintura por un fino
cordón su manto dos veces teñido de púrpura ebalia
y su túnica reluciente de oro –única labor que había
tejido su madre– y dejaba colgar su escudo del hombro
izquierdo del caballo, cargado como estaba del peso
excesivo de su espada: le complace la fíbula de oro
con su pulido cierre, los pliegues de su cintura que cuelgan
en torno a los ásperos costados, y oír el sonido de la
vaina, el trémulo murmullo de la aljaba y las cadenas sueltas

84. Matando junto con su hermano Apolo no a ella, sino a su numerosa prole. A este episodio se alude en otras ocasiones a lo largo de la obra; véase sobre todo III, 193, y nota 27 (p. 153).

85. *i.e.,* a Partenopeo.

86. Comienza el segundo retrato pormenorizado del joven Partenopeo (para el primero, *cf.* IV, 246-274), cuya cándida belleza Estacio se complace en destacar.

sobre su espalda desde su cimera; sacudir con gusto a veces su penacho, y la gloria de su casco tachonado de gemas. Pero cuando arde en el combate su palpitante yelmo, libera su cabeza y se muestra al descubierto: brillan entonces suavemente sus cabellos, suavemente sus ojos, estremeciéndose bajo los rayos del sol, y sus mejillas, cuya tardanza él mismo lamenta, aún no alteradas por un rosado bozo. Y no se alegra del elogio de su belleza, sino que aumenta la fiereza de su mirada cargándola de severas amenazas, pero su ira resulta adecuada y preserva la gracia de su frente. Espontáneamente le cede sitio la juventud tebana, acordándose de sus hijos, y echan atrás los dardos que lo apuntaban, pero acosa él y lanza sus crueles jabalinas contra sus compasivos enemigos. Incluso las Ninfas sidonias a lo largo de las cumbres del Teumeso alaban su encanto al combatir, aún cubierto de sudor y polvo, y con tácito voto elevan suspiros.

Ante tal espectáculo, un tierno dolor embarga el corazón de Diana, y bañadas de llanto sus mejillas exclama: «¿Qué escapatoria puedo buscarte yo ahora, tu fiel diosa, qué escapatoria de la cercana muerte? ¿A lides como éstas te has precipitado por propia voluntad, furioso y desventurado muchacho? Un prematuro, ay, e impaciente valor te sedujo, y la gloria que incita a una heroica muerte. Angosto se te hacía sin duda con la urgencia de los años desde hace tiempo el bosque del Ménalo, pequeño, y apenas seguros eran los caminos a través de las guaridas de las fieras sin tu madre, cuyas silvestres armas y cuyo arco no eras aún capaz de manejar pese a tu audacia. Y ahora llora ella ante mis altares su gran resentimiento, y fatiga las puertas, sordas a sus quejas, y los umbrales: tú disfrutas de los dulces clarines y los clamores del combate, feliz y amenazado de muerte sólo para tu desventurada madre»[87]. Sin embargo, para no asistir en vano a su muerte sin depararle un honroso final, avanza envuelta en un manto de sombras al centro de los pelotones, sustrae primero de la espalda del audaz joven sus ligeras flechas, y llena su carcaj de celestes dardos, ninguno de los cuales cae sin teñirse de sangre; vierte entonces sobre sus miembros, vierte sobre su caballo un licor de ambrosía, para que ninguna herida profane su cuerpo antes de la muerte, y añade los conjuros sagrados y cómplices murmullos que ella misma enseña de noche en sus secretos antros a las mujeres de la Cólquide[88], mientras les muestra las hierbas silvestres que buscan.

Vuela de verdad entonces como la llama, tensado el arco, de un lado a otro, y no se encuentra ya en sus cabales, sino que, sin parar mientes en su patria, en su madre ni en sí mismo, usa en exceso de sus celestes armas: como el león, a quien de pequeño su gétula madre suministra ella misma los sangrientos alimentos, tan pronto como ha sentido crecer su cuello junto con su melena y ha vuelto a sus nuevas garras su torva mirada, se indigna de dejarse alimentar, y al fin se abandona al placer de recorrer libremente los campos y no sabe volver al cubil. ¿A quiénes abates, pues, audaz muchacho, con tu arco parrasio?[89] La primera flecha derrumbó a Corebo de Tanagra abriéndose paso a través del corto espacio que queda entre el borde inferior del casco y el superior del escudo; una bocanada de sangre se acumula en su garganta, y su rostro se enrojece con el fuego del sagrado

87. Que es la única que en ella piensa, mientras que él sólo ansía la gloria.
88. Como Medea, experta en encantamientos. Diana, como ya vimos, es identificada también a veces con Hécate.
89. *i.e.,* arcadio.

veneno[90]. Más cruelmente sucumbe Euritión, en la órbita de cuyo ojo izquierdo se hundió la traicionera punta de triple diente. Arrancándose la flecha llena del globo ocular que tras ella se desliza, se precipitaba aquél contra el autor del disparo, mas ¿qué es lo que no pueden lograr las poderosas armas de los dioses? Una segunda herida en el otro ojo hizo completas sus tinieblas; persigue no obstante obstinadamente a su enemigo por donde lo lleva su memoria, hasta que tropezó y cayó sobre el abatido Idas; a tientas se mueve entonces el desventurado entre los cadáveres de la atroz batalla, y suplica la muerte a amigos y enemigos. Son sus siguientes víctimas los hijos de Abante, Argos, de notable cabellera, y Cidón, que inspiró un abyecto amor a su infeliz hermana[91]. Con una flecha oblicua atravesó las dos sienes de éste, sale por una el hierro, se detuvo en la otra la veloz pluma: de entrambas manó a raudales la sangre. A nadie perdonan la vida los salvajes dardos, no ha protegido a Lamo su belleza, ni su ínfula a Ligdo, ni a Eolo sus juveniles años: es alcanzado en el rostro Lamo, se duele Ligdo, herido en la ingle, gimes tú, Eolo, traspasada por el dardo tu frente blanca como la nieve; a ti te trajo la escarpada Eubea, la blanca Tisbe te había enviado a ti, al otro, verde Éritras, no lo recuperarás. Jamás yerra su mano, ningún misil vuela sin el favor divino, su diestra no da tregua, y une su silbido a la anterior la flecha siguiente. ¿Quién creería que un solo arco, una sola mano se puede ensañar así? Ora envía sus disparos de frente, ora,

90. Del que está impregnada la flecha.

91. En la edición de Loeb que seguimos, al verso 759 sigue el 761, y se añade en nota al texto latino el verso suprimido, que aparece sólo en manuscritos tardíos y es considerado espurio. Reza así: *illi perfosum telo patefecerat inguen* («había dejado al descubierto la ingle de aquél atravesada por su jabalina»).

volviéndose a uno u otro costado, varía sus intentos, ora huye ante sus atacantes y sólo con su arco se vuelve contra ellos.

Y ya se reagrupaban los labdácidas llenos de asombro y de indignación, y Anfíon, del insigne linaje de Júpiter, ignorante aún de qué cadáveres sembraba aquél en el campo de batalla, grita el primero: «¿Hasta cuándo te aprovecharás de la demora del hado, muchacho que vas a dejar sin descendencia a tus muy dignos padres? Más aún, crecen en tu mente el engreimiento y la audacia, mientras que nadie se digna medirse contigo y tu lucha inferior, y al margen se te deja al estimarte por debajo de su cólera. ¡Vete, regresa a Arcadia, y mezclado allí con tus iguales, mientras el fiero Mavorte desencadena aquí su furia en el real escenario de la guerra, juega en casa a las batallas: pues si te llama la triste fama del sepulcro, te concederemos sucumbir con la muerte de los hombres!». Ya hace tiempo que arde de más violentos estímulos contra éste el salvaje hijo de Atalanta, y aún no había aquél acabado, comienza a hablar así: «Tarde incluso llevo mis armas contra Tebas, que goza de tal ejército. ¿Quién sería tan niño que rehusara luchar contra tales enemigos? A un vástago de la raza arcadia y sus fieras semillas, no tebanas, es a quien estás viendo. Mi madre no ha sido una tíade[92], servidora del equionio Lieo, que me diera a luz en el silencio de la noche, jamás hemos llevado en la cabeza viles mitras ni arrojado con nuestra mano una infame lanza. Bien pronto aprendí a deslizarme en las heladas corrientes y a penetrar en los horrendos cubiles de imponentes fieras y[93]... ¿pero a qué

92. Otro nombre de las Bacantes, *cf.* V, 92. Lieo, como ya se ha visto, es uno de los múltiples sobrenombres de Baco.

93. De nuevo la figura retórica (aposiopesis) que hemos visto a menudo en las intervenciones orales: la frase de Partenopeo queda sin acabar.

seguir? Lanza y arco sin cesar maneja mi madre, vuestros padres golpean huecos tamboriles». No lo soportó Anfíon, sino que, conforme hablaba, blande una enorme jabalina contra su rostro; pero turbado su caballo[94] por el fiero brillo del hierro, se echó a un lado y con él a su jinete, y dejó pasar la ávida asta quedando fuera de su trayectoria. Exacerbado aún más por este hecho, arremetía Anfíon contra el joven con la espada desenvainada, cuando la hija de Latona[95] se lanzó al centro del campo y se detuvo ante sus ojos, ofreciendo con su presencia un total obstáculo.

Pegado como una sombra al joven, ligado a él por un casto afecto, se hallaba el menalio Dorceo, a quien la madre[96] había encomendado la guerra, su propio temor y los audaces años de su hijo. Irreconocible bajo la apariencia de éste dice así entonces la diosa: «Basta ya, Partenopeo, basta de enfrentarte a las tropas ogigias; piensa en tu infeliz madre, piensa en los dioses que te favorecen, quienesquiera que sean». Pero replica aquél sin amedrentarse: «Déjame, mi muy fiel Dorceo –nada más te pediré–, tender por tierra a ése que porta unas armas que compiten con las mías, y se jacta de similares atuendos y riendas resonantes. Seré yo quien maneje esas riendas, del alto umbral de la Trivia[97] colgados quedaréis sus atuendos, del botín de su aljaba haré a mi madre don». Lo oyó, y una sonrisa esbozó entre sus lágrimas la hija de Latona.

Ya hacía tiempo que en una zona recóndita del cielo Venus, entre los brazos de Gradivo[98], la había

94. El de Partenopeo, claro.
95. *i.e.,* Diana.
96. De Partenopeo, es decir, Atalanta.
97. Sobrenombre de Diana, *cf.* VI, 608.
98. Uno de los sobrenombres de Marte más usados por Estacio, como se recordará.

visto, y mientras le recuerda angustiada a su amante Tebas,
y a Cadmo y a los descendientes de su querida Harmonía[99],
aprovecha la ocasión para dar rienda suelta al rencor que
lleva clavado en el fondo del pecho: «¿No ves, Gradivo, a esa
impúdica doncella lanzarse en medio de las varoniles
tropas? ¿Y con qué audacia organiza las filas y las marciales
enseñas? Ahí la tienes, haciendo incluso don y ofrenda en
sacrificio de tantos guerreros de nuestro linaje. ¿Es a ella
a quien se ha encomendado el valor, a ella, el ardor guerrero? Pues no
te resta sino abatir a los silvestres gamos». Conmovido
por sus justas quejas, saltó a las armas el dios de los combates,
a quien sólo acompaña en su carrera a través del inestable
vacío la Ira, los demás Furores en la guerra están inmersos.
Al punto se halla junto a la afligida hija de Leto, a la que
dirige esta severa advertencia: «No es a ti a quien confía
estos combates el padre de los dioses; si no abandonas
al instante, osada de ti, el campo de batalla, aprenderás
que ni siquiera Palas[100] es digna rival para esta mi diestra».
¿Cómo resistirse? De un lado la apremia la lanza de Marte,
de otro llena está para ti, pequeño, la rueca de las Parcas[101],
y de otro en fin el severo semblante de Júpiter: se aleja,
sólo tras esto vencida por el pudor.
Por su parte, el padre
Mavorte recorre con su vista los escuadrones ogigios,
y espolea al horrendo Driante, que tiene por fundador de su

99. La hija de Venus y Marte, y esposa de Cadmo, a la que ya se ha hecho referencia en múltiples ocasiones a lo largo de la obra.
100. *i.e.,* Minerva, en su faceta de diosa de la guerra. Diana = Ártemis está ahora asumiendo su más fiero papel al intervenir en el campo de batalla. En su faceta más temible ambas diosas ya habían sido antes comparadas por Estacio (*Cf.* II, 236 ss. y nota 47, p. 118).
101. *i.e.,* el hilo de la vida de Partenopeo ya ha sido totalmente devanado.

estirpe al turbulento Orión[102] y conserva un odio ancestral (de ahí su furia) contra los seguidores de Diana. Arremete éste con su espada contra los descompuestos arcadios y desarma a su caudillo; caen sucesivamente, unos tras otros, el pueblo que habita Cilene y la umbrosa Tegea, los jefes epitios y las tropas de Telfusa. Pero también a él mismo confía[103] en abatirlo con su fatigada diestra, y no guarda sus fuerzas: y en efecto iba, ya agotado, de un escuadrón a otro; mil fúnebres presagios lo oprimen, y negras nubes de muerte lo preceden. Y ya no veía el desdichado sino a escasos compañeros y al auténtico Dorceo[104], ya ha notado que sus fuerzas lo abandonaban poco a poco, y vacío el carcaj sobre su hombro muy aligerado de su peso; ya le cuesta cada vez más sostener las armas, e incluso se reconoce un niño, cuando con el siniestro brillo de su escudo Driante relució terriblemente ante él: un temblor repentino contrajo el rostro y las entrañas del arcadio; y como cuando un blanco cisne ha divisado encima al portador del feroz rayo[105], desea que se entreabra la ribera del Estrimón y aprieta contra su pecho las temblorosas alas: así, observada la mole del fiero Driante, acomete al joven, no ya la ira, sino el espanto mensajero de la muerte. Apresta no obstante las armas, perdido el color, tras haber invocado en vano a los dioses y a la Trivia, y prepara el sigiloso arco. Y ya

102. El extraordinario cazador, compañero de Diana, que murió violentamente víctima del escorpión enviado contra él, siendo ambos catasterizados en las constelaciones correspondientes. Véase nota 5 (p. 145) sobre III, 27.
103. El sujeto no se especifica, y resulta ambiguo, podría seguir siendo Driante, y entonces *ipsum* se referiría a Partenopeo, pero también puede ser, y con más sentido, que haya cambiado, y sea ya Partenopeo, sujeto claro de las siguientes proposiciones.
104. Recuérdese que Diana había anteriormente tomado su aspecto, *cf. supra,* v. 811.
105. *i.e.,* a un águila, el ave de Júpiter.

amenaza con sus flechas, y en posición oblicua respecto a
ambos brazos toca con la punta del dardo el arco y el pecho
con la cuerda, cuando una jabalina del caudillo aonio,
con un gran molinete blandida, vuela contra el adversario, y
corta los oblicuos nexos de la cuerda que resuena: el tiro
no llega a efectuarse, sus brazos se han desplomado, y la inútil
flecha ha caído, destensado el arco. El infeliz soltó entonces,
en total confusión, riendas y armas, incapaz de soportar
la herida, que a través de la protección del hombro derecho
había traspasado también la lisa piel: viene en pos de ésta
una segunda jabalina, y frena en seco la huida del corcel
seccionándole la corva. Cae entonces el propio Driante
–cosa asombrosa– sin siquiera ser consciente de su herida:
algún día quedarán claros el autor del flechazo y sus causas[106].
En brazos de sus compañeros el muchacho es llevado a un lugar
alejado del campo –¡ay, ingenua edad!– y mientras se moría
lloraba a su caído caballo; se ha desplomado, aflojado
el casco, su cabeza; en su extraviada mirada se extingue su
desvaído encanto; su cuello tres, cuatro veces sacudido
cogiéndolo por los cabellos[107], se niega a mantenerse erguido,
y de su níveo pecho, horror digno de ser llorado incluso
por la propia Tebas, fluía la purpúrea sangre. Al fin
pronuncia estas palabras, entrecortadas por los estertores:
«Me muero, Dorceo, ve a consolar a mi desdichada madre.
Sin duda ella, si la inquietud trae presagios verdaderos,
ha visto ya mi aciago fin en sueños o premoniciones.
Mantén no obstante tú, con piadosas artimañas, sus temores
en suspenso, y distráela por un tiempo; no vayas de repente,

106. Parece quererse dar a entender que es Diana quien ejecuta la venganza, cumpliendo la amenaza que había proferido contra el matador de Partenopeo; véase *supra,* 665-667.
107. En sus intentos por reanimarlo.

ni cuando ella tenga las armas en la mano[108]; y finalmente,
cuando te veas forzado a declararlo, llévale estas palabras:
lo he merecido, madre, admite a tu pesar mi castigo;
me precipité a las armas no siendo más que un niño, y aunque tú
intentabas retenerme, no me mantuve al margen, ni presté
a la postre en medio del combate atención a tus advertencias.
Vive, pues, y no te enojes sino con mi resolución, depón
de ahora en adelante tu miedo. En vano oteas angustiada
desde un collado del Liceo, por si entre las lejanas nubes
algún sonido te llega o el polvo levantado por nuestro
escuadrón: frío y en la desnuda tierra estoy tendido, y no estás
tú a mi lado para sostener mi cabeza y recoger
mi último aliento. Este cabello no obstante, desolada madre
mía –y lo ofreció con su diestra para que se lo cortaran–,
este cabello, que pese a mis quejas solías tú arreglar
en vano, recibirás en lugar de mi entero cadáver. A él
las exequias harás, y entre las honras debidas recuerda que
nadie embote con brazos inexpertos mis venablos, ni lleve
a mis amados canes a ninguna otra guarida. Y en cuanto
a estas armas infaustas en su primera campaña, quémalas,
o cuélgalas como un reproche a la ingrata Diana».

108. Para evitar sin duda que pueda atentar contra su propia vida o contra la del mensajero.

Libro X

Sepultó a Febo por la puerta de occidente la húmeda noche, anticipada por mandato de Júpiter; y no porque se compadeciera del campamento pelasgo o de las fuerzas tirias, sino por lo triste que era ver disminuir bajo el hierro, fuera de las tropas, a tantos pueblos inocentes. Se extiende el campo irreconocible en la marea de sangre: abandonan allí armas y caballos, de los que antes iban tan ufanos, cadáveres privados de sus piras, y miembros dispersos, retiran sus maltrechas filas una tropa ahora sin honor, con sus estandartes rotos, y las puertas, estrechas para la multitud que marchaba al combate, los han recibido con holgura a su regreso. Parejo es el dolor de uno y otro bando; pero Tebas halla consuelo en los cuatro batallones de dánaos que vagan sin jefe[1]: cual navíos privados

1. Cuatro son en efecto los caudillos griegos que ya han caído por este orden: Anfiarao, Tideo, Hipomedonte y Partenopeo.

de sus pilotos a través del turbulento mar, a capricho
de un dios, el azar y las tormentas. De ahí cobran alientos
los tirios para vigilar, no ya sus propios reales, sino
la retirada del enemigo, no vaya a ser que pretendan
volver a Micenas tan contentos: da una tésera la señal
a los guardias, y se establecen los turnos; de la secreta
salida nocturna resulta jefe por sorteo Meges y
por propia iniciativa Lico. Y ya en el orden prescrito aportan
armas, víveres y fuego; el rey[2] exhorta así a los que parten:
«Vencedores de los dánaos –pues no está en efecto lejos
la próxima aurora, ni han de durar por siempre las tinieblas
que han venido en ayuda de los cobardes–, cobrad ánimos
y ofreced unos pechos dignos del favor de los dioses. Yace
toda la gloria de Lerna y sus principales brazos: Tideo
ha descendido al vengador Tártaro, contempla con asombro
la Muerte el imprevisto espectro del sombrío augur[3], el Ismeno
se enorgullece de su botín, los despojos de Hipomedonte,
y da vergüenza contar al arcadio[4] entre los trofeos de la
guerra. En nuestras manos está la recompensa, no volver a ver
a los soberbios cabecillas de la guerra ni los visibles
penachos de los caudillos a través de sus siete escuadrones;
quedan, eso sí, el senil Adrasto, mi hermano[5], menos válido
aún por su juventud, y el no menos digno de ser temido
Capaneo con sus insensatas armas. ¡En marcha, pues, y no

2. Etéocles, claro está.
3. *i.e.,* Anfiarao, tragado por la tierra, *cf.* VII, 815-final. El adjetivo *niger,* que traducimos por «sombrío», es negado explícitamente de Anfiarao en VIII, 6, en el sentido de carbonizado, ya que su cadáver no fue incinerado, de suerte que se mantuvo intacto. *Cf. infra,* v. 204; *integri* es precisamente la conjetura de Garrod para el *nigri* de los manuscritos.
4. *i.e.,* Partenopeo.
5. *i.e.,* Polinices.

dejéis extinguirse el fuego en torno a los sitiados! Por parte del enemigo no tenéis nada que temer: guardáis un botín y unas riquezas ya vuestros». Así colma aquél de exhortaciones a los fieros labdácidas, que felices se hallan de reiniciar los pasados lances: tal como estaban –una mezcla de polvo, sudor y sangre aún por todo el cuerpo– vuelven sobre sus pasos; apenas han querido responder a los saludos, incluso han sacudido de sus hombros los abrazos y las diestras de los suyos. Distribuidos luego en frente, retaguardia y flancos, cercan por todas partes de hostiles fuegos la empalizada[6]. Así se han agrupado en numerosa manada a la caída de la noche los rabiosos lobos, a los que con largo ayuno ha extenuado por todos los campos el hambre que ante nada se arredra: ya acosan los mismos establos, tortura sus fauces la esperanza frustrada, el trémulo balido y los fragantes olores que salen de los rediles; no les queda otra, quiebran sus uñas en las resistentes puertas, desgastan en el umbral sus pechos y sus resecos dientes.

Lejos de allí, en la linde del templo de Argos, en suplicante concentración y postradas ante los altares patrios, las mujeres argivas imploran el socorro de Juno portadora del cetro y el regreso de los suyos, desgastan las decoradas puertas y los fríos mármoles con el roce de su rostro, y a sus pequeños hijos enseñan a prosternarse. Ya habían sus votos agotado el día; viene la noche a sumarse a sus cuitas, y encendido se mantiene el fuego en los altares. Llevan también en ofrenda en una canastilla, prenda digna de aprecio por parte de la casta diosa, un peplo, cuyo admirable tejido no había manejado ninguna mujer estéril ni separada del

6. *vallum,* que protege el campamento de los griegos.

marido[7], y en el que con diversos matices brilla en todo su esplendor la abundantísima púrpura bordada, y arde de oro entremezclado. Allí ella misma, prometida en matrimonio al gran Tonante, virgen aún y tímidamente dispuesta a perder el nombre de hermana[8], bajada la mirada, gusta de los besos del joven Júpiter, ingenua doncella aún no ofendida por los engaños de su esposo[9]. Con esta prenda las matronas de Argos habían cubierto entonces la sagrada imagen de marfil, y entre lágrimas y quejas le imploraban así: «Contempla, reina del estrellado cielo, los impíos alcázares de la concubina hija de Cadmo[10], destruye ese rebelde túmulo y lanza contra Tebas –tú puedes– un nuevo rayo». ¿Qué puede hacer? Sabe que los Hados son contrarios a sus queridos griegos, que Júpiter les ha vuelto la espalda, pero no querría que resultaran inútiles sus ruegos ni tan magníficas ofrendas; la suerte le salió no obstante al paso dándole ocasión de prestarles un gran auxilio. Desde el alto cielo ve las murallas cerradas y por una guardia en vela dominado el fuerte[11]: se estremeció a impulsos de la cólera y su agitado cabello hizo temblar la temible diadema: no ardió en mayor rabia cuando en el vacío cielo[12] se indignó de la gravidez de la madre de Hércules y la doble noche en lecho aparte del Tonante[13]. Resuelve, pues, exponer a la

7. Pues Juno, a quien la prenda va destinada, es la diosa del matrimonio y de la maternidad.
8. Recuérdese que Juno es hermana y esposa de Júpiter.
9. Alusión a los frecuentes adulterios de Júpiter.
10. *i.e.,* Sémele, madre por Júpiter de Baco.
11. *vallum* de nuevo; *cf. supra,* v. 41, y nota 6.
12. *vacuis in astris,* es decir, en la soledad en que la dejaba el abandono de su esposo.
13. *geminos Tonantis secubitus* parece aludir a una duplicación (como en *Silvas* IV, 4, 17) de la noche en la que Júpiter yació con Alcmena, aunque en otros pasajes del poema –*cf.* VI, 289; XII, 301– la noche no se dobló,

muerte a los aonios, vencidos por la inoportuna placidez
del sueño, ordena a su querida Iris[14] ceñirse de sus anillos
habituales, y le encomienda toda la tarea. Obedece
sus órdenes la radiante diosa, abandona el cielo y a través
de su dilatado arco se desliza hasta la tierra.
Más allá
del nebuloso albergue occidental de la noche y de los otros
etíopes[15], impenetrable a todo astro, hay un bosque estéril,
y bajo las cóncavas rocas una honda gruta se abre paso
en la oquedad del monte, en donde la paciente Naturaleza
ha establecido los atrios y el seguro hogar del indolente
Sueño. Guardan el umbral la sombría Quietud, el apático
Olvido y la aletargada Pereza de rostro nunca atento.
El Ocio y el Silencio de replegadas alas ocupan
mudos su asiento en el vestíbulo, alejan los fieros vientos
de la techumbre, impiden que las ramas se muevan y despojan
de sus trinos a las aves. No llega aquí ningún fragor del mar,
aunque bramen todos los litorales, ni tampoco del cielo;
el mismo río cercano a la caverna, que en los profundos
valles se libera, guarda silencio entre rocas y peñascos:
hay en torno negros rebaños, todo el ganado está tendido
en el suelo, los nuevos brotes se marchitan, y hace inclinarse
a las hierbas el hálito de la tierra. Había esculpido

sino que se triplicó, que es por otra parte la versión más generalizada. También hay quien cree que a lo que se está haciendo aquí referencia es a los «gemelos celestes» Cástor y Pólux, los Dióscuros. En este segundo caso, la expresión *vacuis in astris* no se interpreta en referencia a Juno, sino a éstos y a su catasterización o conversión en estrellas (*cf.* VII, 793, para su representación en el cielo).

14. La diosa mensajera de los dioses y en particular de Juno, dotada del arco que lleva su nombre.

15. *i.e.,* los situados al oeste. Los etíopes, pueblos del final del mundo, se consideraban divididos en dos ramas, los del este y los del oeste (Hom., *Od.,* I, 23-24).

dentro el ardiente Mulcíbero[16] mil imágenes del dios[17]: aquí
pegado a su costado se halla el engalanado Placer, aquí,
sumiéndose en el reposo, su compañero es el Trabajo,
en ocasiones comparte su lecho con Baco, en ocasiones
con el Amor, hijo de Marte[18]. Más adentro, en los profundos
aposentos secretos de la morada, yace incluso con la
Muerte, y esta siniestra imagen no es contemplada por nadie.
Éstas son las figuras que aparecen. Él mismo está tendido
bajo los húmedos antros sobre unos cojines rellenos
de flores que incitan al sueño; sus ropas despiden olor,
conserva el colchón el calor de su perezoso cuerpo, y flota
sobre el lecho el negro vapor que exhala su boca; una mano
sujeta los cabellos que se esparcen desde su sien izquierda,
la otra, descuidada, ha soltado el cuerno[19]. Lo rodean vagos
ensueños de innumerable apariencia, verdaderos junto con
falsos, tristes mezclados con placenteros, sombrío cortejo
de la noche, y se adhieren a las vigas o a las puertas, o yacen
por tierra. Débil y vacilante es el resplandor que rodea
la estancia, y la lánguida luz que invita a conciliar el sueño
se extingue en las desfallecientes llamas.
                                                            Aquí se dejó caer
desde el azulado cielo la variopinta doncella[20]: brillan
los bosques, los tenebrosos valles sonrieron a la diosa,
y herido por sus resplandecientes franjas sale de su sopor

16. Uno de los nombres de Vulcano.
17. *i.e.,* el Sueño.
18. Entre otras muchas genealogías, Eros o Cupido es hijo de Marte y Venus.
19. Receptáculo de los sueños que su dueño derrama sobre los mortales. *Cf.* II, 145; V, 199; VI, 27.
20. Aunque según algunos estaba casada con Céfiro, el viento del oeste, por lo común se concebía a Iris como una diosa virgen.

el palacio; pero él[21], sin dejarse conmover por el claro brillo ni por el sonido o la voz de la diosa, sigue echado en la misma postura, hasta que proyectó la Taumántide[22] contra él todos sus rayos y penetró hasta el fondo en sus dormidos ojos. Comenzó entonces a hablar así la dorada artífice de las nubes[23]: «Juno te ordena, Sueño, el más dulce de los dioses, paralizar a los caudillos sidonios y al pueblo del salvaje Cadmo, que ahora, henchido de orgullo por el resultado de la guerra, vigila siempre en vela la empalizada aquea y no obedece tus leyes. Accede a tan importantes peticiones, rara es la ocasión de hacerlo y ganarse el favor de Júpiter propiciándose a Juno». Dijo, y golpeando con su diestra el lánguido pecho, repetía su aviso una y otra vez, para que sus palabras no se perdieran. Asintió aquél a los mandatos de la diosa con una cabezada de las suyas; se retira Iris sobrecargada a causa de los negros antros, y aviva su brillo apagado por la acumulada lluvia.

Batió también él mismo su alada planta y sus ventosas sienes[24], infló los pliegues de su manto con las frías tinieblas, y a través de los aires se desplaza con vuelo sigiloso, y se cierne de lejos imponente sobre los campos aonios. Tendidos dejan por tierra sus efluvios a aves, rebaños y fieras, y sin excepción, sea cual sea la zona del globo que sobrevuela, lánguidas se desploman las olas desde los

21. *i.e.,* el Sueño.
22. Patronímico por el que es designada Iris con frecuencia, como hija del Póntida Taumante y de la Oceánide Electra.
23. Iris suministra también a las nubes mediante su arco el agua que dejarán caer luego en forma de lluvia; *cf.* IV, 834, y nota 170 (p. 220). Quizá en ese sentido se la llama aquí su creadora.
24. El Sueño era representado habitualmente con alas en los pies, en los hombros o en las sienes, como los Vientos. Véase nota 62 (p. 240) sobre V, 433, a propósito de los hijos del Bóreas.

escollos, se detienen las nubes vencidas por la pereza, abaten sus cimas los bosques, y del relajado cielo han caído la mayor parte de las estrellas. Sintió primero el campo la presencia del dios por la súbita oscuridad que lo envolvió, y las incontables voces y gritos de los hombres bajaron su tono; pero cuando se echó encima con sus húmedas alas, y penetró en los reales con su negra sombra más espeso que nunca, los ojos se nublan, se vencen los cuellos, y se dejan sin acabar las palabras en medio de la conversación. Sueltan luego los relucientes escudos y las bárbaras jabalinas, y sus relajados rostros caen sobre sus pechos. Y ya está todo en silencio: los propios corceles rehúsan mantenerse en pie, y hasta los fuegos se han convertido de repente en cenizas.

Pero no invita también el sopor al mismo reposo a los inquietos griegos, y lejos mantiene sus nubes del vecino campamento el blando influjo del noctámbulo dios: en armas permanecen por doquier, llenos de indignación contra la vergonzosa noche y sus soberbios guardianes. Y he aquí que, embargando los dioses su espíritu, un súbito estremecimiento acomete a Tiodamante, y en medio de una pavorosa agitación le incita a desvelar los hados, sea la Saturnia[25], sea el benigno Apolo quien inspiraba este propósito a su nuevo sirviente[26]. Se lanza al centro, terrible por su voz y por su aspecto e incapaz de contener al dios, al que en su frágil mente ha recibido y no puede alojar: rebosan sus estímulos, invade sus facciones un puro frenesí, que alternativamente inunda y vacía de sangre

25. *i.e.,* Juno, hija de Saturno.
26. Recuérdese que Tiodamente había sido elegido nuevo sacerdote de Apolo tras la desaparición de Anfiarao engullido por la tierra. *Cf.* VIII, 275 ss.

sus trémulas mejillas –vaga su vista aquí y allí– y riega y azota en su cuello las guirnaldas entretejidas a sus cabellos. Así hace salir la Madre Idea[27] del terrible santuario al frigio cubierto de sangre y le impide darse cuenta de sus brazos destruidos por el hierro; golpea aquél contra su pecho las sagradas ramas de pino[28], sacude su cabello ensangrentado y amortigua sus heridas con su carrera: espantado está todo el campo y el árbol lleno de devota sangre, y han levantado el carro los sobrecogidos leones[29].

Se arribó al interior del consejo y al venerable edificio de los estandartes, donde angustiado hace tiempo por los grandes desastres, dando vueltas a su desesperada situación, en vano celebra consulta Adrasto. Le rodean los jefes recién nombrados, según el mayor grado de proximidad que guarde cada uno con el muerto, y ocupan las plazas dejadas por los insignes caudillos a disgusto y doliéndose de su encumbramiento. No de otro modo, cuando un navío, privado de su timonel, ha perdido el rumbo en medio de las aguas, acude al manejo del vacío timón quien custodiaba los flancos o quien tuvo a su cargo la proa que hiende el mar: se asombra la propia embarcación, obedecen con lentitud los aparejos, y no se admite la salvaguarda de un patrón inferior. Presa, pues, del entusiasmo alienta así el augur[30] a los

27. Cibeles, la gran diosa-madre frigia, localizada entre otros en el monte Ida. Era venerada, junto con su adorador Atis, en unos ritos orgiásticos y delirantes, durante los cuales sus sacerdotes, frigios obligatoriamente, se mutilaban voluntariamente.
28. Contra un pino se castra y muere Atis, o incluso en pino se convierte tras su muerte (*cf.* Ovidio, *Met.* X, 104 s.).
29. Los leones que tiran del carro de Cibeles, y que no son otros que la Atalanta beocia e Hipómenes, metamorfoseados por la diosa en castigo por haber mantenido relaciones en su templo.
30. *i.e.,* Tiodamante.

inquietos aqueos: «Las poderosas órdenes de los dioses,
caudillos, y sus venerables consejos os traigo, no es de mi
pecho de donde salen estas palabras: quien habla es aquel
a cuyo servicio me encuentro y cuyas sagradas cintas llevo
obedeciendo a la confianza que habéis depositado en mí,
contando con su aprobación. Por augurio divino a la vista
tenemos una noche fecunda en hazañas y a propósito
para un bello ardid; el Valor nos llama saliendo a nuestro encuentro,
y exige la Fortuna nuestra colaboración. Inmóvil
está, sumida en el sueño, la falange de los aónidas:
ahora es el momento de vengar la muerte de los caudillos
y este infausto día; empuñad al punto las armas y romped
el obstáculo de las puertas: de esto depende encender piras
a los compañeros, de esto sepultar sus cuerpos. Cierto es que
también en el combate diurno, mientras se torcían las cosas
y forzados nos veíamos a volver la espalda –lo juro
por los trípodes y por la extraña suerte de mi arrebatado
maestro[31]–, lo he visto, y propicias batieron sus alas las aves
en torno a mí. Pero ahora la garantía no ofrece dudas.
Hace apenas un instante, en el silencio de la noche, el propio
Anfiarao, él mismo, sí, saliendo de la tierra de nuevo
entreabierta, se me ha aparecido, tal como era –sólo a sus
caballos había envuelto la sombra–: y no hablo de ilusiones
del vano reposo ni de mensajes transmitidos en sueños.
"¿Vas tú a permitir –dice– que los flojos ináquidas (devuelve
estas guirnaldas del Parnaso, devuélveme mis dioses) pierdan
tan importante noche, bastardo de ti? ¿Para esto yo mismo
te he enseñado los secretos del cielo y los errantes vuelos
de las aves? ¡Ve pues, véngame al menos a mí con la espada!".
Dijo, y pareció empujarme hasta estos umbrales lanza en alto
y con toda la fuerza de su carro. ¡Ea, pues! Hay que valerse

31. *i.e.,* Anfiarao.

de los dioses; el enemigo no ha de ser abatido cuerpo
a cuerpo: duerme la guerra[32], y puede uno ensañarse a placer.
¿No habrá a quienes no avergüence labrarse ingente fama, mientras
los hados lo permiten? He aquí de nuevo las favorables
aves de la noche; ¡yo las sigo, y aunque abandonen las filas
de mis camaradas, solo avanzo! Más aún, también él[33] viene,
sacudiendo sus riendas».
Con tales gritos rompía el silencio
de la noche, y avanzan los capitanes tan enardecidos
como si llevaran todos al mismo dios en su pecho: arden
en deseos de acompañarlo y compartir su suerte. A treinta
en número, la flor y nata de las tropas, él mismo elige
obedeciendo órdenes[34]; brama en torno la juventud restante,
preguntándose indignada por qué permanecen en el campo
y guardan un cobarde ocio: alegan unos su alto linaje,
otros, las hazañas de los suyos, otros, las suyas propias,
reclaman otros un sorteo, un sorteo exigen por doquier.
Se alegra Adrasto en medio de la adversidad y cobra ánimos.
Así, cuando en la fecunda primavera el tiempo del parto
ha renovado su cuadra, un criador de veloces corceles
se complace en la cima del Fóloe al ver esforzarse a unos
en las escarpadas peñas, sumergirse a otros en las aguas,
competir a aquéllos con sus padres; calcula entonces en su
aliviado corazón quiénes serán más fáciles de domar
para llevar el yugo, quiénes presentan unos buenos lomos,
quién ha nacido para las armas y las trompetas, quién está
más dotado para competir por la palma en la Élide: tal se
encontraba el anciano jefe de la armada aquea. Y sin poner
reparos a la empresa, dice: «¿De dónde sale de repente

32. *i.e.,* los guerreros enemigos.
33. *i.e.,* Anfiarao.
34. Se supone que del caudillo en jefe, el rey Adrasto.

este favor divino tan tardío? ¿Qué dioses habéis vuelto
a la maltrecha Argos? ¿Es acaso éste el valor que genera
el infortunio? ¿Le queda aún sangre a nuestro pueblo y perduran
en los desgraciados las semillas de su coraje? Os alabo
sin duda, egregios jóvenes, y disfruto de este honroso motín
de mi gente; pero es una celada y un ataque secreto
lo que urdimos, se han de mantener ocultos nuestros movimientos:
nunca es conveniente la multitud para un velado engaño.
Reservad vuestro arrojo, se acerca el día de cobrar venganza
contra el enemigo; entonces a las claras se verán las armas,
entonces marcharemos todos». Contenida por estas palabras
se aplacó al fin la animosidad de los jóvenes: como cuando
en la revuelta cueva oprime con fuerza de nuevo la puerta
con una roca el padre Eolo, y les cierra por completo el paso,
estando ya los vientos con ansias de los mares.
                                                        Se adjudica
además el adivino[35] como colegas a Agileo, hijo
de Hércules, y a Áctor: hábil éste en persuadir, se jacta aquél
de no ser inferior en fuerza a su padre; diez compañeros
corresponden por orden a los tres[36], tropa digna de inspirar
temor a los aonios incluso pudiendo aquéllos hacerles
frente[37]. Él mismo, al marchar a la furtiva campaña de esa inusual
guerra, deposita las veneradas hojas, distintivo de
Febo, y confía la honorable marca de su frente al regazo
del anciano caudillo[38], y reviste la loriga y el casco
de Polinices, que en sus manos los ha puesto en agradecido

35. *i.e.,* Tiodamante.
36. Es decir, los treinta guerreros elegidos previamente por Tiodamante se reparten en tres secciones, cada una de ellas al mando de un jefe: el propio Tiodamante, Agileo y Áctor.
37. Recuérdese que los tebanos han sido rendidos por el Sueño, *cf. supra,* vv. 150 ss.
38. Adrasto, jefe supremo de las tropas.

presente. El fiero Capaneo abruma con el peso de su gran espada a Áctor, aunque él mismo no se digna ir contra el enemigo a traición ni obedecer a los dioses. Agileo intercambia con el feroz Nomio sus armas: ¿de qué le habrían servido en efecto el arco y las flechas de Hércules en la batalla entre las engañosas sombras?

Luego, para que no resuene el grave bramido de la puerta de bronce, se precipitan de un salto a través de las escarpadas almenas del túmulo del campo; y no lejos yace ante ellos por tierra su enorme presa, como ya muertos y traspasados por incontables aceros. «¡Marchad, compañeros, por donde quiera que os lleve el insaciable placer de la matanza, y no defraudéis, os lo ruego, a los dioses que nos favorecen! –les exhorta ya con clara voz el vate–. ¿Veis a las tropas expuestas en un torpe sopor? ¡Qué vergüenza! ¿Son éstos quienes han osado sitiar las puertas argivas, éstos, vigilar a nuestros hombres?». Así dijo, y desenvaina la fulminante espada, y con ágil mano recorre las filas sembrando en ellas la muerte. ¿Quién podría contar las víctimas o designar por su nombre a la multitud de cadáveres? Arremete a diestro y siniestro contra espaldas y pechos, deja ahogados los gemidos dentro de los cascos, y mezcla los manes errantes en la sangre: a éste, tendido al desgaire en su yacija, a aquél, caído sobre su escudo cuando intentaba ya tarde ponerse en pie y sin poder sujetar sus dardos, a unos, yaciendo en grupo entre el vino y las armas, a otros reclinados en sus escudos, según había sorprendido y clavado en tierra a cada uno el funesto sopor y esas sus últimas tinieblas. Y no falta el apoyo divino, pues Juno en armas, sacudiendo con desembarazada diestra la antorcha lunar[39], abre el camino, confirma sus ánimos y muestra los cuerpos.

39. *i.e.,* quizá, utilizando como antorcha los rayos de la luna.

Siente la presencia de la diosa Tiodamante, pero oculta en silencio su alegría; ya es lenta su mano, ya es flojo su acero, y se atenúa su ira por un éxito tan completo. De igual modo en una gran matanza de novillos un tigre del Caspio, cuando su rabia, aplacada por el baño de sangre, ha relajado sus mandíbulas y deformado sus manchas de sucios y espesos coágulos, contempla su obra, y se duele de no tener ya hambre: así vaga derrotado el augur entre los cadáveres aonios; cien brazos y cien manos querría tener ahora para la guerra; ya se avergüenza de derrochar amenazas en vano, y preferiría que el enemigo le hiciera frente.

Por su parte el hijo del gran Hércules[40] y por la suya Áctor aniquilan a los adormecidos sidonios, sigue en su sangrienta ruta a cada uno su propia tropa: inundada está la yerba de negros coágulos, en ríos de sangre flotan las tiendas; la tierra exhala humo, y el jadeo del sueño y de la muerte se confunden; ninguno de los que yacen ha alzado la vista o el rostro: con tan densa sombra se abate el alado dios[41] sobre los infortunados, y no libera sus ojos sino al expirar. Desvelado, había entretenido Yálmeno, que no volvería a ver el alba, con la lira y el juego su última noche cantando un peán sidonio; su floja cerviz, vencida por influjo del dios a la izquierda, y su cuello desmayado reposaban sobre su lira: hunde el hierro en su pecho Agileo y traspasa su diestra, en el cóncavo instrumento acoplada, y sus dedos que tiemblan entre las cuerdas. Asola las mesas el fatal líquido: mezclado con la sangre corre por doquier el vino y Baco regresa a las profundas vasijas y a los cuencos. Se echa el fiero Áctor sobre Támiris abrazado

40. Agileo, *cf. supra,* v. 249.
41. *i.e.,* el Sueño.

a su hermano, Tago atraviesa la espalda de Equetlo de una
corona adornado, corta Dánao la cabeza de Hebro: ay,
sin ser consciente es arrebatado por los hados, y entre risas
huye su vida bajo las sombras, ahorrándose los dolores
de una muerte cruel. Tendido en la helada tierra bajo las ruedas
de su fiel carro asustaba Calpeto con sus ronquidos a sus
caballos aonios, que pastaban la hierba del suelo patrio:
regurgita el líquido su boca, y es inquieto su sueño
bajo los efluvios del alcohol; he aquí que el vate inaquio[42]
le atraviesa la garganta según yace, un chorro de sangre
expulsó el vino, y en él perecen ahogados sus murmullos.
Quizá su sueño le presagiaba el fin, y en su pesado sopor
veía Tebas envuelta en sombras y a Tiodamante.
A la noche
que trae el sueño no le quedaba sino la cuarta vigilia,
cuando las nubes se disipan, no todos los astros conservan
su brillo, y huye Bootes de los resoplidos de un carro más
poderoso[43]. Tampoco queda ya apenas tarea, cuando habla
así el prudente Áctor a Tiodamante: «Bastante tienen ya
los pelasgos de estas inesperadas alegrías: de tan gran
contingente apenas algunos, creo yo, han escapado del cruel
exterminio, a no ser aquellos bastardos a quienes su infame
vida mantiene ocultos bajo un río de sangre; pon freno
al éxito: incluso la funesta Tebas tiene sus divinidades.
Quizá también las que hasta ahora nos han favorecido se alejan
de nosotros». Accedió él, y alzando al cielo sus ensangrentadas
palmas dice así: «En premio de la noche que nos has revelado,
estos despojos, Febo, aún no purificado en las aguas –pues
es en tu honor como he celebrado estos sacrificios– te ofrezco yo,

42. *i.e.,* Tiodamante.
43. *i.e.,* el carro del Sol. Bootes o El Boyero es una constelación muy cercana a la Osa Mayor.

fiero soldado de tus trípodes y sacerdote fiel. Si no he sido indigno ejecutor de tus mandatos y he sabido aguantar tu presión, ven a menudo, dígnate irrumpir a menudo en esta mente mía. Aquí tienes este sangriento homenaje, armas rotas y sangre de los guerreros: pero si algún día, oh Peán Licio, nos concedes volver a los hogares patrios y a los añorados templos, recuerda este voto, y reclama igual cantidad de ricas ofrendas para tus sagrados portales e igual número de toros». Había dicho, y hacía a sus camaradas replegarse abandonando las triunfantes armas.

Había el hado querido que entre éstos viniera el calidonio Hopleo y el menalio Dimante, favoritos ambos de sus príncipes[44], ambos de sus príncipes colegas, tras cuya muerte se indignan de su triste vida. Instiga Hopleo así el primero al arcadio: «¿No sientes, noble Dimante, después de su muerte ninguna inquietud por tu eliminado príncipe, que quizás sea ahora presa de las aves y los perros tebanos? ¿Qué llevaréis después a vuestra patria, arcadios? Supón que a vuestro regreso os sale al encuentro su feroz madre[45]: ¿dónde está el cadáver? Desde luego en mi pecho siempre se agita Tideo carente de tumba, pese a la mayor resistencia de sus miembros y a no ser tan digno de lástima por su temprana muerte. Ardo no obstante en deseos de ir y escudriñar por todas partes a diestro y siniestro el horrible campo, o irrumpir en medio de Tebas». Responde así Dimante: «Por estas vagas estrellas, por la errante sombra de mi señor, similar a un dios para mí, juro que no tengo en mi desdicha otro afán; busca

44. A saber, de Tideo el primero y de Partenopeo el segundo. A ambos los hemos visto ya. A Hopleo, como escudero de su señor (*cf.* VIII, 726) y guardando su caballo, muerto ya éste (IX, 204); a Dimante, participando en la carrera pedestre junto con su señor en los juegos en honor de Arquémoro (*cf.* VI, 559, 577, 606).

45. *i.e.,* Atalanta.

en torno hace tiempo un compañero mi alma sumida en el pesar, pero ahora iré el primero», y se pone en marcha, y alzando al cielo su afligido rostro dice así: «Cintia[46], señora de la noche y sus misterios, si, como dicen, de tres formas distintas presentas tu divinidad, y desciendes a los bosques con otro aspecto, es a aquel que hace poco fue tu compañero e insigne alumno de las florestas, a aquel tu niño, Diana –vuelve tu vista ahora al menos a nosotros–, a quien buscamos». Hizo brillar la diosa con sus inclinados cuernos su benéfico astro, acercó su carro y mostró los cadáveres. Aparecen los campos y Tebas y el elevado Citerón: así, cuando airado rompe el cielo nocturno Júpiter con su trueno, se rasgan las nubes, en el claro destello se revelan las estrellas, y el mundo se muestra a la vista de repente. Captó sus rayos[47], y sacudido por la misma luz distingue Hopleo a Tideo; de lejos envían eufóricos uno al otro señales a través de las sombras, y alzan cada uno sobre sus hombros su preciada carga, como si de regreso a la vida, liberados de la cruel muerte los trajeran; y no hay palabras, ni se han permitido el llanto largo tiempo: cerca está el cruel día, y amenaza delatarlos la salida del sol. Avanzan sin decir nada a grandes pasos a través del lúgubre silencio, y se lamentan de que palidezcan las exhaustas tinieblas.

Miran con ojo envidioso los hados a los piadosos, rara vez acompaña la suerte a las altas empresas. Ya divisan el campamento, y se ven cerca en sus mentes, y su carga es más liviana, cuando de súbito entre una nube de polvo un ruido resonó a sus espaldas. Por mandato de su capitán guiaba

46. Para este sobrenombre de Diana, véase nota 144 (p. 99) correspondiente a I, 577.
47. El sujeto sobreentendido es Dimante, que ha descubierto a la luz de la luna el cadáver de Partenopeo.

impetuosamente a sus jinetes Anfíon[48], encargado de
verificar de noche la vigilancia de los cuarteles, y es
el primero en ver moverse a lo lejos por sendas apartadas
del campo –aún no había disipado la luz todas las sombras–
no sé qué bulto incierto y dudoso a la vista, y avanzar unos
cuerpos; descubierto el fraude entonces de repente, grita:
«¡Deteneos, quienesquiera que seáis!», pero está claro que son
enemigos: los desventurados prosiguen su avance, y temen,
aunque no por ellos[49]; amenazando entonces de muerte a los
temblorosos jóvenes, lanzó su jabalina, pero apunta
alto y a distancia en un golpe sin efecto, errando a conciencia
el blanco. Se detuvo aquélla ante los ojos de Dimante,
que iba casualmente en cabeza y frenó el paso. No procuró
en cambio el magnánimo Épito desperdiciar el disparo,
y atraviesa a Hopleo por la espalda, rozando también los hombros
de Tideo que de ella cuelga. Se desploma Hopleo sin dejar
de pensar ni siquiera así en su egregio caudillo, y expira
sin soltarlo –feliz, si puede ignorar que le han quitado el cuerpo–
y así desciende a las crueles sombras.
Lo había visto, vuelto hacia
atrás el rostro, Dimante, sabe que las tropas están cerca,
y duda si emplear las súplicas o las armas contra quienes
lo acosan: la ira lo instaba a las armas; recurrir a los ruegos,
no a la audacia, le aconseja la fortuna: ninguna de las dos
opciones le inspira confianza. Descartó la ira los ruegos;
deposita a sus pies el infeliz cadáver, envuelve su
brazo izquierdo en la pesada piel de tigre que casualmente
llevaba a la espalda, y oponiendo su desenvainada

48. El mismo guerrero que vimos enfrentarse a Partenopeo (IX, 776 ss.) y que en el libro VII (vv. 778 ss.) le describía a Antígona el anciano Forbante.
49. Sino, evidentemente, por la carga que llevan a las espaldas, a saber, los cadáveres de Tideo y Partenopeo respectivamente.

espada les hace frente, volviéndose contra cualquier arma
y resuelto a dar la muerte o recibirla: como una leona,
a la que, recién parida, han acosado en su salvaje cubil
los cazadores númidas, se mantiene erguida sobre sus
crías, pero sin decidirse a actuar, emitiendo un rugido
fiero y lastimero; podría sin duda dispersar los grupos
y destrozar a dentelladas sus armas, pero el amor a su
camada doblega la fiereza de su corazón, y en medio
de su ira no pierde de vista a sus cachorros. Y ya, aunque Anfíon
prohibiera el ensañamiento, la mano izquierda del héroe
ha sido despojada y es arrastrado por los cabellos
el muchacho[50] con la cabeza hacia arriba. Tarde recurriendo
entonces finalmente a los ruegos, baja la espada e implora
así: «¡No os lo llevéis con tanta brusquedad, os lo suplico,
por la cuna de Baco hijo del rayo, por la huida de Ino
y la tierna edad de vuestro Palemon[51]! ¡Si alguno de vosotros
cuenta por ventura en casa con la alegría de unos hijos,
si hay alguien aquí que sea padre, conceded al muchacho
unos pocos puñados de polvo y unas modestas llamas!
Os lo implora, os lo implora, helo aquí, su propio mudo semblante:
yo puedo saciar mejor a las nefandas aves, hacedme a mí
pasto de las fieras, yo fui quien lo forzó a osar el combate».
«Más bien –dice Anfíon–, si tan grande es tu deseo de sepultar
a tu príncipe, dinos cuál es la estrategia de los cobardes
pelasgos, qué planes tienen pese a estar quebrados y sin fuerzas;
cuéntalo todo al instante, y parte luego con la recompensa

50. *i.e.,* Partenopeo, cuyo cadáver aferraba Dimante para protegerlo con la mano izquierda.
51. Nueva alusión al prematuro parto de Sémele, madre de Baco, herida del rayo de Júpiter, así como a Ino/Leucótea y a su hijo Melicertes/Palemon, a los que se hace continua referencia a lo largo de la obra.

de la vida y una tumba para tu señor.» Quedó aterrado el arcadio, y sin dudarlo hundió en su pecho la espada hasta la empuñadura. «¿Para colmo de desgracias faltaba esto –dice–, que deshonrara yo con mi traición a la afligida Argos? No compramos nada a tan alto precio, ni él mismo[52] querría ser incinerado de ese modo.» Así dice, y se dejó caer sobre el muchacho con el pecho abierto por la profunda herida y susurrando con su postrer aliento: «Sé entretanto dueño no obstante conmigo de este sepulcro». Así, estrechando ambos entre sus brazos a sus amados caudillos, la magnánima pareja, el etolio y el ínclito arcadio[53], exhalan sus egregias almas y encuentran una gozosa muerte. También vosotros, aunque mi canto brote de una inferior lira[54], perviviréis consagrados en la memoria de los tiempos. Quizá incluso no desdeñará Euríalo la compañía de vuestras sombras y querrá compartir el frigio Niso su gloria con vosotros.

El fiero Anfíon, por su parte, envía triunfante al rey[55] legados que relaten los hechos, lo informen del engaño y devuelvan los capturados cuerpos[56]; él mismo se dirige a insultar a los sitiados pelasgos y mostrar las cabezas cortadas de sus compañeros. Entretanto, desde la cima de los muros ven los griegos de regreso a Tiodamante, y ya no ocultan su inmensa alegría. Cuando distinguen las espadas desenvainadas y enrojecidas las armas de la reciente masacre, un nuevo clamor se eleva en los aires, y de lo alto de la empalizada cuelgan las escuadras ansiosas de reconocer cada una

52. *i.e.,* Partenopco.
53. *i.e.,* Hopleo y Dimante respectivamente.
54. Hermoso homenaje de Estacio a Virgilio, cuyo famoso episodio de Niso y Euríalo en el libro IX de la *Eneida* le sirve de inspiración al crear a la pareja de guerreros.
55. *i.e.,* Etéocles, por supuesto.
56. Los recobrados cadáveres de Tideo y de Partenopeo.

a los suyos. Así una multitud de polluelos, al divisar
a su madre de regreso en lontananza, ansía ir a su encuentro,
y asoma con el pico abierto desde el mismo borde del nido,
expuesta a caer, si con todo su pecho una extensa barrera
no ofreciera su madre, batiendo amorosamente sus alas.
Y mientras exponen con todo detalle su secreta acción
y el provechoso resultado del silencioso ataque, colman
de alegres abrazos a los suyos, se preguntan por Hopleo
y se quejan de la tardanza de Dimante: he aquí que también
el jefe del escuadrón dirceo, Anfíon, había llegado
cerca a toda prisa; su euforia por las recientes muertes[57]
no le ha durado mucho, pues ve hervir la tierra de masas
de cadáveres y en un solo desastre expirar a su pueblo.
Sacudió al joven ese temblor que acomete a los alcanzados
del relámpago desprendido del cielo, helada queda a un tiempo
de un solo escalofrío su voz, su vista y su sangre, y antes de que
pueda exhalar un gemido, su propio corcel vuelve grupas
espontáneamente; huye el escuadrón entre nubes de polvo.
No franqueaban ellos aún los cerrojos de Tebas, y ya
la tropa argiva, alentada por su nocturno triunfo, se lanza
sobre los campos; a través de las armas y de los miembros
de los caídos, de un suelo repugnante del amasijo, y de
la sangre de los moribundos vuelan caballos y jinetes:
tritura la potente uña los miembros, una lluvia de sangre
inunda y traba los ejes de los carros. Para los guerreros
es grato avanzar por semejante senda, como si ufanos
pisotearan las moradas sidonias y la propia Tebas
en su sangre. Capaneo los exhorta así: «Bastante se ha
mantenido latente, pelasgos, nuestro valor en la sombra:
ahora, ahora, con el día por testigo, es bella para mí

57. De Hopleo y Dimante.

la victoria[58]; avanzad a las claras, jóvenes, conmigo, entre clamores y a campo abierto: también en mi diestra tengo yo providentes presagios, y horribles furores en mi espada desenvainada». Así dice; lleno de brío inflama Adrasto y su yerno argólico[59] sus ardientes ánimos, más pesaroso ya los sigue el augur. Y ya se aproximan a los muros –está aún narrando Anfíon las recientes muertes– y habrían penetrado de inmediato en la infortunada ciudad, si no hubiera exclamado al punto Megareo desde una elevada atalaya: «¡Cierra, centinela, cierra todas las puertas, se acerca el enemigo!».

Hay ocasiones en las que un excesivo temor proporciona fuerzas: al instante cada puerta junta sus batientes; sólo mientras Equíon encaja los de la ogigia con demasiada lentitud, la arrojada juventud espartana irrumpe, y caen abatidos sin traspasar el umbral Panopeo, morador del Taigeto, y Ébalo, nadador del áspero Eurotas; también tú, Alcidamante, apreciado en todas las palestras y hace poco victorioso en el polvo de Nemea[60], a quien había atado por primera vez los cestos el propio hijo de Tindáreo, diriges al morir tu vista a la bóveda celeste donde brilla tu maestro[61]: aparta a la vez su estrella el dios y se desvanece. A ti el bosque ebalio, a ti la resbaladiza orilla de la doncella laconia y la corriente que escuchó el canto del falso cisne[62] te llorarán, derramarán por ti en Amiclas

58. *Cf. supra,* vv. 258-259 para el desdén de Capaneo por la celada nocturna de sus compañeros de armas.
59. *i.e.,* Polinices. El augur mencionado a continuación es, por supuesto, Tiodamante.
60. *Cf.* VI, 739-825. Los cestos son las defensas de los puños de los púgiles (*cf.* VI, 729, y nota 117 [p. 290]), y el «hijo de Tindáreo», Pólux, de los dos Dióscuros el más diestro sobre todo en el pugilato y maestro de Alcidamante.
61. Cástor y Pólux fueron catasterizados en la constelación de Géminis.
62. Júpiter, metamorfoseado en cisne para unirse a Leda, esposa de Tindáreo y madre de los Dióscuros, así como de Helena y Clitemnestra. Uno

sus lágrimas las Ninfas de la Trivia[63], y tu madre, que te enseñó
las leyes y los duros preceptos de la guerra, se dolerá
de que hayas sido tan buen alumno. Tal fiereza desplegó
Mavorte en el umbral defendido por Equíon.
Por fin Acrón,
empujándola con los hombros, y el hijo de Yálmeno, echado
hacia delante con todo su pecho, consiguieron ajustar
la robusta puerta de bronce: con no más poderosa cerviz
labran gimiendo a la par unos novillos las tierras largo
tiempo incultas del Pangeo. La pérdida resulta con todo
igual a la ganancia conseguida con su esfuerzo, pues si
conservaron dentro al enemigo, a los suyos dejaron también
fuera; cae dentro de las murallas el griego Órmeno, y mientras
tiende Amintor sus suplicantes brazos y se deshace en ruegos,
cercenada la cabeza, ruedan por el suelo sus palabras
y su faz, y ha caído del cuello con el golpe a la hostil
arena el collar que lo adornaba. Se franquea entretanto
la empalizada, y los primeros obstáculos se quiebran; ya se han
agrupado al pie de las murallas las tropas de infantería:
pero aterra a los caballos atravesar de un salto los anchos
fosos, se paran inquietos, y se admiran espantados del gran
precipicio al que son conducidos; ora sienten el impulso
de saltar desde el borde del terraplén, ora reculan contra
las riendas espontáneamente. En cuanto a los hombres, unos
arrancan las estacas clavadas en el suelo, otros destruyen
las barreras de las puertas, se esfuerzan por romper los blindajes
de hierro, y con arietes de resonante bronce sacan de su
sitio las piedras; parte exultan de que hayan prendido las teas

de los dos varones, Pólux con preferencia, y una de las dos hembras, Helena, eran en realidad hijos del dios.

63. *i.e.,* Diana de nuevo, como diosa de las encrucijadas.

lanzadas a las cimas, parte socavan los cimientos y bajo
la testudo[64] que los oculta exploran las huecas torres.
Pero
los tirios, y es su único medio de salvación, coronan toda
la cresta de los muros, arrojando contra sus adversarios
estacas carbonizadas, brillantes dardos de acero, balas
prestas a arder a través de los aires, y piedras arrancadas
de las mismas murallas: un terrible diluvio dejan caer
las cimas, y vomitan silbantes proyectiles las armadas
troneras. Como dentro de una nube permanecen en calma
las tempestades sobre el Malea[65] o los altos Ceraunios y se
sitúan en las negras colinas, y de repente se abaten
contra las velas: así es sepultado el ejército argivo
bajo las armas de los hijos de Agénor; no hace la atroz lluvia
girar el rostro ni el pecho a los guerreros, sino que mantienen
su vista puesta en las murallas, sin pensar en la muerte ni ver
otra cosa que sus propias armas. Cuando daba Anteo vueltas
en torno a las murallas en su carro provisto de una hoz,
la pesada embestida de una lanza ogigia lo sacudió
desde arriba; las riendas se le escaparon de la mano, y caído
hacia atrás sobre su espalda se mantiene en su sitio, pues
las grebas retienen su desfalleciente cuerpo; sorprendente
espectáculo la atrocidad de la guerra: son arrastradas
sus armas, y las humeantes ruedas y el tercer surco que abre
la lanza aran la tierra; sigue en una larga estela de polvo
su bamboleante nuca, y claro aparece el vasto rastro
de sus esparcidos cabellos.

64. Uno de los casos de anacronismo más patentes en Estacio, la testudo era en la antigua Roma la táctica militar utilizada por las legiones en la batalla y sobre todo en los asedios. Deriva su nombre del caparazón de la tortuga, pues su imagen era muy similar a la de ésta.
65. Promontorio del Peloponeso; *cf.* I, 100. Los montes Ceraunios se hallaban en el Epiro.

Pero con sus lúgubres toques
la trompeta golpea la ciudad y atraviesa con su áspero
sonido las asediadas puertas. Distribuyeron los accesos,
y en cada umbral se sitúa un fiero portaestandarte, ante todos
llevando sus propias pérdidas y alegrías[66]. Dentro, el aspecto es
terrible, apenas el propio Mavorte disfrutaría al verlo;
desgarran la ciudad presa del delirio y el horror con una
mezcla de enfrentados sentimientos el Duelo, el Furor, el Pavor
y la Huida envuelta en ciegas tinieblas. Creerías que dentro
está la guerra: hierven los alcázares de carreras aquí
y allí, de gritos confusos se llenan las calles, hierro y fuego
por doquier ven en su imaginación, de fieras cadenas se ven
en su imaginación cargados. Ha agotado el temor los males
por venir: ya han llenado casas y templos, y de lamentos
se hallan cercados los ingratos altares. Un solo, idéntico,
terror se apodera de todas las edades: piden la muerte
los ancianos, la juventud tan pronto arde como palidece,
retumban los atrios de los penetrantes ayes femeninos.
Los niños lloran y no pueden saber la causa de su llanto,
espantados y temblorosos sólo ante los lamentos de sus
madres. Las impele a ellas el amor, pues el extremo peligro
no conoce el recato: proveen de armas ellas mismas a sus
hombres, su cólera y su coraje alentando, y los exhortan,
y corren junto a ellos, sin cesar de mostrarles entre gemidos
sus ancestrales hogares ni a sus pequeños hijos: así
cuando, presto al saqueo de su poroso antro, ha soliviantado
un pastor a las armadas abejas, protesta el irritado
enjambre, se excitan entre sí con su zumbido y vuelan todas
sobre el rostro de su enemigo, mas rodeándolo luego
con desfallecientes alas, lloran su dorado hogar y el robo
de su miel, y oprimen contra su pecho su trabajado panal.

66. El estandarte guía a las tropas y es símbolo de su triunfo o su derrota.

La opinión del inestable vulgo entra también en lid y siembra
discordantes posiciones: unos reclaman –y no entre murmullos,
sino en voz alta y con claro tumulto– que el hermano[67] devuelva
el reino; en su angustia han perdido el respeto por su rey: «Que venga
y pida aquí cuentas del año pactado, que el pobre exiliado[68]
salude a sus lares cadmeos y las tinieblas de su padre.
¿Por qué he de pagar yo con mi sangre las trampas y criminales
perjurios de un rey culpable?». Opinan otros en cambio: «Ya es tarde
para esa buena fe, ahora prefiere vencer». Con lágrimas
y en suplicante congregación imploran otros a Tiresias,
le ruegan, y es éste el único alivio en su apurada situación,
conocer el futuro. Mantiene aquél ocultos y en su poder
los designios de los dioses: «¿Es acaso[69] por el buen crédito
que ante nuestro monarca obtuvieron mis consejos y advertencias
previas, cuando me oponía yo a esta pérfida guerra? Y no obstante,
infeliz Tebas –dice–, y destinada a sucumbir si callara,
no puedo, pobre de mí, escuchar tu caída, y con mis vacíos[70]
ojos devorar el fuego provocado por los griegos. Tuya
sea, Piedad[71], la victoria; ea, doncella[72], dispón los altares,
consultemos a los dioses». Obedece aquélla, y con sagaz
mirada le informa del tinte sanguíneo de los vértices

67. *i.e.,* Etéocles, claro está.

68. *i.e.,* Polinices.

69. Entiéndase irónicamente: «¿vuestra visita, vuestra solicitud se debe acaso...».

70. Recuérdese que Tiresias es ciego, *cf.* II, 95 s., IV, 407 ss.

71. Una de las numerosas divinidades abstractas, personificación del sentimiento que hace al hombre reconocer y cumplir los naturales deberes respecto a los dioses, los padres, la patria, etc., según el caso.

72. *i.e.,* Manto, la hija de Tiresias, que ya ha servido anteriormente de ayudante a su ciego padre en otro rito adivinatorio, de nigromancia en ese caso. *Cf.* IV, 463 ss.

de las llamas, del doble fuego que se alza en los altares, y de
los claros picos de luz surgidos no obstante en el centro; indica
entonces al inseguro vate que esa vana luz rojiza
se desliza con sinuosas vueltas[73] al modo de una serpiente,
y se extingue, e ilumina las tinieblas de su padre. Al punto
rodea aquél los coronados fuegos, el profético vapor
absorbiendo con el semblante encendido. Se erizan de horror
sus lánguidos cabellos, su descontrolada melena alza
las sagradas cintas que la oprimen: creerías que sus ojos
se han abierto[74] y que el brillo ya apagado ha vuelto a sus mejillas.
Al fin dio rienda suelta al frenesí que lo embargaba con estas
palabras: «Oíd, culpables labdácidas, la postrera ofrenda
que demandan los dioses: llega la benéfica salvación, mas
por duro trámite. La serpiente de Marte exige sacrificios
a los manes y fieros ritos: que caiga el último descendiente
de la viperina raza[75], sólo con esta condición se concede
la victoria. Dichoso aquel que dejará la vida a cambio de
tan gran merced».
Junto a los terribles altares del profético
vate se hallaba Creonte, afligido, pero aún doliéndose
sólo del destino de su patria, que comparte: como la gran
descarga de un súbito rayo, como si hubiera sido atravesado
su pecho por la lanza blandida, lo escucha sin aliento,

73. *ancipiti gyro,* con el adjetivo *anceps,* literalmente «de doble faz o cabeza», de donde «ambiguo», «inestable», «incierto». Toda la escena, en la que asistimos a un nuevo rito de adivinación, es otra vez descrita de forma conscientemente críptica. El doble fuego simboliza a los dos hermanos enfrentados, Etéocles y Polinices, la rojiza llama que serpentea y se extingue veremos luego que presagia el suicidio de Meneceo, descendiente de los Espartos, nacidos de los dientes del dragón de Marte.

74. *i.e.,* que han recuperado la vista, como ya ocurrió antes; *cf.* IV, 579 ss.

75. *i.e.,* de los Espartos: véase nota 2 (p. 69) a I, 8.

y se percata de que es a Meneceo[76] a quien se reclama. Lo demuestra en efecto y le persuade de ello su temor; queda el angustiado padre estupefacto, mientras congela el miedo su corazón: como recibe la costa trinacria[77] el embate de las olas que el mar de Libia envía. Luego, ora abrazando humildemente sus[78] rodillas, ora tocando su inspirada boca, suplica en vano guardar silencio al vate henchido de Febo y que ordena actuar deprisa; ya ha acogido la fama su sagrada voz, y vuela, y Tebas proclama los oráculos.

Ahora, ea, memoriosa Clío[79], comienza a narrar, puesto que en tus manos están los siglos y toda la historia pasada, quién despertó en el joven el gozoso impulso de una gloriosa muerte –pues jamás se le ha ocurrido en efecto esta idea al hombre sin intervención divina.

¡La diosa que siempre se halla junto al trono de Júpiter, de donde rara vez suele aparecer por el mundo y acercarse a la tierra, la Virtud, sea que el padre omnipotente lo ha permitido, sea que ella misma ha elegido penetrar en el interior de hombres capaces de albergarla, cómo saltó entonces llena de alegría de las regiones celestes! Le abren camino a su paso las brillantes estrellas y los fuegos que en los cielos ella misma había fijado[80]. Y ya pisa el suelo, y no se halla su semblante lejos del cielo; pero le pareció oportuno cambiar su aspecto,

76. Hijo de Creonte y nieto del primero de este nombre, uno de los Espartos o «Sembrados», nacidos de los dientes del dragón de Marte sembrados por Cadmo.
77. De Sicilia, llamada así por sus tres promontorios.
78. Las de Tiresias, claro.
79. Como en el libro primero (*cf.* I, 41), es a la Musa de la Historia a la que invoca ahora el poeta.
80. *i.e.,* las almas divinizadas tras su muerte debido a su virtud, y que ocupaban un sitio entre las estrellas.

se convierte en la sagaz Manto[81], de modo que sus respuestas
gocen de total crédito, y por este subterfugio se despoja
de sus anteriores rasgos. Ha desaparecido el terrible
rigor de su mirada, algo de su nobleza ha permanecido,
y una belleza más dulce, y depuesta la espada, ha asumido
los ornamentos de los vates; desciende su ropa hasta los pies,
y a sus hirsutos cabellos se anuda la sagrada cinta –pues
había laurel– aunque delatan a la diosa su severo
rostro y sus pasos que exceden la medida normal. Así se
reía su amante lidia[82] del hijo de Anfitrión, al verlo,
despojado de la hirsuta piel[83], echar a perder los mantos
sidonios con sus espaldas, embarullar las ruecas y romper
con su diestra los tamboriles.
En pie te encuentra, Meneceo,
ante la torre dircea, y no indigno del sacrificio, sino
merecedor más bien de tal encargo; en el abierto umbral de la
inmensa puerta abatías a los dánaos, igual que el marcial
Hemón[84]. Pero pese a tener la misma sangre y a ser del todo
hermanos, tú eres el primero: montones de cadáveres
se acumulan en torno; todo dardo da en el blanco, no hay golpe
que no cause la muerte –y aún no estaba presente la Virtud–,
no descansa tu mente ni tu diestra, tus insaciables armas
no dan respiro, la propia Esfinge, guardiana de tu casco,

81. La hija de Tiresias, recuérdese, que asiste a su padre en los ritos de adivinación. *Cf. supra,* vv. 597 ss.

82. Ónfale, la reina de Lidia, con la que cohabitó Hércules durante un tiempo –de uno a tres años– como su esclavo, y con la que se intercambiaba el atuendo, compartiendo además las tareas femeninas con ella y sus doncellas.

83. La piel del león de Nemea que le servía a Hércules de cobertura, desde que el héroe diera caza a la fiera en el primero de sus doce trabajos.

84. Hijo también de Creonte, hermano de Meneceo y prometido de Antígona, como ya se dijo.

parece entrar en furia, brilla su efigie, animada a la vista de la sangre, y el salpicado cobre de las armas refulge: cuando reprimió la diosa[85] tu combativa diestra sobre la empuñadura de la espada: «Esforzado joven, más seguro vástago de la belicosa simiente de Cadmo que ningún otro que haya podido Mavorte reconocer, abandona estas anodinas luchas, no es ésta la virtud que te está reservada: los astros te llaman, y al cielo enviarás –¡concibe más altos planes!– tu alma. Este inspirado anuncio acaba de hacer mi padre[86] ante los propicios altares, esto piden los fuegos y las entrañas, esto es lo que exige Apolo: a cambio de toda la sangre de la patria a un ser nacido de la tierra reclaman. Canta la fama estos consejos, exulta el pueblo de Cadmo, seguro de ti; acoge ya en tu mente a los dioses, acoge tu noble destino. Ve, te lo pido, apresúrate, que tu muy próximo Hemón no se te anticipe». Así dice, y acarició calladamente su indeciso pecho con su potente diestra, anidando dentro de su corazón. Un ciprés alcanzado por las descargas del rayo no tarda menos en absorber las hostiles llamas, de la raíz a la cima, de lo que tardó el joven, poseído por la imponente deidad, en concebir en su pecho los más altos sentimientos y abrazar el amor a la muerte. Pero cuando, al retirarse ella, advirtió su paso y su porte, y vio a Manto alzarse de la tierra a las nubes de repente, quedó perplejo. «Te sigo –exclama–, quienquiera de los dioses que seas tú que me has llamado, y te obedezco sin tardanza»; y mientras retrocedía de inmediato, atravesó no obstante a Agreo de Pilos que se lanzaba sobre la valla. Extenuado lo reciben sus escuderos; el pueblo entonces

85. *i.e.,* la Virtud personificada, ahora bajo el aspecto de Manto, hija de Tiresias.
86. *i.e.,* Tiresias.

lo proclama exultante, conforme avanza, artífice de la paz,
su protector y su dios, y lo colma de un noble ardor. Y ya se
encamina presuroso, en ansiosa carrera, a las murallas,
y se alegra de haber evitado a sus pobres progenitores,
cuando apareció su padre, y ambos se detuvieron, helada
la voz y fija la vista en el suelo. Al fin se anticipó el padre y
dijo así: «¿Qué nueva emergencia te ha arrancado de la entablada
lucha? ¿Qué proyectos de más peso que la guerra tienes? Dime,
hijo, te lo imploro, ¿por qué es torva tu mirada?, ¿por qué esa
siniestra palidez en tu semblante, por qué no sostienen tus ojos
la mirada de tu padre? Has oído el oráculo, está claro.
¡Por tus años te lo ruego, hijo, y por los míos, por el seno
de tu infeliz madre, no te fíes, muchacho, del adivino!
¿Es que se dignan los dioses inspirar a un sacrílego anciano,
de mirada vacía, ojos sin luz y castigo tan similar
al del cruel Edipo?[87] ¿Y si es el rey[88] quien actúa con insidias
y un alevoso fraude, por temor en su extrema situación
a nuestra nobleza y a tu valor que tanto excede en fama
a nuestros caudillos? ¡De él son quizá estas palabras que juzgamos
de los dioses; de él son esos consejos! No des rienda suelta
a tu ardoroso ánimo, concédete un respiro, una breve
pausa, mal rector es el ímpetu en toda circunstancia; otorga,
te lo ruego, esta merced a tu padre. Así se cubran de canas
tus sienes a su tiempo, y tú mismo seas padre, y a sentir
llegues, bravo muchacho, este mismo temor: no insistas en privar
a mi hogar de descendencia. ¿De modo que los padres extraños
y los hijos ajenos te conmueven? Si tienes pundonor,
compadécete primero de los tuyos. En eso consiste

87. La ceguera, claro. Pero la de Tiresias fue un castigo divino, obra de Minerva o de Juno, según las versiones, tras un conflicto con el adivino. La de Edipo ha sido obra de sus propias manos, su conciencia culpable le ha llevado a mutilarse.

88. *i.e.,* Etéocles.

la piedad, el verdadero honor; allí[89] sólo hallarás gloria,
un lustre que se lleva el viento y unos títulos que de nada
valen en la muerte. Y no es por temor por lo que yo, tu padre, intento
convencerte: ve y entabla combate, ve y plántales cara
a través de las filas griegas, en medio de las espadas; no te
detengo: pueda yo, infeliz de mí, lavar tus tremendas heridas
y enjugar con mis lágrimas los ríos de sangre, y volverte a enviar
una y mil veces a la cruel batalla. Esto es lo que Tebas prefiere».
Así mantenía en un estrecho abrazo su cuello y sus manos;
pero ni sus lágrimas ni sus palabras movían al joven
del voto hecho a los dioses; tanto es así que, inspirado por ellos,
encara a su padre con un secreto ardid y aleja su temor:
«Te equivocas, ay, y desconoces, mi muy buen padre, el miedo
auténtico. No me inquietan avisos algunos ni sermones
de frenéticos vates, ni me mueven con sus vanos consejos:
recite el astuto Tiresias para él y para su hija esas
monsergas; no, aunque directamente contra mí el propio
Apolo entrara en furia desde sus abiertos antros. Pero me
insta a regresar por propia iniciativa a la ciudad la grave
situación de mi querido hermano: gime mi Hemón herido
por una lanza inaquia; apenas de entre el polvo de la batalla,
entre ambas líneas, cuando ya lo tenían los argivos[90]... pero
me entretengo; ve, reconforta su vacilante ánimo, o di
a la gente que lo lleva que miren por él y lo transporten
con suavidad; yo iré a buscar a Etión, docto en cerrar heridas
y en contener la fatal pérdida de sangre». Así, sin acabar
de hablar, salió corriendo, dejando el pecho de aquél[91] sumido en

89. *i.e.,* entregándote como víctima.
90. No acaba sus palabras Meneceo, con el recurso ya visto en tantas ocasiones.
91. *i.e.,* su padre, Creonte.

negra bruma, con una mezcla total de sentimientos; vaga
su amor de padre irresoluto, y sus miedos se dividen, lo instan
las Parcas a creerlo.
Entretanto el turbulento Capaneo
persigue por todo el campo de batalla a las tropas que salen
por las maltrechas puertas, ora destacamentos de jinetes,
ora compañías a pie, y carros que aplastan los cadáveres
de sus conductores; lo mismo resquebraja las altas torres
con una tormenta incesante de piedras que persigue a las
escuadras dejando un vaho de sangre. Ora de alado plomo
nuevas heridas siembra con sus disparos, ora tensando
el brazo hace volar por los aires la jabalina, y no hay asta
que a la cima de los muros llegue sin abatir a un hombre ni
volver abajo cubierta de sangre. Y ya ni al hijo de Eneo[92],
ni a Hipomedonte, ni al adivino, ni al arcadio creen muertos
la armada de Pélope: más bien que se han juntado las almas
de sus compañeros y que en un solo cuerpo se alzan todas,
de tal forma llena todo el espacio. No lo conmueve la edad
de nadie, ni su porte o su belleza; carga con igual furia
contra quien lucha y contra quien suplica; nadie osa enfrentarlo
ni ensayar las contingencias del combate: a lo lejos se espantan
de las armas del furioso héroe, de su terrible penacho
y el frontal de su casco.
Mas el piadoso Meneceo, ya con
venerable aspecto y un semblante más solemne de lo habitual,
como si de repente de la bóveda celeste hubiera
descendido a la tierra, se detuvo en una parte elegida
de los muros, dándose claramente a conocer con el casco

92. *i.e.,* Tideo. El vate es, claro, Anfiarao, y el arcadio, Partenopeo. Se recuentan, pues, los cuatro caudillos que han muerto hasta ahora de los siete que partieron contra Tebas. Las almas de todos ellos parece concentrar en sí mismo Capaneo.

quitado, bajó la vista sobre las filas de guerreros, y atrajo la atención del campo e impuso silencio a los combatientes con sus profundos gritos. «Dioses de las armas, y tú, Febo, que me permites morir de una muerte tan gloriosa, conceded a Tebas las alegrías que he pactado y pródigo comprado con el caudal entero de mi sangre. Volved atrás la guerra y arrojad contra la cautiva Lerna sus torpes despojos, que el padre Ínaco rechace a sus deshonrados hijos cuando intenten lavar en sus aguas sus traspasadas espaldas[93]. Devolved en cambio por mi muerte a los tirios sus templos, campos, moradas, esposas e hijos: si os he agradado como víctima propiciatoria, si he escuchado con oídos no desatentos los oráculos del vate, y los he asumido plenamente aun no creyéndolos Tebas, pagad por mí a la ciudad de Anfíon la deuda acordada, y apaciguad, os lo ruego, a mi engañado padre.» Así dice, y con su refulgente espada arremete contra su insigne alma desdeñosa hace tiempo de su cuerpo y dolida de ser retenida, la busca a fondo y de una sola estocada rompe sus ligaduras. Riega entonces con su sangre las torres y purifica las murallas, y se arroja luego sin soltar la espada en medio de las filas intentando caer sobre los fieros aqueos. Pero en sus brazos lo han acogido la Piedad y la Virtud, y hasta el suelo llevaban suavemente su cuerpo; pues su espíritu se halla hace tiempo en presencia de Júpiter y reclama para sí la cima entre las más altas estrellas.

Y ya portan exultantes al héroe dentro de los muros tras haberlo recuperado sin ningún esfuerzo: por propia iniciativa se había respetuosamente retirado la armada de los tantálidas; en largo cortejo asciende a hombros de unos jóvenes, y con alegres aplausos por todo el pueblo es proclamado su fundador por encima de Cadmo

93. Como los cobardes, heridos por la espalda y no de frente.

y de Anfíon; colman unos de guirnaldas, otros del más bello ornato de la primavera[94] sus exánimes miembros, y en el hogar paterno depositan su venerado cuerpo. Tornan luego al combate, una vez cumplidos los elogios fúnebres; deja entonces oír el padre, aplacada su ira, sus lúgubres gemidos, y por fin se da a la madre la potestad de llorar: «¿Te criaba yo cual vil madre, eximio muchacho, para servir de víctima expiatoria y ofrecer tu cabeza en sacrificio a la cruel Tebas? ¿Qué crimen he cometido, a qué deidad le soy hasta tal punto odiosa? No he traído yo en monstruoso coito nuevas prendas de amor al mundo contra natura, ni he parido, malhadada de mí, vástagos a mi hijo[95]. ¿Qué más da? Yocasta tiene a sus hijos y los ve en el trono y al mando de las tropas: ¡crueles sacrificios expiatorios ofrezcamos nosotros a la guerra, para que alternativamente –ésta es tu voluntad, señor del rayo– puedan los hermanos, hijos de Edipo, cambiar sus diademas! ¿Pero por qué me quejo de dioses u hombres? Tú, cruel Meneceo, tú antes que todos te has apresurado a matar a tu desdichada madre. ¿De dónde sale este amor a la muerte? ¿Qué sagrada locura embargó tu mente? ¿Qué frutos, qué hijos he traído para mi desdicha al mundo tan distintos a mí? Sin duda es la serpiente de Marte, y la tierra que floreció de las nuevas armas de nuestros ancestros[96]; de ahí tu funesto arrojo y un desmedido Mavorte en tu pecho, y de tu madre nada. He aquí que tras haberte dado muerte tú mismo por tu propia mano irrumpes en las tristes sombras contra la voluntad de los Hados. Y yo que temía a los dánaos y las armas

94. Quizá de rosas (Lact. Plac., *ad loc.*).
95. Clara alusión a Yocasta, madre y esposa de Edipo, a la que se menciona explícitamente a continuación.
96. Nueva alusión a la siembra por parte de Cadmo de los dientes del dragón de Marte, que generarían a los Espartos: véase nota 2 (p. 69) relativa a I, 8.

de Capaneo: ésta era, ésta la mano que había que temer,
y el hierro que yo misma le di, insensata de mí. ¿No ves cómo
ha sepultado la espada en su cuello? Estocada más profunda
ninguno de los dánaos habría podido asestarle».
Seguiría la desventurada hablando y llenando el espacio
con sus quejas: su séquito y sus siervas se la llevan, aunque odia
a quienes intentan consolarla, y la retienen en su alcoba, donde
permanece sentada con las mejillas surcadas de arañazos; ni la luz
del día ni las súplicas que le dirigen consiguen llamar
su atención o hacerle desviar la mirada, clavada en el suelo,
ya de voz, ya de seso privada. Así permanece echada
sola en su guarida de Escitia la feroz tigresa, a la que han
arrebatado sus crías, lamiendo sus huellas en la tibia
piedra; no le queda ya cólera, se ha aplacado la fiereza
y el hambre de sus salvajes fauces, pasan tranquilamente
por delante ganados y rebaños: sin moverse del sitio
los contempla ella; ¿dónde están en efecto aquellos para quienes
cebaría sus mamas, o a los que, tras haberla esperado
ansiosamente, abrumaría con una enorme presa?
Hasta aquí
las armas, las trompetas, el hierro y las heridas: pero ahora
contra el estrellado cielo se ha de alzar a Capaneo cara
a cara. No puede seguir mi canto utilizando el lenguaje
común de los poetas; mayor frenesí se ha de solicitar
de los bosques de Aonia: ¡osadas sed conmigo, diosas todas![97].
Ya sea aquél un furor enviado del seno de la noche
y que, siguiendo las enseñas de Capaneo, las hermanas
de la Estige[98] se precipitaron a tomar las armas contra
Júpiter, ya se trate de un valor desmesurado, o del ansia
de gloria, o de un marcado destino a una grandiosa muerte,

97. Invocación a las Musas en su totalidad.
98. *i.e.,* las Furias.

o de los felices comienzos de las desgracias y las iras
de los dioses a los mortales, que les son tan caras.
Ya al héroe
le resultan despreciables las terrestres luchas y harto está
de la vasta matanza, y agotados hace tiempo sus propios
misiles y los de los griegos, cansada su diestra, ha alzado
su vista al cielo. Con torva mirada mide luego las altas
cimas, y un camino en el aire para él acarrea, incontables
escalones, de dos árboles cubiertos sus costados[99]; a horror
moviendo asimismo a lo lejos blande una antorcha de múltiples
ramas de encina de radiante luz; se tiñen de rojo a un tiempo
sus armas y despide llamas su escudo. «Por aquí –exclama–,
por aquí me conmina a ir contra Tebas mi arrojado valor,
por donde de la sangre de Meneceo está resbaladiza
la torre. Comprobaré de qué sirven los sacrificios, o si es
falso Apolo.» Dice, y paso a paso se alza triunfante sobre
las cautivas murallas: así vio el éter a los Aloídas[100]
en medio de las nubes, cuando la impía tierra se encumbraba
dispuesta a mirar desde arriba a los dioses, y no llegaba aún
el enorme Pelio y ya el Osa tocaba al inquieto Tonante.
Atónitos entonces verdaderamente en este supremo
trance del destino, como si sobre la ciudad viniera una
última plaga y Belona con sus ensangrentadas antorchas
dispuesta a dejar las torres a ras del suelo, desde todos los
techos a porfía enormes rocas, macizos troncos y fuertes
correas de la honda balear –¿pues qué esperanza puede haber
en jabalinas y flechas perdidas en el aire?– emplean
contra él con auténtica ansia haciendo girar sus proyectiles
y acosándolo con sus moles. Pero no hay misil, lo acometa

99. A una escala se hace referencia, de forma harto complicada realmente.
100. Oto y Efialtes, *cf.* VI, 719 ss., y nota 113 (p. 290).

de frente o por la espalda, que lo haga desistir, sino que
suspendido en el vacío espacio, como si en tierra firme
fijara con toda seguridad sus plantas, sigue adelante,
desafiando la enorme avalancha que se le viene encima:
como un río que se abate contra el sólido edificio de un
viejo puente lo asalta tenazmente con sus aguas, se sueltan
ya las piedras y se han removido las vigas; con tanta mayor
violencia –lo siente en efecto– golpea y arrastra con olas
más embravecidas la debilitada mole, hasta que rompe
la rápida corriente todos los nexos y con libre curso
recupera victoriosa el aliento. Cuando sobre la cumbre
largo tiempo ansiada se destacó soberbio y contempló
desde arriba la ciudad temblorosa a sus pies espantando
Tebas con su poderosa sombra, increpa así a los atónitos
ciudadanos: «¿Son éstos los modestos alcázares de Anfíon
–¡qué vergüenza!–, son éstos los muros que siguieron dócilmente
su apacible canto[101], éstos, fábula de Tebas mantenida
con embustes largo tiempo? ¿Y qué hay de glorioso en derribar unas
murallas levantadas al dulce son de la lira?». Cayendo
a un tiempo sobre ellos con pies y manos destruye ferozmente
las junturas que sujetan las moles y los suelos de tablas:
saltan las plataformas de comunicación, se tambalean
las encajadas piedras del techo que las cubre, y de nuevo
se sirve del montón de escombros, lanza los fragmentos de roca
contra templos y casas, y con sus propias murallas destroza
ya la ciudad.
Y ya en torno a Júpiter según sus diferentes
simpatías murmuraban las deidades argivas y tirias;
el padre, imparcial entre unos y otros, los ve arder de cólera
junto a él, y sabe que sólo su presencia los refrena. Gime

101. *Cf.* I, 9-10, y nota 3 (p. 70).

Liber mientras su madrastra[102] lo observa atentamente, y mirando de través a su padre exclama: «¿Dónde está ahora esa cruel mano, y las llamas, ¡ay!, que me sirvieron de cuna, el rayo, ¡ah!, dónde está el rayo?»[103]. Gime Apolo por las moradas cuya fundación él mismo dictó[104]; se debate el Tirintio afligido entre Lerna y Tebas[105], y, tensado el arco, vacila; por su materna Argos se lamenta el alado hijo de Dánae[106]; llora Venus por el pueblo de Harmonía[107], y temerosa de su esposo se mantiene alejada, con tácita ira vuelta su vista hacia Gradivo. Increpa la audaz Tritonia[108] a los dioses aonios, un furioso silencio atormenta a la callada Juno. Todo esto no altera sin embargo la calma de Júpiter: mas he aquí que cesaron las querellas cuando en medio de los astros se escuchó la voz de Capaneo: «¿No os alzáis ninguna divinidad –clamaba– en defensa de la aterrada Tebas? ¿Dónde estáis los vagos hijos de esa nefanda tierra, Baco y el Alcida?[109] Vergüenza

102. *i.e.,* Juno.
103. Alusión de nuevo a la brusca interrupción del embarazo de Sémele, madre de Baco, causada por el rayo de Júpiter.
104. Tebas fue fundada por Cadmo siguiendo las indicaciones del oráculo de Apolo en Delfos; *cf.* VII, 664, y nota 100 (p. 332).
105. Hércules estaba conectado con los dos bandos en guerra, pues era tebano de nacimiento, pero tirintio o miceneo por su familia. Tras devorar el fuego su parte mortal (la que tenía de su madre Alcmena) en la pira, su parte inmortal (procedente de su padre Júpiter) fue trasladada al cielo y divinizada.
106. *i.e.,* Perseo. También semidiós, como Hércules, en el cielo aparece catasterizado en la constelación que lleva su nombre, al igual que su esposa Andrómeda.
107. La hija de Venus, esposa de Vulcano, y de Marte, casada con Cadmo, a la que ya se ha aludido en múltiples ocasiones.
108. *i.e.,* Minerva. Sobre el origen de este epíteto, véase nota 116 (p. 140) sobre II, 684.
109. Sobrenombre de Hércules por su abuelo Alceo, padre de Anfitrión (aunque éste no fuera el auténtico padre de Hércules, sino Júpiter).

me da provocar a dioses inferiores. Mejor que vengas tú[110].
¿Quién es más digno en efecto de salir a mi encuentro? He aquí
en mi poder las cenizas y la pira de Sémele; ¡ea, pues,
Júpiter, concentra tus fuerzas y ven contra mí con todas
tus llamas! ¿O sólo eres más fuerte para turbar con tus truenos
a las tímidas doncellas y destruir las torres de tu suegro
Cadmo?»[111].

Un indignado clamor se elevó entre los dioses ante [estas
palabras; se rio de su furia el aludido, y sacudiendo
la masa de sus sagrados cabellos: «¿Qué esperan los hombres
después de los combates de la orgullosa Flegra?[112] ¿También tú
estás dispuesto a ser herido?», dice. En vista de su lentitud
lo apremia por todas partes la multitud de dioses rechinando
los dientes, y reclama sus vengadoras armas, y ya ni su
turbada esposa se atreve a oponerse a los hados. El propio
palacio celeste truena espontáneamente, no dada aún
la señal, se congregan las nubes por sí mismas sin el soplo
del viento, y acuden presurosas las lluvias: creerías que ha
roto Iápeto[113] las cadenas estigias o que a la bóveda
celeste se alzan la derrotada Inárime[114] o el Etna. Sienten

110. Como se verá, Júpiter, a quien reta directamente Capaneo.
111. Sémele, madre de Baco, era hija de Cadmo.
112. Escenario de la Gigantomaquia, o guerra de Júpiter y el resto de los Olímpicos contra los Gigantes.
113. Uno de los seis Titanes, padre entre otros de Atlas y de Prometeo. Participó en la Titanomaquia, junto a alguno de los otros Titanes, en defensa de su hermano Saturno, y fue encadenado y sepultado en el Tártaro junto con ellos tras ser derrotados por Júpiter y sus hermanos.
114. Isla volcánica en el golfo de Nápoles, hoy Isquia. Fue el teatro de la batalla definitiva de Júpiter contra Tifoeo (*cf.* Virg., *En.* IX, 716). Bajo algunos de estos volcanes, como el Etna, mencionado a continuación, se suponía que estaban encerrados algunos de los Gigantes o de los Titanes tras su derrota.

los habitantes del cielo vergüenza de temer tales cosas;
pero cuando ven al héroe mantenerse a pie firme en medio
del colapso del globo y reclamar insensatos combates,
enmudecen de asombro y pierden el color poniendo incluso
en duda la eficacia del rayo. Había comenzado sobre
la cima de la torre Ogigia a bramar el cielo de manera
extraña y a ocultarse el firmamento bajo un haz de tinieblas:
se aferra aquél no obstante a los alcázares, que no consigue ver,
y cada vez que brillan los rayos en la desencadenada
borrasca: «de estos fuegos –exclama–, de éstos conviene servirse
ya contra Tebas, reavivar con ellos mi antorcha y alumbrar
esta alicaída encina». Mientras pronunciaba estas palabras,
lo ha alcanzado el rayo disparado con toda su potencia
por Júpiter: se dispersó primero en las nubes su penacho,
cae calcinada la combada superficie de su escudo,
y ya todos los miembros del guerrero relucen. Retroceden
las tropas, y en uno y otro bando reina el terror de a dónde va
a caer, a qué escuadrones va a herir con su cuerpo en llamas.
Dentro de él, de su yelmo, entre sus cabellos, siente crepitar
un haz de fuego, e intentando arrancar con su diestra la coraza
que lo abrasa, palpa bajo su pecho la ceniza en que el hierro
se ha convertido. En pie se mantiene no obstante; vuelto hacia el cielo,
exhala su postrer aliento, y apoya su humeante pecho
en los odiados muros para no caer: pero sus mortales
miembros abandonan al héroe, y se despoja su espíritu
de su envoltura; si hubiera su cuerpo tardado un poco más
en desfallecer, habría podido esperar un segundo rayo.

Libro XI

Una vez que el magnánimo Capaneo agotó las furias
de su desmesurado valor, se apagó el rayo alojado
en su seno, e impresa quedó en los muros la larga huella
de la llama vengadora que acompañó su caída al suelo,
apacigua el victorioso Júpiter las convulsas regiones
con su diestra y restaura con una mirada el cielo y el día.
Le felicitan los dioses, como si jadeara agotado
de las lides de Flegra[1] y sobre Encélado acabara de plantar
el humeante Etna. Yace aquél[2] abrazando los fragmentos
de la abatida torre, aún con amenazador aspecto
y dejando a las gentes hechos dignos de ser recordados
y no sin valor para el propio Tonante. Igual de colosal
aparece tendido en el Averno el lascivo acosador

1. Una vez más, alusión a la Gigantomaquia, *cf.* II, 595; X, 909, y notas 100 (p. 136) y 112 (p. 453). Encélado es el nombre de uno de los Gigantes, *cf.* III, 595, y nota 86 (p. 172).
2. Capaneo.

de la madre de Apolo[3]; las mismas aves se espantan, cada vez
que se alzan del fondo de su pecho y observan sus enormes
miembros extendidos, mientras sus miserables vísceras
se regeneran para servirles de alimento: así abruma él
con su peso la tierra sobre la que se ha abatido, y abrasa
los hostiles campos y el llano que exhala el humo del celeste
fuego. Tebas respira, y se incorporan las multitudes
prosternadas en los templos; se ha puesto ya fin a los votos,
fin a las más hondas lamentaciones, y han osado las madres
dejar a sus hijos en el suelo.

A la fuga se dan en cambio
los aqueos dispersándose a la desbandada por el campo.
No temen ya a los escuadrones enemigos o el mortal hierro:
las iras de Júpiter tienen todos ante sus ojos, todos
creen de miedo ver sus armas envueltas en llamas y oír
el trueno retumbar en sus cascos, y en su terror les parece
que el propio Júpiter les va a la zaga oponiendo sus fuegos
a los fugitivos. Los persiguen los guerreros de Agénor[4] y
se aprovechan del tumulto del cielo: como cuando en los campos
masilos ha despedazado un león a fieras dentelladas
a los salvajes jefes de un rebaño y se aleja satisfecho;
se han aproximado entonces gruñendo los osos y los lobos
ávidos, y apaciguada su rabia lamen cobardemente
las heridas de una presa ajena. Los acosa de un lado
Eurimedonte[5], que inspira horror con sus rústicas armas, lleva
rústicos dardos en su mano, y de casta le viene provocar
tumultos: era hijo de Pan; excede de otro lado sus años
con su ímpetu el tierno Alatreo, y aún muchacho, iguala a su

3. El gigantesco Titio; véase nota 133 (p. 105) relativa a I, 710.
4. *i.e.,* los tebanos.
5. Uno de los capitanes tebanos ya mencionado en el catálogo de guerreros, véase VII, 262 ss. Allí lo hace Estacio hijo de Fauno.

joven padre[6]: dichosos ambos, pero más afortunado aquél, a quien complace haberlo engendrado; y no es ya fácil discernir qué armas resuenan más, la lanza de qué brazo llega más lejos.

Se atasca la empalizada con la densa marea de los que vienen huyendo. ¿Qué alternativas desencadenas, Gradivo? ¡Hace un momento escalaban las murallas de Cadmo: sus propios reales defienden ahora los pelasgos! Como nubes que retornan, como se inclina hacia delante uno u otro sembrado soplando en torno los austros, como ora deja al desnudo, ora recubre el oleaje las sedientas arenas con su blanco torbellino. En masa expira la juventud tirintia, que imita los despojos del dios patrio[7]; desde las estrellas el fiero hijo de Anfitrión se aflige al ver bañadas en sangre las pieles nemeas[8] y las mazas y aljabas similares a las suyas. En pie sobre la fortificada cima de una torre argiva se hallaba Enyeo, con el clarín del propicio Mavorte egregio en exhortarlos, y que ahora en su infortunio útil señal les daba, alentaba su huida y su segura retirada dentro del campamento: cuando de repente baja cortando el aire el trallazo, y conforme intensificaba el sonido, quedó en la oreja izquierda su mano retenida, tal cual estaba; huye ya su espíritu a los livianos aires, su congelada boca queda ya en silencio y el toque ha acabado la trompeta sola.

Y ya Tisífone, de los crímenes señora y diestra en la sangre de los dos pueblos, busca acabar la guerra con la lucha

6. Lapitaón. Ambos guerreros, padre e hijo, ya fueron también presentados: VII, 291 ss.
7. *i.e.,* Hércules, véase nota 105 (p. 452) sobre X, 891. Está, según algunos, catasterizado en el cielo en la constelación de El Arrodillado.
8. Las pieles de león que recubren las espaldas de estos guerreros, a semejanza de su patrón, Hércules. Así los vimos ya en IV, 154 s.

de los dos hermanos[9]: y no confía en bastarse a sí misma
en un enfrentamiento de tal calibre, si no hace salir
de su sede infernal para entrar en combate a su colega
Meguera y sus fraternas serpientes[10]. En un valle alejado y
solitario así pues retirada, excava el suelo con su espada
estigia, susurra sobre la tierra el nombre de la ausente y
–signo inequívoco para los reinos Elisios– hace erguirse
con largo silbido a una víbora de su melena: era aquélla
el caudillo de su azulada cabellera, y no bien fue oída
se estremeció la tierra entera, el mar y el cielo, y el padre volvió
de nuevo la vista a los fuegos del Etna[11]. Escucha aquélla[12]
el sonido; se hallaba entonces casualmente junto a su padre[13],
mientras por todo el séquito de Dite es Capaneo alabado
y reconforta su insigne sombra en las corrientes estigias.
De inmediato, hendida la masa terrestre, se detuvo bajo
los astros, exultan los manes, y cuanto menos densas se hacen
las profundas tinieblas, tanto más se ha debilitado la luz[14].
La acoge su sombría hermana, y asiendo su diestra dice así:
«Hasta ahora, hermana, he podido asumir los temibles mandatos
del padre estigio y los furores que se me han encomendado
sola sobre la tierra y haciendo frente a un mundo hostil, mientras

9. Etéocles y Polinices, naturalmente.

10. Recuérdese que las tres Furias o Erinies, Alecto, Meguera y Tisífone, son hermanas (hijas de la Tierra y de las gotas de sangre de Urano caídas en ella tras su castración) y están dotadas de cabellera de serpientes.

11. *i.e.,* Júpiter piensa de nuevo en usar sus rayos, fabricados por los Cíclopes en su fragua bajo el Etna.

12. *i.e.,* Meguera.

13. Plutón, Dite por otro nombre, que sólo genéricamente puede considerarse padre de las Furias, cuyo origen ya se ha recordado (véase *supra,* nota 10 sobre 60 s.).

14. *i.e.,* al ascender la Furia a la superficie terrestre, se suavizan las tinieblas del inframundo mientras arriba el día se oscurece.

vosotros regís el Elisio y las dóciles sombras. Y no es vil
el lucro de mi demora, ni han sido vanos mis esfuerzos:
esto de que estén empapados los campos, de que humeen
de sangre los pantanos, de que la orilla de la Lete exulte
de una incontable multitud, mis eficaces hechos son, mis
gloriosas insignias. ¿Pero a mí qué todo esto? Que se lo quede
Marte, que lo divulgue y se jacte de ello Enío[15]. Has visto
–sin duda destacaba entre las sombras de la Estige– al caudillo
con sus labios manchados de sangre y llena la boca de negra
putrefacción: roe insaciable la cabeza del desdichado
que yo misma he puesto a su disposición. Hace poco, ¿no es
[cierto?,
un horrendo estrépito llegó hasta vosotros desde los cielos:
era a mí a quien acosaba la sagrada tempestad, era yo
quien mezclada a las terribles armas del héroe me reía
de las guerras de los dioses y las potentes iras del rayo.
Pero ya –lo confesaré en efecto– del prolongado esfuerzo
desfallecen mis ánimos, hermana, y lentas son mis manos;
languidece el infernal tejo[16] bajo el cielo, y la excesiva luz
de los astros adormece a mis desacostumbradas serpientes.
Tú, que conservas íntegro tu furor y una exultante y fresca
cabellera de las aguas del Cocito, permite que se unan
nuestras fuerzas. No son los habituales combates ni las guerras
de Marte lo que preparamos, de hermanos –aunque la dulce Fe
y Piedad estén en desacuerdo, serán vencidas–, de hermanos
son las espadas que han de desenvainarse en lucha cuerpo a
[cuerpo.
¡Grandiosa obra! Armémonos nosotras mismas de sus odios, de sus

15. Diosa de la guerra; véase V, 155, y nota 27 (p. 228). Tisífone desdeña como menores los éxitos bélicos; de la desmesura de Tideo y de Capaneo va a hacer gala a continuación.
16. De cuyas ramas se compone la tea de las Furias.

enfrentadas armas. ¿Por qué tardas? Venga, elige de quién quieres llevar las enseñas. Ambos son maleables y están en nuestras manos; pero es el vulgo tornadizo, y temo las palabras de su madre y los persuasivos ruegos de Antígona, no sea que retarden en algo nuestros planes. Incluso aquel[17] que tiene por costumbre fatigarnos con sus súplicas y reclamar de las Furias la venganza de sus ojos es padre al fin y al cabo: cuentan que ya, lejos de toda compañía, llora a solas su desgracia. Y hasta yo misma me demoro en irrumpir en Tebas y en el hogar acostumbrado. Que a ti obedezca el impío exiliado[18], alienta el crimen de Argos; cuida que no prevalezca el clemente Adrasto, ni se demore el pueblo de Lerna. Ve, y para el mutuo enfrentamiento regresa como enemiga».

Tras haberse repartido así la tarea, se alejaron las hermanas cada una por su lado: como desde los dos polos del mundo, nutrido uno por la nieve rifea[19], otro por las arenas de Libia, el Noto y el Bóreas entablan combate: retumban ríos, mares, nubes, bosques, y ya quedan patentes los estragos; lloran sus pérdidas los colonos, y sin embargo se apiadan de los marineros sorprendidos en medio del mar. Cuando desde su elevado trono en la cima del Olimpo las vio el padre contaminar el día, y llenarse de manchas el tremolante disco de Hiperíon[20], comienza a hablar así con torvo semblante: «Hemos visto, habitantes del cielo, belicosos furores, hasta el límite de lo permitido, y lícitos enfrentamientos, aunque ha entablado un hombre[21] [impías

17. *i.e.,* Edipo.
18. *i.e.,* obviamente Polinices.
19. Véase I, 420, y nota 93 (p. 92).
20. El sol; véase VIII, 47, y nota 12 (p. 342).
21. Capaneo, obviamente.

batallas y osado sucumbir bajo mi diestra. Ahora una pareja abominable y un duelo desconocido para la infeliz tierra se aproxima: ¡Apartad vuestra vista! Que a tales actos se atrevan sin contar con la presencia de los dioses y queden ocultos a Júpiter; bastante he tenido con ver el fúnebre banquete de Tántalo[22], los culpables altares de Licaón[23] y Micenas apremiando la llegada al cielo de las estrellas[24]. También ahora el día debe ser turbado: acepta, tierra, estas funestas nubes y que se mantengan aparte los cielos: es mi decisión preservar el firmamento y a mis propias deidades; que al menos las estrellas de la benéfica Virgen[25], los hermanos hijos de Leda[26] no contemplen tales crímenes». Así habló el padre omnipotente, y apartó su vista de los culpables campos, y quedó la tierra privada de la dulce serenidad del cielo.

Y ya la doncella hija del Érebo[27] sigue las huellas de Polinices a través de las tropas argivas, y lo encuentra bajo las mismas puertas, dudando si escapar de tantas adversidades por la muerte o por la huida. También habían turbado sus inseguros sentidos los presagios: mientras recorría la empalizada en las tinieblas de la noche sin saber qué hacer y dando

22. Véase nota 58 (p. 82) sobre I, 246 s.
23. Rey de Arcadia, hijo de Pelasgo y padre de Calisto, convertido por Júpiter en lobo tras haberle aquél servido para comer carne humana. Aludido ya en III, 480.
24. Por la brusca retirada del sol, véase nota 76 (p. 87) sobre I, 325.
25. *i.e.,* Virgo. La identificación más habitual de este catasterismo es con Dike, la Justicia, una de las tres Horas, hijas de Júpiter y Temis. Según otra versión se la identifica con Erígone, sobre la cual véase nota 145 (p. 213) sobre IV, 692.
26. *i.e.,* Cástor y Pólux, los Dióscuros, catasterizados en la constelación de Géminis, los Gemelos.
27. *i.e.,* la Furia Meguera, que alentará a Polinices (*cf. supra,* 109), mientras Tisífone se encarga de Etéocles.

vueltas en sus cuitas a las ideas más extremas, había visto la lacerada imagen de su esposa Argía con una antorcha fúnebre –¡son portentos de los dioses, así se disponía a ir, estas antorchas iba a llevar a su esposo![28]–: y al preguntarle él a dónde iba o cuál era su aflicción, por qué esos siniestros atributos, sólo el llanto había sido su respuesta, mientras apartaba en silencio la llama con su mano. Sabe que no es sino una horrorosa visión, producto de su mente, pues ¿cómo habría llegado su esposa desde Micenas y penetrado en el fuerte sin ser notada? Pero es consciente, y teme serlo, de los avisos del hado y de que su muerte está próxima. Pero cuando la Furia salida del Aqueronte blandió su látigo y tocó con él tres veces su coraza, arde fuera de sí, y ya no anhela tanto ocupar el trono cuanto el crimen, la matanza y expirar en la sangre de su muerto hermano, e interpela así de súbito a Adrasto: «Tardías son sin duda, padre, las resoluciones que adopto, último superviviente de mis camaradas y del pueblo argivo, en circunstancias ya tan apuradas; entonces era el momento, cuando intacta estaba la sangre de los aqueos, de dar un paso al frente y asumir la lucha singular, en vez de exponer a la flor del pueblo de Dánao y las venerables vidas de los caudillos, para que pudiera yo ceñir a mis sienes un honor que es causa de llanto para tantas ciudades. Mas ya que la ardua ocasión del valor ha pasado, que al menos me sea permitido ahora saldar mi deuda. Lo sabes en efecto, suegro, aunque ocultes tus profundas heridas y respetes la aflicción y el pudor de tu yerno: yo soy aquel que, mientras ejercías en paz y piadosa justicia tu gobierno –¡infeliz de mí, que ojalá a otras ciudades hubiera sido deparado como huésped!–, exiliado de tu patria

28. Anticipación de lo que veremos en XII, 228 ss.

y de tu reino[29]... pero exige al fin el castigo: reto a mi
hermano –¿de qué te espantas?, está firmemente decidido–
a un combate decisivo: no intentes detenerme, no podrás.
No desistiría, aunque mi triste madre y mis pobres hermanas
cayeran en medio de nuestras armas, aunque mi propio padre
me cerrara el paso al lanzarme a la batalla, sobre mi yelmo
echando sus apagadas órbitas. ¿O voy a beber hasta
la última gota de sangre inaquia y a sacar aún ahora
provecho de vuestras muertes? He visto yo romperse junto a mí
y abrirse la tierra[30], y no me precipité en su seno; he visto
sin vida a Tideo, y fui yo quien lo hizo culpable; me reclama
a su rey la indefensa Tegea[31], y contra mí se alzan los gritos
de su desolada madre en los antros parrasios. No he sido yo
capaz de escalar las riberas del Ismeno, mientras teñía
de sangre sus aguas Hipomedonte, ni las torres tirias,
mientras retumbaba el trueno, y mezclar contigo mis furores,
Capaneo. ¿Qué es este temor tan grande por la vida? Pero
rendiré una digna compensación. Que se reúnan doquiera
que estén las nueras y madres pelasgas y los ancianos padres,
a quienes tantas alegrías arrebaté, cuyos hogares
asolé: contra mi hermano me enfrento en duelo, ¿qué más puedo
[hacer?
Que aguarden y pidan en sus votos la victoria de Etéocles.
¡Y ahora, adiós, esposa, adiós, dulce Micenas! Mas tú, querido
suegro –pues no es mía toda la culpa de estos males, los dioses
y las Parcas la comparten conmigo–, sé conmiserativo
con mis cenizas, recupera mi cuerpo después del combate

29. «Te forcé a verte» o algo por el estilo. La frase queda sin terminar, como en otras ocasiones ya se ha visto, para marcar la agitación del que habla, en este caso Polinices.
30. Para engullir a Anfiarao.
31. En Arcadia. La referencia es, claro está, a Partenopeo. Su madre, ya se sabe, Atalanta.

y protégelo de las aves y de mi hermano, lleva mi urna
de regreso –sólo esto pido– y une en matrimonio a tu hija
con mejor suerte».
Se deshacían en lágrimas, como cuando
al regreso de la primavera se han entibiado las nieves
bistonias, pierde nivel el grandioso Hemo y baja el Ródope
en angostos torrentes[32]. Había empezado también a aplacar
su furor el anciano[33] con amables palabras: cortó la cruel
Euménide[34] con un nuevo terror su discurso, y al instante,
tomando la apariencia del inaquio Fereclo, le puso
delante a su veloz corcel y sus fatales armas, cerrando
con el casco sus oídos a las leales voces. Exclama
además: «¡No te entretengas más, apresurémonos! También
aquél[35] dicen que se aproxima a las puertas». Así venció todos
sus reparos, y agarrándolo fuertemente lo sentó sobre su
caballo; vuela pálido por la abierta llanura, y percibe
en torno a él la acuciante sombra de la diosa.
Ofrecía
sacrificios a Júpiter en acción de gracias por el rayo[36]
el monarca tirio, convencido en vano de que los dánaos
estaban desarmados[37]. Pero ante estos altares no se halla
ni el padre celestial ni ninguno de los dioses, sino que es
la perversa Tisífone quien está presente, mezclada
con los temblorosos oficiantes, y desvía sus votos
al infernal Tonante[38]. «¡Soberano de los dioses, pues a ti

32. De nuevo una alusión a este monte y río de Tracia.
33. *i.e.,* Adrasto.
34. Meguera, como ya se ha dicho.
35. *i.e.,* Etéocles.
36. Que había matado a Capaneo.
37. Tras la muerte de Capaneo, fulminado por el rayo de Júpiter, Etéocles piensa que el enemigo está definitivamente vencido.
38. *i.e.,* Plutón.

debe sus principios mi Tebas –pese a la envidia de la infame
Argos y la severa Juno– desde que convertido en raptor[39]
turbaste las danzas sidonias en sus orillas, dignándote
aguantar sobre tus espaldas la presión de nuestra doncella
y emitir falsos mugidos a través de las plácidas aguas!
Y no es vana creencia que de nuevo contrajiste uniones
de la estirpe de Cadmo[40], y en las moradas tirias irrumpiste
con todo tu poderío: al fin, digo yo, miras con agrado
a tus suegros y tus amadas murallas y truenas en su
defensa; como si tu celeste palacio hubiera sido
atacado, así te hemos visto acumulando nubes en favor
de nuestras altivas torres, y hemos reconocido exultantes
tu benéfico rayo y las llamas de las que nuestros ancestros
oyeron hablar. Recibe ahora estas reses, estos grandes
montones de incienso y este votivo macho; rendirte dignas
gracias no está en manos humanas; compitan nuestro Baco y nuestro
Alcida[41] en dispensártelas, para ellos preservas estos muros».
Había dicho: pero un negro fuego le saltó al rostro y a las
mejillas, arrancó la diadema de sus cabellos y la hizo
cenizas. Llena entonces de sangrienta espuma el santuario antes
de ser herido el fiero toro, y escapa atropelladamente
de en medio del gentío que intenta retenerlo, volcando
el altar con su furiosa cornamenta. Huyen los siervos
a la desbandada, y el arúspice intenta calmar al rey.

39. De Europa, motivando así su búsqueda por parte de Cadmo y la posterior fundación de Tebas; véase nota 1 (p. 69) sobre I, 8.
40. Con Sémele, hija de Cadmo y madre de Baco. En virtud de esta unión puede Etéocles llamar a Júpiter yerno de Cadmo, y considerarlo por tanto emparentado con Tebas, en cuya defensa habría fulminado con el rayo a Capaneo.
41. En el mismo orden fueron antes mencionados por Capaneo (*cf.* X, 901) como las principales divinidades hijas de Tebas.

Tratando de sobreponerse ordena el mismo que se reinicie
y culmine el sacrificio, y con fingido semblante reprime
sus grandes temores. Como cuando sintió el Tirintio que el fuego
había penetrado en sus huesos y a sus miembros se adherían
las ropas del Eta[42], continuaba no obstante los iniciados
votos y las ofrendas de incienso aún firme y aguantando
el dolor; luego, forzado a rendirse, lanzó un gran gemido,
y furioso corre por sus entrañas el victorioso Neso[43].

Casi sin resuello por la alocada carrera llega Épito[44]
ante el rey, abandonada la guardia de la puerta, con este
mensaje que dirige entre jadeos al inquieto monarca
logrando apenas hacerse entender: «Interrumpe, rey, estos
piadosos ritos e inoportunos sacrificios a los dioses:
amenaza tu hermano en torno a todos los muros, y acomete
con riendas y lanzas los estorbos de las puertas, sin dejar
de pronunciar tu nombre, sólo a ti retando a combate[45]. Lloran
a su espalda afligidos sus camaradas, una y otra hueste
gime ante sus palabras y alza un gran estrépito golpeando

42. No fue en el monte Eta donde Hércules recibió la túnica enviada por Deyanira (véase nota siguiente) mientras realizaba un sacrificio a Júpiter, sino en el cabo Ceneo, en Eubea.
43. Cuando el Centauro Neso, que había intentado violar a Deyanira, esposa de Hércules, fue matado por éste con una flecha envenenada (mojada con el veneno de la Hidra de Lerna), se vengó de él engañando a su esposa antes de morir. Le dijo que si recogía su semen y lo mezclaba con su sangre, tendría un filtro amoroso infalible si algún día quería recuperar el amor de su esposo. Así engañada, cuando Hércules tomó como concubina a Íole, Deyanira le envió una túnica impregnada con el falso filtro, que se adhirió a su cuerpo transmitiéndole el veneno. El héroe ordenó llevar su cuerpo al monte Eta y quemarlo en una pira.
44. El matador de Hopleo; *cf.* X, 399 ss.
45. Aquí cierra comillas el texto de la edición de Loeb, acabando la intervención de Épito. Consideramos preferible con otros editores no cerrarlas hasta después de la invocación a Júpiter, que se atribuye así a Polinices. En la edición de Loeb tal invocación se adjudica a Etéocles.

sus armas. Invoca aquél[46]: "¡Ahora era el momento, óptimo padre de los dioses! ¿Qué méritos hizo Capaneo?"». De un profundo odio se estremeció perturbado el rey, mas en medio de su ira no dejó de alegrarse. Así cuando un novillo dominante, tras la calma del desterrado toro, ha oído con orejas atentas el mugido de su rival y ha reconocido sus amenazas, se alza hirviendo de enorme cólera ante el rebaño, y exhala su fiereza con ardientes bufidos, ya escarbando ferozmente el suelo con la pezuña, ya hendiendo los aires con sus cuernos; se estremece la dehesa, y aguardan los valles con temor la refriega.

Y no faltan los compañeros del rey: «Déjalo golpear en vano las murallas». «¿Puede atreverse aquél a llegar a tal extremo con sus quebradas fuerzas?» «A los desventurados acomete este furor de perseguir el peligro, no calibrar el miedo y odiar la seguridad.» «Resiste aquí seguro en tu trono, nosotros expulsaremos al enemigo, danos la orden de combatir.» Así se expresa la multitud que le rodea, pero he aquí que se acercaba Creonte inflamado de dolor y dispuesto a decirlo todo con la libertad que da la guerra: el recuerdo de Meneceo abrasa su fiero corazón; no conoce el padre el descanso, lo busca y lo toma en sus brazos; lo ve exhalando del pecho ríos de sangre y cayendo siempre de la cruel torre. Cuando vio a Etéocles indeciso y dudando de aceptar el combate: «Irás –dice–, no te aguantaremos más, maldito, sin vengarnos de ti, hermano y caudillo poderoso en muertes y lágrimas de tu patria, culpable de las Euménides y de la guerra. Bastante hemos expiado tus perjurios a unos dioses adversos. ¿Una ciudad cargada de armas y de riquezas y hasta ahora angosta para tantos ciudadanos la has agotado, como

46. Polinices, según la puntuación elegida.

una peste caída del cielo o tierra hostil, y oscureces
no obstante con tu altiva sombra el vacío en que la has sumido?
Falta gente que te provea de esclavos: a unos carentes
de pira los soporta la tierra, a otros ya los ha llevado
hasta el mar el río de su patria[47]; buscan éstos sus miembros,
curan aquéllos sus penosas heridas. ¡Devuelve de una vez
hermanos, hijos y padres a los desventurados, devuelve
a campos y casas a sus hombres! ¿Dónde está el excelente
Hipseo[48] y nuestro vecino Driante, dónde están las armas de la
resonante Fócide y los caudillos eubeos? A aquéllos
sin embargo los condujo a los manes la equitativa suerte
de la guerra: ¡pero tú, hijo[49], qué oprobio, yaces víctima
del reino, víctima, como un mudo animal, sangre del rebaño,
ay de mí, con las primicias de los altares y en un ritual
nefasto ofrecido en sacrificio y hecho morir: ¿Y seguirá
ése[50] dudando, y al menos ahora, retado a batirse
en duelo, no plantará cara? ¿O es que el maldito Tiresias
ordena que vaya a la lucha otro y urde de nuevo oráculos
para causar mi llanto? ¿Tengo en efecto, pobre de mí, algo más
que Hemón? ¡Manda que vaya él y quédate tú sentado a mirar
desde aquí, desde tu elevada torre! ¿Por qué refunfuñas
ferozmente y te vuelves a mirar a tu séquito de esclavos?
Ellos quieren que vayas tú, que recibas tu castigo; incluso
tu propia madre y tus propias hermanas te aborrecen. ¿Lanza
contra ti tu hermano ardientes amenazas de hierro y muerte,
y arranca los fieros cerrojos de las puertas, y no lo oyes?».

47. El Ismeno, donde cayeron tantos tebanos a manos de Hipomedonte, así como él mismo víctima del propio río, como se vio en el libro IX.
48. Para su muerte a manos de Capaneo, *cf.* IX, 546 ss. A Driante, matador de Partenopeo, lo vimos caer en el mismo libro víctima de un atacante ignoto: *cf.* IX, 875 s.
49. *i.e.,* Meneceo.
50. *i.e.,* Etéocles.

Así habla el padre rechinando los dientes, y hierve de ira y desesperación. «No me engañas –replica en éstas aquél[51]–, no te conmueven los insignes hados de tu hijo: celebrarlos y jactarse de ellos le correspondía a un padre. Pero bajo estas lágrimas se oculta la esperanza, la esperanza y un secreto anhelo: pones su muerte como excusa para tus locos deseos, y me instigas en vano sabiéndote el más cercano al vacante trono[52]. Que no haya abandonado la Fortuna la ciudad sidonia al extremo de que caiga el cetro en tus manos, individuo indigno en grado sumo de un hijo tan grande[53]. Y no me sería difícil cobrar venganza ahora mismo; pero antes ¡armas, sirvientes, armas! Que los hermanos entren en combate. Quiere Creonte aliviar sus gemidos: benefíciate de mi furor, ya me pagarás todo cuando salga yo victorioso». Así aplazó la disputa por un tiempo, y envainó la espada que la cólera ponía ya en su mano. Como una serpiente herida por el golpe inseguro de un pastor se yergue desplegando sus anillos, y a lo largo de todo su cuerpo concentra en las fauces su veneno; pero si el enemigo se ha desviado torciendo un poco su camino, han decaído sus amenazas, se relaja su cuello en vano hinchado, y bebe las iras de su propia ponzoña.

Pero cuando al primer rumor del funesto hado –y no tardó en creerlo– se espantó fuera de sí su madre[54], iba mesándose el cabello y arañándose el rostro,

51. Etéocles, claro, a quien está interpelando Creonte.
52. Acusa Etéocles a Creonte de desear su muerte para sucederlo. Creonte era en efecto hermano de Yocasta, y tío por tanto de Etéocles y Polinices. Muertos ambos, a él le correspondería la regencia de Tebas (como de hecho ocurrió, siendo la tercera que desempeñaría) hasta la mayoría de edad de Laodamante, hijo de Etéocles.
53. Meneceo, a quien Etéocles alaba.
54. Yocasta, madre de ambos contendientes.

con el pecho desnudo y ensangrentado, olvidada de su sexo o su decoro: como subía la madre de Penteo[55] a la cumbre del monte escenario de su extravío para llevar al fiero Lieo la prometida cabeza. No pueden seguir sus pasos ni sus compañeras ni sus piadosas hijas: tanto aumenta el vigor de la desventurada su extremo dolor, y recobran con las penas su energía sus débiles años. Y ya se ajustaba el rey la gloria de su casco y sus crueles venablos, y observaba a su intrépido caballo gozoso al son de clarines y trompetas, cuando de repente apareció la imponente figura de su madre[56], y él mismo y todo el grupo de sirvientes palideció de miedo, y echó atrás su escudero la lanza que le presentaba. «¿Qué locura es ésta? ¿De dónde resurge de nuevo restablecida la Euménide del reino? ¿Vosotros incluso, después de todo, os batiréis vosotros en duelo? ¿Es hasta tal punto insignificante haber conducido ejércitos gemelos y haber ordenado el crimen? ¿A dónde regresará luego el vencedor? ¿A estos mis senos? ¡Oh, tinieblas hace tiempo dichosas de mi terrible esposo! Sufrís vuestro castigo, malditos ojos míos. ¿Este día había yo de ver? ¿A dónde vuelves, cruel de ti, tu amenazador semblante? ¿Por qué se alternan en tu rostro la palidez y el rubor, y tus dientes rechinan dejando escapar malignos murmullos? ¡Pobre de mí, tú vencerás! Preciso es no obstante que pruebes primero en casa estas armas: me alzaré en el mismo umbral de la puerta, aciago presagio, monstruosa imagen de tus crímenes. Tendrás que pisotear, maldito, estas canas, estos pechos, y guiar a este caballo a través del vientre de tu madre. Atiende: ¿por qué

55. *i.e.*, Ágave (*cf.* III, 189-191; IV, 565-569, y notas 26 [p. 153] y 116 [p. 207]) que, enloquecida por Baco, confundió a su hijo Penteo, rey de Tebas, con un león, despedazándolo y cortándole la cabeza para llevársela al dios.
56. Yocasta.

con la empuñadura de la espada y el escudo me rechazas plantada frente a ti? No he hecho yo contra ti fatales votos a los dioses de la Estige, ni invocado con ciego semblante a las Erinies[57]. Escucha a esta infeliz: es tu madre, cruel de ti, no tu padre, quien te implora; da un respiro al crimen y mide tu osadía. Pero es que tu hermano bate los muros y mueve impías guerras contra ti[58]. No le sale al paso en efecto su madre, ni ninguna hermana para estorbarlo; a ti nada hay que no te ruegue, un lamento unánime alzamos todos aquí. Allí en cambio apenas sólo Adrasto lo disuade de la lucha, o a ella lo anima quizá: ¿dejas tú los umbrales ancestrales y a tus dioses, y de nuestros abrazos te zafas para ir contra tu hermano?»

Pero desde otro lugar, pese al tumulto que frena sus sigilosos pasos, se sustrae Antígona –y su casta virginidad no la retarda– y vuela fuera de sí a remontar la cima de la muralla ogigia; la acompaña el anciano Áctor siguiendo sus huellas, mas no llegará a alcanzar éste la cumbre de los alcázares. Y cuando en las armas divisadas a lo lejos, tras un breve instante de duda, lo[59] reconoció –¡horror!– asediando la fortaleza con sus venablos y su altiva voz, con un gran quejido llena primero el espacio, y como si fuera a lanzarse desde los muros, exclama: «¡Retén las armas en tu mano, dirige por un momento tu vista hacia esta torre, hermano, y vuelve tu horrible penacho hacia mis ojos! ¿Son enemigos lo que ves? ¿Así es como reclamamos el pacto anual y la buena fe? ¿Son éstas las quejas, ésta es la justa causa de un humilde exiliado? Por tus penates argivos,

57. Como ha hecho en cambio Edipo.

58. Sale Yocasta al paso de las posibles razones esgrimidas por su hijo para tomar las armas.

59. *i.e.,* a su hermano Polinices.

hermano –pues ningún respeto te merecen ya los tirios–,
por cualquier afecto que en aquella morada puedas tener,
templa tus ánimos: he aquí que uno y otro pueblo en masa,
y ambos ejércitos te imploran; te implora aquella Antígona
piadosa con las desventuras de los suyos, sospechosa al rey
y solamente hermana tuya, corazón de piedra. Libera
al menos tu rostro y tus amenazadoras mejillas; pueda
yo contemplar tus amadas facciones quizá por última vez
y ver si te conmueves ante estos lamentos. Ya doblega
nuestra madre a aquél[60] con sus súplicas y gemidos y se dice
que suelta la desenvainada espada: ¿serás tú aun así
inflexible conmigo? ¿Conmigo, que noche y día lloro tu
errante exilio y ahora mismo he calmado a tu padre, como
siempre que se enfurece contra ti? ¿Por qué liberas de culpa
a tu hermano? Sin duda él quebrantó la lealtad y los pactos
firmados, él es culpable y feroz con los suyos; sin embargo
he aquí que no responde a tu desafío». Con estas palabras
había empezado su furor[61] a apaciguarse un poco, aunque
lo estorbara y se opusiera la Erinis; ya su mano se había
relajado, ya afloja lentamente las riendas, ya guarda
silencio; escapan de su pecho los gemidos, y no consigue
el casco contener sus lágrimas; se disipan sus iras,
y se avergüenza a un tiempo de retirarse culpable y de haber
venido: cuando de repente la Euménide[62], rechazada su
madre[63], echó fuera, rotas las puertas, a Etéocles gritando:
«¡Aquí estoy, y sólo reniego de que te hayas tú anticipado

60. *i.e.,* Etéocles.
61. El de Polinices, claro.
62. En este caso Tisífone, que es la que se encarga de tentar a Etéocles, no Meguera. Recuérdese que las dos hermanas se han repartido la tarea de espolear y guiar luego en el combate cada una a un contendiente: *cf. supra,* 101-112.
63. *i.e.,* Yocasta, que ha intentado disuadir a Etéocles, *cf. supra,* vv. 326 ss.

a retarme; no me culpes de la tardanza, retenía mis armas con todo su peso nuestra madre. ¡Ay, patria, oh tierra de sus reyes en extremo insegura, ahora serás con toda certeza del vencedor!». Y aquél, no más sosegado: «¿Al fin –dice– reconoces, bárbaro, la palabra dada y bajas a campo llano? ¡Oh, ahora por primera vez después de tanto tiempo, hermano mío, mídete conmigo: éstas son las leyes, éstos los únicos pactos que quedan». Así habla mirando hostilmente a su hermano; pues en el fondo de su corazón se abrasa al ver su numeroso séquito, su regio casco, su caballo con gualdrapas de púrpura, su escudo que despide amarillos destellos de oro, aunque tampoco él se pueda quejar de armas deshonrosas y resplandezca de un manto no vulgar: la propia Argía lo había confeccionado a la manera meonia y había añadido al tejido de púrpura con sabios dedos hilos de oro.

Y ya se lanzan al polvoriento llano a impulsos de las Furias, instigando y advirtiendo a cada uno su propia compañera. Sujetan ellas mismas las riendas, arreglan con su mano los jaeces y las brillantes armas, y engrosan las crines de los caballos con sus entremezcladas serpientes. Se instala en el campo el duelo fratricida, colosal contienda de un solo vientre, y bajo el casco se enfrentan rostros parejos. Tremolan de espanto los estandartes, mudas han quedado las trompetas y estupefactos los marciales cuernos; tres veces retumbó el ansioso monarca[64] desde las sombrías riberas, tres veces sacudió los cimientos del suelo, y los propios dioses de las armas[65] huyeron: se esfumó el glorioso Valor, apagó Belona sus antorchas, lejos se llevó Marte a la carrera

64. *i.e.,* Plutón.
65. *i.e.,* Marte y Minerva.

su espantado carro, se retiró con su Górgona[66] la fiera
doncella guerrera, y en su lugar acudieron las hermanas
de la Estige. Sobresale en los altos tejados el mísero
pueblo, todo está húmedo de lágrimas, y desde cada torre
se dejan oír los lamentos. De un lado de haber vivido se
quejan los ancianos, de otro en pie están con el pecho desnudo
las madres, e impiden acercarse a sus pequeños hijos. También
el propio monarca del Tártaro, abiertas las puertas, ordena
a los manes ogigios ir a ver las monstruosidades de su
gente. Se sientan en los montes patrios enturbiando el día[67]
con su siniestro corro, y se alegran de ver superados sus
delitos.

Cuando oyó que aquéllos se abalanzaban al encuentro
con abiertas pullas, y que ni un resto de vergüenza impedía
ya el crimen, vuela hacia allí Adrasto y mete sus riendas en medio, [muy
digno de respeto sin duda él mismo por su reino y por su edad.
Mas ¿de qué sirve el prestigio externo entre tales seres, que ni
de sus propios hijos se preocupan? Les ruega así no obstante aquél:
«¿Seremos, pues, testigos, ináquidas y tirios, de esta infamia?
¿Dónde están las leyes y los dioses, dónde la guerra? ¡No insistáis
en vuestro encono! ¡Te lo suplico, enemigo[68] –aunque, y que tu ira
lo consienta, tampoco tú estás lejos de mí por la sangre–,
te lo ordeno incluso, yerno[69]; si tan grande es tu ansia de cetro,
me despojo de mis regias vestiduras, ve y gobierna solo
Lerna y Argos!». No doblegan sus persuasivas palabras sus
encendidos ánimos, ni frenan su propósito una vez

66. La cabeza de Medusa, que adornaba el escudo o la sobrepelliz de Minerva.

67. La nube de espectros enturbia el aire.

68. *i.e.,* Etéocles, pues contra él vienen los ejércitos comandados por Adrasto.

69. *i.e.,* Polinices, naturalmente.

emprendido, más de lo que un día el mar de Escitia, alzado en
curvadas olas, impidió que chocaran las rocas cianeas[70].
Cuando ve que sus súplicas han sido inútiles, que a la lucha
han sido lanzados entre una nube de polvo ambos corceles,
y entre los dedos de sus furiosos jinetes se tantean las
correas de las jabalinas, huye abandonándolo todo,
cuarteles, soldados, yerno, Tebas, y lanza a la carrera
a Aríon[71] que, advirtiéndolo de los hados, ha vuelto grupas:
como tras las recompensas del adverso sorteo[72] se bajó
del carro y palideció al llegar al Tártaro, perdido el cielo,
el guardián de las sombras y último heredero del mundo[73].
No dio
sin embargo su beneplácito al duelo la Fortuna, sino
que al comienzo del crimen se detuvo insegura y se demoró
un poco. Dos veces fueron infructuosas sus embestidas,
dos veces alejó a los caballos lanzados al encuentro una
propicia distracción, y sin mancha de atroz sangre, con golpes
oblicuos[74], cayeron las astas al suelo. No aflojan ellos
las riendas, con crueles espuelas instigan a los inocentes
corceles; conmueve también a ambas tropas el venerable
prodigio de los dioses, y entre dientes unos y otros dejan
oír sus murmullos: restaurar las filas, correr al frente es un
impulso que se repite, y una batalla campal oponer
a los desdichados.

70. «Oscuras»; *cf.* V, 346 s. Se trata de las Simplégades, en el Ponto Euxino.
71. Sobre este famoso caballo, *cf.* VI, 301 ss. Tenía el don de la adivinación, *cf.* VI, 424 ss.
72. Que siguió a la Titanomaquia y en el que los tres hermanos, Júpiter, Neptuno y Plutón, se repartieron tras su victoria el universo.
73. *i.e.,* Plutón.
74. *i.e.,* sin que las armas lleguen a encontrarse.

Molesta con la tierra y con la asamblea
de los dioses, se hallaba hacía tiempo sentada en una parte
alejada del cielo la Piedad, sin el porte antes habitual
en ella, perdida la serenidad del rostro y despojados
de sus cintas los cabellos, y lloraba las luchas fraternas
como la triste hermana o la angustiada madre de los rivales,
llamando a voces cruel a Júpiter y culpables a las Parcas,
y declarándose dispuesta a descender al Érebo, atrás
dejando el cielo y la luz del día, por preferir los penates
estigios. «¿Por qué –exclama– me has creado, Naturaleza
primordial, para que refrenara los crueles instintos de los
seres vivos y a veces de los dioses? Nada soy yo ya entre
las naciones, en ninguna parte hallo reverencia. ¡Oh furor,
oh seres humanos y funestas artes de Prometeo![75].
¡Qué bien estaban despoblados después de Pirra[76] tierra y mar!
¡He aquí el género humano! –dijo, y, tras haber espiado la ocasión
de prestar su ayuda–: Hagamos el intento –añade–, aunque sean
vanos mis esfuerzos.» Y descendió del cielo, bajo las negras
nubes un níveo rastro sigue las huellas, aún cargadas
de pesar, de la diosa. Apenas se había hallado en el campo,
invade a los ejércitos el sosiego de una súbita paz,

75. Prometeo, hijo según Hesíodo del Titán Iápeto y de la Oceánide Clímene, además de ser el benefactor del género humano por haberle devuelto el fuego, que Júpiter en castigo le había arrebatado, es en algunas versiones del mito posteriores su creador, pues formó al hombre modelándolo con barro. A esta labor de artífice (y a las piedras de Pirra) se alude también en VIII, 305.

76. Más bien después del diluvio universal enviado por Júpiter para aniquilar a la raza humana. Pirra, hija de Epimeteo, hermano de Prometeo, y Pandora, la primera mujer, fue salvada del diluvio junto con su esposo Deucalión, hijo de Prometeo, por su probidad, construyendo ambos un arca (recordemos el arca de Noé). Posteriormente ambos crearon una nueva generación humana, por el procedimiento de recoger piedras del suelo y arrojarlas a sus espaldas.

y se percibe la atrocidad del acto; rostros y pechos se
cubren entonces de llanto, y un tácito horror sobrecogió
a los hermanos. Con armas también fingidas y atavío
varonil, grita ora a unos, ora a otros: «¡Reaccionad, acudid,
no lo permitáis, quienes tenéis en casa hijos y hermanos, tantas
prendas queridas! Aquí incluso –¿no es acaso evidente que hasta
los dioses se compadecen?– las armas caen, dudan los caballos,
la propia Fortuna se resiste».
Gran aliento habría dado
a los indecisos, si la torva Tisífone no hubiera
advertido sus engaños y al instante acudiera más rauda
que el celeste fuego lanzándole a la cara estos reproches:
«¿Por qué te inmiscuyes en las empresas bélicas, divinidad
sin arrestos y consagrada a la paz? Desiste, osada: nuestro es
este campo y nuestro el día; tarde intentas ahora proteger
a la culpable Tebas. ¿Dónde estabas entonces, cuando Baco
movía sus guerras y ponían sus orgías fuera de sí a las
armadas matronas? ¿O en qué ocioso retiro te encontrabas
mientras la serpiente de Marte bebía las impías aguas,
mientras Cadmo araba, mientras caía vencida la Esfinge,
mientras suplicaba a Edipo su padre, mientras a la luz
de nuestra antorcha venía Yocasta al lecho marital?»[77]. Así
la atosiga, y mientras espontáneamente esquiva ella también
su mirada y echa atrás su avergonzado semblante, la acosa
con sus sibilantes hidras y blande contra ella sus antorchas;

77. Pasa revista Tisífone a los conocidos episodios de la historia de Tebas: el dragón que custodiaba la fuente a la que Cadmo envió a buscar agua a sus compañeros y que, tras matar a varios de ellos, fue matado a su vez por aquél, quien luego sembró sus dientes, etc. (*cf.* I, 7 s., y nota 2 [p. 69]); la derrota de la Esfinge por parte de Edipo y su posterior suicidio (II, 505-518); el enfrentamiento de Layo y Edipo en la encrucijada de la Fócide, que acabó con la muerte del primero a manos de su hijo (I, 64 ss.); el matrimonio de Edipo con su madre (I, 68 ss.).

echado sobre los ojos arrastra la diosa su manto y
huye a llevar sus quejas al gran Tonante.
Entonces en verdad
se encienden con mayores estímulos sus iras: las armas
les complacen, y cambiando nuevamente de opinión, ansían
las tropas asistir al espectáculo. Reemprenden el cruel
crimen: el impío monarca apresta sus armas y aprovecha
el primero la ocasión de lanzar la funesta jabalina.
Tras haber intentado aquélla abrirse paso a través del centro
del escudo[78], no logra llevar a efecto el golpe, y es frenada
por el espeso oro. Se adelanta entonces el desterrado,
y pronuncia claramente esta funesta súplica: «Dioses
a quienes con su escarbado rostro rogó no en vano Edipo
inflamar la impiedad, no son inicuos los votos que os dirijo:
expiaré mi acción, y con esta misma espada atravesaré
mi pecho, con tal que ése al morir me deje empuñando el cetro
y consigo lleve este dolor su supeditada sombra».
Se desliza veloz el asta entre el muslo del jinete y los
ijares del caballo, buscando la muerte de ambos; pero
la herida del que ocupa la silla es evitada flexionada
la rodilla, aunque la punta del arma, a despecho del voto,
viene a clavarse oblicuamente en los costados del animal.
Parte a la carrera el corcel sin hacer caso de la tensada
rienda, y traza un reguero de sangre sobre la enrojecida
arena. Exulta aquél creyendo que ésta es la sangre de su hermano:
también lo cree él mismo en su espanto; y ya galopa el desterrado
a rienda suelta y en ciega, ansiosa carrera arremete contra
el herido caballo. Riendas, manos, venablos se confunden,
y caen ambos a tierra perdido el paso. Como en medio
de la noche dos bajeles, que el borrascoso austro ha hecho
chocar, rompen sus remos, enredan sus aparejos, y después

78. De Polinices, claro. El duelo entre los dos hermanos continúa.

de haber luchado largo tiempo con las tinieblas, la tempestad
y entre ellos mismos, se han hundido a la vez, tal como estaban, [en el
profundo abismo: tal es el aspecto del combate. Se enzarzan
sin reglas, sin técnica, a impulsos sólo de su arrojo y de su ira,
distinguen su incandescente odio a través de las viseras
de sus cascos y escrutan sus rostros con fiera mirada: ningún
espacio de tierra hay entre ellos, se entrecruzan sus espadas,
trabados están sus brazos, y escuchan con avidez cada uno
los feroces bufidos del otro como clarines o toques
de trompeta. Como cuando una impetuosa ira ha hecho
enfrentarse a la velocidad del rayo a dos jabalíes
irguiendo sus lomos de erizadas cerdas: despiden llamas
sus ojos y retumban sus hocicos armados de la media
luna de sus curvados dientes; desde una roca cercana
espía el cazador las luchas empalideciendo, y hace
guardar silencio a los perros: así de ansiosos arremeten
uno contra otro; aún no intercambian heridas mortales,
pero la sangre ha empezado a brotar, y el crimen se ha consumado.
Y ya no hay necesidad de Furias; sólo asisten a la escena
con asombro y aprobación, y se duelen de que los furores
humanos sobrepasen los suyos. Rabiosamente cada uno
ansía y busca provocar la sangre de su hermano, y no se
percata de que la suya mana; al fin cargó el exiliado, y tras
haber alentado su brazo, de ira más embravecida y más
justicia en su crimen, hundió la espada en el cuerpo de su [hermano,
por donde el borde inferior de la coraza no logra ya proteger
las ingles con sus placas. No siente aquél de momento ningún
dolor, pero espantado por el frío del penetrante acero
recoge sus temblorosos miembros tras el escudo; luego,
cada vez más consciente de la herida, perdidas las fuerzas,
respira con dificultad. Mas el enemigo no cede ante

su abandono, sino que lo increpa así: «¿A dónde retiras tus pasos, hermano? ¡Éste es el efecto de la inactividad, lánguida de sopor, cansada de reinar, de los prolongados mandatos en la sombra! Estás viendo miembros puestos a prueba por el exilio y la necesidad; aprende a aguantar las armas y a no confiar en la bonanza».

Así luchan los desdichados; un resto de vida, aunque débil, y de sangre conservaba aún el criminal monarca, y podía mantenerse en pie por algún tiempo; pero se deja caer y ya en medio de la muerte urde su último ardid. El Citerón se eleva en un clamor[79], y seguro de haber vencido ha levantado el hermano sus palmas al cielo: «¡Bravo! No fueron inútiles mis votos, veo sus párpados pesados y su semblante que desfallece en la muerte. Aquí, alguien, rápido, el cetro y la insignia de sus cabellos[80], mientras puede verlo». Así diciendo se acercó, y quiere despojarlo también de sus armas, sus armas, como para ofrecerlas por trofeo a los templos de su triunfante patria; pero aún no rendida el alma, conservaba aquél aliento suficiente para su vengativa cólera. Y cuando notó que lo tenía encima, inclinado sobre su pecho, alza con disimulo el hierro, suplió con su odio los tenues restos de la vida que se le iba y, contento ya de morir, sepultó la espada en el corazón de su hermano. Grita aquél: «¿Vives o es tu cólera la que aún se mantiene con vida, pérfido, que no has de merecer jamás una apacible sede? ¡Ven conmigo al reino de las sombras! También allí reclamaré lo pactado, si está vigente aún

79. De los que presenciaban el duelo entre los hermanos y creen muerto a Etéocles.

80. *i.e.,* la diadema de rey. Pide que se la arranquen mientras aún está consciente.

la urna cnosia[81] del juez descendiente de Agénor que permite
castigar a los reyes». Y sin más palabras, se desplomó,
aplastando a su hermano bajo el peso de todas sus armas.
¡Partid, atroces almas, manchad con vuestra muerte el funesto
Tártaro y agotad todas las penas del Érebo! Y vosotras,
diosas de la Estige, poned ya fin a las desdichas humanas:
que en todas las tierras y por todos los siglos sólo un día
haya visto un crimen semejante, que esta monstruosa infamia
desaparezca de la memoria de las futuras gentes, y sólo
los reyes recuerden estas luchas.
Pero cuando supo el padre[82]
que el crimen se había consumado, salió inmediatamente
de sus profundas tinieblas, y a la luz expone en el cruel umbral
su muerte en vida: sucia está de reseca podre su canosa
barba y su cabello que, apelmazado por la sangre, cubre
su espantosa cabeza; alejado el rostro, hundidas las mejillas,
inmundas trazas quedan de sus arrancados ojos. Sostiene
la doncella[83] el peso de su brazo izquierdo que carga sobre ella,
mientras que el derecho se apoya en un bastón. Cual si el barquero
del indolente Averno[84], dejada la barca, saliera a la luz
del día hastiado de las almas turbando el sol y las pálidas
estrellas, él mismo sin fuerzas suficientes para aguantar
mucho tiempo el aire libre, se acumularía entretanto
la tarea al abandonarla su encargado, y aguardarían
las generaciones en todas las orillas: así penetra en
el campo, y a su acompañante que exhala profundos gemidos:
«¡Guíame hasta mis hijos –dice– y arroja, te lo ruego, a su

81. De Cnosos, ciudad de Creta donde reinó Minos, hijo de Europa y nieto de Agénor, juez de los Infiernos tras su muerte.
82. Edipo, claro está.
83. Antígona.
84. Caronte.

padre sobre sus recientes cadáveres!». Duda la doncella sin saber qué se propone; armas, cuerpos, carros dificultan su marcha, los rodean y demoran, y en medio de tamaño estrago fallan los pasos del anciano, y su desdichada guía multiplica sus esfuerzos. Cuando el grito de la joven reveló la presencia de los cuerpos largo tiempo buscados, se lanzó sobre sus yertos miembros cubriéndolos por entero con su cuerpo. Se ha quedado sin voz el anciano: yace y brama sobre sus sangrientas heridas, y no le salen las palabras pese a sus prolongados intentos. Mientras tantea los yelmos y busca los rostros ocultos, al fin suelta el padre sus quejas largo tiempo enmudecidas: «¿Tarde intentas, piedad, conmover mi espíritu después de tanto tiempo? ¿Queda acaso clemencia en este corazón humano? ¡Doblegas, ay, Naturaleza, doblegas a un mísero padre! He aquí que conservo gemidos, corren las lágrimas por mis secas heridas, y a tiernos golpes de pecho se entrega mi impía mano. ¡Recibid las debidas exequias de vuestra abominable muerte, crueles seres, tan cabalmente míos! !Y no me es posible reconocer a mis hijos ni emplear el lenguaje adecuado; dime, doncella, te lo imploro, ¿a quién tengo entre mis brazos? ¿Con qué honras, bárbaro de mí, acompañaré yo ahora vuestros funerales? ¡Oh, si volviera a tener unos ojos que arrancar y la facultad de ensañarme con mi rostro como ya hice! ¡Ay, dolor, ay, votos de un padre escuchados más de lo justo, y funestas plegarias![85] ¿Cuál de los dioses fue el que se mantuvo a mi lado mientras oraba y mis arrebatadas palabras dictó a los Hados? Fue el furor lo que las inspiró, y la Erinis, y mi padre, y mi madre, y el reino, y los ojos que caían; ninguna culpa tengo yo:

85. Se arrepiente finalmente Edipo de haber pedido el castigo para sus hijos (*cf.* I, 56-87).

lo juro por Dite, por mis dulces tinieblas y mi inocente
guía[86], así pueda yo penetrar en el Tártaro por una
digna muerte y no huya de mí Layo con su airada sombra.
¡Ay de mí, qué abrazos fraternos, qué heridas palpo! Os lo suplico,
soltad vuestras manos, deshaced al fin esos hostiles lazos,
y admitid entre vosotros al menos ahora a vuestro padre».
Entregado a tales quejas, había poco a poco asumido
las iras de la muerte y buscaba un arma a hurtadillas, no fuera
que su hija lo impidiera; pero la prudente Antígona había
dejado fuera de su alcance las espadas. Entra en cólera
entonces el anciano: «¿Dónde están sus criminales armas?
¡Ay, Furias! ¿Ha desaparecido por entero el hierro dentro
de sus cuerpos?». Mientras esto dice, su afligida compañera
lo levanta, y reprime ella misma su mudo dolor, contenta
de que su cruel padre haya estallado en lamentos.
Aterrada
por su parte la reina[87] por el clamor que acompañó el inicio
del duelo, había sacado hacía tiempo de sus aposentos
la conocida espada, la espada que era penoso despojo
del monarca Layo. Y tras haber agotado sus quejas contra
los dioses, y el maldito lecho, y las furias de su hijo, y la sombra
de su primer esposo, venció la resistencia de su diestra
y, apenas avanzado el pecho, penetró el hierro finalmente:
atraviesa la herida sus seniles venas, y purifica
la sangre el funesto lecho. Sobre la llaga aún chirriante en su
débil pecho se arrojó Ismene, y entre lamentos la enjugaba
con sus lágrimas y sus cabellos: como la triste Erígone[88],
agotadas sus quejas junto al cadáver de su asesinado
padre, había ya empezado a desatar el siniestro lazo

86. Antígona.
87. Yocasta.
88. Acerca de ella, véase nota 145 (p. 213) sobre IV, 692.

en el bosque de Maratón y lo ataba a las fuertes ramas
presta a morir.
Y ya, alegre de haber burlado las esperanzas
de ambos caudillos, la Fortuna había traspasado a otro
con maligna mano el reino de Anfíon y el cetro, y Creonte
ostentaba los derechos de Cadmo. ¡Ay, triste fin de las luchas!
Para él habían combatido los hermanos. También a éste
aclama la simiente de Mavorte[89], y Meneceo, que había
dado poco antes la vida por su patria[90], le gana el favor
de las gentes. Sube al trono fatal para sus soberanos
de la infeliz Aonia: ¡Ah seductor poder y amor al cetro,
mal consejero! ¿No se grabarán nunca en los herederos
los ejemplos de sus predecesores? ¡En el maldito puesto
he aquí que se complace en alzarse, y en manejar un timón
manchado de sangre! ¿Qué hay que no puedas lograr, muy [próspera
Fortuna? Ya empieza a desprenderse de su condición de padre
y a borrar de su memoria, conseguido el reino, a Meneceo.
Imbuido hasta tal punto de las fieras costumbres del palacio,
como primer indicio y ejemplo de su talante, ordena
que se prive del fuego supremo a los dánaos, que la infeliz
hueste sea dejada a cielo raso y sus dolientes sombras
sin morada definitiva. Luego, habiéndose encontrado
en el umbral de la puerta ogigia con Edipo de regreso,
se turbó un poco, se reconoció secretamente inferior
y reprimió el acceso de ira; pero vuelve a sentirse rey,
e increpando lleno de audacia a su ciego enemigo: «¡Aléjate
de aquí –dice–, funesto presagio para los vencedores,

89. *i.e.,* los tebanos, descendientes de los Espartos, nacidos de los dientes del dragón de Marte sembrados por Cadmo.
90. Recuérdese la inmolación de Meneceo, hijo de Creonte, a la que ya hemos asistido, para salvar a su patria: *cf.* X, 738 ss.

aparta tus Furias y purifica las murallas de Tebas
con tu marcha! Tu dilatada esperanza se ha cumplido: vete,
muertos están tus hijos. ¿Qué votos te quedan ya por hacer?».
Se estremeció[91] en un arrebato de rabia, se alzaron trémulos
sus entumecidos párpados como si viera, y la vejez
lo abandonó. Se liberó entonces de su hija y de su bastón,
y sostenido sólo por su ira dejó salir de su henchido
pecho estas palabras: «¿Es el momento ya de ser cruel, Creonte?
¿Apenas has accedido, pobre de ti, a un pérfido trono
y al puesto que la fortuna nos deparó, y ya te permites
pisotear las ruinas de los reyes? ¿Ya privas de sepulcro
a los vencidos, a nuestros deudos ya de sus murallas? Muy bien,
puedes sostener dignamente el cetro de Tebas. Éste es tu
primer día, pero ¿por qué restringes insensato tus nuevos
derechos? ¿Por qué esa estrechez de miras al calibrar tan grandes
honores? Me amenazas con el exilio. ¡Tímida inclemencia
de los reyes es ésta! ¿Por qué no impregnas de mi sangre al punto
tus fieras espadas si lo estás deseando? Créeme, no hay
problema, un satélite acudiría ansioso de obedecer,
y cortaría sin vacilar mi sumiso cuello. ¡Comienza!
¿O es que esperas que me prosterne con suplicante diestra y
[busque
las plantas de un despiadado señor? Supón por otra parte que
lo intento, ¿lo permitirás? ¿Me amenazas con algún suplicio,
o piensas que me queda aún algún temor? ¿Ordenas que deje
mi palacio? El cielo y la tierra he dejado por propia voluntad,
y sin que nadie me obligara he vuelto cruel mi vengadora
mano contra mi rostro: ¿qué orden comparable puedes darme,
hostil rey? Huyo, me alejo de estas nefandas sedes; ¿importa
acaso a dónde transfiera yo mi prolongada agonía y mis
tinieblas? ¿No va a haber un pueblo que conceda a un suplicante

91. Sujeto sobreentendido, Edipo, claro.

tan poco espacio como ocupo yo, mísero de mí, del suelo
patrio? Pero es dulce Tebas. Más clara es en efecto aquí el alba
y más benignas las estrellas que acarician mi semblante, aquí
están mi madre y mis hijos. Que conserves y rijas la ciudad
de Tebas con el mismo presagio con el que la rigió Cadmo,
Layo y yo mismo; que goces así del tálamo, de unos hijos
así de leales, y no tengas el valor de escapar de tu
suerte por tu diestra, sino que ames la luz incluso al verte
atrapado. Basta ya de presagios, guíame, hija, llévame
lejos. ¿Pero por qué te asocio a mis cuitas? Dame, magnánimo
rey, un guía». Temió la infeliz Antígona ser dejada atrás,
y cambia sus súplicas: «Por tu feliz reinado, venerable
Creonte, y por la sagrada sombra de Meneceo: perdona
a un afligido y no tengas en cuenta sus soberbias palabras.
Este modo de hablar sus prolongados males lo han propiciado;
y no sólo contigo es fiero: así se dirige a los hados
y a los dioses, está endurecido por el dolor, y a menudo
ni siquiera conmigo misma es agradable; hace tiempo que en su
indómito pecho alienta una desafortunada libertad
y la bárbara esperanza de una cruel muerte. Y ahora he aquí
que provoca astutamente tus iras y ansía el suplicio;
pero disfruta tú de los mayores beneficios del poder,
te pido, disculpa desde tu altura a los que están abatidos,
y respeta los magnos despojos de los reyes anteriores.
También un día éste, desde su alto trono y rodeado de armas,
prestaba ayuda e impartía justicia a los desdichados,
poderosos y suplicantes por igual, éste, a quien hoy de tan
vasto séquito no le resta sino una acompañante, y aún
no era un desterrado. ¿Es éste un estorbo para tu prosperidad?
¿Contra éste sales con los odios y las fuerzas del reino, a éste
alejas del palacio? ¿O es que dejaría oír claramente
sus quejas ante tus umbrales y te asediaría con sus
inoportunos votos? No temas, apartado de tu corte

bien lejos derramará sus lágrimas; yo abatiré su orgullo y le enseñaré a ser sumiso, lo alejaré de las reuniones y lo mantendré oculto en su aislada sede. Será un exiliado, ¿pues qué murallas externas se abrirán para un proscrito? ¿Quieres que vaya a Argos, que deslice su escuálida figura en la hostil Micenas, y ante el umbral del derrotado Adrasto refiera los desastres aonios, que un rey tebano implore un mezquino socorro? ¿De qué sirve publicar los crímenes de esta infeliz raza, de qué poner a la vista unos sucesos infamantes? Mantén oculto, te lo suplico, aquello que somos, y no es un largo favor lo que pido[92], Creonte: compadécete de un anciano, y permite que depositen aquí, te lo ruego, aquí, los tristes restos de mi padre: no está sin duda prohibido sepultar a los tebanos». Así le implora, postrada a sus pies; su padre se la lleva con fieras amenazas, despreciando el perdón. Como un león, que en su lejana juventud hacía temblar bosques y montes, yace ahora bajo un alto peñasco sin fuerzas y desarmado por su avanzada edad, mas su aspecto sigue siendo imponente y su vejez no invita a aproximarse; y si llega a sus abatidas orejas un mugido, se yergue y se acuerda de sí mismo, y se duele de que sus fuerzas le hayan abandonado, y de que otros leones reinen en sus campos.

Se deja vencer por sus palabras, pero no cede del todo el monarca sin embargo a las lágrimas de la suplicante, sino que restringe en parte su gracia. «No serás obligado a mantenerte –dice– lejos de las fronteras de tu patria, siempre que no mancilles con tu presencia sus sagrados templos y moradas. Que te den albergue los bosques y tu Citerón; y esta tierra, hela aquí, que es cobijo adecuado para tus sombras,

92. Pues Edipo es ya anciano, como añade a continuación, y no vivirá mucho tiempo. Suplica Antígona que pueda morir su padre en Tebas y ser en ella enterrado.

en la que tuvo lugar la guerra y dos pueblos yacen en su sangre.» Así dice, y con la fingida aprobación de su séquito y del doliente vulgo, se encaminaba ufano al umbral del palacio.

Entretanto abandonan furtivamente su funesto fuerte los rechazados pelasgos; nadie conserva sus estandartes ni tiene capitán a quien seguir: se dispersan taciturnos, prefiriendo una indigna vida y un regreso vergonzoso a una gloriosa muerte. La noche los favorece y envuelve a los fugitivos en su benéfica sombra.

Libro XII

Aún no había hecho desaparecer del cielo el insomne amanecer todas las estrellas, y veía aproximarse el día la Luna con evanescente cuerno, cuando ya disipa la Titonia[1] las temblorosas nubes y prepara el grandioso éter para el regreso de Febo: en sus ya poco pobladas viviendas vagan las tropas dirceas[2], quejándose de la lentitud de la noche; aunque al fin les es dado reposar y conciliar su primer sueño después de las luchas, la débil paz les impide no obstante el descanso y no olvida la victoria los horrores de la guerra. Apenas osan al principio dar un paso y deshacer las defensas del fuerte, apenas abrir todas las puertas; ante sus ojos se alzan los antiguos temores y el horror del desierto campo: como para quienes han sido por mucho tiempo juguete de las olas oscila la tierra al pisarla por primera vez, así se admiran atónitos

1. La Aurora, esposa de Titono.
2. *i.e.,* tebanas.

de que nada se les oponga, y piensan que los derrotados escuadrones se ponen en pie. Así, cuando han divisado las idalias aves[3] a una amarilla serpiente escalando los umbrales de la visible torre, meten a sus polluelos dentro, defienden con sus garras los repletos nidos y agitan sus débiles alas para el combate; luego, aunque aquélla se haya retirado, teme no obstante alzar la blanca bandada el vuelo, y cuando al fin ha echado a volar, tiembla de miedo y en medio de los aires vuelve aún su vista atrás.

Se avanza entre la exangüe multitud y los restos de los guerreros caídos, por donde quiera que los han llevado el dolor y el luto, sangrientos guías; ven unos las armas, otros los cuerpos, pero algunos sólo las cabezas de los muertos, y a su lado troncos ajenos; parte deploran sus carros y hablan a los caballos sin conductor, pues esto es lo único que queda; parte imprimen besos en las grandes heridas y se lamentan del valor del guerrero. Los fríos despojos se analizan: han aparecido manos cortadas asiendo la empuñadura de la espada o la lanza, y flechas clavadas en medio de los ojos; muchos no hallan ni rastro del cadáver que buscan, y corren con su plañido pendiente y siempre a punto. Pero una penosa disputa surge en torno a los desfigurados troncos sobre quiénes deben hacer las exequias y dirigir los funerales. A menudo incluso fueron engañados –jugó con ellos la Fortuna a veces– y lloraron a guerreros enemigos; no es fácil de hecho reconocer qué sangre deben los desventurados evitar o pisotear. Por su parte, aquellos cuyo hogar ha quedado intacto y sin nadie a quien llorar, o recorren en su vagar

3. Palomas, consagradas a Venus, llamada Idalia a partir de Idalium, ciudad de Chipre, isla en la que estableció la diosa su residencia principal tras haber arribado a ella en último lugar al emerger de las aguas.

las desiertas tiendas de los dánaos y les prenden fuego,
o buscan –como les es dado hacer después del combate– dónde
yace tendido en el polvo Tideo, si está abierta la sima
que sepultó al augur[4], o dónde se halla el rival de los dioses,
si perduran los celestes rescoldos a través de sus miembros.
Ya entre lágrimas se ha agotado el día y no ha logrado el tardío
Véspero[5] alejarlos: aman los desdichados sus lamentos y
se recrean en sus males. Y no han vuelto a sus casas, sino que
en torno a los cadáveres permanece la multitud toda
la noche, y turnándose en sus lamentos ahuyentan con el fuego
y las quejas a las fieras; tampoco se cerraron sus ojos
vencidos por las suaves estrellas ni por el continuo llanto.
Por tercera vez competía Lucífero con la Aurora, y ya,
despojados los montes, han llegado los poderosos troncos
del Teumeso, gloria de los bosques, y la foresta amiga
de las piras, el Citerón; arden los cuerpos del diezmado
pueblo sobre las elevadas pilas: gozan de estos honores
supremos los manes ogigios; privada de ellos, la espectral
tropa de los griegos se queja amargamente y entre gemidos
vuela en torno al vedado fuego. A los inicuos manes del fiero
Etéocles también se les dispensa este honor, aunque sin pompa
real, mientras que a su hermano se ordena que se le considere
aún argivo, y se expulsa su exiliada sombra.

Pero ni su
padre el rey ni Tebas consienten que Meneceo arda en una
hoguera plebeya, ni formaron los troncos al modo habitual
una vulgar pira; se eleva más bien un bélico túmulo

4. Anfiarao. El rival de los dioses mencionado a continuación es, claro está, Capaneo.
5. El lucero vespertino, mencionado antes (*cf.* VI, 581) por su otro nombre, Héspero, que es transcripción del griego. Idéntico al lucero matutino o Lucífero (véase nota 39 [p. 267] relativa a VI, 239) mencionado también poco más abajo.

de carros, escudos y todas las armas de los griegos; sobre este montón de despojos del enemigo descansa él mismo, como vencedor, adornado su cabello con el laurel de la paz y las sagradas cintas: del mismo modo que cuando, reclamándolo los astros[6], yació contento el Tirintio en el ardiente Eta. Sobre las víctimas aún con vida inmolaba el padre cuerpos de griegos cautivos y embridados corceles, solaz para el intrépido guerrero; oscilan las altas llamas sobre ellos, y al fin los gemidos paternos estallaron: «¡Oh, si la desmedida pasión por una excelsa gloria no se hubiera apoderado de ti, muchacho digno del mayor respeto y de regir conmigo y después de mí los penates equionios, que ahora amargas mis presentes alegrías y el ingrato don del trono! Aunque con tu imperecedera virtud –así lo creo sin duda– habites en compañía de los dioses la bóveda celeste, siempre serás objeto de mis lágrimas, por deidad que seas: que te erija altares y te dedique excelsos templos Tebas; a tu padre le sea permitido sólo llorarte. Y ahora, ay, ¿qué ceremonias dignas de ti, qué exequias puedo ofrecerte? No podría, ni aunque tuviera yo la facultad de mezclar a tus cenizas la fatal Argos y la abatida Micenas, y a mí además, cuya vida –¡horror!– y dignidad se han pagado con la sangre de mi hijo. ¿Y el mismo día, las mismas impías luchas han enviado al Tártaro a ti, muchacho, y a esos funestos hermanos? ¿Y compartimos ahora Edipo y yo nuestra penosa suerte? ¡Cuán similares somos, buen Júpiter, en las sombras que lloramos! Recibe, hijo, nuevas ofrendas de tu triunfo, recibe este cetro de mi diestra y de mi altiva frente la corona, esos dones que hiciste a tu padre incapaces

6. Hércules («el Tirintio») está catasterizado en el cielo (*cf.* XI, 46-47, y nota 7 [p. 457]). Para su cremación en el monte Eta, *cf.* XI, 234 ss. y notas 42 y 43 (p. 466).

de causarle la menor alegría. Que como rey, como rey te contemplen las tristes sombras de Etéocles». Al tiempo que esto decía, despoja sus cabellos y su mano, e inflamado de ira añade con más violencia: «Ea, pues, que me tilden de cruel e inhumano si prohíbo que ardan contigo los cadáveres de Lerna. ¡Ojalá me fuera posible prolongar los sentidos en sus cuerpos y expulsar del cielo y del Érebo sus culpables almas, buscar yo mismo, yo mismo a las fieras, los ganchudos picos de las aves, e indicarles los nefandos miembros de los caudillos! ¡Ay de mí, que el dulce suelo y el paso del tiempo disolverá sus restos! Por lo cual una y otra vez reitero mis órdenes: que nadie se atreva a asistir a los pelasgos con el postrer auxilio de las llamas, o pagará sus actos con la muerte y completará la suma total de sustraídos cuerpos; lo juro por los dioses y por el gran Meneceo». Dijo, y tras alejarlo de allí, lo conducía su séquito al palacio.

Entretanto en lloroso cortejo se lanzaban fuera de la despoblada Argos –arrastra a las infelices la fama– las ináquidas viudas y privadas de su prole, como una cautiva tropa; cada cual con sus heridas, igual es el aspecto de todas, sueltos sobre el pecho sus cabellos y recogidas sus ropas; chorrean sus rostros lacerados por sus ensangrentadas uñas, e hinchados de golpes están sus delicados brazos. La primera entre sus atribuladas compañeras, reina del sombrío pelotón, la desvalida Argía busca el camino, desplomándose sobre sus tristes siervas e incorporándose de nuevo; en su mente, ni el palacio ni el padre: una sola lealtad perdura, en su boca sólo el nombre de su amado Polinices; dejada atrás Micenas, habitar querría Dirce y las infaustas murallas de Cadmo. Tras ella, presta a igualar en su dolor a su hermana, arrastra a las exequias de Tideo a las calidonias, mezcladas

con el escuadrón de Lerna, Deípile; había sin duda
llegado, infeliz de ella, a sus oídos el crimen de su esposo
y sus profanos bocados[7], mas todo lo perdona al caído
su mísero amor. Detrás, con feroz aspecto y digna no obstante
de compasión, va Nealce llamando a voces a Hipomedonte
con dignos lamentos. La impía esposa del vate[8] viene luego
presta a erigir, ay, una vacía pira. Guía las últimas
filas de apenadas mujeres la desolada compañera
de la menalia Diana[9] y la severa Evadne: eleva una
sus quejas y lamentos por la pertinaz audacia de su hijo;
sin poder olvidar la otra a su soberbio esposo, avanza
derramando furiosas lágrimas y se irrita contra el cielo.
Observándolas Hécate en los bosques del Liceo las sigue
con sus gemidos, y conforme avanzan hacia el doble litoral[10]
por ellas se lamentó desde su tumba del Istmo la madre
tebana[11]; Eleusis también, pese a dolerse por sí misma[12],
lloró por la comitiva que vagaba en la noche, y alzó sus
místicas antorchas para guiar sus errantes pasos. La propia
Saturnia[13] las conduce por senderos desviados, y oculta su
camino, para que su propia gente no pueda encontrarlas
e impedir su avance ni se pierda la gloria de su gran gesta.
Tiene asimismo Iris cuidado de conservar los cadáveres
de los caudillos, y baña de secretos rocíos y jugos

7. Para el arranque de canibalismo protagonizado al final de su vida por Tideo, *cf.* VIII, 760 ss.
8. Erifile, esposa de Anfiarao.
9. Atalanta, madre de Partenopeo. Evadne, hija de Ifis, rey de Argos, era la esposa de Capaneo.
10. Del Jónico y del Egeo, en el Istmo de Corinto.
11. Ino, convertida en la divinidad marina Leucótea. Véase nota 7 (p. 70) relativa a I, 14.
12. En los misterios de Ceres o Deméter por los que esta ciudad del Ática era famosa (*cf.* VII, 411 s.).
13. Juno, como en X, 162.

de ambrosía sus descompuestos miembros, para que aguanten más a la espera de la pira sin deshacerse antes de las llamas.

Mas he aquí que Ornito, con macilentas mejillas y pálido de una herida aún abierta –dejado atrás por sus compañeros de filas, la llaga fresca lo retarda–, sigue débilmente su camino con furtivo temor por solitarios parajes fuera de ruta, apoyándose en su quebrada lanza. Cuando éste vio con asombro los desiertos lugares conmovidos por un extraño tumulto y a la multitud de mujeres, únicas tropas de Lerna que ve ya además, no les pregunta a dónde van ni por qué causa, ya que ambas cosas son evidentes, sino que con afligido semblante las interpela así el primero: «¿A dónde, pobres de vosotras, a dónde os dirigís? ¿Esperáis acaso poder rendir honras fúnebres a vuestros guerreros muertos y recoger sus cenizas? Una guardia de las sombras permanece siempre vigilante allí, y rinde cuentas al rey de los insepultos cuerpos. No hay lágrimas que valgan, bien lejos son apartadas las personas que se acercan: sólo las aves y las fieras tienen el paso libre. ¿Otorgará a vuestro duelo un justo homenaje Creonte? Antes os será posible aplacar los salvajes altares de Busiris[14], el hambre de la cuadra odrisia y a las deidades de Sicilia; de las suplicantes se apoderará quizá, si conozco su modo de pensar, y os inmolará no sobre los cadáveres de vuestros esposos,

14. Rey de Egipto, que sacrificaba a cuantos extranjeros llegaban a su país, hasta que intentó también hacerlo con Hércules, al pasar por su reino cuando iba en busca de las manzanas de oro de las Hespérides, y fue matado por éste. La «cuadra odrisia» hace referencia a las yeguas antropófagas de Diomedes, rey de Tracia, a las que se alude por primera vez en I, 275 (véase nota 65 [p. 84]). Las «deidades de Sicilia» son, según Lactancio Plácido *ad loc.,* los Palicos, hermanos gemelos hijos de Júpiter y de la Ninfa Etna, seres extremadamente crueles que sólo se aplacaban con sangre humana.

sino lejos de sus amadas sombras. ¿Por qué no huis, mientras el camino es seguro, y una vez de regreso en Lerna entregáis meramente sus nombres, lo único que os queda, a los vacíos sepulcros, e invocáis a sus ausentes almas ante las hueras piras? ¿O imploráis –pues es fama que Teseo se halla cerca y que regresa ufano de su triunfo en el Termodonte[15]– la ayuda cecropia?[16]. La guerra y las armas son el único medio de hacer volver a Creonte a las prácticas humanas». Así habló, pero secó el espanto las lágrimas de aquéllas, se frenó en seco su poderoso impulso de marchar, y una palidez general congeló sus facciones. No de otro modo, si en alguna ocasión ha llegado a oídos de unas tiernas novillas el hambriento rugido de un tigre de Hircania, y de oírlo se ha turbado el mismo campo, todas sienten un gran temor de cuál va a ser la víctima, sobre qué lomos se va a abatir aquella terrible hambre.

Al instante se dividen las opiniones en un conflicto de diversos sentimientos: abogan unas por ir a Tebas y asediar con sus solicitudes al engreído Creonte, otras por ver si la clemencia del pueblo acteo[17] les puede deparar algún favor; regresar es lo último en sus afanes y se considera un oprobio. De improviso reúne entonces Argía un apasionado valor impropio de una mujer y, dejado de lado su sexo, concibe un grandioso proyecto: decide –¡esperanza dura de glorioso peligro!– hacer frente a las leyes del nefando reino, a donde no se atrevería a ir ninguna joven del Ródope ni hija del nevoso Fasis

15. Río de Capadocia, junto al cual habitaban las Amazonas, a las que venció Teseo.
16. *i.e.,* ateniense, a partir del nombre de Cécrope, a quien la ciudad consideraba su antepasado más glorioso.
17. Ateniense asimismo, a partir de un antiguo nombre del Ática: Acte o Actea.

protegida por las virginales tropas[18]. Medita entonces con habilidad un engaño, por el que separarse del fiel escuadrón y desafiar a los crueles dioses y al sanguinario rey con desprecio de su vida y una audacia fruto de su gran dolor; la instigan la piedad y las castas llamas de su pasión. Él[19] también aparece claramente ante sus ojos en cada uno de sus actos, ora huésped de la infeliz, ora su prometido al pie del altar, ora su tierno esposo, ora en fin abrazándola afligido bajo su torvo casco y volviendo sin cesar su vista atrás desde el último umbral[20]: pero ninguna imagen ocupa con más frecuencia su espíritu que aquella que de la sangre del campo aonio vuelve desnuda y reclama su pira. Angustiada por estos delirios, su mente enferma y, ardor que no puede ser más casto, ama su cadáver; vuelta entonces hacia sus compañeras pelasgas: «Atraed –dice– vosotras a las fuerzas acteas y las armas de Maratón[21], y que la Fortuna favorezca vuestra piadosa tarea: dejadme a mí, que he sido la única causa de tan gran desastre, penetrar en las sedes ogigias y afrontar las primeras descargas de rabia del rey; y no serán sordos a mis golpes los umbrales de la fiera ciudad: tengo allí a mis suegros, tengo a las hermanas de mi esposo, no entraré en Tebas como una perfecta desconocida. Tan sólo no intentéis detenerme:

18. *i.e.,* las Amazonas, que habitaban las riberas del Ponto Euxino. El Ródope era una montaña de Tracia, el Fasis, un río de la Cólquide (patria de Medea).
19. *i.e.,* Polinices.
20. Recuérdese la escena *(cf.* IV, 89-91) en la que Argía desde lo alto de una torre despedía a Polinices, que se giraba a mirarla.
21. A Atenas y a su rey Teseo se refiere en ambos casos; el adjetivo «acteas» se deriva de un antiguo nombre del Ática *(cf. supra,* 175, y nota 17) y Maratón es el nombre del municipio y la famosa llanura de esta región, donde Teseo realizó su primera hazaña abatiendo al fabuloso toro que devastaba la comarca.

un impulso irresistible allí me lleva y un presentimiento
de mi alma». Y sin más, escoge sólo a Menetes –en otro tiempo
guardián y consejero de su virginal pudor– y, pese a su
inexperiencia y desconocimiento del país, echa a andar
precipitadamente por donde había venido Ornito.
Y cuando estimó haber dejado lejos a sus compañeras
de penalidades: «¿Voy yo a esperar –dice– mientras te pudres tú
en los hostiles campos –¡ay, dolor!– a ver cuál es la decisión
del lento Teseo? ¿Si sus próceres, si su diestro adivino
dan su aprobación a la guerra? Entretanto merma tu cadáver.
¿No es mejor exponer estos miembros míos a las garras de las
aves? Y ahora, si algún sentimiento tienes junto a las sombras,
a los dioses de la Estige de mi dureza, de mi lentitud,
mi muy fiel esposo, te quejas. ¡Ay!, si abandonado aún restas,
¡ay!, si ya has sido quizá sepultado: execrable delito es
el mío en uno y otro caso. ¿Tan libre de violencia va a estar
mi dolor, la Muerte o el fiero Creonte en nada le afectan?
¡Alientas tú mi marcha, Ornito!». Así diciendo, recorre a grandes
pasos precipitadamente los campos de Mégara, cada
persona que encuentra le indica los sitios próximos, se espanta
de su aspecto y respeta su desdicha. Avanza con semblante atroz,
sin que ninguna sensación ni sonido la amedrente, en sus
desmesurados males confiada y más cerca de ser temida:
como cuando resuena de lamentos el Díndimo en la noche
frigia, se precipita a la corriente del Símois bordeado
de pinos la enloquecida guía del coro, cuya sangre
eligió la diosa, le dio ella misma el cuchillo y la señaló
con la corona de hojas adornada de cintas[22].

Ya había
escondido en el mar de Hesperia su rutilante carro el padre

22. En el culto de Cibeles, la diosa frigia, centrado en el monte Díndimo, cerca de Pesinunte, sus devotos se herían a sí mismos.

Titán[23], para volver de nuevo de otras aguas, cuando aquélla, a
[quien
la aflicción hace olvidar su pesado esfuerzo, desconoce
no obstante que el día ha acabado: ni de los campos envueltos
en sombras se aterra, ni interrumpe su marcha a través de rocas
infranqueables, árboles que amenazan caer, misteriosos
bosques, oscuros incluso a la luz del día, y campos surcados
de ocultos hoyos, a través de ríos sin miedo a vadearlos
y por delante de las fieras dormidas y los peligrosos
cubiles de horrendos monstruos. ¡Tanto pueden el coraje y la
[aflicción!
Le avergüenza a Menetes ir más despacio, y se asombra del paso
de su frágil alumna. ¡Qué moradas de bestias o de hombres no
sacudió aquélla con su penosa queja! ¡Cuántas veces perdió
el rumbo que seguía, y le falta en su vagar el consuelo
de la llama amiga, pues apagaron su antorcha las gélidas
tinieblas! Y ya se extienden ante sus fatigadas plantas y
se pierden en el llano los declives del monte de Penteo[24],
cuando con jadeante pecho, ya a punto de desfallecer,
comienza Menetes a hablar así: «No lejos, si la esperanza
de haber llegado al fin de nuestras fatigas no me engaña, se hallan,
creo yo, Argía, las moradas ogigias y los cadáveres
privados de sepultura; un aire pesado y pestilente nos
envuelve, y grandes aves regresan a través del espacio.
Ésta es aquella cruel tierra, y las murallas no están lejos. ¿Ves
cómo el campo despliega las enormes sombras de los muros
y desde las atalayas brilla intermitente el mortecino
fuego? Cerca están las murallas; la misma noche se hacía más
silenciosa hace un momento, y sólo las estrellas atenuaban

23. El Sol, como ya se ha visto en otras ocasiones.

24. *i.e.,* el Citerón, donde halló la muerte Penteo, víctima del furor báquico de su madre Ágave: *cf.* III, 189 s.; IV, 565-569; XI, 318-320 y notas 26 (p. 153), 116 (p. 207) y 55 (p. 470).

la oscuridad de las tinieblas». Se estremeció Argía, y tendiendo
su diestra hacia los muros exclama: «Tebas, ciudad otrora
deseada, moradas ahora hostiles, y sin embargo, si
me devuelves ilesas las sombras de mi esposo, incluso así
dulce solar, ¿ves de qué boato provista, de qué séquito
rodeada, por primera vez me acerco yo, la nuera del gran
Edipo, a tus umbrales? No son desmesurados mis deseos:
una pira pido yo, tu huésped, unos lamentos y un cadáver.
¡Devuélveme, te lo suplico, a aquel exiliado de su reino
y derrotado en la guerra, a aquel a quien no consideraste
digno del trono paterno! ¡Y tú, si alguna imagen conservan
los manes y vagan las almas tras ser liberadas del cuerpo,
ven, te lo ruego, muéstrame tú el camino y guíame tú mismo,
si lo he merecido, hasta tu cadáver!». Dijo, y, dirigiéndose al
albergue de pastores de una choza cercana, reaviva
la llama de su mortecino fuego, y como una tromba irrumpe
en los horrendos campos. Tal como con su encendida antorcha
desde los peñascos del Etna iluminaba la desolada
Ceres cambiando el foco de su potente llama el litoral
de Ausonia y de Sicilia, siguiendo las huellas del sombrío
raptor y sus extensos surcos en el polvo[25]; brama en respuesta
a sus furiosos alaridos el propio Encélado[26], e ilumina
su ruta con las descargas de su fuego: a Perséfone llaman
ríos, bosques, mares, nubes, sólo el palacio de su estigio
esposo calla el nombre de Perséfone.
Advierte el fiel ayo[27]
a la absorta joven que se acuerde de Creonte y con oculto
disimulo mantenga baja su antorcha. La reina hace poco

25. Los del carro de Plutón, tío y posterior esposo, tras su rapto, de Perséfone, hija de Ceres.
26. Uno de los Gigantes, *cf.* III, 595, y nota 86 (p. 172); XI, 8, nota 1 (p. 455).
27. *i.e.,* Menetes.

temida a través de las ciudades argivas, inigualable
objeto de deseo de pretendientes y excelsa esperanza
de su pueblo, bajo la peligrosa noche, sin ningún guía
y con el enemigo cerca, sola a través de las armas
con las que tropieza y la yerba resbaladiza de sangre,
sin miedo a las tinieblas ni a los grupos de sombras que la envuelven
y almas que gimen por sus cuerpos, no hace caso del hierro y los
venablos que a menudo con ciega planta pisa, su único afán
es evitar a los que yacen, mientras cada cadáver piensa
que es el suyo, y con atenta mirada examina a los caídos,
da la vuelta a los cuerpos tendidos boca abajo inclinándose
sobre ellos, y se queja a las estrellas por su insuficiente luz.
A través de las sombras del cielo que incitan al sueño iba
en secreto Juno casualmente, tras evadirse del seno
de su poderoso esposo, hacia los muros de Teseo, para
ablandar a Palas y ofrecer a las piadosas suplicantes
una favorable Atenas. Y cuando desde lo alto del cielo
vio a la inocente Argía desfallecer en su inútil vagar
a través de los campos, se compadeció de su aspecto
y, saliendo al encuentro del carro de la Luna, volvió hacia
ella su semblante y habló así con serena voz: «Concede
a mis ruegos, Cintia[28], un pequeño favor, si Juno merece
alguna consideración; cierto es que de forma deshonesta
por mandato de Júpiter tres veces la noche de Hércules[29]...
pero dejo a un lado esas antiguas quejas: he aquí la ocasión de
prestarme servicio. ¿Ves en qué noche mi muy grata devota,

28. Para este sobrenombre de Diana, véase nota 114 (p. 99) correspondiente a I, 577.
29. *i.e.,* la noche de triple duración en la que Hércules fue concebido. Juno deja sin acabar su reproche, como ya se ha visto con frecuencia en los intercambios de palabras que se suceden en la obra.

la ináquide Argía, vaga sin poder encontrar, pobre de ella,
a su esposo en las densas tinieblas? Y languidece tu brillo
entre las nubes: muestra tus cuernos, te lo pido, y que los surcos
de tus ruedas se aproximen a la tierra más de lo habitual.
Haz también descender a ése, que con la cabeza gacha guía
las húmedas riendas de tu carro, el Sopor, sobre los aonios
en guardia». Apenas había dicho esto cuando la diosa, hendidas
las nubes, hizo aparecer su grandioso disco; se espantaron
las sombras y se oscureció el brillo de los astros; apenas
pudo aguantar sus destellos la propia Saturnia[30].
Con la luz que
se derrama a través de los campos, reconoce ella primero
el manto de su marido, obra de sus manos, desventurada
de ella, aunque el tejido apenas se distingue y sufre la púrpura
empapada de sangre; y mientras invoca a los dioses y piensa
que esto es lo único que queda del amado cadáver, lo ve a él
mismo casi hundido en el polvo. El ánimo, la vista y la voz
la abandonaron, y cortó el dolor sus lágrimas; se echa entonces
sobre su rostro con todo su cuerpo, busca a través de sus
besos su alma ausente, y recoge para conservarla su sangre
enjugada con sus cabellos y su vestido. Recobrada
luego al fin la voz, exclama: «¿De tal guisa te veo yo, esposo
mío, que partiste en busca del reino que se te debía
como caudillo en la guerra y yerno del poderoso Adrasto,
y a tales triunfos tuyos asisto? Levanta hacia aquí tu rostro
y tus ojos sin luz: viene Argía a tu Tebas; ea, llévame
a las murallas, muéstrame los lares patrios y devuélveme
la hospitalidad que recibiste. Mas, ¡ay!, ¿qué es lo que pretendo?
Tirado en la desnuda yerba, esto es lo que posees del suelo
patrio. ¿De qué han servido vuestras querellas? Lo cierto es que [el poder

30. Juno, hija de Saturno.

no lo ostenta tampoco tu hermano. ¿No has movido a las lágrimas
a ninguno de los tuyos? ¿Dónde está tu madre? ¿Dónde está
la famosa Antígona? ¡Para mí yaces, ¿no es cierto?, sólo
para mí has sido derrotado! Te decía yo: ¿a dónde vas?[31],
¿por qué reclamas el cetro que te ha sido negado? En tus manos
está Argos, reinarás en el palacio de tu suegro; tienes
aquí un honor perdurable, aquí un indiviso poder. ¿Pero
de qué me quejo? Yo misma favorecí la guerra y yo misma
rogué a mi afligido padre[32] para tenerte entre mis brazos
ahora de tal suerte. Pero bien está, dioses, gracias te doy,
Fortuna; se ha cumplido la lejana esperanza de mi viaje:
he encontrado tu cuerpo entero. ¡Ay de mí, pero en qué profunda
raja se hunde la herida! ¿Esto ha hecho un hermano? ¿En qué lugar,
os lo pido, yace aquel vil bandido? Superaré a las aves
–pueda yo tenerlo ante mí– y rechazaré a las fieras[33]. ¿O goza
el maldito también de un fuego?[34]. Pero no te verá tu tierra
privado de las llamas: arderás, gozarás de las lágrimas
de las que se ha prohibido disfrutar a los reyes, al servicio
de tu sepulcro eternamente se mantendrá mi solitaria
fidelidad, testigo de mis penas será tu hijo[35], con mi
pequeño Polinices calentaré nuestro lecho».

Mas he aquí
que otros lamentos y otra antorcha movía la desdichada
Antígona hacia el cadáver, tras haber apenas logrado
la anhelada salida de la ciudad; pues en todo momento
unos guardias la vigilan y se la retiene por expreso

31. *Cf.* II, 351.
32. *Cf.* III, 687 ss.
33. *i.e.,* Argía se ve capaz de cebarse en el cadáver de Etéocles con más saña que las aves de rapiña y las fieras.
34. *i.e.,* ¿o ha sido acaso incinerado Etéocles?
35. Tesandro, *cf.* III, 683, y nota 100 (p. 176).

mandato del rey, los turnos se han abreviado[36] y se incrementa
el número y duración de los fuegos. Pide, así pues, disculpas
a los dioses y a su hermano[37] por su tardanza, y fuera de sí,
tan pronto como la horrenda guardia se abandonó un poco al [sueño
que se apoderaba de ella, se lanza fuera de los muros: no es
menor el rugido con el que amedrenta los campos la ira
de una joven leona, que al fin puede liberar su rabia
y por primera vez experimenta su furor sin su madre.
Y no tardó mucho en llegar, ya que conocía el truculento
campo y en qué lugar se hallaba su hermano tendido en el polvo:
la ve venir de frente Menetes, que está desocupado,
y reprime los lamentos de su querida pupila[38]. Cuando
sus últimos murmullos llegaron no obstante a los atentos
oídos de la doncella[39], y cuando bajo sus negros vestidos
la vio a la luz de las estrellas y de una y otra antorcha
con los cabellos despeinados y el rostro manchado de espesa
sangre: «¿De quién es el cadáver –dice– o qué es lo que buscas,
osada, en esta noche que me pertenece?». Nada responde
aquélla por un buen rato, sino que arroja su manto sobre
el rostro del marido y sobre el suyo a la vez, presa de un temor
repentino y olvidándose por un momento de su dolor.
Recriminándole su sospechoso silencio, insiste más
en ello Antígona, presionando tanto a su acompañante
como a ella; pero ambos desoyen sus preguntas y se mantienen
en un pertinaz silencio. Finalmente descubrió su rostro
Argía, y abrazada no obstante al cuerpo dice así: «Si en estos

36. *i.e.,* los centinelas se relevan con más frecuencia.
37. Evidentemente, Polinices, a cuyo cadáver piensa dispensar las horas fúnebres prohibidas.
38. Argía.
39. *i.e.,* Antígona, que escucha los últimos lamentos de Argía.

restos sangrientos de la guerra algo vienes a buscar conmigo,
si tú también temes las duras órdenes de Creonte, puedo
en confianza revelarte mi identidad. Si eres desdichada
–lágrimas y lamentos realmente es lo que veo–, dame,
ea, dame tu confianza: regia prole de Adrasto yo –¡ay
de mí!, ¿hay alguien cerca?– con vistas a las llamas de mi amado
Polinices, aunque las ordenanzas reales lo prohíban...»[40].
Estupefacta y temblorosa quedó a un tiempo la doncella
cadmea, e interrumpe sus palabras diciendo así: «¿Y es a mí
–¡oh insondable fortuna!–, a mí, compañera de tus males, a quien
temes? Míos son los miembros que aferras, mío el cadáver que
lloras. Te lo cedo, mantenlo en tus brazos. ¡Qué vergüenza, ay!
¡Piedad cobarde de una hermana! ¡Ella la primera...». Se dejaron
caer a un tiempo sobre su cuerpo, y entrelazando sus brazos
en torno a él mezclan ansiosas sus lágrimas y sus cabellos,
se reparten sus miembros, regresan a su rostro alternando sus
quejas, y gozan sucesivamente de su querido cuello.
Y mientras recuerda una al hermano, otra al marido, y compartiendo
sus confidencias vuelven una y otra vez a Tebas y a Argos,
con más detenimiento evoca Argía los penosos hechos:
«Por el solemne acto de furtivo dolor que compartimos,
por los manes que nos unen y las estrellas cómplices te lo
juro: no eran los honores perdidos, pese a ser un errante
exiliado, ni el solar patrio, ni el pecho de su amada madre,
sino a ti sola a quien echaba él de menos, y noche y día
de Antígona hablaba; yo fui una preocupación menor y
fácil de dejar. Tú en cambio desde el elevado alcázar quizá

40. De nuevo el mismo recurso que hemos visto tan a menudo en los intercambios de palabras o en los discursos apasionados. A partir del momento en que confiesa su identidad y sus motivos, el lenguaje de Argía se hace apresurado y se entrecorta por la emoción, antes de ser finalmente interrumpida por Antígona. También la última frase de ésta (véase *infra,* v. 385) va a quedar cortada.

lo viste destacarse antes del horror repartiendo sus enseñas a los escuadrones griegos, y a ti se volvió él a mirar desde la misma formación, y te saludó con su espada y el vértice de su cabeceante cimera: yo me encontraba lejos .¿Pero qué dios lo llevó a iras tan extremas? ¿De nada sirvieron vuestros ruegos? ¿A tus súplicas hizo él oídos sordos?». Había comenzado Antígona a contarle las causas y los aciagos hados; el fiel acompañante[41] les advierte a ambas: «¡Ea, ejecutad más bien la empresa! Ya las estrellas palidecen turbadas por la proximidad del día; acabad vuestra tarea, tiempo habrá para las lágrimas; una vez encendido el fuego, lloraréis».

No lejos, el murmullo de las aguas indicaba el cauce del Ismeno, por donde corría turbado aún y teñido de sangre. Allí sin fuerzas apenas transportan con parejo empeño sus lacerados miembros, y su compañero, no más fuerte, presta la ayuda de sus brazos. Así lavaron sus hermanas en el tibio Po[42] el humeante cuerpo de Faetonte, hijo de Hiperíon; apenas había sido aquél depositado en el sepulcro, junto a la corriente se alzaba una plañidera arboleda[43]. Cuando la infecta sangre fue limpiada en las aguas y se devolvió a sus miembros la dignidad de la muerte, buscan las infelices fuego tras sus últimos besos; pero en torno, en las pútridas fosas, no hay sino frías y muertas cenizas, y todas las piras están apagadas.

41. *i.e.,* Menetes.
42. O Erídano, donde cayó el cuerpo de Faetonte, hijo del Sol (llamado de nuevo Hiperíon por el nombre de su padre), fulminado por el rayo de Júpiter para evitar una nueva conflagración universal (véase I, 219-221, y nota 50 [p. 81]), siendo llorado por sus hermanas, las Helíades, hasta quedar transformadas en álamos.
43. En la que se transformaron sus hermanas; véase nota anterior. Las lágrimas de las Helíades se solidificaron dando lugar al ámbar.

Bien por azar, bien por voluntad divina, aún se mantenía en pie una hoguera, que había tenido por misión calcinar los fieros miembros de Etéocles, sea que la Fortuna daba ocasión a nuevos horrores, sea que la Euménide había mantenido las llamas listas para enfrentarse. Con igual ansiedad vieron que aún subsistía aquí en los negros troncos un débil brillo, y en medio de su dolor a un tiempo se llenaron de alegría; no han descubierto aún de qué cadáver se trata, pero ruegan a quien quiera que sea que en su bondad se digne acoger a un compañero de sus últimas cenizas y unir sus sombras.

He aquí de nuevo a los hermanos: tan pronto como el voraz fuego tocó sus miembros, se estremeció la hoguera, y el nuevo inquilino es expulsado de la pira; las llamas se expanden con su vértice dividido, y agitan sus crestas alternativamente con brusco fulgor. Como si el pálido Orco hubiera enfrentado los fuegos de las Euménides[44], los dos ígneos globos se alzan amenazantes y se esfuerza cada uno en llegar más lejos; incluso los mismos troncos, movida su masa, se separaron un poco. Aterrorizada exclama la doncella[45]: «Estamos perdidas, con nuestras propias manos hemos azuzado sus difuntas iras. Era nuestro hermano: ¿quién tan fiero en efecto como para impedir a una sombra su acceso como huésped? ¡He aquí un fragmento de su escudo y las correas medio quemadas, los reconozco, era nuestro hermano! ¿Ves cómo la llama retrocede y vuelve no obstante al ataque? Viven sus malditos odios, viven. Nada se ha conseguido con la guerra. ¡Desventurados, así, mientras blandís las armas, es Creonte,

44. Recuérdese que en el duelo final entre Etéocles y Polinices, Tisífone y Meguera se han batido cada una junto a un hermano.
45. Antígona, claro está.

¿no lo veis?, quien ha vencido! Ya no hay reino ninguno, ¿a qué
[viene
ese ardor?, ¿por quién os enfurecéis? Cesad vuestras amenazas;
y tú, en todas partes un exiliado, siempre necesitado
de justicia, cede de una vez: es tu esposa, es tu hermana quien te
lo implora, o nos lanzaremos en medio de las furiosas llamas».
Apenas había dicho esto cuando un repentino temblor
sacudió los campos y los altos techos y aumentó la brecha
de la discordante pira; también se vio alterado el reposo
de los guardias, a quienes el propio sopor hacía concebir
ensueños de males: se precipitan al punto los soldados,
recorriendo en un cordón armado todo el espacio a la vista.
Al tenerlos encima sólo el anciano[46] se atemoriza;
ellas en cambio confiesan abiertamente ante la pira haber
despreciado los mandatos del fiero Creonte, proclamando
con claros lamentos su hurto, tranquilas, ya que ven que el cadáver
se ha consumido por completo. Se porfía por una cruel
muerte, y la animosa esperanza del fin las trastorna: compiten
por haber robado, una los miembros del hermano, otra los del
marido, y afirman por turnos: «yo, el cuerpo», «yo, las llamas»,
[«a mí
me impulsó la piedad», «a mí el amor». Se complacen en reclamar
crueles suplicios y en ver sus diestras cargadas de cadenas.
Ha desaparecido aquella consideración que hace poco
mostraba cada una en sus palabras, creerías que entre ellas
no hay sino ira y odio; tan discrepantes son los gritos de una
y otra, y ante el rey son arrastrados quienes las han capturado[47].
Pero lejos de allí, ya con la venia de Palas, introduce
Juno en las murallas acteas yendo en cabeza a las madres

46. *i.e.,* Menetes.
47. *i.e.,* Tales son sus ansias de enfrentarse al castigo, que parece que son ellas quienes conducen ante el rey a sus captores.

foroneas[48] atribuladas, ella misma no lo está menos, procura al afligido grupo el favor de las gentes y añade honor a su llanto. Con sus propias manos les entrega ramas de olivo y cintas de suplicantes, y les enseña a mantener la vista baja echado encima el manto y a llevar ante ellas las urnas vacías, sin sus cadáveres. Gente de todas las edades se echa fuera de las moradas erecteas[49] y llena los tejados y las calles: ¿De dónde sale este enjambre y tantas infelices a la vez? Todavía no conocen las causas de sus desdichas y ya se conduelen. La diosa se mezcla en los corros, informando a unos y otros de todo, de qué pueblo proceden, a qué muertos lloran o cuáles son sus pretensiones; en las diversas conversaciones que entablan tampoco dejan de renegar ellas mismas sin cesar y por doquier contra las leyes ogigias y el despiadado Creonte. No alzan más sus quejas en los tejados que les dan albergue las aves géticas[50] con entrecortada voz, clamando contra el pérfido tálamo y el inicuo Tereo.

Había en medio de la ciudad un altar que no estaba consagrado a ninguno de los dioses soberanos; la benigna Clemencia instaló allí su sede, y los desgraciados la hicieron sagrada; jamás se halla aquélla sin un nuevo suplicante, ningún voto condenó o rechazó. Son oídos los ruegos de cualquier persona, noche y día está permitido acudir y apelar a la deidad sólo con quejas. Su ritual es sobrio: no se acepta la llama del incienso ni el profuso derramamiento de sangre: bañan

48. *i.e.,* las mujeres argivas, por el nombre de Foroneo, rey de Argos.
49. *i.e.,* atenienses, por Erecteo, rey de Atenas.
50. Las golondrinas, ave en la que se transformó Filomela, hermana de Procne y cuñada de Tereo. Sobre los tres personajes, véase nota 24 (p. 227) relativa a V, 121. *Cf.* también VIII, 616 ss.

las lágrimas sus altares, y en triste ofrenda cuelgan sobre ellos cabellos cortados y vestidos que dejó la gente una vez cambiada su suerte. Cerca se encuentra un apacible bosque, notable por el cultivo venerable del laurel, cargado de sagradas cintas, y el olivo, árbol del suplicante. No hay por otra parte ninguna imagen, no se ha confiado a ningún metal la figura de la deidad, que se complace en habitar las mentes y los corazones. Siempre alberga a los temerosos, siempre hierve el lugar de míseros grupos, sólo a los dichosos les resultan desconocidos sus altares. Cuenta la fama que fueron los hijos de Hércules, defendidos en combate[51] tras la cremación de su divino padre, quienes fundaron esta sede. La fama es inferior a la realidad: pues justo es creer que los propios habitantes del cielo, para quienes fue siempre Atenas una tierra hospitalaria, tal como le dieron leyes, un hombre nuevo, ritos sagrados y las semillas que de aquí se difundían a las estériles tierras[52], así consagraron en este lugar un refugio común para la doliente humanidad, de donde lejos estuvieran las iras, las amenazas y los despotismos, y de sus justas aras se apartara la Fortuna. Ya entonces habían conocido sus altares incontables gentes: derrotados en las guerras y expulsados del solar patrio, despojados de sus reinos y culpables por error de crímenes concurren aquí e imploran la paz; luego su hospitalaria sede también venció a las Furias

51. Los Heraclidas, en concreto los hijos de Hércules y Deyanira, perseguidos por Euristeo, fueron finalmente acogidos en Atenas, que declaró la guerra y venció en ella a su perseguidor.

52. Triptólemo, en carro alado proporcionado por Deméter, partió de Eleusis, en el Ática, donde se había establecido la diosa fundando allí sus famosos misterios, para repartir por el mundo el grano, don de aquélla a los hombres, y enseñarles la agricultura.

de Edipo[53], amparó la destrucción de Olinto y mantuvo a su madre
lejos del desdichado Orestes. Aquí llegan, indicándoles
la gente el sitio, la angustiada cuadrillla de Lerna, y les cede
el paso la multitud anterior de desdichados. Apenas
estuvieron allí, se apaciguaron sus inquietudes y sus
corazones descansaron: como cuando en alta mar las grullas
dispersadas por el patrio Aquilón han divisado Faros;
se despliegan entonces hasta llenar los aires, dejando oír
sus graznidos de júbilo; se alegran bajo el sereno cielo
de haber desafiado las nieves y en el Nilo olvidar los fríos.
Y ya a Teseo, que en su carro ornado de laurel se aproxima
a los lares patrios tras las duras luchas con el pueblo escita[54],
lo anuncia el aplauso y el clamor alzado hasta las estrellas
del exultante vulgo y la trompeta jubilosa por el fin
de la guerra. Delante del caudillo se llevan sus despojos
y, réplica del fiero Mavorte[55], los virginales carros y
angarillas cargadas de penachos, abatidos corceles
y rotas hachas de doble filo, con las que solían hender
los bosques y la helada Meótide[56], se transportan también
ligeras aljabas, y cintos brillantes de gemas, y escudos
manchados con la sangre de sus dueñas. Ellas por otra parte

53. En Atenas hallaron finalmente la paz, librándose de los fantasmas de sus crímenes, tanto Edipo como Orestes. En el caso de este último, sobre todo el de su madre, Clitemnestra. Sorprende la histórica mención de Olinto (importante ciudad griega que lideró la Liga Calcídica contra Atenas, pero en 352 a.C. firmó un tratado de paz con ella, y en 350 y 349 solicitó su ayuda contra Filipo II de Macedonia, que la acabó arrasando en 348 a.C.) junto a estos dos nombres míticos, y es por eso por lo que desde antiguo se han propuesto diferentes correcciones al texto *funus Olynthi* de los manuscritos.
54. Las Amazonas, que habitaban en Escitia, *cf.* V, 144.
55. Recuérdese que las Amazonas descendían de Marte. A ellas pertenecen los *virginei currus*.
56. Laguna de Escitia, hoy mar de Azov.

ni aun así se muestran temblorosas o delatan su sexo, no lanzan vulgares gemidos, sino que desdeñan suplicar y buscan sólo el santuario de la casta Minerva. El principal deseo es contemplar al vencedor llevado en su cuadriga de níveos corceles; mas no dejaba de atraer la atención de las gentes hacia su persona Hipólita, ya con semblante halagüeño y aceptando el vínculo conyugal[57]. Mirándola de través y murmurando entre ellas por lo bajo se admiran las atenienses de que haya quebrantado los severos usos de su patria, de que estén sus cabellos tan limpios y su pecho se oculte totalmente bajo el manto, de que una bárbara se mezcle con la noble Atenas y llegue a dar hijos a un marido que es su enemigo.

Dieron también las afligidas pelópidas algún paso adelante desde los altares que sitiaban con sus ruegos, contemplando con asombro el suntuoso desfile del triunfo, y a su mente volvieron sus derrotados maridos. Y cuando el vencedor frenó a sus caballos y desde el soberbio carro indaga las causas de su venida y se muestra dispuesto a oír con benignidad sus preces, la esposa de Capaneo osó hablar así antes que las otras: «Belicoso hijo de Egeo, a quien la Fortuna ofrece a partir de nuestra ruina máximos gérmenes de inesperada gloria, no somos un pueblo extraño ni una caterva culpable de un delito atroz: ¡nuestro hogar era Argos y reyes nuestros maridos, que ojalá no hubieran sido también aguerridos! ¿Qué necesidad tenían en efecto de levantar siete campamentos y castigar a la ciudad

57. El nombre de la Amazona de quien se apodera Teseo, con la que contrae matrimonio y a la que hace luego madre de Hipólito, varía según las versiones. El más común es el de Antíope, pero también recibe, como aquí, el nombre de Hipólita, la famosa reina de las Amazonas para apoderarse de cuyo cinturón emprendió Hércules su noveno trabajo, e incluso a veces el de Melanipe.

de Agénor?[58]. Y no nos quejamos de su muerte: éstas son las leyes
de la guerra y las vicisitudes de las armas; pero los que han
caído en la lucha no eran monstruos salidos de los antros
de Sicilia ni seres de doble naturaleza del Osa[59].
Dejo a un lado su origen y su ilustre prosapia: sangre humana,
ínclito Teseo, hombres eran, creados de cara a los mismos
astros, las mismas suertes vitales y alimentos que vosotros,
esos a quienes Creonte priva de la pira y aparta
del umbral de la puerta estigia, como si fuera el creador
de las Euménides o el barquero de las aguas de la Lete[60],
manteniéndolos en la incertidumbre entre el reino del cielo
y del Érebo. ¡Ah, Naturaleza soberana! ¿Dónde están
los dioses, dónde está aquel que lanzó el injusto rayo[61], dónde estás
tú, Atenas? Ya la séptima Aurora en su salida se aparta
con espantados corceles de sus restos; desvía sus rayos
y tiembla de horror la luminaria entera del estrellado
cielo; ya han sentido de cerca las mismas fieras y las aves
repulsión del siniestro pasto y el campo que exhala un tufo
de sangre corrompida y hace pesado el aire y los vientos.
¿Cuánto en verdad puedo pensar que queda de ellos? Que nos permita
recoger sus mondos huesos y su sangre putrefacta. Daos
prisa, venerables cecrópidas; a vosotros incumbe esta
venganza, antes de que se duelan emacios y tracios[62], y cualquier
raza que exista en el mundo y que aspire a arder en piras y a gozar
de los manes supremos. ¿Pues cuál será el límite de su furor?

58. *i.e.,* Tebas, fundada por Cadmo, hijo de Agénor.
59. Alusión a Cíclopes y Centauros.
60. De nuevo mencionada como frontera entre el mundo de los vivos y el de los muertos. Véase nota 71 (p. 85) relativa a I, 297.
61. La mujer de Capaneo, Evadne, no puede dejar de reprochar a Júpiter el rayo que fulminó a su esposo.
62. Pueblos siempre mencionados como sinónimos de salvajes.

De acuerdo, hemos combatido; pero los odios se han acabado y ha sepultado la muerte las funestas iras. También tú, según hemos sabido de tus notables hechos por la fama, no entregaste a fieros monstruos a Sinis[63] y al abominable Cercion, y querrías que hubiera sido incinerado el salvaje Escirón. Creo también que arrojó humo el Tánais[64] con las piras de las Amazonas, de donde traes estas armas, pero considera también este triunfo digno de ti. Dedica este único trabajo a la tierra, al cielo y al Érebo a la vez, si tu patrio Maratón, si las estancias cretenses liberaste del temor, y no derramó en vano sus lágrimas la anciana[65] que te hospedó. Así nunca deje Palas de acompañarte en tus luchas ni envidia sienta el divino Tirintio[66] de tus similares proezas, sino que siempre sobre tu carro, siempre triunfante te contemple tu madre[67], y ningún ruego semejante tenga que hacerte la invicta Atenas».

Había dicho; todas la apoyan y tienden en un clamor sus suplicantes manos; enrojeció el héroe hijo de Neptuno[68] conmovido por sus lágrimas; luego, en un acceso de justa cólera, exclama: «¿Qué Erinis es esa que ha inducido a los reinos a nuevos usos? No eran tales

63. Famoso bandido, como Cercion, matado por Teseo. Sobre Escirón, otro notable malhechor a quien dio muerte, véase nota 78 (p. 87) relativa a I, 333.
64. Río que separa Europa de Asia, el actual Don.
65. Hécale, que alojó hospitalariamente a Teseo cuando éste acometió la empresa de dar muerte al toro de Maratón y rogó a Júpiter por que volviera de ella vencedor, como en efecto ocurrió. Al regreso del héroe la anciana ya había muerto, y Teseo instituyó en su honor una ceremonia local. A esta hazaña siguió la de dar muerte en Creta al Minotauro.
66. *i.e.,* Hércules.
67. Etra, madre de Teseo, tuvo de hecho una larga vida, sobreviviendo al héoe.
68. Según algunas versiones, el verdadero padre de Teseo no era Egeo, sino este dios.

los pechos de los griegos que dejé yo al partir, cuando ponía
rumbo a Escitia y al nevado Ponto; ¿de dónde ha salido esta
nueva locura? ¿Creíste vencido a Teseo, cruel Creonte?
Aquí estoy, y no saciado de sangre, créeme; sed tiene esta
lanza aún hoy de merecidas carnicerías. No hay tiempo que
perder; vuelve pues, mi muy fiel Fegeo, a este tu caballo,
y en cuanto arribes a los alcázares tirios, proclama piras
para los dánaos o guerra contra Tebas». Así dice
olvidándose de las fatigas de la guerra y del camino,
y exhorta a los suyos y reanima sus agotadas fuerzas:
como cuando, tras haber ya recuperado a sus vacas y su
dehesa, ha depuesto un toro sus luchas, si por azar el bosque
devuelve los mugidos de un nuevo adversario, pese a tener
el morro y el cuello empapados de una lluvia de sangre, otra
vez prepara sus armas, e hiriendo el suelo con sus pezuñas,
acalla sus gemidos y oculta con el polvo sus heridas.
La propia Tritonia[69], agitando su escudo, excitó los terrores
libios[70], a Medusa protectora de su pecho. Al instante
se irguieron sus serpientes[71], y en cerrada formación a un tiempo
miraron hacia Tebas, y no se disponía aún a partir
la soldadesca ática, y la infeliz Dirce[72] temió los sones
de la trompeta guerrera.
Al instante no sólo ardió en deseos
de luchar la juventud que acababa de volver y compartió
su triunfo sobre el Cáucaso: todo el campo llamó a las armas

69. Para este sobrenombre de Minerva, véase nota 116 (p. 140) relativa a II, 684.

70. Medusa y sus hermanas, las Górgonas, habitaban en un remoto país innominado, situado en los confines de Occidente, junto al Océano, en la costa atlántica meridional de España, o más allá de éste, en Libia, zona septentrional de África.

71. Las Górgonas tenían cabellera de serpientes, como las Furias.

72. *i.e.,* Tebas, como en tantas otras ocasiones, por el nombre de su famosa fuente.

a sus inexpertos hijos. Acuden en masa[73] y por propia
iniciativa siguen las enseñas de su caudillo hombres
que trabajan la gélida Braurón, los campos de Muniquia y el
Pireo, puerto seguro para los inquietos marineros,
y Maratón, aún no famoso por su triunfo del Oriente[74].
Envía a la guerra tropas la casa de Icario[75] y de Céleo,
que hospedó a los dioses patrios, y la verde Melenas, y el rico
en bosques Egáleos, y Parnés, de generosos viñedos,
y Licabeso, muy buen productor de pingüe oliva. Acude
el fiero Áleo y el labrador del fragante Himeto, y tú, Acarnas,
que de yedra cubriste los toscos tirsos. Se despuebla Sunion,
visible a lo lejos para los navíos de oriente, de donde
caería, para dar nombre al ondulante mar, Egeo,
engañado por la errónea vela de la nave cretense[76].
A estas gentes Salamina, a aquellas Eleusis, consagrada
a Ceres, envió a las hórridas luchas, dejados en suspenso
los arados, y están aquellos a quienes Calírroe ciñe

73. Comienza el nuevo catálogo de guerreros típico de la poesía épica, similar a los que vimos en los libros IV y VII.
74. En la llanura de Maratón, a pocos kilómetros de Atenas, tuvo lugar la famosa batalla que en 490 a.C. puso fin a la primera guerra médica, y en la que los atenienses y sus aliados, de Platea sobre todo, aplastaron a la infantería persa de Darío I.
75. El campesino ático padre de Erígone que acogió hospitalariamente a Baco y recibió de él en recompensa una rama de vid y la enseñanza de su cultivo. Véase IV, 655 y 692, y notas 138 (p. 211) y 145 (p. 213). Céleo es, por otra parte, el rey (o en otras versiones un campesino) de Eleusis, en cuya morada se alojó Deméter y a quien dio instrucciones para la instauración de sus Misterios.
76. Egeo, padre de Teseo, se lanzó al mar, que de él recibiría su nombre, al ver en la nave que traía de regreso de Creta a su hijo, tras haber matado al Minotauro, una vela negra, que, según habían acordado, anunciaba su muerte. La vela que debería haber ondeado, y que Teseo olvidó colocar, era blanca, y anunciaría su triunfo.

nueve veces con sus errantes aguas, y el Eliso[77], cómplice del rapto de Oritía, que ocultó en sus riberas los géticos amores[78]. Se vacía también para los combates la propia colina[79] en la que tuvo lugar la gran disputa de los dioses, hasta que al fin un nuevo árbol brotó de las rocas en cuestión y con su larga sombra hendió el mar forzándolo a retirarse. Se habría dirigido asimismo a las murallas de Cadmo al frente de sus batallones del norte Hipólita[80]: la frena la ya segura esperanza de su grávido vientre, y le ruega su esposo prescindir de los afanes de Marte y consagrar en el tálamo su veterana aljaba.

Cuando el caudillo los ve ansiar la batalla y desvivirse por el dulce acero, y cómo dan a sus tiernos hijos apresurados besos y breves abrazos, les habla así desde su alto carro: «Hueste presta a defender conmigo las leyes del mundo y los pactos universales, asumid dignos propósitos para nuestra empresa: de esta parte es claro que está todo el favor de dioses y hombres, la Naturaleza, que es nuestro guía, y la asamblea del silencioso Averno; de aquélla las tropas de Castigos que se han adiestrado en Tebas y las hermanas de cabellera de serpientes que conducen sus enseñas[81]. Marchad animosos, y confiad, os lo pido, en tan noble causa». Dijo, y lanzada su jabalina abre apresuradamente la marcha: como cuando

77. Véase nota 113 (p. 374) relativa a VIII, 766.
78. *i.e.,* los del Bóreas (viento del norte, donde se hallaba el país de los getas) con Oritía, hija de Erecteo, rey de Atenas, a la que raptó mientras danzaba a las orillas del Iliso.
79. La Acrópolis de Atenas donde Minerva y Neptuno compitieron por el patrocinio de la ciudad. La diosa se alzó con la victoria gracias a su don del olivo.
80. *Cf. supra* 533 ss. y nota 57 (p. 512).
81. *i.e.,* las Furias.

cargado de nubes ha oprimido el hiperbóreo polo
Júpiter haciendo estremecerse a las estrellas a comienzos
del invierno, se resquebraja Eolia[82], hastiada de su largo
descanso cobra la tempestad ánimos y el Norte silba
azotado por los vientos; los montes y las aguas rugen
entonces, entablan las oscuras nubes combate y disfrutan
los truenos y los furiosos rayos.
Gime la maltratada
tierra, cambia la pesada pezuña el aspecto de los verdes
campos, y expira el triturado suelo bajo las incontables
catervas de infantes y jinetes, mas no perece el brillo
de las armas ensombrecido por el espeso polvo, sino que
se pierde a lo lejos en los aires, y en medio de las nubes
relampaguean las lanzas. Han sumado a su esfuerzo la noche
incluso y las plácidas tinieblas, y hay entre los hombres una
gran rivalidad por ver con qué rapidez se mueven sus filas,
quién va a proclamar desde un otero que Tebas está a la vista,
de quién será la lanza que se clave primero en la muralla
ogigia. Pero oscurece a lo lejos las filas con su enorme
escudo Teseo hijo de Neptuno, y lleva en su superficie
los inicios de su propia fama, las cien ciudades y las cien
murallas de Creta, y a él mismo retorciendo en las revueltas
del monstruoso antro[83] el hirsuto cuello del combativo toro,
apresándolo en el lazo de sus dos manos y sus nervudos
brazos, y evitando sus cuernos apartado el rostro. El terror
se adueña de las gentes, cuando emprende el combate protegido
por esa torva imagen: ver dos veces a Teseo y dos veces
sus manos ensangrentadas en la matanza; él mismo recuerda
sus antiguos hechos mirando al grupo de sus compañeros

82. Patria de Eolo, dios de los vientos.
83. El Laberinto de Creta, donde Teseo llevó a cabo su grandiosa hazaña de dar muerte al Minotauro.

y los umbrales otrora temibles, y a la Cnosia[84] perdiendo
el color, agotado el hilo.
Pero entretanto, con las manos
encadenadas a la espalda, el salvaje Creonte hace ir
a la muerte a Antígona y a la viuda hija de Adrasto[85]; alegres
ambas y orgullosas de dar así la vida, ofrecen sus cuellos
a las espadas y frustran al fiero rey cuando se presentó
Fegeo trayendo el mensaje de Teseo. Ciertamente es
pacífico su aspecto con los ramos del inocente olivo[86],
pero invoca la guerra y con la guerra amenaza a grandes voces,
mientras repite, demasiado fiel su memoria a quien lo envía,
que Teseo ya está cerca, que cubre ya con sus tropas los campos
que los separan. En un mar de dudas e inquietudes se quedó
el tebano[87], oscilan sus amenazas, y su cólera anterior
se entibia. Cobra entonces seguridad en sí mismo, y con una
fingida y amarga sonrisa: «¿Tan pequeña es –dice– la prueba
que hemos dado con la ruina de Micenas?[88]. He aquí de nuevo
quienes hostigan nuestras murallas. Los recibimos, que vengan;
pero que después de la guerra no se lamenten: la ley será
la misma para los vencidos». Dice; pero ve que el aire
se enturbia con el espeso polvo y que la cima de los montes
tirios desaparece; ordena no obstante él mismo, demudada
la color, que las gentes se armen y que le traigan sus armas,
y de repente en las estancias centrales del palacio observa

84. *i.e.,* Ariadna, hija de Minos, rey de Creta, y de Pasífae. Su famoso ovillo ayudó a Teseo a salir del Laberinto después de haber matado al Minotauro.
85. *i.e.,* Argía, viuda de Polinices.
86. Emblema siempre del mensajero, recuérdese la aparición de Tideo ante Etéocles; *cf.* II, 389.
87. *i.e.,* el rey Creonte.
88. El nombre de la famosa ciudad sirve para hacer referencia al ejército argivo.

fuera de sí a las Euménides, a Meneceo llorando,
y a los pelasgos contentos de verse sobre las piras. ¿Cómo
fue aquel día? ¿La paz lograda por Tebas a costa de tanta
sangre se esfuma? Arrancan las armas hace poco colgadas
en ofrenda a los dioses patrios, cubren sus pechos con los rotos
escudos, recobran sus cascos sin adornos y los venablos
aún manchados de sangre: no hay nadie que pueda presumir
de su carcaj o su espada, o que llame la atención por su corcel;
nula es la confianza en el vallado, los muros están abiertos
por todos lados, las puertas piden a gritos blindajes: todo
se lo llevó el enemigo anterior; faltan almenas: abajo
las echó Capaneo; sin fuerzas y abatida, la juventud
no da ya los últimos besos a sus esposas ni a sus hijos,
y aturdidos ningún voto se han atrevido a hacer los padres.
El ateniense[89] entretanto, cuando vio brillar la luz, rotas
las nubes, y los primeros destellos del sol sobre las armas,
se lanza al campo, que al pie de los muros conserva los desnudos
cadáveres, y aspirando hasta el fondo bajo el casco cubierto
de polvo el aire infectado de funestos vapores, lanza un
gemido y se inflama en justas iras de guerra. Este honor concedió
al menos el dirigente tebano a los míseros dánaos,
que no enfrentó a las beligerantes tropas por segunda vez
sobre los mismos cuerpos de los caídos; ¿o es que, para no
perder el infame ni gota de la masacre, se elige una
tierra virgen que pueda beber la sangre vertida a profusión?
Y ya de muy distinta forma llama Belona a uno y otro
pueblo al combate; no se alza en ambos el clamor, no en ambos [se oyen
las trompetas: la juventud de uno de ellos[90] apenas se aguanta
en pie, en vano sujetando en sus diestras las bajadas espadas

89. *i.e.,* Teseo.
90. La tebana, claro.

y las flojas correas; ceden terreno, y apartadas sus armas, muestran las antiguas llagas todavía en carne viva. Y ya no sienten el mismo ardor los capitanes cecropios[91], languidecen sus bravatas, y se calma su arrojo libre de cuidados: como disminuye la ira de los vientos, si el bosque no pone obstáculos a su furia, y calla el embravecido oleaje sin un litoral.

Pero cuando enarboló Teseo, hijo del mar[92], su lanza de madera de encina de Maratón, cuya cruel sombra cae, una vez alzada, sobre el enemigo, y el brillo de su punta llena el feroz campo: como si el padre Mavorte lanzara su carro edonio desde la cima del Hemo, en su veloz eje llevando la muerte y la huida, así hace el pánico empalidecer y volver las espaldas a los espantados hijos de Agénor; avergüenza a Teseo emplearse en los que huyen, y juzga su diestra indigno el fácil derramamiento de sangre. En la vulgar matanza se ensaña el resto de valientes. Así la yerta y abatida presa agrada a los perros y a los viles lobos: la ira alimenta a los poderosos leones. Abate no obstante a Olenio y a Lamiro, a uno mientras sacaba flechas de su carcaj, a otro cuando levantaba una enorme y pesada piedra, y a los hermanos Alcétidas, confiados en su triple, familiar, fuerza, a quienes a distancia atraviesa uno tras otro con otras tantas lanzas; se hundió el hierro en el pecho de Fileo, Hélope lo mordió en su boca, y traspasó la espalda de Yápige. Y ya ataca a Hemón erguido en su carro de cuatro caballos, y blande en su mano una horrenda jabalina: torció aquél a los espantados corceles; alcanzado el blanco en su larga trayectoria, atravesó el asta a dos de ellos, y estaba aún

91. *i.e.,* atenienses, por el nombre de su primitivo rey.

92. De nuevo aludiendo a la versión que hace a Teseo hijo de Neptuno, dios del mar.

sedienta de una tercera herida, pero se vio retenida su punta por el interpuesto timón.

Pero sólo a Creonte desea en sus votos, sólo a él llama con tremendas voces entre todos los escuadrones. Y lo distingue en un frente distinto del combate, exhortando a voces a sus regimientos y en vano amenazándolos con la muerte; sus compañeros se apartan: pero a Teseo lo dejaban obedeciendo sus órdenes y confiados en los dioses y en sus propias armas; intenta aquél[93] retener y hacer volver a los suyos; y cuando notó en uno y otro bando igual odio hacia él, se concentra en un último acceso de ira, ya en el extravío final, y con la audacia que da la cercanía de la muerte: «No estás -dice- luchando con doncellas armadas de escudo[94], no creas virginales estas manos: duros combates de hombres es lo que hay aquí, somos nosotros quienes enviamos a la muerte al gran Tideo y al furioso Hipomedonte, y a las sombras el alma de Capaneo. ¿Qué rapto de locura te aconsejó la guerra, osado de ti? ¿No ves tendidos por tierra a los que pretendes vengar?». Así dice, y un venablo destinado a fracasar clavó en vano en el borde superior de su escudo. De sus gritos y de su puntería se rio el terrible hijo de Egeo, y prepara con su lanza guarnecida de hierro un poderoso golpe, pero antes exclama con altanera voz: «¡Manes argivos, a quienes esta víctima se ofrece, abrid los abismos del Tártaro y preparad a las vengadoras Euménides, he aquí que llega Creonte!». Así habló, y su trémula asta hiende los aires; penetró entonces por donde con dura trama una tras otra engarzan los finos eslabones las múltiples placas de la coraza: por mil orificios brotó la impía sangre: se desploma aquél,

93. *i.e.,* Creonte.
94. *i.e.,* las Amazonas, con quienes Teseo acababa de enfrentarse.

la mirada perdida en el último extravío. Se detiene
imponente ante él Teseo, y despojándolo de las armas:
«¿Te parece bien ya –dice– otorgar a los enemigos muertos
las justas llamas y sepultar a los vencidos? Ve a padecer
crueles suplicios, seguro no obstante del postrer sepulcro»[95].
Se acercan de uno y otro lado en franco bullicio las banderas
y juntan sus manos; se llega ya a un pacto en medio de la guerra,
y ya es Teseo un huésped; le piden que entre dentro de los muros
y se digne visitar sus casas. Y así lo hace el vencedor,
sin desdeñar las moradas enemigas; se alegran las madres
y las nueras ogigias, como alababa ya lánguido el Ganges,
sometido por el belicoso tirso[96], las dulces orgías.
He aquí que a través de las opuestas sombras de la cumbre
dircea un femenino fragor sacude las estrellas, y bajan
a la carrera las madres pelasgas[97]: como Tíades fuera
de sí llamadas a las lides de Baco, que creerías que
reclaman o han perpetrado ya un grandioso crimen; gozosos son
sus lamentos y corren a raudales sus frescas lágrimas;
ora aquí, ora allí, su impulso las lleva arrebatadamente,
sin saber si buscar primero al magnánimo Teseo, o tal vez
a Creonte, o bien a los suyos: su solitario quebranto
las conduce hasta los cadáveres.
No podría yo, aunque cien
voces me diera algún dios con que liberar mi pecho, con dignos
alientos encarecer tantas piras a la vez de vulgares
guerreros y capitanes, tantos gemidos a un tiempo: con qué

95. *i.e.,* con la certeza de que será sepultado, pese a haber negado él antes este honor a sus enemigos,
96. Emblema de Baco, en alusión a sus campañas en el este.
97. El grupo de mujeres griegas, esposas y madres de los caídos que yacen sin sepultura, que con Argía salieron, y ahora llegan a Tebas procedentes de Atenas.

rápida pirueta la audaz Evadne se lanzó[98] a las amadas llamas y en el grandioso pecho[99] buscó el rayo; de qué modo, mientras llenaba de besos su salvaje cuerpo, su infeliz esposa[100] disculpa a Tideo; cómo Argía cuenta a su hermana la fiereza de los guardias; con qué lamentos llama al Arcadio su madre del Erimanto[101], al Arcadio, que conserva su aspecto pese a haber perdido toda su sangre, al Arcadio, a quien lloraron ambas tropas por igual. Apenas habría satisfecho una nueva inspiración y la venida del propio Apolo tales demandas, y ya ha merecido mi navío un puerto tras su larga travesía.

¿Durarás por largo tiempo y serás leída sobreviviendo a tu dueño, oh Tebaida mía, objeto absoluto de mis desvelos por espacio de doce años? Ya ciertamente la actual Fama te ha tendido un benigno camino y a las gentes futuras ha comenzado a mostrarte recién nacida. Ya se digna conocerte el magnánimo César[102], ya la juventud itálica con afán te aprende y te recita de memoria. Vive, ése es mi ruego; mas no intentes competir con la divina Eneida, sino que síguela de lejos y adora siempre sus huellas. Luego, si alguna envidia despliega todavía ante ti sus nublados, desaparecerá, y después de mí te serán rendidos los debidos honores.

98. Nos apartamos aquí del texto que da la edición de Loeb: *impleverit* (= se llenó) siguiendo la lectura del códice Puteanus, y preferimos la lectura del otro grupo principal de manuscritos, omega, *instraverit*. Evadne, por otra parte, era la esposa de Capaneo; véase nota 87 (p. 172) sobre III, 598.
99. De su esposo, Capaneo, fulminado por el rayo de Júpiter.
100. *i.e.,* Deípile, hermana de Argía y esposa de Tideo.
101. *i.e.,* la cazadora Atalanta, madre de Partenopeo.
102. El emperador Domiciano, a quien la *Tebaida* está dedicada.